COLLECTION
DES MÉMOIRES

RELATIFS

A L'HISTOIRE DE FRANCE.

MÉMOIRES DE P. LENET, TOME I.

DE L'IMPRIMERIE DE A. BELIN.

COLLECTION
DES MÉMOIRES

RELATIFS

A L'HISTOIRE DE FRANCE,

DEPUIS L'AVÉNEMENT DE HENRI IV JUSQU'A LA PAIX DE PARIS
CONCLUE EN 1763;

AVEC DES NOTICES SUR CHAQUE AUTEUR,
ET DES OBSERVATIONS SUR CHAQUE OUVRAGE,

PAR MESSIEURS

A. PETITOT ET MONMERQUÉ.

TOME LIII.

PARIS,
FOUCAULT, LIBRAIRE, RUE DE SORBONNE, N° 9.
1826.

MÉMOIRES

DE

PIERRE LENET,

PROCUREUR GÉNÉRAL AU PARLEMENT DE DIJON,
ET CONSEILLER D'ETAT,

CONTENANT L'HISTOIRE DES GUERRES CIVILES DES ANNÉES 1649 ET SUIVANTES, PRINCIPALEMENT CELLES DE GUIENNE ET AUTRES PROVINCES.

NOTICE SUR P. LENET

ET

SUR SES MÉMOIRES.

Pierre Lenet (1), seigneur de Meix, de Charette et de Villotte, étoit fils et petit-fils de présidens au parlement de Dijon. Ses Mémoires ne contiennent presque aucun détail sur sa vie, et il est rarement fait mention de lui dans les autres Mémoires du temps : cependant on y trouve les documens nécessaires pour faire connoître son caractère et sa position politique. Depuis plusieurs générations sa famille étoit, comme il le dit lui-même, singulièrement attachée à la maison de Condé. Henri de Bourbon, deuxième du nom, s'étoit déclaré le protecteur du jeune Lenet : lui ayant reconnu de l'esprit et du dévouement, il se chargea du soin de sa fortune, lui donna toute sa confiance, et fut le parrain de l'un de ses enfans.

Claude Lenet, père de l'auteur des Mémoires, avoit résigné en 1637 sa charge à son fils, qui devint procureur général du parlement de Dijon en 1641, et qui réunit à cette dernière charge celle de procureur général à la table de marbre (2). L'inten-

---

(1) Son nom est écrit *Lenay* ou *Lesnay* dans quelques Mémoires du temps. — (2) La juridiction des eaux et forêts. On l'appeloit la table de

tion du prince étoit de le mettre en évidence sur un plus grand théâtre : après lui avoir fait donner une mission en Suisse, il le fit venir à Paris, manifesta hautement l'amitié qu'il lui portoit, et mourut en 1646, avant d'avoir pu réaliser les projets qu'il avoit sur lui. Le duc d'Enghien son fils, habitué dès l'enfance à voir dans Lenet un homme entièrement dévoué aux intérêts de sa maison, l'avoit admis dans son intimité, et *lui faisoit un traitement qui le distinguoit de tous ceux de sa condition et de son âge.* Lenet, qui, au dire de madame de Sévigné, avoit de l'esprit comme douze, sut tirer parti de sa position pour se produire dans le grand monde, et pour s'y donner de l'importance. Il fut recherché surtout par les jeunes seigneurs qui briguoient la faveur du prince; et on peut se former une idée de sa manière d'être avec eux d'après une épître en vers adressée par lui et par le comte de Bussy-Rabutin (1) à M. et à madame de Sévigné (2).

Lettre du comte de Bussy-Rabutin et de M. Lenet à M. et madame de Sévigné.

.... mars 1646.

Salut à vous, gens de campagne,
A vous, *immeubles* de Bretagne,

marbre, parce qu'autrefois elle avoit siégé auprès de la table de marbre qui étoit placée dans la grand'salle du Palais de Paris, et qui servoit aux festins royaux.

(1) Roger de Rabutin, comte de Bussy. Sa famille étoit originaire de Bourgogne; il avoit acheté, en 1644, la charge de capitaine lieutenant des chévau-légers du prince de Condé. — (2) Henri, marquis de Sévigné. Il avoit épousé, en 1644, Marie de Rabutin-Chantal, cousine du comte de Bussy-Rabutin.

Attachés à votre maison
Au-delà de toute raison ;
Salut à tous deux, quoique indignes
De nos saluts et de ces lignes :
Mais un vieux reste d'amitié
Nous fait avoir de vous pitié,
Voyant le plus beau de votre âge
Se passer dans votre village,
Et que vous perdez aux *Rochers*
Des momens à tous autres chers.
Peut-être que vos cœurs tranquilles,
Censurant l'embarras des villes,
Goûtent aux champs en liberté
Le repos et l'oisiveté ;
Peut-être aussi que le *ménage* (1)
Que vous faites dans le village
Fait aller votre revenu
Où jamais il ne fût venu :
Ce sont raisons fort pertinentes
D'être aux champs pour doubler ses rentes ;
D'entendre là parler de soi
Conjointement avec le Roi,
Soit aux *jours* (2) ou bien à l'église,
Où le prêtre dit à sa guise :
« Nous prierons tous notre grand Dieu
« Pour *le Roi*, et monsieur du lieu ;
« Nous prierons aussi pour Madame
« Qu'elle accouche sans sage-femme ;
« Prions pour les nobles enfans
« Qu'ils auront *d'ici* à cent ans.
« Si quelqu'un veut prendre la ferme,
« Monseigneur dit qu'elle est à terme,
« Et que l'on s'assemble à midi.
« Or, disons tous *De profundis*
« Pour tous messeigneurs ses ancêtres. »
(Quoiqu'ils soient en enfer peut-être.)
Certes, ce sont là des honneurs
Que l'on ne reçoit point ailleurs
(Sans compter l'octroi de la fête),

---

(1) L'économie. — (2) Aux jours de fêtes du village, ou aux jours de marchés extraordinaires.

De lever tant sur chaque bête,
De donner des permissions,
D'être chef aux processions;
De commander que l'on s'amasse
Ou pour la pêche ou pour la chasse;
Rouer de coups qui ne fait pas
Corvée de charrue ou de bras;
Donner à filer la *poupée* (1)
Où Madame n'est point trompée;
Car on rend *ribaine-ribon*
Plus qu'elle ne donne, dit-on.
L'ordre vouloit *ribon-ribaine*,
Mais d'ordre se rit notre veine;
Et pour rimer à ce *dit-on*,
Elle renverse le dicton.

Il est fâcheux que cette jolie pièce soit déparée par quelques négligences. On ne la jugera pas avec sévérité, si on considère qu'elle a été écrite sans prétention par deux jeunes gens, à une époque où la langue n'étoit pas encore fixée.

Le duc d'Enghien prit le titre de prince de Condé après la mort de son père. A l'âge de vingt-cinq ans, il avoit gagné les batailles de Rocroy, de Fribourg et de Nordlingen; sa réputation éclipsoit déjà celle de tous les autres capitaines de l'Europe: il étoit ardent, ambitieux, et ne pouvoit manquer d'exercer une grande influence dans les affaires pendant la minorité du Roi. Anne d'Autriche le ménageoit, le cardinal Mazarin cherchoit à s'en faire un appui; on alloit au devant de ses désirs. Il ne lui fut pas difficile de faire obtenir le brevet de conseiller d'Etat à Lenet (2), qu'il employoit utilement dans les négociations délicates

---

(1) Filasse qui garnit la quenouille. — (2) Le comte de Bussy-Rabutin, ami de Lenet, eut aussi un brevet de conseiller d'Etat à peu près à la même époque.

auxquelles donnoient lieu les nombreuses cabales qui divisoient la cour.

Lorsque les troubles de la Fronde éclatèrent, le prince de Condé résista d'abord aux insinuations du coadjuteur, et se déclara pour la Reine et pour Mazarin. Lenet suivit la même direction; il fut chargé des fonctions d'intendant pendant le siége de Paris, et s'en acquitta avec autant de zèle que d'habileté.

Après la signature de l'accommodement (mars 1649), qui ne satisfaisoit ni la cour ni le parlement, le prince de Condé voulut mettre un trop haut prix aux services qu'il avoit rendus, et Mazarin se montra opposé à ses prétentions exagérées. Dès-lors une rupture entre eux parût inévitable: Lenet fit ce qu'il put pour l'empêcher. Sa fortune étoit assurée si le prince restoit uni à Mazarin, et il s'exposoit à se perdre sans ressources s'il s'engageoit avec lui dans des factions contre l'autorité royale: il jugea prudent de s'éloigner pendant quelque temps du centre des affaires. « Une hon-
« nête absence, dit-il, donnoit lieu d'observer les
« choses de loin, et le temps de se ranger du côté qui
« prévaudroit, sans tomber dans les extrémités de
« demeurer inutile et suspect à ceux dont on auroit
« épousé les intérêts à contre-temps, ou de s'en sépa-
« rer de mauvaise grâce pour chercher sa fortune au-
« près de leurs ennemis. » Il partit donc pour Dijon à la fin de septembre 1649, dans l'intention de mettre ordre à ses affaires, et d'accepter une ambassade qu'on lui avoit offerte en Italie. Les amis qu'il avoit laissés à Paris s'étoient chargés de le tenir au courant des nouvelles; mais il n'y avoit, dit-il, que *confusions, par-*

tialités et désordres dans leurs lettres. En effet, la lutte étoit sérieusement engagée entre le prince de Condé et Mazarin : tous les ressorts de l'intrigue étoient mis en jeu des deux côtés; l'instant décisif approchoit : il falloit que l'un des deux succombât; et chacun envisageoit les événemens suivant les intérêts du parti auquel il s'étoit attaché. Lenet ne recevant que des relations contradictoires, au milieu desquelles il lui étoit impossible de fixer ses idées, se décida à retourner à Paris, afin de savoir au juste ce qui se passoit. Il se disposoit à se mettre en route vers la fin du mois de janvier 1650, quand il apprit que le prince de Condé, le prince de Conti son frère, et le duc de Longueville, avoient été arrêtés. Cette nouvelle, à laquelle il étoit loin de s'attendre, dérangea encore ses projets : il crut d'abord que les Parisiens ne manqueroient pas de renouveler les barricades en faveur des princes, et qu'il suffiroit à leurs partisans de se montrer dans les provinces pour y exciter un soulèvement général. Il essaya, mais sans succès, de faire déclarer le parlement de Bourgogne; ses tentatives pour se rendre maître du château de Dijon ne furent pas plus heureuses; et les lettres qu'il reçut ne lui laissèrent aucun espoir sur les dispositions de la capitale, où tout étoit soumis à Mazarin, qui avoit traité avec les frondeurs. Il se considéra comme engagé par ces premières démarches, et ne crut pas pouvoir revenir sur ses pas. Ainsi, malgré les résolutions qu'il avoit prises quelques mois auparavant, il se trouva jeté dans les factions, et l'événement justifia la répugnance qu'il avoit eue à y jouer un rôle.

Le duc de Vendôme étant entré en Bourgogne avec

quelques troupes, Lenet ne se crut pas en sûreté à Dijon : il alla à Paris, et y trouva ses amis tellement abattus et découragés, qu'à peine osoient-ils prononcer le nom des princes. Il se rendit à Chantilly auprès de la princesse douairière de Condé : sa belle-fille y étoit avec le jeune duc d'Enghien, et quelques uns de leurs partisans. On tint conseil, on arrêta des plans; Lenet se chargea de les diriger, quoiqu'il les jugeât de *périlleuse conduite et de très-difficile exécution.* « Dans les temps de trouble, dit-il, il est difficile de
« former et encore plus d'exécuter des desseins : il
« n'y a pas d'autorité établie; il faut ménager les vo-
« lontés de tous, et on ne peut conserver le secret.
« Les uns veulent tout entreprendre pour s'agrandir;
« la crainte, le défaut d'argent, de retraite et d'appui
« fait tourner la tête aux autres. » Sa position étoit d'autant plus embarrassante que tout devoit se faire au nom des princesses. « Lorsqu'un parti n'a pas de chef
« autorisé et puissant, dit-il, nul ne veut obéir, cha-
« cun veut agir suivant sa volonté. » Plusieurs personnages considérables avoient pris l'engagement de servir les princes. « Mais, dit Lenet, c'est l'intérêt qui fait
« entrer les gens de qualité dans les partis : voilà
« pourquoi les grands seigneurs y entrent si facile-
« ment, et n'y demeurent guère. » Il paroît qu'il ne se croyoit pas d'ailleurs obligé à être fort scrupuleux sur le choix des moyens à employer. « On met,
« dit-il, tout en usage dans des circonstances aussi
« difficiles : on y est presque toujours novice, parce
« que peu de personnes s'y embarquent deux fois
« en leur vie.... Cela fait qu'on y porte peu d'ex-
« périence quand on y entre, qu'on est sujet à y

« faire de grandes fautes et à y courir de grands
« hasards. »

Lenet, qui étoit encore fort jeune, n'a guère pu faire ces réflexions avant de s'engager dans la guerre civile : elles ont été plus tard chez lui le résultat de l'expérience; mais elles n'en sont pas moins justes, et elles expliquent le mauvais succès de toutes ses entreprises. Il avoit suffi à Mazarin de paroître en Normandie avec le Roi pour y étouffer les soulèvemens que les partisans du duc de Longueville avoient cherché à y exciter. Le ministre se rendoit en Bourgogne, et alloit presser le siége de Bellegarde, où s'étoient réfugiés tous les mécontens : c'étoit la seule place qui leur restât dans la province. Lenet avoit quelques amis dans l'un des régimens qui devoient être employés au siége; il leur fit proposer d'arrêter Mazarin au milieu de l'armée. On l'auroit sommé de signer l'ordre pour la liberté des princes, on l'auroit retenu en otage jusqu'à ce que l'ordre eût été exécuté; et dans le cas où il y auroit eu des tentatives pour sa délivrance, on se seroit défait de lui. « Mon dessein, dit-il, étoit de ceux
« qui réussissent rarement, mais aussi de ceux qu'il
« faut toujours hasarder par la grandeur de leur im-
« portance. » On verra dans les Mémoires de Lenet comment le complot fut conduit, et comment il fut découvert : les particularités qu'il rapporte ne sont pas inutiles pour faire connoître la manière d'agir des hommes qui figuroient dans les intrigues de cette époque.

Lenet ne se découragea point : il parvint à tromper la vigilance des agens que le cardinal Mazarin avoit chargés de surveiller les princesses à Chantilly; il ménagea fort adroitement la fuite de la princesse de Condé, qu'il conduisit à Montrond avec le jeune duc d'Enghien. Les ducs de Bouillon et de La Rochefoucauld, auxquels s'étoient réunis un grand nombre de gentilshommes du Limusin et du Poitou, amenèrent des troupes, et on partit pour Bordeaux. Les partisans du prince de Condé avoient des intelligences dans cette ville, qui s'étoit déjà révoltée l'année précédente; ils espéroient non-seulement y trouver un asyle, mais profiter de la disposition des esprits pour soulever toute la province.

Lenet s'étend avec complaisance sur les détails du voyage de la princesse; et ces détails, intéressans par eux-mêmes, le deviennent encore plus par la manière dont ils sont présentés. Mais l'auteur a principalement composé ses Mémoires pour rendre compte de ce qui se passa à Bordeaux depuis la fin de mai, époque à laquelle il y arriva avec la princesse, jusqu'à la déclaration de paix du premier octobre. Sa relation est surtout curieuse, parce qu'il peint avec beaucoup de vérité les embarras sans cesse renaissans auxquels se trouvent exposés les chefs de parti, qui ne peuvent se maintenir qu'à l'aide de mouvemens populaires. Il fait à ce sujet une remarque fort judicieuse. « Il n'est « pas toujours aisé, dit-il, d'exciter des séditions; « mais quand elles le sont, il est difficile d'en arrêter « le cours. » A Bordeaux il ne suffisoit pas aux mécontens de se rendre maîtres du peuple, il leur falloit encore faire agir le parlement dans des intérêts qui n'étoient pas les siens; et quand ils avoient employé sans succès les négociations et les prières, ils arrachoient par la terreur ce qu'ils n'avoient pas pu obtenir par d'autres moyens. Cependant Lenet reconnoît que *s'il est quelquefois nécessaire d'inspirer la crainte, qui tient dans la dépendance quand elle est modérée, l'excès en est dangereux; qu'il refroidit les affections, irrite les esprits, et fait secouer le joug qu'on s'étoit imposé volontairement.*

Le duc de Bouillon, le duc de La Rochefoucauld et Lenet formoient le conseil de la princesse de Condé, au nom de laquelle s'expédioient tous les ordres. Dès leur entrée à Bordeaux ils s'étoient adressés au roi d'Espagne, et lui avoient demandé des secours que ce monarque s'étoit empressé de leur promettre. Un envoyé espagnol étoit attendu : on écrivoit de Madrid qu'il apportoit quatre cent cinquante mille livres, et un traité avantageux. Lenet attendoit avec une vive impatience l'arrivée de cet envoyé, dont la présence devoit relever le courage des Bordelais, et les engager plus fortement contre la cour. Mais lorsque don Joseph Ozorio, qu'il étoit chargé de recevoir, fut descendu chez lui, il ne put se défendre d'un sentiment pénible. « J'étois Français autant d'inclina-
« tion que de naissance, dit-il; j'avois, comme mes
« pères, été toute ma vie attaché au service du Roi; je
« ne pouvois m'accoutumer au nom espagnol, et j'eus
« toutes les peines du monde à dissimuler. » Il s'accuse, à la vérité, de foiblesse en faisant cet aveu. Le conseil de la princesse fut très-désappointé lorsqu'il sut que don Ozorio n'apportoit que quarante mille écus au lieu de quatre cent cinquante mille livres; et en examinant le projet de traité, on reconnut que l'Espagne se bornoit à des promesses illusoires.

Cependant le maréchal de La Meilleraye avançoit

avec l'armée royale, et on manquoit d'argent pour payer les troupes, qui commençoient à murmurer. Le duc de Bouillon, le duc de La Rochefoucauld et Lenet fournirent quelques fonds : ces foibles ressources furent bientôt épuisées, et il fallut mettre en gage les diamans de la princesse. Le maréchal croyant intimider les Bordelais, fit pendre le commandant d'un fort qui s'étoit rendu à discrétion. Le conseil de la princesse usa de représailles, et fit pendre le baron de Canole, qui avoit été fait prisonnier quelque temps auparavant. « Cette action, dit le duc de La Rochefoucauld, ras« sura les Bordelais, et disposa de telle sorte les choses « dans la ville, qu'on résolut de se défendre coura« geusement. » Non seulement les habitans de Bordeaux prirent les armes, mais les paysans des environs suivirent leur exemple, et firent main-basse sur tous les soldats de l'armée royale qui s'écartoient du camp. Ces derniers étoient sous les ordres d'un capitaine Candeyrand, *qui leur défendit de tirer sur d'autres que sur des cavaliers du Mazarin, attendu,* disoitil, *qu'un fantassin ne valoit pas la charge d'u fusil.*

Mazarin étant arrivé à l'armée avec des renforts, on négocia. Le ministre dit en termes très-exprès que la Reine perdroit non-seulement la Guienne, mais tout le royaume, plutôt que de mettre les princes en liberté tant que leurs partisans auroient les armes à la main; et qu'elle exposeroit sa personne et celle du Roi même à tous les périls du monde, plutôt que de ne pas entrer la maîtresse à Bordeaux. On lui répondit que les Bordelais appelleroient les Espagnols, l'Anglais, le Turc même, plutôt que de voir un tyran tel que lui rester maître de la vie et de la liberté des princes. Tout accommodement paroissoit donc impossible, et il sembloit que la guerre alloit être poussée jusqu'aux dernières extrémités. Mais le mois d'octobre approchant, on ne voulut plus à Bordeaux que *la paix et les vendanges*. « Après une « longue délibération, dans laquelle les vendanges « eurent plus de part que la volonté du plus grand « nombre de messieurs du parlement, dit Lenet, il « fut résolu qu'on accepteroit la paix aux conditions « offertes par la cour. » Ces conditions portoient que la ville ouvriroit ses portes; que la princesse se retireroit à Montrond; que tous ses partisans mettroient bas les armes; qu'ils s'engageroient à ne rien entreprendre contre la tranquillité du royaume; et qu'il y auroit amnistie pour tous ceux qui avoient pris part aux troubles (1).

Ainsi se terminèrent les affaires de Bordeaux, sur lesquelles Lenet avoit fondé de grandes espérances pour la cause des princes. Elles n'eurent d'autre résultat que de montrer l'impuissance des mécontens. Lenet fut obligé de se soumettre comme les autres; mais le jour même où il s'engageoit à rompre tout commerce avec les ennemis de l'Etat, il fit signer à la princesse des pleins pouvoirs pour conclure un nouveau traité avec l'Espagne; et en licenciant les officiers compris dans l'amnistie, il tira d'eux parole de reprendre les armes au premier signal. C'étoit comme un point de doctrine reconnu dans le parti qu'on pouvoit, qu'on devoit même violer les conventions faites avec Maza-

(1) L'édit de pacification fut signé le premier octobre.

rin. « Tous nos gens, dit Lenet, étoient tellement
« persuadés qu'on ne devoit rien tenir de tout ce qu'on
« promettoit au cardinal, qu'ils ne firent point de dif-
« ficulté de me dire en général et en particulier que
« l'amnistie ne les empêcheroit pas d'aller joindre
« M. de Turenne (1), et de retourner à Montrond, et
« partout ailleurs où il pourroit y avoir de la guerre,
« pour le service des princes. »

Lorsque la paix eut été proclamée, Lenet fut présenté à la Reine et au cardinal, ainsi qu'à Mademoiselle,
qui avoit suivi la cour en Guienne. Ayant fait d'inutiles instances auprès d'Anne d'Autriche pour obtenir
la liberté des princes, il entama une double négociation avec Mademoiselle et avec Mazarin; et dans
l'espoir de se servir de l'un par l'autre, il essaya de
les tromper tous les deux. Il rapportoit à la princesse tout ce que lui disoit le ministre, et au ministre
ce que lui disoit la princesse. Malheureusement le
cardinal et Mademoiselle entrèrent en explication;
la ruse fut découverte, et Lenet n'eut pas les rieurs
de son côté; mais il n'en fut pas plus mal vu à la
cour, où personne ne se piquoit d'agir avec plus de
bonne foi que lui dans les affaires de cette nature.
Après avoir fait exécuter, du moins en apparence,
les conditions de l'amnistie, il accompagna la princesse à Montrond, et y resta avec elle.

Quelques mois plus tard, Mazarin s'étant brouillé
avec les frondeurs et avec Monsieur, tous les partis
se réunirent contre lui : il tenta vainement de se ré-

---

(1) Turenne s'étoit joint aux Espagnols; il avoit pris le titre de
général de l'armée du Roi pour la liberté des princes.

concilier avec les princes en allant lui-même les mettre en liberté, et fut obligé de sortir du royaume. Lenet ne revint à Paris que lorsque les princes y furent rentrés : s'il ne demeura pas entièrement étranger à toutes ces intrigues, il ne put les suivre que de loin, et ne contribua ni à l'éloignement momentané du cardinal, ni à la liberté des princes. On ignore ce qu'il fit jusqu'à l'époque où le prince de Condé alla en Guienne, décidé à y rallumer la guerre civile. Tout parut d'abord seconder ce projet : le parlement de Bordeaux (1) et la noblesse de la province se déclarèrent; et Lenet, qui, à ce qu'il paroît, n'avoit plus les mêmes scrupules qu'en 1650, n'hésita pas à se charger d'une mission à Madrid, où il signa un traité avec l'Espagne. Mais lorsque les hostilités commencèrent, le prince de Condé, trompé par les Espagnols, mal secondé par ses partisans, n'ayant que de nouvelles levées à opposer aux soldats aguerris du comte d'Harcourt, éprouva successivement plusieurs échecs. « Le plus grand capitaine du monde sans exception, « dit le cardinal de Retz, connut, ou plutôt fit con- « noître, dans toutes ces occasions, que la valeur « la plus héroïque et la capacité la plus extraordi- « naire ne soutiennent qu'avec beaucoup de diffi- « culté les nouvelles troupes contre les vieilles. » Ces revers, auxquels il n'étoit point accoutumé, le portèrent à se rendre aux instances qu'on lui faisoit de ne pas sacrifier aux affaires d'une province celles de la capitale, *qui étoit,* lui disoit-on, *en tout sens la capitale.* Il résolut donc d'aller prendre le com-

---

(1) Il y eut un traité signé, le 13 janvier 1652, entre le prince de Condé et le parlement de Bordeaux.

mandement de l'armée de Flandre et de celle de Monsieur, qui s'étoient réunies, et qui marchoient sur la Loire. En quittant la Guienne, il laissoit les intérêts du parti dans cette province entre les mains du prince de Conti et de la duchesse de Longueville; mais comme il connoissoit la légèreté de son frère et l'imprudence de sa sœur, il chargea le comte de Marsin et Lenet de la direction des affaires.

Lenet se trouvoit donc replacé dans la même position qu'en 1650. On a vu qu'il rejetoit sur le défaut d'expérience les fautes qu'il avoit faites à cette époque, et qu'il s'étoit convaincu du danger qu'il y avoit à exciter des séditions, dont il est presque toujours impossible d'arrêter le cours. Non-seulement il retomba dans les mêmes fautes, mais il poussa la populace aux plus effroyables excès. La ville de Bordeaux étoit divisée en deux partis : le premier se composoit des riches bourgeois, qui vouloient maintenir l'autorité des magistrats, et se rendre assez puissans pour que le parlement et les princes les considérassent comme nécessaires à leur conservation; l'autre, formé du menu peuple, de tous les gens sans aveu, et des hommes les plus turbulens de la ville, n'avoit d'autre but que d'exciter des désordres, et de s'enrichir par le pillage. Ce fut ce dernier parti, connu sous le nom de l'*Ormée,* que les princes, Lenet et Marsin favorisèrent, et qui devint bientôt tout puissant dans Bordeaux. Le conseil de l'Ormée, près duquel un apothicaire remplissoit les fonctions de procureur général, et qui comptoit parmi ses membres des pâtissiers et des artisans, étoit maître absolu dans la ville, et disposoit de la vie et de la fortune des Bordelais. Le plus léger soupçon suffisoit pour être traduit devant ce redoutable tribunal, qui ne faisoit aucune grâce aux riches, dont il se partageoit les dépouilles.

Pendant les troubles de 1650, Lenet avoit montré beaucoup de désintéressement : on lit dans ses Mémoires, et dans ceux de La Rochefoucauld, qu'à cette époque il remit à la princesse de Condé tout l'argent dont il pouvoit disposer, et qu'il s'engagea même personnellement pour lui procurer des fonds. Il n'en agit pas ainsi en 1652 et en 1653. Le père Berthod rapporte qu'il fit condamner plusieurs riches bourgeois de Bordeaux *pour avoir lieu de prendre ce qu'il y avoit de meubles et d'argent chez eux* (1). Le marquis de Chouppes (2), qui étoit attaché au parti des princes en

---

(1) Mémoires du père Berthod, tome 48 de cette série. — (2) Le marquis de Chouppes, né en 1612, d'abord page de Louis XIII, entra au service à l'âge de seize ans. Le cardinal de Richelieu, qui connoissoit sa famille, se chargea du soin de sa fortune, lui confia plusieurs missions, et le plaça comme aide de camp auprès du maréchal de La Meilleraye, grand maître de l'artillerie. Le marquis de Chouppes devint lieutenant général de cette arme en 1643, et fit plusieurs campagnes en Flandre, en Italie et en Espagne. En 1650, il commandoit l'artillerie au siége de Bordeaux ; il fut blessé grièvement, et resta sur la place. « On crut, dit-il, « assez long-temps que je n'en réchapperois pas, et en voici la preuve. « Le cardinal Mazarin vint me visiter de la part du Roi et de la Reine, « m'offrit tous les services imaginables, et ne s'en souvint plus lors- « qu'il me vit en état d'accepter les grâces qu'il m'avoit offertes. » Sans avoir de motifs réels de plainte contre la cour, il s'engagea avec le prince de Condé dans la guerre civile de 1651, resta en Guienne après le départ de ce prince, fit son accommodement particulier avec la cour avant la réduction de Bordeaux, fut ambassadeur du Roi à Lisbonne, lieutenant général du Roussillon, et gouverneur de Belle-Isle. Il a laissé des Mémoires qui ont été imprimés en 1753 ; Paris, 2 vol. in-12. On y trouve quelques particularités curieuses ; mais nous n'avons pas dû les admettre dans notre Collection, parce qu'ils ont peu d'importance comme Mémoires historiques.

Guienne, et qu'on avoit envoyé à Madrid pour presser l'envoi des sommes que l'Espagne devoit fournir, accuse également Lenet de dilapidation. Au mon retour, dit-il, j'allai rendre compte du succès de mon
« voyage à M. le prince de Conti et à madame la prin-
« cesse de Longueville. Ils furent tous fort étonnés
« quand je leur appris que Lenet et Marsin avoient re-
« çu du roi d'Espagne deux millions deux cent mille
« livres : on ne savoit à quoi cette somme avoit été
« employée. On dit qu'il falloit en faire rendre compte
« à ceux qui l'avoient reçue ; mais cette résolution ne
« fut pas de longue durée. Madame de Longueville,
« après quelques réflexions, y trouva bien des difficul-
« tés, parce qu'on n'avoit pas un pouvoir assez étendu
« de M. le prince. D'ailleurs on sentoit bien que quand
« Marsin et Lenet eussent été coupables, comme on
« n'en doutoit pas, ils trouveroient encore de la protec-
« tion auprès de M. le prince. Ainsi madame de Lon-
« gueville dit qu'il ne falloit pas examiner cette affaire
« de trop près : ce fut aussi mon sentiment. Mais voici
« en même temps ce que je proposai : il n'y a qu'à as-
« sembler un conseil de guerre ; dans cette assemblée
« l'on fera venir le trésorier de l'armée, à qui l'on or-
« donnera de rendre compte des deniers qu'il a reçus
« d'Espagne pour M. le prince. On goûta cet expé-
« dient : deux jours après on assembla tous les officiers,
« qui ne savoient pas quelle affaire on alloit mettre sur
« le tapis. M. le prince de Conti fit appeler le tréso-
« rier de l'armée, et lui commanda d'apporter ses états
« de recette et de dépense. La recette se trouva
« monter à deux millions deux cent mille livres des
« deniers d'Espagne, et à onze cent et quelques mille

« livres des deniers de Bordeaux, et des autres
« villes de Guienne. Ensuite le trésorier présenta
« une ordonnance de comptant, qui étoit de trois
« cent mille livres, pour affaires secrètes concernant
« M. le prince, signée de Marsin, et contrôlée par Le-
« net. Marsin fut très-étonné de ce coup imprévu; et
« se levant, il dit à Leurs Altesses qu'il voyoit bien que
« le conseil ne se tenoit que pour lui, et qu'il les
« supplioit de lui permettre de se retirer. Ce qu'il
« fit; et Lenet le suivit. Madame de Longueville dit
« qu'elle ne croyoit pas qu'on dût pousser l'affaire
« plus loin sans en donner avis à M. le prince, qui y
« étoit le plus intéressé. Chacun en demeura d'accord,
« et on se retira. »

Nous ne reproduirons point ici les détails que le père Berthod donne dans ses Mémoires sur ses relations avec Lenet, qui voulut le forcer à trahir le Roi en le menaçant de le livrer à la fureur du peuple s'il s'y refusoit; mais nous remarquerons que Lenet ne sut ni maintenir la bonne intelligence entre le prince de Conti et la duchesse de Longueville, ni prendre sur eux un véritable ascendant. Le prince prétendoit que Lenet *le traitoit en petit garçon*[1] : il rompit avec la duchesse, et ne songea qu'à faire son arrangement particulier[2]. Ces divisions, et le mécontentement des Bordelais, qui ne pouvoient plus supporter le joug de la populace, entraînèrent la ruine du parti. La ville de Bordeaux se soumit le 31 juillet 1653 : Lenet eut la permission de se retirer en Flandre au-

---

[1] Mémoires de mademoiselle de Montpensier, tome 41, p. 410, de cette série. — [2] *Voyez* sur ces négociations les Mémoires de Gourville, tome 52 de cette série.

près du prince de Condé (1), qui le chargea de correspondre avec les amis qu'il avoit laissés en France, et de suivre ses négociations avec les puissances étrangères. Mailly, auteur de l'Esprit de la Fronde, et compatriote de Lenet, a eu communication de tous ses manuscrits (2). Il dit y avoir vu, à la date de 1654, une minute de lettre faite au nom du prince de Condé à Cromwell, pour le féliciter sur le titre de Protecteur qu'il venoit de se faire décerner. « Monsieur, y fait-
« on dire au prince, je me réjouis infiniment de la
« justice qui est rendue au mérite et à la vertu de
« Votre Altesse : c'est en cela seul que l'Angleterre
« pouvoit trouver son salut et son repos ; et je tiens
« les peuples des trois royaumes au comble de leur
« bonheur de voir maintenant leurs biens et leurs vies
« confiés à la conduite d'un si grand homme. Pour
« moi, je supplie Votre Altesse de croire que je me
« tiendrois fort heureux si je pouvois la servir en
« quelque occasion, et lui faire connoître que per-
« sonne ne sera jamais au point que je suis, mon-
« sieur, de Votre Altesse, le très-affectionné servi-
« teur. »

Cette pièce, tout extraordinaire qu'elle est, ne surprendra pas si on considère que Lenet, pendant qu'il étoit encore à Bordeaux, s'étoit déjà adressé à Cromwell dans l'espoir d'obtenir quelques secours d'hommes et d'argent. Lenet fut envoyé plusieurs fois

(1) Le prince de Condé s'étoit retiré en Flandre au mois d'octobre 1652, et s'étoit mis au service de l'Espagne. — (2) Une partie des manuscrits de Lenet a été déposée à la bibliothèque du Roi : on y trouve les minutes de ses lettres, les lettres qui lui ont été adressées par le prince de Condé et par plusieurs autres personnages importans, des instructions, des fragmens de relations, des projets, etc.

à Madrid par le prince de Condé : il y étoit depuis plus d'un an, lorsque Louis de Haro se rendit sur la frontière pour négocier le traité des Pyrénées avec le cardinal Mazarin. Il suivit le ministre espagnol, obtint que le prince fût compris dans le traité de paix de 1659, rentra avec lui en France, et mourut à Paris le 3 juillet 1671. On n'a aucun détail sur les dernières années de sa vie.

Quoiqu'il dise, dans ses Mémoires, *que c'est une politique bien fausse de se tenir ferme au parti dans lequel on se jette, même contre le premier devoir*, il resta constamment attaché au prince de Condé dans la bonne comme dans la mauvaise fortune, pendant la paix comme pendant la guerre civile ; et lorsqu'il ne put plus le servir en France, il s'expatria pour aller le rejoindre. La constance de son dévouement mérite sans doute des éloges ; mais il ne garda pas la même fidélité à ses amis. Lié dès sa jeunesse avec le comte de Bussy-Rabutin, il l'abandonna dans sa disgrâce, sans avoir eu à se plaindre de lui.

« Lorsque je fus arrêté le 17 avril 1665, dit Bussy-
« Rabutin dans ses Mémoires, Lenet ayant appris que
« j'étois brouillé avec M. de La Rochefoucauld, s'of-
« frit à lui contre moi : ce n'est pas qu'il ne fût mon
« ami depuis bien long-temps avant qu'il connût l'au-
« tre ; mais ayant ouï nommer M. de La Rochefou-
« cauld parmi les gouverneurs qu'on donnoit dans le
« monde au Dauphin, il crut qu'en lui sacrifiant son
« honneur, ce prétendu gouverneur se souviendroit
« de lui dans son royaume. Cependant, comme cela
« eût achevé de le décrier dans le public si l'on eût
« su la raison pour laquelle il ne me voyoit pas, il me

« fit dire que le prince de Condé lui avoit défendu de
« me voir : ce qui n'étoit pas, puisque les domes-
« tiques mêmes de ce prince, qui étoient de mes
« amis, me rendoient visite sans se brouiller avec
« leur maître; et je ne doute pas qu'il ne fît valoir à
« ce prince l'abandon qu'il faisoit de son ami. Quand
« il vit que le Roi avoit satisfait aux désirs des hon-
« nêtes gens, par le choix que Sa Majesté fit du duc
« de Montausier pour gouverneur du Dauphin, il eût
« bien voulu être à recommencer; mais il n'y avoit
« plus de remède : et pour moi je fus ravi d'un si
« bon choix, non-seulement dans l'intérêt de la gloire
« du Roi, mais encore parce que Lenet avoit fait une
« lâcheté en pure perte (1). »

On sait que Bussy-Rabutin ne pardonnoit pas à ceux dont il avoit à se plaindre, et que la haine le rendoit souvent injuste; on doit donc hésiter à croire, d'après son seul témoignage, que Lenet ait été un homme décrié dans le monde. Mais on pourroit conclure du passage cité que Lenet, qui n'avoit pas été employé depuis 1660, et qui désiroit l'être, évitoit toute démarche qui auroit pu déplaire à la cour, et qu'il sacrifia un ancien ami disgracié au duc de La Rochefoucauld, qu'il supposoit être en crédit.

Au mois d'avril 1650, avant de partir de Chantilly avec la princesse de Condé, Lenet avoit fait un journal qu'il continua jusqu'à la fin d'octobre suivant, c'est-à-dire jusqu'à l'époque où il ramena la princesse

---

(1) Ce passage, publié par M. Monmerqué dans son édition des Lettres de madame de Sévigné (Paris, 1818, tome 5, page 312), avoit été retranché des Mémoires imprimés du comte de Bussy-Rabutin.

à Montrond, après la réduction de Bordeaux. Lorsqu'il fut rentré en France en 1659, il se servit de ce journal pour composer ses Mémoires, qu'il fit remonter jusqu'au milieu de l'année 1649. Quelques années après les avoir terminés, il les lut au prince de Condé, qui en fut très-satisfait, et qui l'engagea à poursuivre sa relation jusqu'à la paix générale. Lenet se conformoit aux intentions du prince, lorsque la mort le surprit. Nous avons trouvé, parmi ceux de ses manuscrits qui sont déposés à la bibliothèque du Roi, les premières feuilles de cette suite de ses Mémoires, et diverses notes sommaires que l'auteur avoit prises pour se guider dans son travail. Nous n'avons pu faire aucun usage de ces fragmens.

A l'époque où Lenet a écrit ses Mémoires (1), il étoit éclairé par le malheur et par l'expérience : il a en général envisagé sainement les choses, les a présentées sous leur véritable point de vue; et si on appliquoit les réflexions que les événemens des années 1649 et 1650 lui ont suggérées, à la conduite qu'il a tenue pendant la guerre civile de 1651, 1652 et 1653, on ne pourroit s'empêcher d'être étonné qu'il eût ainsi fourni des armes contre lui. On doit regretter qu'il n'ait pas pu continuer ses Mémoires; il seroit curieux de voir s'il auroit avoué franchement les torts graves que tous les Mémoires du temps lui reprochent, ou s'il

---

(1) D'après les fragmens manuscrits de Lenet qui sont déposés à la bibliothèque du Roi, il paroît qu'il avoit d'abord entrepris la rédaction de ses Mémoires en janvier 1651, mais qu'il fut obligé de suspendre son travail, qui étoit à peine commencé : il ne le reprit qu'après sa rentrée en France.

auroit essayé de justifier dans le deuxième ouvrage ce qu'il avoit condamné dans le premier.

Le style de ses Mémoires n'est ni précis ni correct ; mais les événemens y sont bien mis en scène, et racontés quelquefois d'une manière assez piquante. L'auteur les accompagne de réflexions fines, et même profondes ; il les multiplie à la vérité un peu trop, et laisse apercevoir la prétention qu'il a de passer pour un grand politique. Il s'attache à démêler les ressorts secrets des intrigues, rapporte beaucoup d'anecdotes et de circonstances qui sans lui n'auroient jamais été connues, donne des détails curieux sur la jeunesse du grand Condé; enfin (ce qui est important pour l'histoire) il a recueilli différentes pièces qu'on ne trouve point ailleurs. Lorsque ces Mémoires parurent, il en fut parlé avec éloge dans les journaux du temps. « Quoique l'histoire des troubles, écrite par un homme « qui y a eu beaucoup de part, soit fort intéressante « en elle-même, dit le Journal de Verdun (1), on trou- « vera peut-être que les traits qui y sont répandus « en rendront la lecture encore plus agréable. » Si on se formoit une opinion sur Lenet d'après ses Mémoires, on le considéreroit comme un des plus habiles négociateurs de cette époque. Madame de Sévigné, qui l'avoit connu fort jeune, et qui, à ce qu'il paroît, a toujours conservé des relations intimes avec lui, trouvoit sa conversation très-amusante ; mais en disant qu'il avoit de l'esprit comme douze, elle ajoutoit que cet esprit étoit un peu grossier. Quelle que soit

(1) Mai 1729.

l'acception qu'elle ait voulu donner au mot *grossier*, il est certain que Lenet jugeoit mieux les choses passées que les choses présentes; qu'il fut souvent pris pour dupe dans les négociations dont il se chargea; que les finesses auxquelles il eut recours tournèrent presque toujours contre lui; qu'il ne réussit dans aucune de ses entreprises, et qu'il laissa la réputation d'un brouillon factieux plutôt que celle d'un homme d'Etat.

Il prétend n'avoir composé ses Mémoires que pour lui seul, et pour sa satisfaction particulière : il pense qu'on ne peut écrire l'histoire pendant la vie ni de ceux qui ont gouverné ou gouvernent encore, ni de ceux qui ont agi ou souffert; qu'il est impossible de dire la vérité sans s'exposer au reproche de haine ou de vengeance, et que si on la pallie par flatterie ou par crainte, on ne peut éviter la honte d'avoir sacrifié à l'intérêt la seule vertu qui fait l'essence de l'histoire. Ce dernier inconvénient lui semble d'autant plus grave, que l'histoire doit servir de guide, dans les siècles à venir, à ceux qui auront le maniement des affaires publiques, et même aux particuliers qui voudront régler leur conduite sur l'exemple des choses passées. Son récit porte en effet le caractère de la franchise; et l'on peut croire, comme il le dit, qu'il met au jour *sa conduite, ses fautes, ses soupçons, ses méfiances, ses soins et ses affections.* Aussi lorsque ses Mémoires furent publiés en 1729 (1), l'éditeur

---

(1) *Mémoires de M. L***, conseiller d'Etat*, sans nom de ville ni d'imprimeur. Suivant le Mercure de France (avril 1729), l'ouvrage au-

crut-il devoir supprimer divers passages qui auroient blessé les parlemens de Paris et de Bordeaux, et les descendans de quelques personnages sur lesquels Lenet s'exprimoit avec une grande liberté. A deux ou trois exceptions près, les coupures avoient été faites de manière à ne pas laisser apercevoir de lacune. L'abbé Papillon, qui mourut en 1738, à l'âge de soixante-douze ans, avoit ouï dire à un parent de Lenet qu'il y avoit une copie manuscrite des Mémoires beaucoup plus ample que l'imprimé, et qu'on ne tarderoit pas à la donner au public (1). Cette deuxième édition n'a pas été faite, et on ignore ce qu'est devenu le manuscrit dont parle l'abbé Papillon (2). Mais Imbert de Cangé, valet de chambre du Régent, qui en avoit eu communication, a fait rétablir sur l'exemplaire de sa bibliothèque à peu près tous les fragmens supprimés. Cet exemplaire est déposé à la bibliothèque du Roi, et nous nous en sommes servis pour compléter notre édition. Il reste encore quelques lacunes qu'il ne nous a pas été possible de remplir. Les additions de l'exemplaire de Cangé sont en général des traits malins lancés contre divers personnages marquans de l'époque; elles sont curieuses parce qu'elles servent à caractériser ces personnages, et elles rendent la lecture des Mémoires plus piquante.

Nous avons ajouté en notes, aux Mémoires de Le-

roit été publié à Paris chez Gabriel Marin et Paul Guérin, et il y en auroit eu deux éditions dans la même année.

(1) Dictionnaire des Auteurs de Bourgogne, article *Lenet*. — (2) Il ne se trouve pas parmi les manuscrits de Lenet qui ont été déposés à la bibliothèque du Roi.

net, quelques détails puisés dans un journal bordelais du temps, intitulé *Histoire véritable de tout ce qui s'est fait et passé en Guienne pendant la guerre de Bordeaux, commençant le jour de l'entrée de madame la princesse et de messieurs les ducs d'Enghien, de Bouillon et de La Rochefoucauld.* Ce journal fait partie de la collection des Mazarinades de la bibliothèque de l'Arsenal : c'est la première pièce du tome 42.

MÉMOIRES
DE
PIERRE LENET.

LIVRE PREMIER.

Je suis si fort attaché à mon devoir et à mes plaisirs, et même si ponctuel à tout ce qui peut plaire à mes amis, que je ne crois pas pouvoir jamais achever ces Mémoires, que les premières atteintes de la goutte me donnent lieu de commencer à Paris, où tous les devoirs de la vie civile ne laissent pas le loisir qui seroit nécessaire à un ouvrage de cette nature. Si j'avois intention de le donner au public, je commencerois par un plan exact de l'état auquel se trouva la cour devant et après la mort du feu Roi (1), et par celui des principales choses qui se sont passées pendant la minorité du Roi à présent régnant, desquelles j'ai eu beaucoup de connoissance, parce que rien ne seroit plus nécessaire pour rendre moins ennuyeuse la lecture de ce que je prétends écrire. Mais comme plusieurs histoires de notre temps, bonnes ou mauvaises, en ont parlé avec tant de particularités que j'y renverrois le lecteur, avec l'avis de prendre garde que chacun a écrit suivant sa passion ou son intérêt, si je

(1) *Du feu Roi :* Louis XIII, mort le 14 mai 1643.

croyois que ceci pût dans la suite tomber dans les mains du public : aussi passerai-je tout cela sous silence, parce que j'en suis suffisamment instruit, et parce que je ne me propose que de mettre au net pour ma satisfaction particulière les Mémoires que j'ai dressés en divers temps des choses que j'ai conduites pendant et depuis la prison de M. le prince de Condé, et les lettres que j'ai écrites et reçues en différentes occasions sur les affaires que j'ai négociées tant dedans que dehors le royaume.

C'est à mon sens un travail fort infructueux que d'écrire des choses servant à l'histoire pendant la vie de ceux qui ont gouverné ou gouvernent les affaires, et de ceux mêmes qui ont agi ou souffert, parce qu'il est impossible de dire la vérité sans tomber dans l'inconvénient du reproche de la haine et de la vengeance; que si on ne la dit point, ou qu'on la pallie par flatterie ou par crainte, on ne peut éviter la honte d'avoir sacrifié à l'intérêt et à la fortune la seule vertu qui fait l'essence de l'histoire, et qui doit servir de guide, dans les siècles à venir, à ceux qui auront le maniement des affaires publiques, et même aux particuliers qui voudront régler leur conduite par l'exemple des choses passées.

C'est par cette raison que j'ai résisté à mes amis quand ils m'ont voulu persuader que je devois au public la vérité des faits que peu de personnes savent aussi bien que moi, et que j'ai refusé à ceux qui écrivent l'histoire des instructions sur les affaires que j'ai vues ou que j'ai faites. Peut-être auroient-elles désabusé une infinité de personnes, qui par la lecture de ce qu'on a écrit depuis la régence, ont conçu des opinions directement contraires à la vérité contre la réputation des principaux acteurs de cette scène. Un mouvement de conscience et d'honneur, et même l'intérêt que je dois prendre en ce qui touche mes amis et moi-même, auroit pu me porter à leur faire connoître la vérité par des témoignages irréprochables, si je n'avois considéré que j'aurois peut-être fait moins pour leur service et pour leur satisfaction, en la publiant avec toutes ses circonstances, qu'en laissant le public dans l'erreur des mensonges qu'on a débités contre eux. C'est donc pour moi seul que j'écris ce qui suit.

[1649] Sur la fin de l'an 1649, je fis un voyage en Bourgogne pour mettre ordre à mes affaires domestiques, dans le dessein d'accepter l'emploi qu'on m'offroit d'une ambassade vers les princes d'Italie et vers la seigneurie de Venise. Je croyois qu'il étoit de la prudence de s'absenter de la cour, agitée de factions auxquelles les personnes les moins considérables prenoient parti, parce que ceux qui les formoient tâchoient de se fortifier du nombre, quand ils ne le pouvoient être du mérite; et dans l'incertitude des succès, on couroit fortune de se former des exclusions aux emplois et aux charges auxquelles l'ambition ou les services faisoient aspirer : au lieu qu'une honnête absence donnoit lieu d'observer les choses de loin, et le temps de se ranger du côté qui prévaudroit, sans tomber dans les extrémités de demeurer inutile et suspect à ceux dont on auroit épousé les passions et les intérêts à contre-temps, ou de s'en séparer de mauvaise grâce pour chercher sa fortune auprès de leurs ennemis. C'est une politique bien fausse, mais établie de tous temps dans notre nation, de se tenir ferme au parti dans lequel on se jette, même contre le premier devoir; et c'est une espèce de honte que de l'abandonner pour se ranger même du côté du souverain, parce que ceux à qui les intérêts particuliers font former des factions dans le royaume ne manquent jamais de prétextes pour les colorer du nom spécieux du service du Roi et du bien public.

Mon aïeul maternel et mon aïeul paternel second avoient été singulièrement attachés aux intérêts de Henri de Bourbon, premier du nom (1), et de sa veuve; et, par un motif de reconnoissance et de bonté, Henri II de Bourbon son fils (2) avoit honoré toute ma famille, de père en fils, de sa protection et de sa bienveillance, et moi plus qu'aucun autre de tous ceux qui la composoient. J'étois entré dans sa confiance en plusieurs rencontres : il prenoit plaisir à me voir élever dans les charges, et m'avoit dit diverses fois, lorsque j'étois conseiller, et depuis procureur général, au parlement de Bourgogne, dont il étoit gouverneur, qu'il emploieroit en temps et lieu son crédit pour me mettre dans le conseil du Roi, où il me procureroit par lui et par ses amis tous les emplois et les avantages qui lui seroient possibles. Il me fit la grâce de donner son nom au baptême à mon fils aîné ; et en toutes occasions il faisoit connoître, disoit-il, la bonne

---

(1) *Premier du nom :* Henri de Bourbon, deuxième prince de Condé, empoisonné en 1588. En apprenant sa mort, Henri IV dit: « J'ai perdu « mon bras droit. » — (2) *Son fils :* Henri, deuxième du nom, fils du précédent, troisième prince de Condé.

opinion et l'amitié qu'il avoit pour moi. Il mourut en l'année 1646, laissant le prince de Condé son fils héritier de ses biens et de ses charges, et particulièrement de celle de chef du conseil du Roi pendant sa minorité.

La grande réputation que ce prince s'étoit acquise par le gain des batailles de Rocroy, de Fribourg, de Nordlingen, et depuis de celle de Lens; par la prise de Thionville, de Philisbourg, de tout le cours du Rhin jusqu'à Coblentz, de Dunkerque, et de plusieurs autres places de grande considération; et enfin par diverses rencontres particulières dont les histoires sont remplies, et le grand génie qui avoit concilié en lui plusieurs qualités différentes pour le rendre un grand homme, l'avoient fait l'admiration de son siècle, mais avoient en même temps jeté dans les esprits tout ce qui fait appréhender les talens extraordinaires, comme propres à tout entreprendre ou à s'opposer à tout, quand leurs passions ou leurs intérêts leur doivent faire désirer une chose ou une autre.

Je me trouvai assez heureux pour avoir autant de part en l'honneur de ses bonnes grâces que j'en avois eu en celles du prince de Condé son père; et soit parce qu'il me crût affectionné de père en fils à sa maison, soit par l'habitude de me voir auprès de lui et dans ses plaisirs dès sa jeunesse, il me fit un traitement qui me distinguoit fort obligeamment de tous ceux de ma condition et de mon âge; de sorte que les gens de la cour qui vouloient s'attacher à sa fortune, ou ceux qui vouloient s'y opposer, me faisoient part de leurs sentimens divers, et des avances d'amitié au-delà de ce qu'un homme comme moi pouvoit prétendre. Il ne me fut pas malaisé dans cette conjoncture d'obtenir de la Reine, qui pour lors étoit régente, une place de conseiller d'Etat ordinaire, où je servis assez au gré de Sa Majesté pour l'obliger à me choisir pour l'un des intendans de justice, police et finance au siége de Paris; après lequel étant retourné à la cour, ce prince prit plaisir à faire valoir et publier mes services. Et comme en peu de temps la cour fut partialisée, il se servit de moi en beaucoup d'occasions importantes et de confiance.

J'ai fait cette digression pour dire que si le prince de Condé eût agi indépendamment par les mouvemens de son esprit et de ses intérêts, je n'aurois pu mieux faire que de ne m'éloigner pas de lui, parce que je ne pouvois être dans une assiette plus agréable, pour la tendre amitié que j'avois pour sa personne dès mon enfance, et par l'estime que j'avois conçue comme tous les autres pour un homme d'un génie aussi extraordinaire et aussi élevé que le sien; ni même rien faire de plus utile à ma fortune, parce que ses services devoient lui faire tout mériter envers la Reine et envers son ministre; s'il eût suivi son inclination toujours soumise à la cour, et son intérêt plutôt que celui de ceux qui n'avoient d'objet que la ruine du cardinal Mazarin, comme la base propre à élever leur grandeur : tels qu'ont été en divers temps fort proches l'un de l'autre madame la duchesse de Longueville et le duc de La Rochefoucauld, à l'habileté duquel elle avoit une entière créance; M. le prince de Conti son frère, qui prenoit toutes les impressions de ceux qui l'approchoient, comme du coadjuteur de Paris, à présent le cardinal de Retz, qui se servoit des frondeurs d'un côté, et du duc d'Orléans de l'autre, non tant par son propre crédit (car l'abbé de La Rivière l'avoit pour lors tout entier auprès de lui), que par celui de la duchesse de Chevreuse, à qui une longue habitude avoit donné le pouvoir de lui parler avec une fort grande liberté : mais de quelque façon que ce fût, ce cardinal mettoit tout en usage pour donner atteinte à la faveur du cardinal Mazarin, et n'omettoit ni moyens sérieux ni railleries, par lui ou par ses émissaires, pour essayer d'en venir à bout.

Tous les intérêts différens de ceux que je viens de nommer, et d'autres qui agissoient plus sourdement, comme de Châteauneuf et de Chavigny, les obligeoient à tout proposer au prince de Condé, qui fit long-temps la sourde oreille, et ne se résolut à les écouter qu'après ce que vous allez entendre, qui ne lui laissa pas lieu de douter de la conduite incertaine du cardinal Mazarin, qui, soit par l'inégalité de son esprit, soit par sa foiblesse naturelle, soit par la crainte de ne pouvoir espérer dans tous les temps la même assistance qu'il avoit reçue jusque là du prince de Condé, soit par la jalousie qu'il avoit de ce que l'on s'adressoit à ce prince pour les diverses prétentions qu'on avoit à la cour, soit qu'il fût étonné de la grandeur de celles que les services rendus à l'Etat et à lui-même lui devoient faire avoir, soit qu'il fût surpris desdiscours impétueux que Perrault son intendant faisoit partout où il se trouvoit contre lui et contre son ministère, soit par les railleries de plusieurs personnes qui étoient dans la familiarité du prince, soit qu'il crût être en brassière tant qu'il n'auroit point d'autre appui, soit par toutes ces considérations ensemble, il se résolut d'exécuter le dessein qu'il avoit formé quatre ou cinq mois auparavant sur la fin de la guerre de Paris, étant encore à Saint-Germain, dans le temps de sa plus grande union avec le prince qui venoit de le tirer du précipice, et qui ne fut pas peu surpris quand il lui en donna part. Ce dessein étoit de marier mademoiselle Mancini au duc de Mercœur, à qui il promit l'amirauté (que le prince de Condé avoit lieu de prétendre, puisqu'elle avoit vaqué par la mort du duc de Brezé son beau-frère) pour le duc de Vendôme, et la survivance au duc de Beaufort son deuxième fils, croyant par cet intérêt le détacher des frondeurs, lui faire perdre l'amitié du peuple de Paris, qui l'avoit rendu considérable dans les derniers temps, lui faire oublier le ressentiment de sa prison, et les mauvais traitemens que toute sa maison avoit reçus depuis son ministère.

D'un autre côté, le duc de Longueville, de qui les vastes desseins qu'il avoit fait paroître pendant la guerre de Paris étoient réduits à avoir le gouvernement du Pont-de-l'Arche en Normandie, et que le prince de Condé lui avoit fait espérer, comme en ayant des paroles positives du cardinal Mazarin dès le temps que l'on avoit conclu la paix avec ceux qui s'étoient jetés dans les intérêts de Paris, avoit pressé par ses gens d'affaires, par la duchesse sa femme, et par le prince de Conti, de lui en faire voir l'effet, et de ne consentir jamais au mariage du duc de Mercœur, par la raison de l'opposition naturelle de la maison de Vendôme à celle de Longueville, et pour priver le cardinal Mazarin d'un appui qui ne pouvoit que lui être préjudiciable, et au prince de Condé même.

Le duc de Rohan, qui avoit toutes les intentions bonnes, et toutes portées à maintenir l'union entre le prince de Condé et le cardinal Mazarin, avoit fait diverses allées et venues vers l'un et vers l'autre pour en venir à bout, comme de la chose du monde qu'il jugeoit la plus nécessaire au bien de l'Etat et à la tranquillité publique. Discourant un jour avec moi dans toute la confiance et la liberté que l'amitié qu'il me portoit lui donnoit, je lui dis que le prince de Condé, à mon sens, n'étoit pas si blâmable qu'il me le vouloit persuader, d'avoir mandé au cardinal Mazarin par Le Tellier, secrétaire d'Etat, qu'il ne seroit jamais son serviteur ni son ami (paroles fatales, qui ont été la source de tout ce qui est arrivé depuis), puisqu'il posoit en fait que le cardinal lui avoit donné une parole formelle et positive de faire donner le gouvernement du Pont-de-l'Arche au duc de Longueville, à laquelle manquant, il avoit exposé le prince au déplaisir de rompre une seconde fois avec sa famille, s'il n'avoit rompu avec le cardinal Mazarin, ou à la honte d'avoir souffert impunément un déplaisir aussi sensible que celui-là. Le duc me repartit que le prince s'étoit trop précipité en donnant au duc de Longueville une parole qu'il n'avoit pas reçue du cardinal Mazarin; que le mépris qu'il avoit pour lui lui avoit persuadé qu'il le porteroit à point nommé à déférer à toutes ses volontés; que sur ce fondement il s'étoit engagé à promettre ce qu'on lui refusoit à présent, parce qu'on ne lui avoit jamais promis, et que se trouvant réduit à l'extrémité, ou de manquer au duc de Longueville, ou de rompre avec le cardinal, il avoit pris ce dernier parti, croyant qu'il n'auroit pas la force de soutenir la négative qu'il lui avoit fait donner par Le Tellier; et qu'en tout cas cette rupture lui acquerroit l'amitié des frondeurs, et lui rendroit celle du peuple de Paris, qu'il avoit perdue par le siége qui s'étoit formé par son avis pour soutenir la fortune chancelante du cardinal. Le duc ajouta que, connoissant le prince aussi parfaitement qu'il faisoit, il jureroit qu'il se repentoit de cette précipitation, qui le mettoit dans la nécessité de s'unir contre son inclination avec les frondeurs, desquels, et quasi de toute la cour, il avoit reçu les offres de services; que le duc d'Orléans en concevroit une jalousie qui l'obligeroit à soutenir le cardinal, pour ne pas voir tomber, à son mépris, toute l'autorité et toute la considération de la cour entre les mains du prince; qu'il feroit beaucoup mieux de se raccommoder de bonne heure et de bonne grâce avec le cardinal par leurs amis communs, que d'en donner l'avantage au duc d'Orléans; que l'abbé de La Rivière les porteroit à cela, pour les grands intérêts particuliers qu'il avoit à ménager avec le cardinal.

Je m'opiniâtrai, peut-être sans fondement, à soutenir au duc de Rohan qu'au fond de l'affaire tout le droit étoit du côté du prince; mais que quand il ne seroit pas ainsi, quelque déplaisir que j'eusse de cette rupture, qui étoit contre mon inclination, contre les intérêts de M. le prince, et contre le bien de l'Etat, il ne pouvoit prendre un conseil plus préjudiciable à sa sûreté et à sa réputation que celui de se raccommoder avec le cardinal, par quelque méditation que ce pût être, parce qu'outre que cela lui feroit de nouveau perdre son crédit parmi les peuples, cela l'exposeroit sinon à manquer à sa parole, du moins à l'espérance qu'il avoit donnée à ceux desquels il avoit reçu les complimens; et que de plus je lui avois ouï dire si publiquement que puisque le sort en étoit jeté il n'y avoit plus de retour, que je croyois que le duc ne pouvoit jamais faire une chose si opposée au service du prince, que de lui parler davantage d'une réconciliation dont j'appréhendois les suites autant que j'avois appréhendé la rupture. Le jour même que le prince chargea Le Tellier de porter les paroles de rupture avec le cardinal, il m'envoya appeler au conseil du Roi, où je servois pour lors : je le trouvai dans son lit, où il étoit encore, quoiqu'il fût près de midi; mais outre qu'il étoit fatigué d'une grande débauche qu'il avoit faite la veille à Saint-Cloud avec le roi d'Angleterre, le long entretien qu'il eut avec Le Tellier, et avec plusieurs de ses amis auxquels il en avoit donné part, l'y avoit retenu. Il voulut aussi m'en faire le récit, qui me surprit et me fâcha, tant par la nature d'une chose dont je croyois que le bien public et le sien particulier le devoient détourner, que parce que je la jugeai sans retour. Je pris la liberté de lui en dire mes sentimens, qu'il écouta sans aucun fruit; puis il me dit que le comte de *** sachant ce qui s'étoit passé entre lui et Le Tellier, l'avoit envoyé prier de lui envoyer une personne de confiance. Il me chargea d'y aller pour lui rapporter ce qu'il avoit à lui dire; ce que je fis. Ce comte est un gentilhomme d'une grande vivacité d'esprit, qui lui avoit fait acquérir des entrées fort grandes auprès de la Reine, et l'avoit mis tout-à-fait dans la familiarité du cardinal. Je crus d'abord que cela l'obligeroit à me faire des propositions d'accommodement; mais je me trouvai fort surpris, quand après avoir fait fermer la porte, et m'avoir demandé un secret fort exact, il me proposa de faire trouver bon à M. le prince qu'il ne s'offrît point à lui (comme assurément tout le monde feroit), afin que tous les matins il pût lui rendre compte par moi de tout ce que la Reine et le cardinal diroient, et les mesures qu'ils prendroient contre lui, avec ce qu'on appelle le petit coucher de l'un et de l'autre, où il se maintiendroit facilement en s'offrant au cardinal, qu'il importoit de tromper en ce rencontre pour profiter d'un autre plus important. Et m'ayant derechef demandé le secret envers toute autre personne, sans en excepter aucune que celle de M. le prince, il me dit qu'il se trouvoit en état auprès de la Reine d'y ruiner le cardinal, et de se rendre maître de ses bonnes grâces, si M. le prince le vouloit appuyer et ne se réconcilier jamais avec le cardinal; qu'il étoit impossible qu'il se maintînt dans le royaume; que tous les matins il me diroit ce qui viendroit à sa connoissance, et que, pour ne point prendre de fausses mesures, je lui rapporterois les avis de M. le prince pour sa conduite. Rien au monde ne m'a jamais tant surpris qu'un discours autant imprudent et téméraire que celui-là; mais comme il importoit d'en tirer les avantages qui se pourroient, je le remerciai fort de la part du prince. Je lui dis ensuite que je croyois que, bien loin de trouver mauvais qu'il ne s'offrît pas à lui, il le prioit d'en user de la façon qu'il venoit de me dire; et sur le sujet de la Reine je crus ne devoir entrer en aucuns discours sérieux : aussi le tournai-je en raillerie, et lui dis en riant que je le priois de se souvenir de moi quand il seroit dans son royaume. Je retournai sur-le-champ rendre compte au prince de l'entretien que j'avois eu avec ce comte. Il me chargea d'aller lui dire de sa part ce que je lui avois dit par avance de moi-même, et d'aller tous les matins recueillir ce qu'il auroit appris chez la Reine et chez le cardinal : ce que je fis tant que la rupture dura. Et sur ce qui touchoit la prétendue faveur du comte avec la Reine, le prince me dit que j'avois fort prudemment fait de n'y point entrer; qu'il ne croyoit pas Sa Majesté capable de prendre confiance en un homme d'aussi peu de jugement, et moins encore contre l'intérêt du cardinal; qu'il seroit pourtant bon de faire la guerre à l'œil, et de conserver cette correspondance, qui pouvoit donner des lumières qu'on ne pourroit tirer d'autre que de lui; qu'il étoit bon pour battre et découvrir du pays, mais qu'il lui manquoit bien des choses de celles qui rendent un homme capable de soutenir une affaire d'autant de poids que celle dont il flattoit sa vanité.

Cependant on ne voyoit que négociateurs aller du Palais-Royal au logis du prince de Condé; chacun vouloit s'acquérir ou avoir part au mérite de son accommodement avec le cardinal. L'abbé de La Rivière avoit à ménager les deux partis : M. le prince, pour s'aplanir le chemin au cardinalat, en maintenant la renonciation que le prince de Conti son frère avoit faite en sa faveur au chapeau qui étoit à la nomination de France; et M. le cardinal, pour n'y point former d'obstacles souterrains et secrets en cour de Rome. Il étoit dans une entière faveur auprès du duc d'Orléans son maître : il le vouloit rendre l'arbitre de la négociation, pour éviter qu'en se déclarant absolument contre le cardinal, comme le peu d'estime qu'il avoit pour lui et l'amitié qu'il témoignoit pour lors au prince sembloient l'y porter, ce ministre ne le traversât.

Cependant les discours publics du prince de Condé et ceux de toute sa cour avoient persuadé à tout le monde l'impossibilité de cette réconciliation : chacun prenoit déjà ses mesures sur la perte du cardinal Mazarin; les railleries qu'on faisoit contre lui étoient publiques; les rues comme les cabinets retentissoient des couplets que l'on chantoit pour le rendre ridicule; les beaux-esprits s'occupoient et prétendoient d'avancer leurs fortunes par les pièces qu'ils présentoient tous les jours au prince de Condé et au duc d'Orléans. Jamais je ne fus si surpris que, retournant un matin du conseil en mon logis, je trouvai au bout du Pont-Neuf le duc d'Orléans et le prince de Condé qui étoient dans un même carrosse. Le marquis de La Moussaye, qui avoit beaucoup de part dans les bonnes grâces du prince, et qui le suivoit dans un autre carrosse, me cria de la portière que tout étoit accommodé par le duc d'Orléans, qui le menoit au Palais-Royal. L'entrevue de l'un et de l'autre se fit en présence de la Reine, qui les invita à une sincère amitié; elle donna le Pont-de-l'Arche au duc de Longueville, et se plaignit depuis, comme elle avoit fait auparavant, qu'on lui arrachoit ce gouvernement par force.

Au surplus, la réconciliation se fit avec assez de froideur, et le prince de Condé dit tout haut au cardinal Mazarin qu'il auroit souhaité qu'on eût accordé de meilleure grâce ce qu'on avoit promis au duc de Longueville; et que ce qui le fâchoit le plus étoit qu'il avoit enfin reçu des complimens des frondeurs après les avoir refusés trois jours de suite, pour donner lieu au cardinal pendant ce temps-là de revenir du mauvais compte au bon; et que ne l'ayant pas fait, il l'avoit mis en tel état qu'il seroit obligé de se livrer à tous ceux qui lui avoient offert leurs services, s'il arrivoit jamais qu'ils eussent quelque démêlé avec le cardinal Mazarin. Ce discours le surprit fort, aussi bien que tous ceux que la curiosité rendoit attentifs à ce qu'il disoit, et laissa quelque espérance, à ceux qui craignoient la tranquillité publique, que ce discours affecté ouvriroit bientôt la porte à une seconde brouillerie.

J'allai chercher la duchesse de Longueville, qui dînoit ce jour-là à l'hôtel de Condé avec la princesse douairière : je la trouvai consternée d'une nouveauté si surprenante, dont pourtant le prince de Condé, avant que d'aller au Palais-Royal avec le duc d'Orléans, avoit donné part au prince de Conti son frère et au duc de La Rochefoucauld, tout puissant vers l'un et vers l'autre; et comme je parlois dans un grand particulier avec la duchesse, le prince de Condé entra dans le cabinet où elle m'expliquoit le déplaisir et les craintes que cette réconciliation lui donnoit; il lui dit d'un air riant et railleur : « Eh bien, « ma sœur, le Mazarin et moi ne sommes plus que « deux têtes dans un bonnet. — Bien, lui répondit

« sérieusement la duchesse, mon frère, je prie Dieu
« que vous ne perdiez pas tous vos amis et votre
« crédit, que l'abbé de La Rivière ni M. le duc d'Or-
« léans ne vous rendront pas, et encore moins le
« cardinal et la Reine. Mais est-il vrai, ajouta-t-elle
« après une longue pause, que le Mazarin soupe
« chez vous ce soir? — Cela est assez plaisant, répli-
« qua-t-il : Monsieur m'a demandé à souper, et m'a
« dit qu'il y ameneroit le cardinal, et des joueurs pour
« passer l'après-souper. — Cela est bien joli, repar-
« tit la duchesse d'un ton qui marquoit l'aversion
« qu'elle avoit à cette partie. — Je n'ai pu m'en dis-
« penser, ajouta le prince. » Et se tournant vers moi,
il me dit : « Venez-y, je vous prie, et vous verrez de
« quelle manière je vivrai avec le cardinal, et si j'ai
« consenti qu'il vînt souper chez moi, que par la
« seule complaisance que je dois à Monsieur. » Je me
rendis donc sur la fin de ce repas, où je trouvai tous
les conviés fort mélancoliques, et le cardinal Mazarin
plus qu'aucun autre. Ceux qui y étoient dès le commencement me dirent que le duc d'Orléans avoit suspendu son humeur naturellement gaie et enjouée,
quand il avoit reconnu, après plusieurs tentatives,
qu'elle avoit été inutile à échauffer la conversation
entre le prince et le cardinal. Après le souper on se
mit à jouer au piquet : chacun prit parti à parier sous
les mains du maréchal de Villeroy et du président
Tubœuf; le prince fut, contre son ordinaire, dans
un grand sérieux, et ne lâcha pas une parole qui ne
fût une manière de brocard contre le cardinal, de
qui l'air mélancolique nous fit juger à tous qu'il les
ressentoit vivement. Sur les onze heures chacun se

retira, et l'on sut depuis que plusieurs gardes du cardinal, qui l'attendoient entre l'hôtel de Nevers et le Pont-Neuf, l'accompagnèrent jusqu'en son logis, où il ne fut pas plus tôt arrivé que la goutte le prit avec beaucoup de violence.

Le lendemain matin, tous ceux qui portoient la réconciliation avec impatience furent congratuler le prince de Condé de la froide réception qu'il avoit faite au cardinal de Mazarin : il les reçut avec joie et complaisance, et donnoit à entendre à tout le monde la même chose qu'il avoit dite la veille à la duchesse de Longueville, et que c'étoit le duc d'Orléans, et non lui, qui l'avoit invité à souper. Le duc de Navailles, qui commandoit pour lors les gendarmes du cardinal, qui avoit dès ce temps-là beaucoup d'amitié pour moi, et qui avoit été présent au souper de la veille, vint de grand matin me trouver en mon logis, et commença son entretien par la demande qu'il me fit de ce que je pensois de la manière dont M. le prince en avoit usé avec M. le cardinal; et après qu'il l'eut blâmée, avec modestie néanmoins, je lui répliquai avec beaucoup de franchise que je n'avois point approuvé la rupture, que je blâmois fort le raccommodement; mais que, puisqu'il avoit été fait, je souhaiterois fort qu'il pût être sincère : et après divers discours de part et d'autre, je lui dis que la pierre d'achoppement, et qui seroit à la fin celle de scandale, étoit le mariage de mademoiselle de Mancini avec le duc de Mercœur. Je lui en dis toutes les raisons, telles que je les avois dites au cardinal Mazarin même, sur la terrasse de Compiègne, quelque temps auparavant. Le duc de Navailles les approuva, et me dit qu'il alloit tout de ce pas le dire au cardinal; et cependant qu'il pouvoit me dire qu'il ne parloit pas par cœur, ni sans être bien avoué; et que si le prince vouloit passer chez le cardinal, qui ayant rudement la goutte ne pouvoit se trouver chez lui ni en lieu tiers, lorsqu'ils iroient chez la Reine, qu'ils se réconcilieroient plus sincèrement et par eux-mêmes tête à tête, qu'ils n'avoient fait par l'entremise du duc d'Orléans; qu'il se faisoit fort que portant, comme l'on dit, la carte blanche au cardinal, il lui accorderoit de bonne foi, pour lui et pour les siens, tout ce qu'il voudroit, pourvu qu'il lui donnât parole d'une amitié ferme et stable; que le cardinal voyoit et connoissoit bien que sans cela sa perte étoit assurée; mais que personne ne pouvoit entrer en sa place qui pût être d'une si grande utilité à M. le prince que lui. Et revenant au mariage, il me dit que le rompre seroit une honte non pareille au cardinal; après l'avoir déclaré aussi ouvertement qu'il avoit fait, et en avoir donné part à ses amis, tant dedans que dehors le royaume; que pourtant il croyoit que pour la diminuer il prendroit le parti d'obliger sa nièce à se mettre dans un couvent. Il me chargea de rapporter toute notre conversation à M. le prince, et de lui dire que faisant profession d'honneur, il ne se hasarderoit pas à lui faire porter de telles paroles, s'il n'étoit assuré de les faire accomplir. Nous nous donnâmes rendez-vous au cloître des Petits-Augustins à quatre heures du soir, pour lui dire ce que le prince m'auroit répondu, et nous nous séparâmes.

J'allai à l'heure même rendre compte au prince de tout l'entretien que j'avois eu avec Navailles : je le trouvai environné de grand nombre de gens, la plupart desquels avoient des intentions bien opposées à ma mission. Il me donna une audience fort précipitée : la réponse le fut encore davantage, et me fit souvenir de celle qu'il m'avoit faite quelque temps auparavant à Melun, lorsqu'il revenoit de son voyage de Bourgogne, où il avoit été une partie de l'été, ne s'étant pas voulu charger du commandement de l'armée, et où je lui écrivis, à mon sens, une des plus agréables nouvelles qu'il pouvoit recevoir pour lors, qui fut celle de la levée du siége de Cambray par le comte d'Harcourt. La réponse que le prince m'ordonna de faire à Navailles m'oblige à rapporter celle qu'il me fit à Melun, et l'entretien que je viens de dire que j'avois eu sur la terrasse de Compiègne avec le cardinal Mazarin, qui commença par me faire un long récit des obligations qu'il disoit que le prince de Condé lui avoit; et entre autres qu'il lui avoit fait donner toutes les charges que possédoit le prince de Condé son père; qu'il avoit conservé dans sa maison le gouvernement de Champagne, et fait donner en pleine propriété Clermont, Stenay et Jametz, avec les gouvernemens; et que de la qualité qu'étoient ces terres, elles valoient un million d'or, qui étoit infiniment plus que l'amirauté qu'il avoit prétendue par la mort du duc de Brezé, son beau-frère; qu'il avoit obligé la Reine à lui donner tous les ans le commandement de la principale armée du royaume; que lui avoit pris soin de l'assister d'hommes, d'argent, de munitions, et de toutes choses nécessaires; ce qui lui avoit donné lieu d'acquérir la gloire dont il étoit couvert. Il ajouta tous les postes qu'on avoit donnés, et tous les biens qu'on avoit faits à divers particuliers, serviteurs de

M. le prince, ou qui avoient servi sous lui dans les armées; et que cependant il ne savoit quel fondement faire sur son amitié, parce que, bien que le prince l'assurât tous les jours qu'elle étoit vraie et sincère, et même par ses lettres depuis qu'il étoit en Bourgogne, il disoit tant de choses contraires à cela, il donnoit lieu à tant de railleries qui se faisoient en sa présence, que plusieurs de ses serviteurs, et entre autres Perrault, s'emportoient contre lui en toutes rencontres, de telle manière qu'il étoit impossible que le prince n'en fût averti, et qu'il ne l'approuvât; que depuis quatre jours Perrault avoit dit publiquement dans la chambre des comptes, dont il est président, mille choses contre sa réputation et contre son ministère; et qu'il avoit fini son emportement en disant, avec des blasphêmes horribles, que M. le prince vouloit l'amirauté, et qu'il l'auroit malgré le Mazarin; que cela le surprenoit fort, puisque, ayant parlé plusieurs fois à M. le prince de l'amirauté, il lui avoit toujours répliqué qu'il n'en vouloit point. Il ajouta encore que Perrault avoit fulminé contre le mariage de sa nièce avec le duc de Mercœur; qu'il avoit parlé de l'un et de l'autre avec un mépris insupportable, et dit que M. le prince empêcheroit bien, à son retour de Bourgogne, qu'il ne s'effectuât; que ce discours l'avoit encore plus étonné que les autres, puisqu'il pouvoit me jurer (et que M. le prince n'en disconviendroit pas) que d'abord qu'on lui proposa ce mariage à Saint-Germain, incontinent après le siége de Paris, il lui en parla comme au meilleur ami qu'il crût avoir au monde; et que non-seulement il l'approuva, mais il lui conseilla et le pressa de le faire, ainsi qu'il avoit fait depuis plusieurs fois; que cependant j'entendois ce qu'il savoit de science certaine de Perrault, qui mettoit continuellement des chimères dans l'esprit du prince, que tantôt il vouloit qu'il fût amiral, tantôt connétable, tantôt duc de Rhetelois, avec les dépendances de Charleville, de Mézières et du Mont-Olympe; qu'il vouloit d'autres fois qu'on lui formât une souveraineté aux Pays-Bas, et d'autres qu'on lui conquît et qu'on lui donnât la comté de Bourgogne, ou qu'on lui achetât la principauté de Montbelliard; que ces desseins étoient autant d'écueils à la fortune et à la grandeur de M. le prince, et qu'il valoit mieux se contenter d'établissemens honnêtes et assurés, tels qu'il les pouvoit avoir, que de se prévaloir par son autorité de la foiblesse d'une régence, pour donner une juste jalousie au Roi quand il seroit majeur. Le cardinal finit en me disant qu'il me laissoit à juger d'une telle conduite.

J'écoutai fort attentivement ce discours; et en pesai les conséquences assez pour n'en rien oublier, et pour appliquer toute mon attention à lui repartir comme je fis. Je commençai en excusant Perrault par le principe de la longue amitié qui étoit entre nous, plutôt que par la raison : car en effet son emportement étoit tel en toutes rencontres, que le cardinal ne me disoit qu'une bien petite partie de ce que j'avois ouï plusieurs fois, et dont j'avois fait considérer à Perrault les conséquences, mais inutilement; car l'argent qu'il avoit dans les prêts, et qui couroit fortune d'être perdu par la banqueroute générale qu'on avoit faite aux gens d'affaires, l'envie de voir son maître avec des établissemens qui lui donnassent lieu d'augmenter les grands biens qu'il avoit acquis,

т. 53. 4

étoient les seuls conseils dont il prenoit avis. Je dis pourtant au cardinal que c'étoit un vieux serviteur, qui devoit son élévation tout entière à la maison de son maître, où il étoit entré en qualité de secrétaire avec une fortune médiocre; que la reconnoissance le portoit incessamment à désirer la grandeur du prince, et à en chercher les expédiens et les moyens; qu'il trouvoit faciles tous ceux que son imagination lui faisoit concevoir, parce qu'il étoit homme peu connoissant la cour; qu'il croyoit que les grands services de son maître lui faisoient tout mériter, et lui devoient faire obtenir, particulièrement sous le ministère de Son Eminence, qu'il avoit servie au préjudice de ses intérêts propres, et avec tant de sincérité que tout cela devoit faire estimer un zèle qui, de vérité, n'étoit pas des plus discrets; et qu'il ne devoit nullement se mettre en peine de tirer aucune conséquence des discours dont il venoit de me parler, qui assurément ne seroient point avoués du prince, le connoissant comme il faisoit; qu'il lui laissoit gouverner les affaires domestiques, parce qu'il savoit les conduire avec utilité; que Son Eminence faisoit injure à M. le prince, en croyant qu'il étoit absolument gouverné par cet homme; qu'à la vérité il avoit beaucoup de crédit auprès de lui, mais qu'il ne l'avoit jamais employé aux affaires de la cour, parce que son talent n'y étoit nullement propre.

Mais que pour lui répliquer sur tout ce qu'il me venoit de dire, je le priois de considérer que c'auroit été une chose bien étrange, si le feu Roi ayant, de son propre choix, confié sa principale armée à M. le prince, la Reine, de laquelle il avoit autorisé la régence par le gain de la bataille de Rocroy, lui en avoit ôté le commandement les années suivantes ; et qu'ayant, par tant de grandes actions, rendu la minorité illustre, je m'étonnois comme on vouloit lui mettre en ligne de compte, comme un bienfait, d'avoir exposé tant de fois sa vie pour faire régner la Reine avec éclat, et autoriser le ministère de Son Eminence ; que je ne pouvois assez m'étonner de ce qu'elle lui comptoit encore le peu de grâces qu'on avoit fait à ceux qui l'avoient aidé à faire tant de belles actions aux dépens de leur sang et de leur liberté ; que quelques-uns qui l'avoient perdue sous ses ordres l'avoient recouvrée par sa libéralité, sans en importuner le Roi. Je lui dis ensuite que je ne savois par quelle politique on lui avoit refusé de lui laisser conquérir la comté de Bourgogne à ses dépens, quand il seroit vrai qu'il l'eût proposé : car il n'y avoit de véritable en cela que la seule idée que Perrault en avoit eue, et qu'il débitoit partout, quoique M. le prince m'eût assuré plusieurs fois qu'il n'y avoit jamais songé ; et je crois qu'il disoit vrai, car, quoi que l'on puisse croire de lui, je l'ai toujours connu un homme sans dessein, et vivant, comme l'on dit, du jour à la journée : mais que quand il auroit eu cette intention, il me sembloit que la Reine devoit l'approuver, puisque c'étoit une chose fort utile au bien de l'Etat et au service du Roi d'ôter une province de cette considération et de cette situation au roi d'Espagne, pour en investir un prince de son sang, qui avoit un contre-gage dans le royaume ; tel que l'étoient les grands biens de M. le prince. Je lui répliquai sur ce qu'il me disoit des établissemens de feu M. le prince, qu'en les faisant passer au prince son fils, qui avoit tant mérité de l'Etat, aussi bien que monsieur son père, c'auroit été une justice que la Reine ne pouvoit ni ne devoit lui refuser; et sur Stenay, Clermont et Jametz, qui lui avoient été donnés pour la récompense des charges et des gouvernemens du duc de Brezé son beau-frère, mort dans le service, c'étoit chose bien au-dessous de ce qu'il avoit droit de prétendre, en comparaison de ce qu'on faisoit tous les jours, par un usage introduit dans notre cour depuis long-temps, à des personnes de peu ou de nul mérite, qui les arrachoient des mains du Roi en ruinant son service et son autorité, pendant que M. le prince exposoit sa vie pour l'un et pour l'autre; mais que de plus, en lui donnant ces places, on n'ôtoit rien au Roi, puisqu'elles étoient de nature à les rendre au duc de Lorraine en faisant la paix générale, ou que l'on laisseroit un procès perpétuel à M. le prince et aux siens contre ce duc et toute sa maison. Et parce que je savois que quoi que le prince dît, il désiroit ardemment l'amirauté, mais qu'il avoit raison de ne pas le dire en public, et qu'il suffisoit de s'en être expliqué au cardinal par leurs amis communs, que ce n'étoit pas que j'approuvasse la manière du prince de ne pas déclarer nettement ses desseins à lui qui seul les pouvoit faire réussir; j'ajoutai qu'au fond de l'affaire je ne savois pourquoi l'on ne la lui donnoit pas plutôt que ces trois places, dont l'une étoit sur la Meuse, par le moyen de laquelle un prince qui n'auroit pas les desseins autant sincères et fidèles pour le service du Roi que je croyois celui-ci les avoir mettroit, quand il lui plairoit, toutes les armées de l'Empire et de Flandre dans le cœur du royaume;

au lieu qu'il ne pourroit nuire à l'Etat avec l'amirauté, puisqu'un trait de plume d'un surintendant des finances pouvoit retrancher en un moment le fond de l'armée navale, et la rendre inutile, parce qu'il n'y avoit point de particulier qui pût la faire subsister de son bien propre, pour grand qu'il pût être, sans se ruiner en six mois; outre que le Roi étoit toujours le maître pour faire exercer cette charge par commission, quand on se défieroit des intentions de celui qui la posséderoit : aussi mon avis a toujours été qu'on ne pouvoit donner trop de charges à un prince du sang en France, parce que le fonds nécessaire pour les exercer avec utilité les rend dépendans de la cour; ni trop peu de places fortes, parce qu'elles leur sont des retraites qui non-seulement les rendent indépendans quand il leur plaît, mais leur donnent lieu à entreprendre par eux, et par les alliances qu'ils contractent facilement avec les voisins. La politique d'Espagne devroit réveiller la nôtre : ils font servir leurs princes à genoux, et le profond respect avec lequel on les traite rejaillit sur le Roi même; mais on ne leur donne jamais de places ni même d'emplois dont l'autorité ne soit tellement contre-balancée par les ministres qui servent avec eux, qu'il ne leur est pas possible de donner la moindre atteinte à celle de leur souverain. Je dis quelque chose d'approchant sur ce que le cardinal m'avoit dit de la charge de connétable, ajoutant que si le Roi vouloit la faire revivre, je doutois qu'il pût en tirer plus d'avantage qu'en la donnant au prince, qui ne la prétendroit, en l'état des choses, que du bon gré et avec quelque dépendance du duc d'Orléans, lieutenant général de l'Etat; mais que je n'en avois jamais ouï parler au prince, ni à personne de sa part. Et en effet j'ai su depuis que lui-même n'en sut rien de plus de deux mois après que le duc de Rohan lui en avoit fait la proposition, étant à la chasse dans la garenne de Saint-Maur ; d'où j'ai jugé que le cardinal lui préparoit dès-lors ce piége pour le brouiller avec le duc d'Orléans, et qu'il pouvoit bien avoir insinué au duc de Rohan de proposer cela au prince pour voir comment il le recevroit, et pour s'en servir après contre lui, comme il ne manqua pas de faire. Quant à la principauté de Montbelliard, le prince n'avoit songé à l'acheter que par le conseil de Son Eminence; que je ne voyois nul inconvénient à lui donner la permission d'acheter la duché de Rhetelois quand il la demanderoit au Roi, puisqu'elle étoit possédée par un prince étranger ; et que M. le prince ne pourroit prétendre le gouvernement des places si Sa Majesté ne les lui vouloit donner, et qu'en rendant des autres qu'il avoit à proportion de celle-là : qu'au surplus, j'avouois qu'en bonne politique il y avoit matière de réplique sur tout ce que je disois; mais que quand je voyois le gouvernement du Languedoc situé à l'extrémité du royaume, la citadelle de Montpellier, Brescou et le Saint-Esprit entre les mains d'un fils de France, lieutenant général de l'Etat, je croyois que M. le prince avoit pu penser à l'un ou à l'autre des établissemens dont Son Eminence me parloit avec moins de péril contre le service du Roi, par mille raisons qui sautoient aux yeux ; et qu'en un mot il me parloit de tous ensemble comme si le prince les avoit tous prétendus conjointement, comme il me disoit que Perrault l'avoit fait entendre ; et qu'il savoit bien que, cherchant les expédiens de le récompenser de ce qui vaquoit par la mort du duc de Brezé, on avoit proposé tantôt l'un, tantôt l'autre de ces établissemens, et qu'enfin on avoit choisi de lui donner Stenay, Clermont et Jametz, dont je croyois qu'il se contenteroit, et ne songeroit jamais à aucune des autres, supposé que le Roi l'en rendît propriétaire incommutable, en faisant lever les oppositions de la duchesse Nicolle de Lorraine, et vérifier ses lettres au parlement de Paris.

Quant au mariage du duc de Mercœur, je lui dis que je ne doutois pas que le prince ne lui eût conseillé quand il le lui avoit proposé à Saint-Germain, parce qu'il n'étoit ni parent ni tuteur de mademoiselle sa nièce pour s'y opposer; que tels complimens étoient ordinaires en pareilles rencontres, où l'on payoit une civilité d'une civilité; mais qu'au fond M. le prince étoit trop éclairé pour ne pas avoir connu, à la seule proposition qu'il lui en fit, que Son Eminence cherchoit d'autres appuis dans le royaume, et d'autres amitiés que la sienne, avec tant de précipitation qu'il s'allioit d'abord avec une maison qu'il avoit rendue son ennemie dès le commencement de son ministère, et qui vouloit ruiner sa fortune dans le temps que M. le prince le soutenoit avec le plus de vigueur; qu'au surplus cette maison étoit naturellement opposée à celle de Longueville; que les enfans qui viendroient de ce mariage le seroient par conséquent aux neveux de M. le prince, comme le duc de Vendôme le seroit et l'étoit à son beau-frère; qu'il ne pourroit manquer à les soutenir dans tous les temps, ni Son Eminence ses alliés, et que cela leur donneroit à tous momens des sujets de brouillerie; que, dans celui même que j'avois l'honneur de lui parler, la princesse douairière, le prince de Conti, la duchesse de Longueville, tous les parens et tous ceux qui prenoient part aux intérêts de M. le prince, lui reprochoient la facilité avec laquelle il avoit approuvé ce mariage, et le peu de réflexion qu'il avoit fait sur les suites de cette affaire, et ne manqueroient pas de le presser de s'y opposer, et qu'il auroit peut-être peine à s'en défendre.

De là je passai plus avant, et lui dis que je ne pouvois souffrir qu'il s'embarrassât de ce que disoit Perrault ni tous les autres qu'il m'insinuoit; moins encore qu'il se servît de tierces personnes, comme du duc de Rohan, de Le Tellier, de Champlâtreux, ni d'aucun autre entre M. le prince et lui, puisque, étant amis comme ils l'étoient, et ayant intérêt réciproque de l'être, et se voyant tous les jours et à toute heure, ils pouvoient s'entretenir confidemment et se lier d'une amitié stable, la cimentant par les avantages qu'ils se pouvoient procurer l'un à l'autre, qui étoit le moyen le plus sûr de la rendre telle; que Son Eminence n'avoit encore aucun établissement solide; que je souhaiterois qu'il en prît dans le temps qu'il pouvoit tout, quand M. le prince agiroit de concert avec lui; mais qu'il les prît et les fît donner à M. le prince tels qu'ils se fussent utiles et se pussent donner la main l'un à l'autre dans le temps; que peut-être ils en auroient besoin. Par exemple, revenant sur la proposition de la comté de Bourgogne, je dis au cardinal que s'il procuroit ce bien à M. le prince, qui seroit en même temps celui du Roi et de l'Etat, qu'il n'y auroit point d'homme de bien qui pût conseiller à Sa Majesté de lui laisser le gouvernement de la duché de Bellegarde, Saint-Jean-de-Losne et Verdun; qu'en les ôtant à M. le prince, il pourroit prendre l'un et l'autre pour lui, et faire revivre en sa faveur la duché de Bellegarde, pour, par un secours et une assistance mutuelle, être en temps et lieu utiles l'un à l'autre. Je lui dis la même chose de la duché de Rhetelois, en lui conseillant de prendre pour lui Sedan, Stenay et Jametz, et lui formai cinq ou six desseins de pareille nature; et, par semblables raisons qui seroient trop longues à rapporter, je conclus, en lui disant qu'avec des entremetteurs on pouvoit difficilement conserver le secret, qui étoit l'ame des grands desseins; qu'il étoit raisonnable d'établir mesdemoiselles ses nièces : mais je souhaiterois que les alliances qu'il prendroit l'attachassent à M. le prince au lieu de l'en désunir, comme il couroit fortune de faire par celle du duc de Mercœur, tels que seroient le fils unique du maréchal de La Meilleraye, proche parent de madame la princesse, que Son Eminence même désiroit pour lors, et d'autres que je lui nommai.

Il seroit malaisé et ennuyeux d'écrire le détail de tout ce qui fut dit et répliqué de part et d'autre sur tant de différentes et importantes matières dans une conversation qui dura près de cinq heures, et pendant laquelle l'utilité particulière du prince et celle du cardinal nous fit à tous deux débiter des raisons bien opposées à celles de l'Etat. Il suffira de dire qu'il parut approuver tout ce que je lui représentois, particulièrement sur ces deux derniers articles, me disant que plût à Dieu qu'on lui eût toujours parlé aussi raisonnablement, sans le lasser tous les jours de propositions nouvelles pour M. le prince, sans qu'aucune portât aucun coup à la sûreté de sa fortune ni à ses intérêts. Il ajouta que c'étoit par de tels expédiens qu'on devoit traiter les affaires, et non avec incertitude et emportement, et fit ensuite quelque diversion des nouvelles courantes; puis, me priant de lui parler avec franchise, il me demanda si M. le prince m'avoit chargé de lui parler comme je venois de faire sur le sujet du mariage du duc de Mercœur. La vérité est que je n'en avois aucun ordre; mais l'affection que j'avois pour les intérêts de M. le prince me fit juger à propos de repartir de manière que je donnasse à songer au cardinal. Je lui dis donc que je n'étois pas ministre de M. le prince, et que si je l'étois, et qu'il m'eût donné charge de lui tenir les propos que je venois d'avoir avec Son Eminence, je l'aurois fait avec liberté; et qu'étant serviteur du prince autant que je l'étois, s'il m'avoit prié de lui dire comme de moi-même, et sans le mettre en jeu, tout ce que je lui avois dit, que Son Eminence me questionneroit jusqu'au lendemain matin, que je ne lui en dirois autre chose. Il fit encore quelque digression, puis il me dit qu'il étoit fort tard, qu'il vouloit se retirer, parce qu'il devoit partir le lendemain pour l'armée (ce fut lorsqu'il porta aux officiers allemands et à quelques Français des plumes et des épées, des baudriers, et d'autres présens plus agréables que de valeur, dont les ennemis de Son Eminence firent des railleries assez piquantes et assez injustes); qu'il me diroit pourtant, avant que de se retirer, que si

M. le prince vouloit changer de style avec lui, reprendre celui qu'il n'avoit quitté qu'à la persuasion de certaines gens qu'il ne vouloit pas nommer (que je jugeai être le prince de Conti et la duchesse de Longueville), et dont il usoit fort obligeamment peu de temps avant son voyage de Bourgogne; s'il vouloit fixer ses prétentions, et les lui expliquer avec sincérité, elles seroient bien injustes s'il ne les faisoit approuver par la Reine; et que, quelques obstacles que la jalousie inspirée par La Rivière y pût apporter, il les feroit réussir, et que s'il vouloit se lier avec lui d'une amitié telle que je lui proposois, et dont il me sauroit gré toute sa vie, et l'aider à marier avantageusement ses nièces, il romproit le mariage du duc de Mercœur; que quoiqu'il en eût donné part à tous ses amis en France, à plusieurs cardinaux et princes d'Italie, à des électeurs de l'Empire, au roi de Pologne et au Pape même, il prendroit sur lui le risque de la honte que ce changement, qu'on attribueroit à foiblesse, lui causeroit; et que l'estime et l'amitié qu'il avoit pour M. le prince le feroit passer sur toute considération. Il finit son entretien en me priant de me rendre à Melun lorsque ce prince retourneroit de Bourgogne, pour lui dire le détail de notre conversation, et lui faire le récit et les propositions qu'il venoit de me faire.

Je répondis au cardinal ce à quoi l'honneur qu'il me faisoit m'obligeoit, et me trouvai à Melun environ une heure avant que M. le prince y arrivât. Il témoigna de la joie de me voir; et après avoir mis pied à terre, il me mena promener hors la ville, à pied, et du côté de Fontainebleau. Il commença par me dire qu'il avoit su à Sens que je devois l'aller attendre là, d'où je jugeai que Perrault, à qui j'avois communiqué la plus grande partie de ce que dessus, lui en avoit donné part. Il pouvoit lui avoir insinué quelque chose pour le détourner d'entrer en matière, ou d'autres pour l'animer contre la conduite du cardinal. En effet, après que le prince m'eut parlé fort confidemment de plusieurs choses de ce temps-là, je lui exposai toute la conversation que j'avois eue avec le cardinal, et ma mission vers lui. Il l'écouta avec une très-grande attention, et me dit, pour toute réponse, que c'étoit un bon fourbe qui vouloit le tromper et lui manquer de parole, puisqu'il ne la lui faisoit pas donner par Le Tellier ; qu'il le verroit dans peu, et le feroit expliquer et parler français. Telle fut la réponse qu'il me fit, que je confiai, mais en termes plus doux et plus honnêtes, au duc de Rohan, qui étoit bien intentionné et fort sage, pour m'exempter de la faire moi-même au cardinal, et me retirer doucement d'une négociation que je prévoyois ne devoir point avoir la fin que j'aurois souhaitée pour l'avantage du prince et du bien public ; et telle fut la réponse que le prince me fit quand je lui rapportai la conversation que j'avois eue avec le duc de Navailles, et les propositions qu'il me fit, dont j'ai parlé ci-devant. Je la lui fis le plus doucement qu'il me fut possible, quand il me vint trouver au cloître des Petits-Augustins, où je lui dis que nous ferions beaucoup pour lui et pour moi de laisser agir d'autres que nous, puisque je connoissois assez le terrain pour prévoir de fâcheuses suites de telles affaires, dont nous devions éviter le maniement par prudence. Oncques depuis je ne voulus m'en mêler, et m'en suis fort bien trouvé.

Cependant, sans avoir rompu une seconde fois, le prince et le cardinal étoient tout-à-fait brouillés sur le fondement de la première rupture, qui n'avoit, pour ainsi dire, été que suspendue pendant un jour, et avoit même été plus aigrie par la froideur du souper dont j'ai parlé. La duchesse de Longueville, le prince de Conti, le duc de La Rochefoucauld et plusieurs autres, surtout les frondeurs, craignoient l'effet de toutes les négociations qui étoient sur pied pour les réconcilier une seconde fois. Cette duchesse jugea à propos de se servir d'une vision que j'avois eue, et que je lui avois communiquée le jour que le duc d'Orléans les avoit accommodés, qui fut telle : M. le prince avoit dit tout haut qu'il s'offriroit, ainsi que j'ai l'ai rapporté ci-dessus, à tous ceux qui lui avoient fait compliment, s'il arrivoit qu'ils vinssent à se plaindre du cardinal. Par cette déclaration, il me sembla que l'on pouvoit empêcher l'effet de la réconciliation, et faire que le prince de Conti allât rendre une visite au cardinal, et lui dire qu'il alloit se réjouir avec lui de son accommodement avec le prince de Condé son frère; qu'il vouloit y entrer avec toute sincérité; et que, pour rendre leur amitié sûre et durable, il alloit le prier de rompre le mariage du duc de Mercœur, qui seroit dans la suite un obstacle invincible à la durée de leur bonne intelligence; que de ce compliment il arriveroit de deux choses l'une, ou que le cardinal souscriroit à la proposition du prince de Conti, ou non; que s'il l'approuvoit, leur maison auroit, outre l'avantage de voir faire une telle foiblesse au cardinal, celui de rompre une alliance qui étoit si préjudiciable à la maison de Condé et à celle de Longueville, et d'être en état d'en proposer quelque autre au cardinal qui leur seroit avantageuse; que s'il refusoit au prince de Conti ce qu'il lui demandoit, il pourroit lui dire qu'il connoissoit le peu d'envie qu'il avoit de conserver une bonne et solide union avec sa maison; que cela le désabusoit tout-à-fait de ce qu'il avoit voulu lui persuader; et que, se le tenant pour dit, il retiroit dès ce moment-là toutes les paroles qu'il lui avoit données, et lui diroit qu'il n'auroit jamais d'ennemi plus déclaré que lui; que cette rupture formelle du prince de Conti avec le cardinal obligeroit le prince de Condé à s'offrir à lui, et que par ce moyen l'accommodement fait par le duc d'Orléans demeureroit non-seulement sans effet, mais que le prince ayant épousé la querelle du prince de Conti son frère, ne seroit pas le maître pour la finir, et auroit à répliquer à Monsieur, quand il l'en presseroit, qu'étant l'affaire de son frère, il n'avoit pas le pouvoir de la terminer comme il avoit fait la sienne quand il lui avoit ordonné; que de cette manière il feroit juger à tout le monde qu'il n'avoit pu refuser au duc d'Orléans ce qu'il devoit refuser à la raison, et au péril d'une réconciliation autant à contre-temps que celle-là le fut, et aussi généralement condamnée. La faute de se brouiller avoit été grande, et celle de se raccommoder avec une telle facilité ne se pouvoit, à mon sens, réparer que d'une manière telle que celle-ci, qui auroit jeté je ne sais quoi de risible sur le cardinal, qui n'auroit pu que lui nuire en l'état auquel il se trouvoit pour lors.

Le maréchal de Gramont et le premier président

Molé se mêlèrent fort de cette seconde réconciliation. Le duc de Rohan alloit et venoit continuellement, aussi bien que Le Tellier, du duc d'Orléans au prince de Condé. L'abbé de La Rivière n'oublioit rien du pouvoir qu'il avoit sur son maître, par les mêmes raisons que j'ai dites ci-dessus, pour parvenir à l'accommodement que son intérêt lui faisoit désirer ardemment : cependant ce fut l'écueil de sa fortune.

Tous ceux qui étoient jaloux de la gloire et de l'autorité de M. le prince, ceux qui par un principe d'amitié songeoient à la sûreté de sa liberté et de sa vie, et encore plus ceux de qui l'intérêt étoit la ruine et la chute du cardinal, appréhendoient la réunion. Les gens de douce conduite et de bonne intention vouloient sa conservation, parce qu'ils ne le croyoient pas, par la connoissance de la douceur de son naturel, d'une résolution violente, et sollicitoient ardemment la réconciliation. Le prince de son côté, de qui le talent à la cour lui a fait toujours appréhender les affaires d'un tel poids, par la nécessité de les pousser à bout, craignoit de s'y embarquer.

Son courage, le grand nombre de serviteurs et d'amis qu'il avoit, sa réputation, l'estime en laquelle il étoit, et le peu qu'il en avoit pour le cardinal, lui faisoit faire peu de cas des avis continuels qu'on lui donnoit de songer à sa sûreté ; et il avoit plus d'envie de s'accommoder avec avantage, que de rompre avec incertitude des événemens. Le bien de l'Etat, qu'il avoit si avantageusement servi, le retenoit encore ; et il se trouvoit dans une agitation continuelle entre son propre vouloir et celui de ses amis, qu'il appréhendoit de perdre.

La duchesse de Longueville le sachant en suspens, après en avoir conféré avec le duc de La Rochefoucauld qui étoit pour lors l'arbitre de tous ses mouvemens, et le prince de Conti qui n'aspiroit qu'à l'être, alla trouver le prince de Condé en son logis, et lui ayant dit en riant qu'elle étoit une manière d'ambassadrice du prince de Conti, lui exposa ce que je viens de dire, non pas comme un avis qu'elle lui demandoit de sa part, mais comme un dessein qu'il avoit formé; que pourtant il ne vouloit pas l'exécuter s'il ne l'approuvoit, puisqu'il ne l'avoit conçu que pour le bien et l'avantage commun de leur maison et de leurs amis. Le prince de Condé, après avoir écouté attentivement tout ce que la duchesse de Longueville lui voulut dire, éclata de rire, et lui dit que c'étoit la plus plaisante manière qu'on pouvoit trouver de relancer le Mazarin; qu'il trouvoit fort bon qu'on l'exécutât, et que tous les jours on lui donneroit de semblables secousses; mais qu'il falloit suspendre un peu ce dessein; et que si Le Tellier, qu'il attendoit ce jour-là même, ne lui apportoit parole d'une satisfaction tout entière, l'on aviseroit le lendemain de quel air et de quelle façon le prince de Conti parleroit au cardinal.

Au récit que la duchesse de Longueville me fit de ce que dessus, je jugeai bien que la proposition ne réussiroit pas, parce que les personnes de la vivacité du prince de Condé ne consultent guère sur les choses qui tombent dans leur sens, particulièrement étant piqué autant qu'il vouloit persuader d'être : en quoi je connus la pente qu'il avoit au raccommodement, qui fut conclu à trois jours de là sur de certaines conditions qui furent mises par écrit, dont le prince et le cardinal gardèrent chacun une copie signée que j'ai vue. Le premier président Molé, qui eut grande part à cet accommodement, fut fait le dépositaire de l'original. La grande autorité qu'il avoit acquise et conservée au parlement, qui décidoit pour lors de toutes choses, faisoit pencher la balance selon qu'il les vouloit ou ne les vouloit pas. Le prince ne résista point à donner les mains à ce qu'il souhaitoit dans son ame autant que le cardinal, quoiqu'il le donnât moins à connoître que lui. Il dissimuloit son inclination sous les apparences d'une fierté autant ou plus affectée que naturelle; et par la crainte des événemens qui suivent pour l'ordinaire la sûreté que l'on prend des ennemis offensés et réconciliés, on lui offrit de la part du cardinal, qui savoit bien qu'il n'avoit qu'à gagner du temps pour prendre ses avantages, toutes les assurances qu'il proposeroit. Il n'en demanda point d'autres que les conditions portées par l'écrit dont je viens de parler, dont la principale étoit la rupture du mariage, et la part qu'on lui promettoit au maniement des affaires, à la distribution des grâces, et à l'amitié du duc d'Orléans, sans lequel il croyoit avec raison que la cour ne pouvoit rien entreprendre contre lui. Mais comme, d'un autre côté, il jugea que c'étoit hasarder beaucoup que de poser les fondemens de sa liberté et peut-être de sa vie sur un esprit aussi peu ferme et autant gouverné que celui-là, il voulut se prévaloir de l'amitié et de la dépendance que l'abbé de La Rivière lui avoit promise par les raisons dont j'ai parlé; et par l'entremise du comte d'Aubijoux il s'expliqua nettement de sa juste crainte aux négociateurs, qui proposèrent un expédient pour la faire cesser, qui fut que comme on jugeoit impossible que le cardinal entreprît rien contre le prince tant que le duc d'Orléans ne seroit point de la partie; qu'il n'en pouvoit être sans que l'abbé de La Rivière, qui avoit donné toute parole au prince, et qui étoit maître du sien, n'en eût une entière connoissance, qu'il promettoit donner au prince le cas arrivant, on proposeroit au duc d'Orléans, qui y consentit d'abord, de dispenser l'abbé de La Rivière du secret qu'il lui devoit dans cette seule conjoncture, et de lui ordonner de communiquer au prince tout ce qu'il sauroit tant de la cour que de son maître, qui regarderoit directement ou indirectement les intérêts du prince de Condé. Et sur la foi de cette promesse, toutes les choses furent pacifiées, et le prince reprit la même manière de vivre avec la Reine et le cardinal qu'auparavant : mais il avoit une assiduité plus grande et plus respectueuse qu'il n'avoit jamais eue auprès du duc d'Orléans.

Les frondeurs se virent hors de l'espérance qu'ils avoient conçue. Le mépris qu'on faisoit du cardinal commença à cesser, et l'assiette de sa fortune à s'affermir par l'écueil qu'il venoit d'éviter. Le commerce avec les gens d'affaires, qui étoit demeuré suspendu parce que chacun étoit aux écoutes sur l'événement de cette rupture, et toutes choses, reprirent leur train ordinaire à la cour.

Cependant le coadjuteur de Paris alloit continuant ses pratiques secrètes : en lui seul résidoit toute l'autorité de la Fronde, par la supériorité de son génie sur tous ceux qui la composoient. Il ramassa tous les amis que le prince avoit perdus en se réconciliant une seconde fois avec le cardinal. Il en faisoit de toute condition, de tout âge et de tout sexe; il épuisoit les bourses de ceux qui vouloient lui prêter pour payer les émissaires qu'il avoit parmi le peuple, et par leur moyen semoit l'aversion et l'estime, suivant qu'il convenoit à ses intérêts. Il se rendoit assidu au parlement, où il avoit de grands amis. Il étoit uni d'une liaison étroite avec la duchesse de Chevreuse; et l'on disoit dans le monde qu'il essayoit de l'avoir encore plus cordiale avec mademoiselle sa fille. Cette duchesse se rendoit plus assidue que jamais auprès du duc d'Orléans, où elle tâchoit, comme elle fit peu à peu, à ruiner la faveur de l'abbé de La Rivière. D'un autre côté, le coadjuteur faisoit de temps en temps de certaines déclarations au Palais-Royal par ses amis et amies, et lâchoit de temps à autre des paroles pour donner envie à la Reine et au cardinal de le rapprocher, dans la vue d'opposer en temps et lieu toute sa faction au prince de Condé, dont on vit tôt après naître le dessein si fatal à l'État, duquel je parlerai ci-après.

Le duc de Beaufort, qui avoit une manière de talent propre à donner dans les yeux du menu peuple, et qui lui avoit fait acquérir de l'amitié et de l'estime à Paris, étoit possédé par la duchesse de Montbazon. Chavigny étoit retiré dans ses terres en Touraine, Châteauneuf à Montrouge. L'un et l'autre avoient été long-temps dans le ministère : ils avoient telle envie d'y rentrer, et avoient acquis une telle estime d'habileté qu'il leur importoit et leur étoit aisé de conserver, et de se prévaloir de la correspondance qu'ils avoient avec leurs amis, qui étoient en grand nombre. Le conseiller de Broussel avoit également conservé dans l'estime du monde la créance d'un homme incorruptible, et l'aversion contre le cardinal, sans qu'il y eût raison pour l'un et pour l'autre qu'une humeur chagrine qui l'avoit toute sa vie rendu opposé à tout ce qui venoit de la cour, et qui l'avoit fait plaire dans sa pauvreté. Il ouvroit continuellement la bouche à ses enfans pour fomenter son chagrin naturel, et aux gens de dessein, qui se prévaloient de son peu d'habileté pour flatter la vaine gloire qu'il se donnoit dans son cœur d'être le tribun du peuple. Le conseiller de Longueville, homme habile et d'un génie éclairé, malicieux et intéressé, entretenoit toutes les cabales du parlement, pour opposées qu'elles pussent être; il les unissoit et les opposoit, suivant la convenance de ses desseins. Il s'étoit rendu redoutable à la cour, et l'arbitre de toutes les délibérations dans sa compagnie. Le premier président Molé y avoit le crédit ordinaire à ceux de son poste, l'opinion d'un homme intrépide, mais la créance que les intérêts de Champlâtreux son fils, qui le gouvernoit, et le mauvais état de ses affaires domestiques, l'avoient rendu absolument dépendant de la cour. Mais quoiqu'en toutes rencontres il employât son adresse pour faire tourner les délibérations de sa compagnie à son avantage, quand elles venoient à aboutir contre son sens il les exécutoit si ponctuellement, et parloit avec tant de vigueur et d'efficace pour les soutenir, que quoique les gens éclairés connussent la nécessité et l'adresse de sa conduite, la pluralité de la compagnie et presque tout le monde l'avoit en vénération. Ces trois personnages étoient les principaux mobiles de tout ce qui se délibéroit dans le parlement pour et contre la cour. Le président de Blancménil y fit quelque temps une figure assez considérable, par l'inimitié que la ruine d'un de ses oncles avoit allumée dans son cœur contre le cardinal Mazarin, et par les avis que le conseiller Pithou, homme de savoir et de mérite, lui donnoit par écrit et faisoit apprendre par cœur, pour les lui faire débiter comme siens dans l'assemblée des chambres, et se contentoit après d'opiner avec modestie dans le même sens de ce président. Le président Viole, d'une assez ancienne famille de la robe de Paris, sur quelque raillerie qu'on lui avoit faite dans la débauche, où il étoit assez agréable, de ce qu'il étoit un bourgeois, se voyant de ruiné qu'il étoit devenu riche par le bien que lui laissa un commis de l'épargne nommé Lambert, se mit dans la tête de devenir homme de cour, et de traiter de la charge de chancelier de la Reine, dont on lui refusa l'agrément à la cour. Dès-lors il ne songea plus qu'à se venger; et voyant ses espérances perdues du côté du cabinet, il crut qu'il falloit le battre en ruine. Chavigny, avec qui il avoit habitude, et qui connoissoit son naturel vain et impétueux, lui persuada qu'il ne seroit pas difficile de le faire secrétaire d'Etat, si le parlement renversoit la fortune du cardinal Mazarin; qu'il n'étoit pas né pour borner la sienne à présider dans une chambre des enquêtes; et le fit résoudre à prendre des avis vigoureux dans le parlement, et de s'y distinguer par des discours hardis et enrichis de doctrine. Il débitoit assez bien ceux que lui composoit un jeune homme d'étude nommé Servientis; mais comme le style de ce qu'il disoit de lui-même aux répliques, et dans les contestations qui arrivent souvent dans les compagnies, étoit fort différent, on connut en peu de temps que cette science, qu'on jugea d'abord infuse, n'étoit qu'un effet de sa mémoire. Il étoit cousin germain de la duchesse de Châtillon, l'une des plus belles et des plus adroites de son siècle, de qui les belles qualités du corps et de l'esprit lui avoient acquis l'estime et l'amitié de gens fort relevés en naissance, en crédit et en mérite, qui firent, par divers intérêts, valoir le président Viole en plusieurs rencontres ; et par là il acquéroit quelque réputation qui se ruinoit par la variété de son esprit et par la foiblesse de son talent propre, qui le firent changer autant de fois de parti qu'il étoit de l'intérêt de ceux qui le faisoient mouvoir.

Le reste du parlement étoit composé de gens de beaucoup de vertu, qui alloient au bien autant que le temps le pouvoit permettre; et d'autres, entraînés par la persuasion, désintéressés contre la cour, qui, sans savoir la raison qui les faisoit agir, prenoient en toutes rencontres les avis de M. Broussel, qui croyoit, en les ouvrant, mériter qu'on lui érigeât des statues publiques, mais qui en effet lui étoient suggérés par ceux qui n'aspiroient qu'à renverser la fortune du cardinal Mazarin. Ceux-ci étoient quasi toujours les plus forts en nombre; et par l'emportement de leur humeur brusque ils rendoient souvent les assemblées des chambres un lieu de confusion, où le grand bruit prévaloit sur la sagesse de ceux qui cherchoient quelque tempérament aux affaires.

Les choses étoient à peu près en cet état sur la fin du mois de septembre 1649, que je pris résolution de faire le voyage de Bourgogne, dont j'ai parlé au commencement, et duquel j'avois suspendu le dessein pendant tout le temps que dura la mésintelligence du prince avec le cardinal, parce qu'outre l'inclination que j'avois pour ce prince, je jugeai qu'il n'étoit pas honnête de s'absenter dans une saison où les moindres personnes pouvoient être utiles, comme j'aurois souhaité de lui être au péril de ma fortune et de ma vie. Le plus grand service que ses amis pouvoient lui rendre (car il leur a toujours déféré toutes choses) étoit de l'empêcher de rompre, puis de renouer, avec le cardinal Mazarin, du moins de la manière qu'il fit l'une et l'autre de ces actions opposées, et qui ont été le mobile de tant de choses imprévues qui ont agité sa vie, et celle de ceux de sa maison et de ses amis, depuis ce temps-là jusqu'à la conclusion de la paix générale, où je me trouvai honoré de son plein pouvoir, après l'avoir servi avec beaucoup de confiance de sa part, et grande fidélité de la mienne.

Pendant mon séjour en Bourgogne, mes amis m'écrivoient fort ponctuellement ce qui se passoit à la cour; et je connoissois par leurs lettres le peu de sûreté que les uns pouvoient prendre aux autres. Je reçus entre autres nouvelles celle du mariage du duc de Richelieu avec madame de Pons, fille du baron Du Vigean, fait clandestinement et à l'insu de la cour par le conseil de la duchesse de Longueville, en sa maison de Trye, avec la participation du prince, qui sacrifia en cette rencontre les sentimens de la proche alliance qu'il avoit avec ce duc, à cause de la princesse sa femme, à l'amitié qu'il avoit conservée à madame de

Pons, par le tendre souvenir de l'amour qu'il avoit eu, pendant la vie du prince de Condé son père, pour mademoiselle Du Vigean sa sœur, à présent religieuse aux Carmélites de Paris, où elle s'étoit jetée quelques années auparavant, par le déplaisir de la rupture du mariage accordé entre elle et le marquis d'Huxelles, à qui le prince de Condé le père avoit dit, lorsqu'il fut lui en demander avis, qu'il le plaignoit d'épouser une femme de qui son fils étoit amoureux, et amoureux favorisé, quoique je sache, avec toute la certitude qu'on peut savoir les choses de cette nature, que jamais amour ne fut plus passionné de la part du prince, connu ni écouté avec plus de conduite, d'honnêteté et de modestie de la part de mademoiselle Du Vigean : tant y a qu'il avoit conservé et conserve encore je ne sais quelle mémoire pleine de respect et d'estime pour cette bonne religieuse (qu'il ne voit pourtant point), qui fut le principe du consentement et de l'appui de ce mariage. Mais ce qui l'obligea davantage à l'avancer, à le maintenir et à l'autoriser par sa présence, fut la créance que le duc seroit gouverné par celle que l'amour lui donnoit pour femme; qu'il se rendroit maître du Havre-de-Grâce dont il a le gouvernement (qui étoit pourtant au pouvoir de la duchesse d'Aiguillon sa tante), et qu'il le conserveroit à la dévotion du prince. En effet, il ne fut pas plus tôt marié qu'il s'alla jeter dans la place avec la duchesse sa femme, et deux mille pistoles que le prince leur donna pour vivre, attendant que leurs affaires eussent pris une autre assiette. J'appréhendai fort la suite de cette affaire, qui en nul temps ne pouvoit être approuvée de la cour, mais qui devoit, comme elle fit en celui-là, dégénérer en une espèce de crime. En effet, la duchesse d'Aiguillon n'oublia rien pour la faire considérer comme criminelle, et se servit de son esprit et de son courage, et de tout le crédit que la mémoire du cardinal de Richelieu son oncle lui donnoit auprès du cardinal, pour lui envenimer cette action, qui de soi lui avoit fait une grande blessure au cœur. Elle ne pouvoit trouver de consolation à la douleur que lui donna ce mariage, qu'elle qualifia de rapt de son neveu. Quand elle considéroit qu'ayant pu le marier avec mademoiselle de Chevreuse ou avec mademoiselle d'Elbœuf, elle le voyoit allié avec une maison si fort inférieure à celle de Lorraine, avec une femme beaucoup plus âgée que lui, qui avoit des enfans de son premier mariage, qui n'avoit que des biens fort médiocres, et qu'elle avoit nourrie quasi comme sa fille, l'étant de madame Du Vigean, qui a passé toute sa vie avec un attachement si grand pour elle, que, si l'on pouvoit ajouter foi aux vaudevilles, on le croiroit honteux et vilain, autant qu'extraordinaire, entre deux personnes de ce sexe ; toutes ces diverses passions en excitèrent dans son cœur une violente de se venger du prince, comme elle fit avec assez de facilité, par la disposition qu'elle trouva, dans la volonté du cardinal et dans celle de la Reine mère, d'entreprendre ce que l'on fit bientôt après contre lui.

Une autre nouvelle que je reçus en Bourgogne ne m'avoit pas peu surpris, et ne m'avoit pas moins donné de crainte que celle-là : ce fut le prétendu assassinat commis ou intenté, comme on le publioit, par le marquis de La Boulaye, que la prétention à la charge de capitaine des cent-suisses, que le duc de La Marck son beau-père avoit long-temps possédée, avoit jeté dans les intérêts et dans l'amitié des frondeurs, et qui avoit acquis de l'estime parmi eux pendant et depuis le siége de Paris. Le cardinal s'étoit réuni avec eux à la sourdine. Le coadjuteur de Paris alloit, les nuits, déguisé en homme d'épée et couvert de plumes, pour ôter toute connoissance de cette réconciliation, dont le secret emportoit quant et soi le crédit de ceux de sa faction parmi le peuple, que le dessein formé entre eux de perdre le prince de Condé rendoit autant nécessaire au cardinal qu'aux frondeurs mêmes. Toutes les histoires modernes ont écrit le détail du piége qu'il dressa à ce prince, et de la bonne foi avec laquelle il y tomba. Le cardinal me l'a depuis raconté lui-même avec toutes ses circonstances. Il seroit hors du sujet que je me suis proposé de le rapporter ici. Je me contenterai de dire que ce prétendu assassinat, qui ne fut qu'une fausse attaque faite au milieu du Pont-Neuf au carrosse du prince, qui retournoit vide à son hôtel, en fut le fondement. On voulut par de faux témoins y impliquer les principaux chefs de la Fronde : le prince les attaqua en même temps fort mal à propos dans le parlement de Paris, où il demanda justice. La Reine et le cardinal prirent, par une profonde dissimulation, son parti contre eux ; et lui, animé par son propre ressentiment, par les conseils intéressés du cardinal, et par les persuasions de ceux qui étoient attachés à ses intérêts, plus encore par les mouvemens de sa famille, de ses amis et serviteurs, et par l'emportement naturel de Perrault. il sollicitoit ardemment les juges. Il y eut des récusations de part et d'autre contre quelques-uns d'eux, proposées et appuyées avec grande chaleur ; l'aigreur devint extrême entre les parties ; et Paris, comme la cour, étoit partialisé pour et contre.

Je ne pouvois deviner de si loin l'artifice qui faisoit mouvoir toute cette machine : quand j'aurois été présent, je ne l'aurois jamais imaginé, tant il étoit délicat, et tant je le suis peu. Mais la connoissance que j'ai des matières criminelles, et la pratique que j'ai acquise dans les charges de judicature que j'ai exercées, m'auroit fait conseiller au prince de vive voix ce que je pris la liberté de lui conseiller par une lettre que je lui écrivis, dont la substance fut, après m'être offert à lui en cette rencontre comme j'avois fait en toutes les précédentes, que je le suppliois de prendre plutôt l'avis d'habiles procureurs consommés en telles affaires, que de courtisans qui ne consultent que leurs passions et leurs intérêts, qui ne s'arrêtent pas aux formalités parce qu'ils n'en connoissent pas la nécessité, ni combien une petite circonstance importe, et qui croient que tout ce que leur imagination ou leurs desseins leur représentent comme une notoriété de fait est une conviction qui doit être punie, sans examiner si elle est vérifiée par les formes ; que ce que je lui pouvois dire de si loin étoit que puisqu'il croyoit avoir des preuves concluantes contre La Boulaye, je croyois qu'il ne devoit attaquer que lui seul ; que sa fuite le feroit nécessairement et indubitablement condamner à mort par contumace ; que, dans les informations qu'on feroit contre lui, on pouvoit faire entrer des conjectures contre ceux qu'on prétendoit être ses complices, capables de faire décréter contre eux par le même arrêt qui condamneroit La Boulaye ; au lieu que si l'on pensoit compliquer des gens tels que le duc de Beaufort, le coadjuteur, le conseiller de Broussel et autres, non-seulement on n'en viendroit jamais à une conclusion favorable contre eux, mais la complication empêcheroit qu'on ne vérifiât l'assassinat de La Boulaye. Je reçus une lettre du prince, qui me remercioit de mes bonnes volontés, mais qui ne me disoit pas un mot du fait dont il s'agissoit : aussi avoit-il d'autres choses à faire pour lors.

[1650] Cependant tout ce qu'on m'écrivoit de Paris n'étoit que confusions, que partialités et que désordres, qui me firent résoudre à quitter le repos de ma maison pour venir en prendre ma part, et voir si ma présence pourroit servir de quelque chose au prince. Pensant donc sortir de Dijon le 21 de janvier 1650, pour retourner, j'allai dire adieu à Bussière et à Comeau, que le feu prince de Condé avoit établis pour gouverneurs alternatifs et par semestre dans le château de Dijon, plutôt pour se défaire d'eux que pour la sûreté de la place. C'étoit deux de ces écoliers qu'il avoit pris à Bourges, et dont il avoit rempli sa maison vingt-cinq ou trente ans auparavant, avec étonnement de toute la cour, qui le blâmoit d'avoir congédié quantité de personnes de qualité qui l'avoient servi dès sa jeunesse, pour remplir leurs places de gens de peu de naissance, de mérite, et sans autre expérience que celle que l'on acquiert d'ordinaire étudiant aux universités. Cette manière d'agir, et le long séjour que ce prince faisoit pour lors à Bourges, faisoient gloser les courtisans. Lui, au contraire, en faisoit un point d'habileté, et disoit que devant, pendant et depuis sa prison, il avoit ressenti de si mauvais effets des habitudes que les principaux de sa maison avoient à la cour, dont les bienfaits les avoient quasi tous corrompus, et leur faisoient donner des avis continuels contre lui, qu'il avoit cru ne pouvoir éviter la continuation de cet inconvénient qu'en faisant maison nouvelle de jeunes gens sans correspondance et sans appui à la cour, qu'il formeroit à sa mode pour ses divertissemens, pour son service et pour ses affaires, et desquels il n'auroit à appréhender aucun mauvais office. Ainsi les plus éclairés se laissent entraîner à leurs désirs, et se forment des maximes d'Etat par le seul mouvement de leur propre humeur.

Je ne puis m'empêcher de dire dans les occasions quelques choses hors de mon sujet, quand je crois qu'elles servent à faire le caractère de ceux de qui je dois parler. Je ne fus pas plus tôt entré dans le château de Dijon, que je trouvai ces deux gouverneurs dans une consternation étrange. Je leur en demandai plusieurs fois le sujet. Ils se résolurent enfin à me le dire, et à me conter qu'un courrier dépêché par Girard, secrétaire du prince, homme de peu de talent, pour mettre à couvert quelque argent de Perrault son beau-frère, avoit passé dès la pointe du jour par ce château, et leur avoit apporté une lettre qui leur apprenoit que le prince de Condé, le prince de Conti et le duc de Longueville avoient été arrêtés au Palais-Royal, sur les six heures du soir, le 18 du même mois.

Tous les mouvemens divers qu'une nouvelle si surprenante excitèrent dans mon esprit ne m'empêchèrent pas de me plaindre à ces messieurs de ce qu'ils me l'avoient célée, ni de les exciter à leur devoir envers leur maître injustement opprimé. Je leur demandai l'état de leur place, de leurs munitions, et de leur garnison; je leur rendis tout facile pour relever leur courage abattu, autant par leur foiblesse naturelle que par la surprise de l'événement. Je retournai en mon logis et différai mon voyage, parce que je crus que je pourrois être moins utile à la cour que dans une province où tous les principaux postes étoient remplis de créatures et de serviteurs de la maison de Condé, où partie de leurs troupes étoient en quartiers d'hiver, où les recettes étoient pleines d'argent, où j'avois même quantité de parens et d'amis. Je croyois qu'à la faveur de tout cela il ne seroit pas malaisé de soulever le parlement, les villes et la province contre l'auteur d'une si extraordinaire entreprise, dans un temps que la plaie qu'il avoit reçue depuis les barricades n'étoit pas consolidée, et qu'on n'étoit pas encore revenu du mépris et de la haine que l'on avoit contre lui, et que l'autorité de la cour étoit fort chancelante.

Toutes les idées de ce qui pouvoit avoir causé cette détention se présentèrent à mon imagination; et les ruminant à part moi, je n'en pouvois concevoir aucun sujet légitime, connoissant le naturel du prince de Condé porté au bien de l'Etat, soumis à l'autorité royale, et ennemi des intrigues embarrassées. Je savois que son autorité, le poste qu'il tenoit dans le conseil, la considération en laquelle il étoit, ses grands biens et ses établissemens, étoient tels qu'un homme d'autant d'esprit que lui et de son humeur ne pouvoit avoir mis sa fortune en compromis par des négociations étrangères. Je ne pouvois m'imaginer, d'autre côté, que le cardinal Mazarin pût oser, en l'état auquel étoient ses affaires, et dans un temps si confus, entreprendre une action autant violente que celle-là, par la seule raison de la conduite que le prince avoit tenue envers lui, ni que le voulant il eût pu l'exécuter, sans que les peuples, les compagnies et tous les ordres du royaume eussent vengé sur sa fortune et sur sa personne un tel attentat. Il n'y avoit homme de bon sens qui pût penser son union nouvellement faite avec les frondeurs, dans la conjoncture du procès criminel que le prince faisoit faire aux principaux d'entre eux, et que la cour paroissoit appuyer. En un mot, je ne doutai nullement de voir promptement une révolution générale en faveur du prince contre le cardinal, et que vingt-quatre heures ne se passeroient pas que nous ne l'apprissions par quelques courriers extraordinaires.

Je doutai encore moins qu'à la faveur des places, des amis et des troupes que le prince avoit en Bourgogne, nous n'y excitassions des mouvemens semblables à ceux que je prévoyois devoir arriver à Paris, qui donneroient exemple aux provinces voisines, et particulièrement en Champagne, gouvernement du prince de Conti, où il y avoit pareillement des troupes dévouées au prince, et où il avoit quatre places considérables. Je crus encore que la Normandie, dont le gouvernement et la plupart des places étoient au duc de Longueville et à ses parens, où il avoit quantité d'amis, où les peuples et les compagnies étoient irrités par les châtimens qu'ils avoient reçus quelques années auparavant, leveroient incontinent le masque aussi bien que la Guienne ou la Provence, où les désordres de l'année précédente n'étoient point encore calmés. Le maréchal de Brezé étoit en Anjou avec le gouvernement du château de Saumur; le prince étoit encore gouverneur du Berri, où il avoit la tour de Bourges, et Montrond dans le Bourbonnais. Tant de gens à la cour étoient dans les intérêts de sa maison, et tant d'autres envenimés contre le cardinal, que je ne craignois plus la durée de la prison, mais bien qu'un soulèvement général ne donnât occasion à une mort violente. Mais l'exemple de ce qui arriva après la mort de messieurs de Guise à Blois, le naturel du cardinal, ennemi de la violence, et le foible état de sa fortune, affoiblissoit dans mon esprit cette dernière pensée; et je jugeai que tant plus il arriveroit de désordres, tant moins il oseroit entreprendre contre la vie des princes prisonniers; particulièrement si le jeune duc d'Enghien, la princesse douairière, la princesse de Condé et la duchesse de Longueville, que l'on m'avoit assuré n'avoir pas été arrêtés avec les princes, demeuroient en liberté, et se retiroient de la portée de la cour, pour se la conserver dans les gouvernemens de leurs maisons.

J'allai donc à l'heure même dépêcher un courrier, que je chargeai de trois lettres pour les trois princesses, afin de supplier la douairière d'amener le duc d'Enghien en Bourgogne, la princesse de Condé d'aller auprès du maréchal de Brezé son père en Anjou; et la duchesse de Longueville, pour lui conseiller de se retirer à Rouen. Après que mon courrier fut dépêché, j'allai voir et dire la nouvelle que j'avois apprise au château, et que personne ne savoit encore, aux principaux magistrats de Dijon. Guillon, procureur général au parlement de Dijon, m'offrit d'abord de demander dès le lendemain l'assemblée des chambres, pour y requérir, contre le cardinal Mazarin, l'exécution de l'arrêt qu'on donna en 1617 contre les étrangers après la mort du maréchal d'Ancre, supposé qu'il vît apparence d'être soutenu dans la compagnie. Machaut, intendant de la justice, homme naturellement violent, mais vilainement intéressé, me dit que la Reine ne pouvoit mieux faire que d'empoisonner un homme autant ennemi de l'Etat que l'étoit le prince de Condé; qu'il alloit dépêcher un courrier pour l'en congratuler, et recevoir ses ordres dans cette rencontre. Ce discours me surprit fort dans la bouche d'un homme qui devoit la plus grande partie de sa fortune à la maison de Condé, et qui m'avoit dit, deux jours auparavant, que le prince ne se laveroit jamais, parmi les bons Français, de n'avoir pas fait jeter le cardinal par les fenêtres, lorsqu'après s'être réconcilié la première fois il alla souper chez lui. Bouchu, premier président, qui devoit sa promotion en cette charge véritablement à son mérite et à sa bourse, mais encore à l'amitié que le prince de Condé, père de celui-ci, lui portoit, se mit à soupirer, à pleurer, et à me dire que ce que vouloit faire le procureur général étoit une pure folie; qu'il ne se trouveroit pas une voix dans le parlement pour appuyer ses conclusions; qu'il n'étoit pas même à propos de rien remuer en faveur du prince, quand on le pourroit; que le cardinal ne demanderoit pas mieux qu'un prétexte semblable pour le faire mourir en prison; qu'il falloit attendre les lettres que le Roi écriroit sur ce sujet à la compagnie, pour reconnoître quel étoit son prétendu crime; et que cependant on demeureroit clos et couvert, on verroit ce qui seroit arrivé à Paris, dont tous les mouvemens se communiqueroient infailliblement aux provinces. Montjay, ancien conseiller, et pour lors maire de la ville, tout-à-fait dépendant du prince, mais ami intime de Bouchu, entra chez lui pendant que j'y étois. Il entra dans notre conversation d'abord avec quelque chaleur, et quelque proposition d'assembler le corps de ville et de faire armer la bourgeoisie; mais il se rendit bien promptement aux sentimens du premier président. Le président Fyot, mon oncle, y survint, qui les fortifia dans leurs pensées; et avant que je me séparasse d'eux, tout aboutit à me blâmer de mon zèle, qu'ils appeloient inconsidéré, qui ne pouvoit servir de rien au prince, et qui me coûteroit la perte de ma fortune particulière, et peut-être la liberté ou la vie. Ils étoient plus sages que moi, plus obligés au prince que je ne l'étois; mais ils ne l'aimoient pas avec autant de passion que moi; et cette différence faisoit celle de nos avis et de nos desseins. Je les laissai donc ensemble dans des conseils fort contraires à mes intentions. J'allai voir encore un notable ecclésiastique, attaché d'une affection particulière au prince, homme d'un bel esprit, d'une grande expérience, accrédité dans Dijon par son âge, sa naissance et sa bonne vie; parent de Perrault, qu'on avoit aussi emprisonné en même temps que les princes : c'étoit Baillet, doyen de la Sainte-Chapelle. Il s'ouvrit à moi au-delà de ce que j'espérois d'un homme autant retenu et modeste qu'il l'étoit. Il m'offrit sa bourse, son crédit, et me dit que sa profession le réduisoit à ne pouvoir servir le prince qu'avec des armes spirituelles; et qu'à la moindre apparence qu'il verroit dans les esprits séculiers d'agir en sa faveur avec quelque vigueur, il feroit parler les prédicateurs et agir les confesseurs; de sorte que ce seroit vertu de servir un homme de la maison royale aussi injustement opprimé, et que cependant il feroit prier Dieu qu'il protégeât son innocence. Voilà toute la vigueur que je trouvai dans la ville capitale du gouvernement du prince de Condé, où la foiblesse et l'ingratitude me firent juger qu'il falloit recourir à d'autres moyens pour mettre cette ville et la province ensuite, par la force et la crainte, dans ses intérêts, puisque la reconnoissance, l'amitié et la justice ne pouvoient le faire. De la manière dont je parle, il est aisé de voir que nous ne comptions le Roi pour rien, à cause de son bas âge; nous n'avions d'objet de vengeance que contre le cardinal, de la main duquel partoit directement le coup de foudre qui venoit de frapper la maison de Condé. Je me retirai fort tard, et dépêchai au sieur de Baas, major accrédité dans le régiment du marquis de Persan, et le priai de me venir trouver en diligence avec d'Alègre, premier capitaine, et Saint-Agoulin, capitaine du régiment.

Sur les deux heures après minuit, le comte de Tavannes, lieutenant des gendarmes du prince, arriva en poste. Il vint m'éveiller, et me dit qu'il étoit entré par le château; que son intention étoit d'y demeurer pour défendre la place si on venoit l'attaquer;

mais que Bussière et Comeau lui avoient simplement donné le passage; qu'ils lui avoient déclaré qu'ils ne recevroient qui que ce fût dans leur place pour y commander, et qu'il étoit résolu de s'aller jeter dans Bellegarde. Ce discours me donna sujet de lui conseiller de ne le pas faire, parce que cette place-là ne pouvoit manquer à notre dessein; qu'il falloit essayer de surprendre le château d'Auxonne, qui seroit le plus considérable service qu'il pourroit rendre; et que, pour en venir à bout, il falloit qu'il passât toute la nuit, et sans perdre un moment de temps; qu'il arriveroit audit Auxonne avant qu'on y pût savoir la détention des princes; qu'il n'y avoit dans ledit château que madame Du Plessis-Besançon, dont le mari en étoit gouverneur; qu'il n'y avoit que dix ou douze soldats, et que nous avions dans la ville deux compagnies d'infanterie du régiment de Condé qui feroient ce qu'il leur commanderoit; qu'il pourroit aller visiter cette dame, qui ne se doutant de rien le recevroit; qu'il se feroit accompagner de nombre de gens suffisans pour occuper le poste, et faire ensuite entrer dans la place celui qu'il jugeroit à propos pour s'en rendre le maître; mettre dehors la garnison et la dame; ou la rendre prisonnière, s'il le jugeoit plus à propos: Le comte de Tavannes approuva mon dessein, me promit de l'exécuter, et se retira à la pointe du jour. Je sus que le marquis d'Huxelles s'étoit allé jeter en toute diligence dans la citadelle de Châlons-sur-Saône dont il étoit gouverneur, à dessein de se déclarer hautement en faveur du prince, auquel il s'étoit attaché peu de jours avant sa prison. Je lui écrivis sans perdre de temps, et reçus sa réponse confirmative de ce qu'il m'avoit fait savoir en passant: mais cette résolution ne dura pas long-temps; car de Roches son lieutenant, dont le génie étoit fort supérieur au sien, et qui prétendoit en tirer du mérite envers le cardinal Mazarin, lui fit changer de résolution, et se fit dépêcher à la cour pour l'assurer de sa fidélité, et donner parole de se détacher du prince, comme il fit.

Le comte de Tavannes, au lieu de faire avec diligence ce dont nous étions convenus, passa toute la nuit à Dijon; et je ne fus jamais plus étonné que quand je l'appris le matin sur les dix heures en sortant de mon logis. Je l'allai trouver au sien, où étoient cinq ou six gentilshommes aboyant contre la lune, ou fulminant contre le cardinal et la régence. Je crus avec raison le dessein d'Auxonne avorté: je le pressai néanmoins, et le fis partir à tout hasard avec ceux que je trouvai auprès de lui. Flamarins, qui étoit du nombre, et qui avoit sa famille à Auxonne, au lieu de lui servir de guide et d'introducteur, lui fit changer de dessein à une lieue de Dijon; et par un faux raisonnement, appuyé de toute la troupe, fit résoudre le comte de Tavannes à aller, comme il fit, se jeter dans Bellegarde.

Ce jour-là même, la dépêche du Roi, qui n'étoit qu'une lettre de cachet contenant la raison de la détention des princes, fut apportée au parlement de Bourgogne comme elle l'avoit été à celui de Paris, et qu'elle le fut en tous les autres du royaume. J'eus une grande impatience de la lire; et une consolation non pareille, après l'avoir vue, qu'elle n'imputoit au prince de Condé que des choses qui, à mon sens, ne pouvoient tout au plus que faire en sa personne le caractère d'un homme avide de biens, et d'un mauvais courtisan, puisque cette lettre n'étoit remplie que de choses qui ne pouvoient être imputées à crime, mais bien à une conduite peu prudente et inégale. J'ai parlé ci-dessus de la plupart des faits qu'on lui imputoit, en racontant l'entretien que j'eus à Compiègne avec le cardinal, mais qui dans cette lettre étoient tournés en un sens malicieux, pour donner aux intérêts et à l'ingratitude du cardinal Mazarin l'air et la couleur du service du Roi et du bien de l'Etat. Quant au prince de Conti et au duc de Longueville, on connoissoit qu'ils n'avoient point d'autre crime que d'être frère et beau-frère du prince.

J'ai fait souvent réflexion sur la facilité avec laquelle le parlement de Paris, et toutes les autres compagnies souveraines qui, peu de mois auparavant, avoient ou pris les armes, ou fait de vigoureuses remontrances au Roi en faveur de gens peu considérables, ou à la persuasion de ceux qui, par un artifice masqué du bien public, vouloient troubler l'Etat, demeurèrent muets au bruit d'une telle violence commise en la personne du premier prince du sang, chargé de la gloire de tant de grandes actions, innocent de notoriété publique, et duquel tout au moins la fidélité envers le Roi étoit évidente, et justifiée par la lettre qui l'accusoit. Quelques particuliers allumèrent même des bûchers devant le logis, du moment qu'ils apprirent la nouvelle de cette détention. Et, d'autre côté, j'ai considéré que lorsque le prince de Condé, son père, fut arrêté pendant la régence de Marie de Médicis, le peuple alla saccager la maison du maréchal d'Ancre, qui avoit donné ce conseil; et plusieurs grands seigneurs à la tête auroient assiégé le Louvre, si le maréchal de Bouillon, homme d'une profonde habileté, ne leur avoit remontré que, pensant lui procurer la liberté, ils lui feroient perdre la vie, et qu'infailliblement on le poignarderoit si l'on voyoit une telle entreprise. En effet, on sut depuis qu'on l'avoit résolu de la sorte. Ce prince, quoique rempli de grandes qualités, n'avoit pas mérité de l'Etat d'une manière si éclatante que celui-ci. Il avoit au contraire fait une guerre civile, et armé la plupart des princes et des seigneurs; il s'étoit allié avec les huguenots contre le Roi. On dira à ceci qu'il n'avoit pas assiégé Paris, comme venoit de faire le prince son fils; mais le prince de Conti et le duc de Longueville en avoient été les défenseurs. Leur sort fut pourtant égal en cette rencontre. Il seroit bien malaisé d'en dire d'autres raisons que celle de l'instabilité de l'esprit des hommes, dont le cardinal se prévalut si à propos, qu'il trouva sur le bord de son précipice le fondement de sa fortune.

Le marquis de Tavannes, lieutenant de roi en Bourgogne, se rendit à Dijon pour rassurer, disoit-il, les peuples; mais il trouva besogne faite : car jamais on n'a vu une plus grande tranquillité que celle qui se conserva dans une ville et dans une province qui, suivant toute apparence, devoient commencer une guerre civile, et qui étoient celles qui donnoient le plus d'appréhension à la cour.

Baas, d'Alègre et Saint-Agoulin, que j'avois mandés, arrivèrent; et je leur fis connoître l'état des choses, et ce qu'ils pouvoient faire pour le service du prince.

Ces deux derniers retournèrent dans les garnisons où étoient les compagnies de leur régiment, qui étoit celui de Persan, pour les confirmer dans l'ancienne amitié que ce corps avoit pour le prince, et pour les disposer à faire pour son service tout ce que ses serviteurs jugeroient à propos. Je racontai à Baas que les gouverneurs du château avoient refusé d'obéir au comte de Tavannes, et lui proposai d'aller leur offrir son service, d'aller leur obéir, et de jeter dans leur place deux cents mousquetaires, comme il fit. L'un et l'autre gouverneurs acceptèrent ses offres. Nous résolûmes ensuite qu'il feroit venir en toute diligence les soldats qu'il avoit offerts à Solon-la-Chapelle, petit village appartenant à un de mes frères, à deux lieues de Dijon, pour les introduire la nuit suivante dans le château. Après que Baas eut envoyé son lieutenant porter ses ordres, je m'ouvris tout-à-fait à lui, et lui conseillai une chose qu'il approuva fort, qui fut d'envoyer un courrier à Le Tellier, secrétaire d'Etat, pour l'assurer que le régiment de Persan demeureroit ferme dans son devoir, afin d'éviter l'effet de la précaution qu'il apporteroit infailliblement à la cour contre un corps qu'il savoit être affectionné de longue main au prince de Condé; que cela étant fait, il introduiroit les deux cents hommes dans le château; qu'avec eux on mettroit dehors Bussière, Comeau, et le peu de garnison qu'ils avoient, parce qu'il n'y avoit rien à espérer de telles gens que de la foiblesse; que Baas enverroit ensuite donner avis à la cour qu'il s'étoit rendu maître du château de Dijon; que cela feroit que le cardinal Mazarin prendroit entière créance en lui et au régiment; que cela rassureroit son esprit de la crainte qu'il avoit que Dijon, et toute la Bourgogne à son exemple, ne prît le parti des princes ; qu'infailliblement le duc de Vendôme, que sa timidité naturelle faisoit balancer pour accepter le gouvernement de Bourgogne qui lui étoit destiné, viendroit en diligence, rassuré qu'il seroit de ce succès; qu'il arriveroit droit au château, et que Baas lui donneroit avec facilité de l'appréhension des cabales et des serviteurs que les princes avoient dans le parlement et dans la ville, qu'il ne pourroit intimider avec deux cents hommes qu'il avoit dans le château ; qu'infailliblement le duc proposeroit d'y faire entrer tout le corps composé de seize cents soldats, ou du moins une grande partie, et logeroit le reste aux environs, parce que tout cela tomberoit facilement dans la pensée d'un homme craintif et persuadé ; qu'il feroit mettre toutes les munitions de guerre dans la place; que tout étant en état de se soutenir, il arrêteroit le duc prisonnier, et que nous ferions déclarer Dijon de gré ou de force, parce que l'on y feroit entrer toutes les troupes qu'on jugeroit nécessaires pour relever le courage abattu de ceux qui témoignoient que la seule crainte de l'autorité de la cour les empêchoit de se déclarer pour le prince. Ce plan fut approuvé par Baas, qui ne l'auroit pas approuvé, de même que je ne l'aurois pas proposé, dans une affaire d'une autre nature, parce que j'ai naturellement de l'horreur pour de pareils stratagêmes ; mais l'artificieuse surprise dont on avoit usé pour emprisonner les princes rendoit légitimes toutes celles dont on pouvoit user.

Tout mon déplaisir fut que ce dessein demeura

inutile par la peur de Comeau, qui fut augmentée par les raisonnemens timides et étonnés de sa famille, établie dans la ville, à qui il se conseilla d'une affaire pour l'exécution de laquelle le secret étoit si précisément nécessaire ; en telle sorte qu'il obligea Bussière à manquer comme lui à la parole donnée à Baas et à moi, en lui refusant la porte et aux deux cents mousquetaires : et quelque temps après ils rendirent leur place pour environ dix mille francs que le Roi leur fit donner, sous prétexte de quelque dépense qu'ils avoient faite.

Cependant le courrier que j'avois envoyé, comme j'ai déjà dit, aux princesses ne me rapporta aucune de leurs lettres ; il me dit seulement de vive voix que la princesse douairière avoit lu et brûlé celle que je lui écrivois, et encore celle qu'il avoit ordre de rendre à la princesse, laquelle elle lui avoit défendu de voir, disant que telles affaires ne devoient pas être communiquées à une personne de son âge ; qu'à la moindre démonstration qu'elle feroit, on les mettroit l'une et l'autre en prison ; que pour elle, elle vouloit vivre en repos, et pleurer, dans sa retraite de Chantilly, l'infortune de sa maison ; qu'elle espéroit que ses prières, et celles de tant de gens de bien qu'elle employoit, obtiendroient de Dieu la grâce de faire connoître au Roi et au monde l'innocence de ses enfans ; qu'elle laisseroit agir ses amis, selon que chacun d'eux le jugeroit à propos ; mais qu'elle ne vouloit se mêler d'aucune chose qui lui pût faire perdre la liberté ; qu'elle me prioit de ne lui plus écrire, et qu'elle me recommandoit d'aimer toujours sa maison, comme j'avois fait toute ma vie.

Telle fut la réponse de la princesse douairière, qui me fit perdre toute l'espérance que j'avois conçue d'exciter en Bourgogne un soulèvement général en faveur des princes. Le même courrier que j'avois chargé de voir quelques-uns de mes amis me confirma ce que j'avois déjà su par le bruit commun, et me dit que les princes avoient été arrêtés par Guitaut, capitaine des gardes de la Reine, dans le Palais-Royal, où ils avoient été appelés pour assister à un grand conseil qu'on y devoit tenir le 18 janvier sur les six heures du soir, d'où ils avoient été menés au bois de Vincennes par la porte de Richelieu : et ce qui est de plus surprenant est que l'artifice du cardinal fut tel, que, faisant une fausse confidence au prince qu'un certain des Coutures, qui étoit un témoin qui disoit savoir tout le détail du prétendu complot de l'assassinat du prince, étoit retiré et gardé soigneusement dans une maison vers la porte de Montmartre, il lui dit qu'il falloit l'aller enlever avec les gendarmes du Roi. Il chargea le prince de les commander, et de les faire trouver à l'entrée de la nuit derrière l'hôtel de Vendôme, dans le marché aux Chevaux, d'où on les feroit sortir sans bruit, et sans péril de découvrir la chose, par la porte de Richelieu, pour exécuter ce dessein. Le prince, animé de la passion de se venger, approuva cette proposition, et donna lui-même les ordres, sans y penser, pour se faire conduire sûrement en prison. Les princes étoient en carrosse, escortés par la compagnie des gendarmes du Roi, commandée par Miossens : passant sur le fossé, le carrosse entra si avant dans les fanges, qu'il fallut que les princes missent pied à terre. Le prince de Condé, qui ouït que ce gentilhomme

le plaignoit, lui dit ces mots : « Ah! Miossens, si tu vou-
« lois! — Mon devoir, monseigneur, lui répliqua-t-il.
« — Fais-le donc, et ne t'amuse plus à me plaindre,
« repartit le prince. » Ils furent conduits à Vincennes,
où Comminges, neveu de Guitaut, les garda quelque
temps, jusqu'à ce que Bar y entra en sa place. Comme
l'on n'avoit osé y porter des meubles ni y préparer à
souper, pour ne donner aucun soupçon, le prince
de Condé, après avoir pris une couple d'œufs frais,
se jeta tout vêtu sur une botte de paille, où il dormit
douze heures sans s'éveiller. Ce fut là le commencement de la grandeur d'ame et de l'intrépidité qu'il a
fait voir tout le temps qu'a duré sa prison. Il faudroit
un volume pour en rapporter toutes les particularités;
aussi plusieurs en ont-ils écrit de telle sorte, que je
n'en parlerai qu'à mesure que quelques circonstances
serviront à mon sujet.

Comme les princes furent arrêtés dans la petite gale-
rie du Palais-Royal, et conduits par le faux degré et par
le jardin, on fut quelque temps sans le savoir, même
dans le Palais-Royal. L'abbé de La Rivière étoit, pendant l'exécution de cet ordre, avec le cardinal Mazarin, qui lui dit quelques momens après : « Que diriez-
« vous, monsieur l'abbé, si on vous disoit que les
« princes de Condé, de Conti et le duc de Longue-
« ville sont prisonniers? — Je serois bien surpris, répli-
« qua l'abbé. — Bien, reprit le cardinal, soyez-le donc;
« car, à l'heure que je vous parle, on les mène au bois
« de Vincennes. — Et Monsieur, dit l'abbé, le sait-il? —
« Tout est concerté avec lui, repartit le cardinal. — Je
« suis donc perdu, dit l'abbé de La Rivière. » Et après
quelques paroles il se retira au palais d'Orléans, où

quelques jours après, voyant l'esprit du duc d'Orléans changé du blanc au noir, il lui demanda congé, qui lui fut accordé de bon cœur; et il se retira à Petitbourg et en ses abbayes. J'ai dit au commencement que les paroles qu'il avoit données au prince avoient été sa ruine : aussi fut-ce par là que la duchesse de Chevreuse le perdit dans l'esprit de son maître, auquel elle fit de temps en temps quelque confidence de peu, puis d'assez d'importance pour connoître s'il étoit capable de céler quelque chose à La Rivière : et ayant expérimenté l'affirmative, elle lui confia le dessein, et le fit enfin, quoique avec beaucoup de répugnance, consentir à la prison.

Aussitôt que cette nouvelle fut sue, tous les domestiques des princes, qui les attendoient dans les antichambres et dans la cour du Palais-Royal, retournèrent en diligence en leurs hôtels. Le marquis de La Moussaye partit en poste pour se jeter dans Stenay, dont il étoit gouverneur. Le duc de Bouillon et le vicomte de Turenne, mécontens de la cour, et irrités contre le cardinal Mazarin, qui différoit la récompense de Sedan, et de leur donner le rang de princes étrangers en France, qu'ils sollicitoient ardemment, s'étoient liés d'une amitié intime avec le prince de Condé; parce que, par son crédit, ils croyoient forcer la lenteur ou la mauvaise volonté du cardinal envers eux. L'un et l'autre crurent avec raison qu'ils auroient hasardé leur liberté s'ils restoient davantage à la cour : aussi avoit-on résolu de les arrêter. Le duc de Bouillon se retira en diligence à Turenne, et le vicomte à Stenay. On arrêta la duchesse de Bouillon en sa maison, où on la gardoit, et d'où elle se sauva; mais depuis, ayant été reprise dans une maison particulière où elle étoit cachée, elle fut faite prisonnière à la Bastille.

La duchesse de Longueville, qui avoit l'esprit capable de tout entreprendre, avoit fait résoudre la cour à l'arrêter avec le prince de Marsillac, par qui elle étoit gouvernée, et qui fut bientôt après duc de La Rochefoucauld par la mort de son père. Cette résolution de les arrêter étoit fondée sur le souvenir de ce qui s'étoit passé pendant le siége de Paris, et depuis sur le sujet du Pont-de-l'Arche. La duchesse s'alla d'abord cacher chez la princesse palatine, son intime amie, d'où, la nuit même, le duc de La Rochefoucauld la mena à cheval en Normandie, et résolut d'abandonner toutes choses, et de risquer la ruine de sa maison pour suivre sa fortune. Tous les amis des princes se flattoient d'un soulèvement général en leur faveur. Le duc de La Rochefoucauld, habile, éclairé, et d'un esprit ferme et résolu, crut que la Normandie se soulèveroit à la vue de la duchesse, parce que peu auparavant cette province avoit suivi les mouvemens du duc de Longueville son gouverneur; mais il fut bien étonné de voir qu'elle n'y put seulement trouver de sûreté dans aucune place, qui toutes demeurèrent aussi tranquilles que Paris et la Bourgogne. Elle s'alla jeter à Dieppe, où, avec beaucoup de risque de sa liberté et de sa vie, elle s'embarqua pour passer, comme elle fit, par la Hollande et les Pays-Bas à Stenay, où elle demeura tout le temps de la prison des princes. Hybany, Saint-Romain, Sarrasin, et La Roque, capitaine des gardes du prince de Condé; Frassy, ses filles, et quelques autres, s'embarquèrent avec elle;

et le duc la voyant hors de péril, se sépara d'elle pour aller, comme il fit, dans son gouvernement de Poitou, où il fit voir son crédit sur la noblesse de cette province et sur celle d'Angoumois et de Saintonge, et où il mit tout en usage pour faire juger à la duchesse ce dont il étoit capable pour elle.

La princesse douairière et la princesse sa belle-fille, avec le jeune duc d'Enghien et les enfans du duc de Longueville, se retirèrent à Chantilly par ordre de la cour; car la Reine ne put se résoudre de mettre la douairière en prison, se ressouvenant des services qu'elle en avoit reçus, et de la constante amitié qu'elle lui avoit témoignée pendant la vie du feu Roi son mari, et dans toutes les persécutions que le cardinal de Richelieu lui avoit faites. Le cardinal Mazarin crut que la mémoire du cardinal de Richelieu lui reprocheroit, dans l'esprit de tous les gens de bien, une honteuse ingratitude, s'il conseilloit d'emprisonner la jeune princesse sa nièce; et que ce seroit une action inhumaine d'arrêter un prince du sang de sept ans, avec sa mère et son aïeule. Il considéroit d'ailleurs que la douairière étoit une princesse d'un esprit timide et nonchalant; que la jeune étoit sans amis, sans argent, sans expérience, et médiocrement satisfaite du prince son mari; que le maréchal de Brezé son père, quoique brusque, hardi, et maltraité de la cour depuis la mort du duc son fils, étoit moribond, et gouverné par une femme qui avoit fait une grande fortune auprès de lui, et au moyen de laquelle le cardinal croyoit le tenir dans ses intérêts par l'ascendant incroyable que cette femme avoit maintenu sur l'esprit du maréchal, malgré sa laideur et ses années.

Mais l'événement fit voir que le cardinal Mazarin avoit fait une faute d'Etat bien grande d'avoir eu des égards où il n'en falloit plus avoir, après qu'il eut mis sa fortune et celle de l'Etat en compromis par la prison des princes. La Reine contrefit la malade quand il fallut exécuter ce grand dessein ; et jamais en sa vie elle n'avoit fait tant de caresses à la princesse douairière qu'elle lui en fit ce jour-là, dans deux heures de conversation qu'elle eut avec elle.

Le prince, avant sa prison, avoit eu avis que le coadjuteur visitoit le cardinal les nuits et travesti, dont il tiroit de très-mauvais augures. Il voulut en parler au cardinal gaiement et en riant, lequel lui répondit de même ; et tournant la chose en raillerie, il lui dit : « Je vous avertirai quand il y viendra ; car je veux « vous donner le plaisir de voir ce prélat en grègues « rouges, avec des plumes, et l'épée au côté. » Le prince, qui ne lui parla ainsi que pour observer sa contenance, le trouva si peu embarrassé, qu'il se confirma dans la créance que cette nouvelle étoit fausse. Il ne croyoit pas qu'il fût possible de rien entreprendre contre lui, d'autant plus que la Reine lui avoit fait, deux jours auparavant, toutes les amitiés possibles, et des promesses très-grandes, s'il vouloit s'unir de cœur avec le cardinal. Il en avoit donné parole de bonne foi à Sa Majesté, et fait donner toute assurance par le président Perrault au cardinal, qui en avoit témoigné des joies non pareilles. Voilà à peu près ce que j'appris de l'état des choses par le retour de mon courrier, et par les autres qui arrivèrent quelques jours après à Dijon, où je me jugeai fort inutile, et même en péril de ma liberté pour les démarches que j'y avois faites; et pour mon attachement dès ma jeunesse à la maison de Condé. Les serviteurs du prince, et ses troupes, s'étoient jetés les uns à Stenay, et les autres à Bellegarde. Le sieur Du Passage, maréchal de camp, attaché au vicomte de Turenne, se jeta dans Bellegarde; où Saint-Micault, qui en étoit lieutenant de roi, commandoit en l'absence du comte de Marsin, à qui le prince en avoit donné le gouvernement. Le cardinal, qui jusque là avoit toujours favorisé Marsin pour l'attacher à son service, tant pour son mérite que parce qu'il est étranger, eut une si grande défiance de lui pour avoir accepté le gouvernement de cette place, qu'il envoya à Bezons, intendant de la justice, et à l'évêque de Conzerans, à présent archevêque de Toulouse, le sieur Du Marcade, pour le faire arrêter prisonnier dans Barcelone, où il commandoit l'armée du Roi en qualité de lieutenant général : ce qui fut exécuté, et il fut conduit dans la citadelle de Perpignan.

Coligny, mestre de camp du régiment de cavalerie d'Enghien, qui étoit en quartier d'hiver en Limosin, amena à Bellegarde ce corps, et quelques autres compagnies qui s'y étoient jointes jusqu'au nombre de cinq cents chevaux, avec une diligence incroyable, passant les rivières avec conduite et résolution. Le comte de Guitaut y amena aussi la compagnie de chevau-légers du prince qu'il commandoit. Le comte de Meilly fit la même chose avec ce qu'il put ramasser de son régiment. Les officiers des troupes des princes de Condé, de Conti et du duc de Longueville en usèrent avec la fidélité qu'ils devoient à leurs maîtres, et peu d'entre eux y manquèrent. Il y auroit matière néanmoins de parler en cet endroit contre quelques uns de ceux qui leur étoient plus obligés ; mais comme je n'écris que pour dire la vérité, sans aucun dessein de faire des satires, je passe sous silence les choses qui en pourroient fournir le sujet.

De Bar, mon cousin germain, qui étoit lieutenant colonel du régiment d'infanterie de Bourgogne, avoit acquis de la réputation dans le service, où il avoit perdu une jambe et reçu plusieurs blessures. Il fut des premiers qui se rangèrent au parti contraire, avec Verdun-sur-Saône où il commandoit, dont je fus extrêmement surpris. Saint-Point, mestre de camp de ce même régiment, étoit gouverneur de Saint-Jean-de-Losne, et n'en usa pas mieux que de Bar, quoiqu'il n'eût pas moins de réputation et de crédit dans l'esprit du prince de Condé que lui. Je faisois peu de fondement sur le château de Dijon ; et toute mon espérance consistoit en la résolution de tant d'honnêtes gens qui étoient dans Bellegarde, et au régiment de Persan. Les mesures que je pris avec Baas, d'Alègre et Saint-Agoulin, qui y étoient capitaines, furent qu'ils dissimuleroient leur attachement au service du prince, et qu'ils demeureroient unis entre eux pour se saisir en temps et lieu soit d'un pont, soit d'un passage, soit d'un poste, soit d'un général d'armée ; et qu'ils se jeteroient dans Bellegarde, Stenay, ou autres places qui pourroient être assiégées dans la suite du temps ; et enfin qu'ils feroient tout ce que ceux qui auroient autorité dans le parti des princes leur commanderoient. Ils ne répondirent pas seulement pour eux, mais pour tout le régiment, sachant l'intention de Persan leur mestre de camp, de du Bout-du-Bois, lieutenant colonel, et généralement de tous les officiers. Je communiquai ce projet à Tavannes, qui vint faire un petit voyage à Dijon, et lui fis confirmer ce que je lui en dis par les susnommés. Il approuva le tout, et retourna à Bellegarde.

Nous sûmes que le duc de Vendôme, qui venoit en Bourgogne pour la gouverner par ordre du Roi, étoit proche d'Auxerre, et qu'il continuoit son voyage vers Dijon à grandes journées : ce qui me fit résoudre d'en sortir, et d'aller à Chantilly voir les princesses, prendre ma part de leur affliction, tâcher de les porter à quelque chose d'utile pour le service des princes, et en tout cas de me retirer à Stenay vers la duchesse de Longueville. Je séjournai quelques jours dans ma maison de Villotte, où j'appris une nouvelle qui me fâcha fort, qui fut que le marquis de Tavannes avoit assemblé quelques troupes, et entre autres le régiment de Persan, pour opposer aux courses et autres entreprises que pourroient faire ceux qui étoient à Bellegarde. Le sieur Du Passage, qui y étoit et prétendoit s'y conserver, persuada au comte de Tavannes, et ensuite à Coligny et à plusieurs autres, d'en sortir avec toutes les troupes superflues à la défense de la place, pour les conduire au vicomte de Turenne à Stenay. En cela il faisoit deux choses qui étoient d'une grande utilité à lui et au vicomte : l'une qu'il demeuroit le maître de Bellegarde, et l'autre qu'il fortifioit Turenne. Le comte de Tavannes, flatté de l'espérance de commander un corps considérable en Champagne, se laissa vaincre aux persuasions de Du Passage, et se mit en campagne pour exécuter son conseil. Le marquis de Tavannes voulut faire semblant de s'opposer à sa route; et ayant assemblé ses troupes à Issurtil, il s'avança vers la plaine de Luz. Le comte de Tavannes, qui savoit ce dont nous étions convenus avec les officiers de Persan, crut que l'heure de ce coup important que nous prétendions faire avec ce corps étoit venue, et qu'il ne pouvoit rien faire de plus beau que de mettre en fuite la milice assemblée par le marquis, et faire joindre Persan à ses troupes pour le mener à Stenay; mais il crut aussi que de défaire le marquis son proche parent, ou de le prendre prisonnier, ce seroit une action de grand éclat dans les terres de l'un et de l'autre, joint que c'auroit été sans avoir pris conseil de Coligny ni des autres, et sans leur avoir communiqué ce que nous avions arrêté. Ces considérations obligèrent le comte de Tavannes à changer d'avis. Le marquis, sans aucune nécessité, ayant le chemin de son passage libre, envoya un trompette au commandant du régiment de Persan, pour le sommer de déclarer s'il vouloit prendre parti avec lui ou non. Baas et tous ceux qui savoient la résolution prise entre eux et nous à Dijon, et qui se réservoient une action d'importance qui portât coup à la liberté du prince de Condé, répondirent hautement et en présence du marquis qu'ils étoient serviteurs du Roi, et qu'ils sauroient se défendre si on les attaquoit. Baas m'a dit depuis qu'il avoit fait savoir au comte de Tavannes, par un homme de créance qu'il lui envoya sous main, qu'il se gardât bien de les attaquer, parce qu'il étoit inutile; qu'il falloit se réserver pour un plus grand dessein, et qu'il n'en pouvoit prendre un meilleur que d'aller joindre le vicomte de Turenne, comme il témoignoit vouloir faire; que le chemin lui en étoit ouvert, en telle sorte que personne ne le lui pouvoit disputer. Il lui fit encore remontrer l'importance de conserver un corps de cavalerie, tel qu'il l'avoit, dans une affaire de la nature de celle qu'il alloit entreprendre; et que pour nul argent on ne pourroit en faire un pareil à celui qu'il commandoit, s'il venoit à se dissiper, comme il y avoit de l'apparence, par le séjour qu'il feroit en Bourgogne, où il ne pourroit tenir la campagne contre les troupes que le Roi y alloit envoyer, et encore moins subsister s'il se jetoit dans Bellegarde, qui demeuroit munie de troupes suffisantes pour la défendre; et qu'il n'étoit pas capable d'en faire subsister davantage. Toutes ces raisons, ni les avis de ceux qui pouvoient raisonnablement conseiller Tavannes, ne purent l'empêcher de charger les gens du marquis, et de commencer par le régiment de Persan. Quelques capitaines de ce corps qui ne savoient pas la résolution prise à Dijon, portés par la passion qu'ils avoient pour le service du prince de Condé, prirent parti avec Tavannes, et passèrent de son côté avec quelques soldats. Les autres se tinrent fermes, se défendirent, et perdirent quelque monde dans ce choc qui dura peu. Cette faute fut suivie d'une autre qui ne fut pas moindre; car au lieu de poursuivre leur marche à Stenay pour se joindre au vicomte de Turenne, ils retournèrent à Bellegarde, croyant que le petit avantage qu'ils avoient remporté sur le marquis de Tavannes alloit faire soulever la province en faveur du prince de Condé.

Baas et d'Alègre m'envoyèrent à l'instant même un capitaine pour me dire ce qui s'étoit passé, et pour se plaindre du peu de conduite de Tavannes; et Tavannes m'écrivit pour se plaindre de leur trahison. Je mandai à celui-ci mon sentiment, et le blâmai d'avoir suivi le sien contre ce que nous avions résolu ensemble; et encore plus de ce qu'il ne passoit pas à Stenay avec toutes les troupes qui seroient inutiles à Bellegarde; comme j'avois mandé la veille au vicomte de Turenne et au marquis de La Moussaye par un gentilhomme nommé Du Bief, qu'il m'avoit envoyé de Stenay pour me demander l'état des affaires de Bourgogne, et des troupes que le prince y avoit, afin qu'ils pussent savoir à quoi s'en tenir, et prendre des mesures certaines sur ce que je leur ferois savoir. Je leur fis un plan de toutes choses par ce Du Bief, que j'entretins plus de quatre heures dans l'abbaye de Châtillon, et que je renvoyai avec un billet de créance, un bon guide, un cheval, et quelque argent pour faire son voyage; parce qu'il avoit été volé par les chemins. Je fis savoir à Baas que je partois pour Paris et Chantilly, d'où j'irois partout où le service du prince le requerroit; que je verrois le marquis de Persan, et Baas son frère aîné; que je leur ferois savoir toutes choses faites et à faire : cependant qu'il laissât fulminer Tavannes et tous ceux dont il se plaignoit contre la prétendue défection de son régiment; qu'il le conservât soigneusement, et le fortifiât s'il étoit possible par le moyen des quartiers que le marquis de Tavannes lui pourroit donner; qu'il se tînt clos et couvert; qu'il continuât d'assurer la cour de son attachement à son service, comme il avoit déjà fait à Dijon, et qu'il faisoit encore par une lettre qu'il écrivoit à Le Tellier, et qu'il m'envoya tout ouverte par le capitaine dont je viens de parler, pour la faire passer à Paris, comme je fis, ou la retenir, si je le jugeois à propos.

Il est bien malaisé en pareilles affaires de former des desseins, et encore plus de les exécuter ; car, comme il n'y a point d'autorité établie, il faut ménager les volontés de tous, et par conséquent il est impossible de conserver le secret, qui est si précisément nécessaire. La passion de se conserver et de s'accroître porte l'esprit à tout entreprendre. La crainte d'être accablé, et le défaut d'argent, de retraite et d'appui, abattent le courage des plus hardis, et font tourner la tête à ceux qui n'ont de la résolution que pour une conduite ordinaire. C'est une vérité que j'ai expérimentée dès le moment que j'ai su l'emprisonnement des princes, jusqu'à leur liberté, mais particulièrement dans les commencemens, où personne n'a d'expérience en telles affaires, où tout le raisonnement cède à la crainte ; et bien loin de trouver des gens à qui on puisse se conseiller, à peine en trouve-t-on avec lesquels on puisse se plaindre avec sûreté.

Je crus qu'à Paris, où j'avois laissé tant d'amis et de serviteurs du prince de Condé, je pourrois agir et parler plus librement et plus sûrement qu'en Bourgogne ; mais je trouvai au contraire que tous les esprits avoient été tellement abattus par le coup de cet emprisonnement inopiné, qu'à peine osoit-on prononcer le nom de ceux que l'on vouloit servir.

Les frondeurs, nouvellement unis avec le cardinal, avoient, par un intérêt commun, joint leurs amis aux dépendans de la cour. Les principaux amis des princes étoient en prison ou en fuite; ceux qui conservoient quelques sentimens favorables pour eux, ou de la haine contre le cardinal, n'osoient les faire paroître, de crainte de tomber dans le même précipice. La timidité de l'une des princesses, et la jeunesse de l'autre, laissoient toutes choses dans une si grande léthargie, que rien ne se mouvoit.

Je jugeai à propos, avant que d'aller à Chantilly, de passer à Châtillon-sur-Loing pour y voir la duchesse de Châtillon, de qui la complaisance intéressée par les bienfaits et par la parenté lui avoit acquis un absolu pouvoir sur la princesse douairière. Je n'avois pour but de ma visite que de juger, par l'entretien que j'aurois avec l'une, de la véritable intention de l'autre; mais elle en étoit partie, et ayant pris la poste pour l'atteindre, je la trouvai entre Nemours et Fontainebleau. Elle me fit entrer dans son carrosse; je continuai le voyage avec elle. Nous entrâmes d'abord en matière sur le sujet des princes; et comme j'avois beaucoup d'habitude avec elle depuis son mariage avec le feu duc de Châtillon son mari, j'avois conservé et cultivé son amitié depuis sa mort, arrivée pendant le siége de Paris à l'attaque de Charenton, dont il avoit eu la principale direction, où il se montra digne héritier de ses pères, et où il fut tué d'une mousquetade après avoir forcé la place, en attaquant quelques barricades qui y étoient. Il fut également regretté des deux partis, comme un homme en qui la nature avoit joint la beauté du corps et de l'esprit à l'agrément et à la valeur. Le prince l'avoit tendrement aimé dès sa jeunesse; de telle sorte qu'étant devenus l'un et l'autre amoureux de mademoiselle de Bouteville, de la maison de Montmorency, l'une des plus délicates et agréables beautés de son siècle, ils s'en firent confidence l'un à l'autre; et comme Châtillon, qui pour lors s'appeloit Coligny parce que le maréchal son père vivoit encore, déclara au prince de Condé la passion qu'il avoit de l'épouser, et qu'elle n'étoit retenue que par l'affection que Son Altesse avoit pour elle, le prince reçut tendrement cette déclaration, lui promit de se départir de son amour, et de n'avoir plus que de l'amitié pour elle, telle qu'il l'avoit pour lui. Ce sont des paroles que les amis s'entredonnent souvent avec une intention peu sincère, et même quand elle est sincère, qu'on a bien de la peine à conserver long-temps. Le prince néanmoins la tint au duc; ou par l'effort que sa vertu lui fit faire sur lui-même, ou par la diversion de l'amour de mademoiselle Du Vigean, dont nous avons parlé; par la passion qu'il eut, après qu'elle fut religieuse, pour mademoiselle de Toucy, qui a été depuis la maréchale de La Mothe, une des plus belles de la cour, dont la beauté a été de peu de durée, aussi bien que l'amour du prince, qui m'a confessé depuis qu'il en avoit été peu favorisé, quoiqu'il ne se fût embarqué à l'aimer que par la confidence que Laval lui avoit faite des faveurs qu'il avoit reçues d'elle. Je ne sais si l'un et l'autre ont dit vrai; mais je sais bien que la vertu de cette dame a été si bien connue de tout le monde, qu'elle a mérité d'être la gouvernante de M. le Dauphin.

Pour revenir à la duchesse de Châtillon, le prince de Condé avoit cru, après la mort du duc, être quitte de la parole qu'il avoit gardée pendant sa vie. Il laissa agir librement le feu qu'il avoit conservé pour elle dans son cœur. Elle, de son côté, soit par réciproque, soit par la gloire d'être aimée d'un prince estimé et redouté de tous, soit par la considération de l'intérêt qui pouvoit lui revenir de l'autorité qu'elle pourroit acquérir sur son esprit, prenoit plaisir à fournir toute la matière nécessaire pour entretenir cette flamme, sans néanmoins y en jeter trop, de peur de l'étouffer dans sa naissance, ou de la voir consumer trop promptement. Elle savoit adroitement l'attirer par de petites faveurs, et ne le rebuter pas par de violentes jalousies.

Le duc de Nemours, agréable, jeune et galant, avoit une extrême passion pour elle. On disoit dans le monde qu'il étoit favorablement écouté ; et c'est ce qui faisoit balancer la duchesse entre son inclination et son intérêt. Elle avoit su ménager l'un et l'autre avant la prison ; elle les ménagea encore mieux tout le temps qu'elle dura, et depuis jusqu'à la mort du duc de Nemours. Elle me fit un plan exact de l'état des affaires, et me conta, entre autres choses, que ce duc étoit résolu de servir les princes, quoiqu'il fût brouillé avec le prince de Condé ; mais que par le principe d'une générosité tout entière il avoit oublié l'offense qu'il avoit reçue de lui, qu'il avoit donné toute parole à la princesse douairière de le servir par lui et par ses amis, et qu'elle sauroit le maintenir en cette volonté.

Je ne puis m'empêcher de dire en passant le sujet de cette mésintelligence ; et pour le faire, il faut reprendre la chose de plus loin. Ceux qui tiennent dans le royaume le rang de princes étrangers ont quelques prérogatives, particulièrement depuis **la régence** de Catherine de Médicis, qui par la grande faveur de messieurs de Guise les établit. Ils en ont prétendu sur les ducs et pairs à mesure que l'on en a fait, non toutefois sans grande peine des uns et sans résistance des autres; mais ils ont toujours rendu respect aux princes du sang, et n'ont jamais prétendu qu'ils leur donnassent la place ni la bonne porte en leurs propres maisons. Néanmoins, dans le temps que le prince de Condé, père de celui-ci, eut querelle au Louvre, et en présence du Roi, pour donner la serviette à Sa Majesté, avec le comte de Soissons, grand-maître de France, chacun prit parti, et s'offrit, suivant son inclination, à l'un ou à l'autre. Le comte, qui se trouva le plus foible, offrit de donner la droite chez lui aux princes étrangers, et le fit. Ils prirent cette conjoncture pour acquérir un honneur qu'ils n'avoient point eu jusqu'alors chez les princes du sang; de sorte que le prince de Condé, qui avoit beaucoup de facilité à céder au temps, voulut, à l'imitation du comte de Soissons, et pour ne pas perdre l'amitié des princes étrangers, dont son ennemi auroit profité, leur donner la porte en son logis, et la leur donna jusqu'à la mort. Le prince de Condé son fils ne pouvoit en user d'autre sorte pendant la vie du prince son père; mais il déclara, le jour même de son décès, qu'il ne leur feroit plus cette civilité à l'avenir. Le duc de Nemours, qui avoit toujours été son ami particulier, lui fit dire que ce qu'il vouloit établir étoit fort juste; qu'il seroit le premier qui le visiteroit, et qu'il donneroit avec joie exemple aux autres princes; mais à condition que le prince de Condé ne mettroit aucune différence entre lui et le duc de Longueville, qui, par une créance qui n'est approuvée de personne, prétend être prince du sang. Le prince se sentit obligé du procédé du duc, et lui donna la parole qu'il lui demandoit à l'égard du duc de Longueville; mais comme le prince n'eut pas la force de la tenir, et d'ôter à son beau-frère, qui étoit plus jaloux de son rang, et qui le savoit très-bien maintenir, un avantage que lui et le prince son père lui avoient toujours donné, il lui donna la droite à son ordinaire. Le duc de Nemours se plaignit du prince de Condé, cessa de le visiter, et rompit avec lui; mais la prison et le savoir faire de la duchesse de Châtillon lui avoient fait tout oublier.

Elle m'assura que le président Viole, son proche parent, et qui avoit toujours pris plaisir à entrer dans toutes les négociations douces, avoit fait une grande amitié avec le duc de Nemours. Elle me les fit voir tous deux à Paris dès le soir même que nous y arrivâmes. Le lendemain nous nous rendîmes à Chantilly, où les princesses me reçurent avec beaucoup d'amitié. L'une et l'autre, fondant en larmes, me racontèrent la disgrâce des princes prisonniers. Elles m'exagérèrent leur innocence; l'ingratitude de la Reine et celle du cardinal Mazarin, et m'instruisirent de beaucoup de particularités que je ne savois pas encore, de l'état de la cour, et de l'infidélité de plusieurs personnes qui, ayant été jusque là dans les intérêts du prince, s'étoient jetées dans ceux du cardinal; elles se plaignirent même du peu de sûreté qu'elles prenoient en quelques-uns de leurs domestiques. On ne parloit que d'affaires générales à la jeune princesse, dont elle m'expliqua son déplaisir en particulier, et me dit qu'on la menaçoit de lui ôter le jeune duc d'Enghien son fils, qui étoit le reste de son espoir, et en qui consistoit toute la consolation qu'elle pouvoit avoir en ce monde. Elle me pria ensuite de ne pas consentir qu'on lui fît cette injustice. Elle ajouta encore que s'il étoit avantageux au prince son mari de retirer, pour quelques desseins considérables, le duc son fils de ce lieu-là, elle vouloit le suivre partout, et même à la tête d'une armée; et qu'elle n'oublieroit rien de tout ce qu'elle devoit à l'honneur d'avoir épousé un premier prince du sang, d'une aussi grande vertu et d'un mérite aussi extraordinaire que monsieur son mari. J'eus de la joie de la voir dans des sentimens si généreux et si raisonnables. Je lui applaudis autant qu'il me fut possible, et lui promis de lui donner avis en temps et lieu de ce qui se résoudroit sur le sujet du duc son fils, et de m'opposer, dans tous les conseils où je serois appelé, à la séparation qu'elle me témoignoit appréhender, parce que je prévoyois la nécessité que l'on auroit de cette princesse et de ce jeune prince. Et quoiqu'une longue habitude m'eût fait connoître la portée de son génie, beaucoup plus limité qu'il n'eût été nécessaire pour la conduite des affaires, autant grandes et difficiles que celles qui pouvoient arriver, la connoissance que j'avois de la comtesse de Tourville, de la maison de La Rochefoucauld, femme de conduite et de résolution, me fit hasarder de tout entreprendre avec la princesse; à qui le prince l'avoit donnée pour dame d'honneur après la mort du cardinal de Richelieu; parce que je savois que cette dame ne manqueroit pas de lui inspirer les grands desseins qu'on lui pourroit proposer, et dont on lui donneroit dans la suite les moyens et toutes les dextérités nécessaires pour les soutenir. J'appris beaucoup de choses d'elle fort nécessaires pour ma conduite envers l'une et l'autre princesse. Elle avoit toute l'autorité sur l'une, parce que le prince la lui avoit donnée avec sa charge, et beaucoup de crédit vers l'autre, par l'estime que sa manière d'agir lui avoit acquise auprès d'elle. Elle avoit une passion démesurée de la porter aux entreprises vigoureuses en faveur de ses enfans; elle avoit toute créance en moi, par l'amitié intime qui avoit été entre le feu comte de Tourville et moi. C'étoit un gentilhomme autant accompli en toutes choses, et d'autant d'esprit, de conduite et de cœur que j'en aie jamais connu. Elle connoissoit le désir passionné que j'avois de servir le prince de Condé; et, par toutes ces raisons, elle me communiqua tout ce qui étoit venu à sa connoissance, afin que je m'en servisse à mon dessein, comme je fis en plusieurs occasions.

Je demeurai deux jours à Chantilly, pendant lesquels j'eus diverses conférences avec la princesse douairière, quelques-unes en présence de la duchesse de Châtillon, d'autres en présence de la comtesse de Tourville, qui étoient les seules à qui elle parloit librement devant moi. Il y avoit auprès d'elle un nommé l'abbé Roquette, assez jeune, qui ne manquoit pas d'esprit. Il s'étoit introduit dans les bonnes grâces de la princesse par une dévotion affectée, de laquelle il masquoit les desseins que son ambition lui faisoit naître. Il couvroit du même masque les intentions que la tendresse qu'il avoit pour quelques-unes de sa cour lui faisoit concevoir, et qu'on a vue depuis éclater avec scandale. Ce personnage avoit assez de crédit auprès de la princesse pour ne pas craindre de le perdre. Il avoit l'adresse de ne lui persuader que les choses auxquelles elle étoit portée par son inclination naturelle. Il me disoit en toute rencontre qu'il tâchoit de lui inspirer la vigueur et la libéralité nécessaire au service de messieurs ses enfans. Dulmas, capitaine de Chantilly, et qui avoit été autrefois écuyer de la princesse douairière, avoit aussi crédit auprès d'elle ; mais comme ce capitaine étoit d'un naturel timide, et qu'il ne songeoit qu'à conserver son poste agréable et utile, il fomentoit l'humeur craintive de la princesse, et ne lui mettoit dans l'esprit qu'une dépendance de la cour, telle qu'on pût la laisser vivre en repos dans ce lieu-là.

L'abbé Roquette, qu'une petite mine douce et dévote, et la qualité de neveu d'une religieuse nommée la mère Marguerite, avoient mis dans les bonnes grâces de la comtesse de Brienne, qui l'avoit attaché au prince de Conti, alloit et venoit à Chantilly porter et rapporter des nouvelles et des conseils prudens et soumis.

La Roussière, autrefois écuyer du prince de Condé père, et depuis premier gentilhomme de la chambre du prince de Conti, étoit fort assidu à Chantilly, soit qu'il jugeât qu'il seroit plus utile à son maître dans la politique que dans la guerre, soit que l'obligation qu'il avoit à la princesse, qui lui avoit fait donner sa charge, le retînt à Chantilly ; mais il ne s'ingéroit d'autre chose que de lui applaudir en tout. Girard, secrétaire du prince, qu'on ne jugea pas digne d'emprisonner avec son maître, y étoit aussi ; mais la princesse, bien loin de lui communiquer aucunes affaires, ne pouvoit le souffrir ni le voir, parce qu'il étoit beau-frère de Perrault, qu'elle croyoit auteur de tous les désordres qui avoient été entre le prince son mari et elle.

La dame de Bourgneuf avoit soin des enfans du duc de Longueville. Le sieur et la dame de Buade, son gendre et sa fille, étoient aussi à Chantilly. Cette dame de Bourgneuf est une femme d'esprit, qui avoit toute la correspondance de la duchesse de Longueville, qui suivoit assez ses mouvemens auprès de la princesse douairière, et de qui j'appris beaucoup de choses qu'il importoit de savoir. Tout le reste de la cour des princesses étoit composé de leurs filles d'honneur et de leurs femmes, toutes belles et agréables, mais d'un âge qui ne leur permettoit pas de s'entremettre dans les affaires, non plus qu'à la marquise de Gouville, belle, jeune et pleine d'esprit, qui s'y étoit retirée avec la comtesse de Tourville sa mère.

Bourdelot, médecin du prince de Condé et de toute sa maison, homme de beaucoup d'esprit et de grande considération, étoit celui de tout ce qu'il y avoit d'hommes à Chantilly qui avoit les sentimens plus fermes et les desseins plus relevés. Il avoit écrit au cardinal Antoine Barberin, qu'il avoit connu particulièrement à Rome, et depuis en France, vers qui il s'étoit acquis beaucoup d'estime et de liberté, pour essayer, par ses lettres, de le porter à faire son possible auprès du Pape, ennemi du cardinal, pour faire entreprendre à Sa Sainteté de demander la liberté des princes à Leurs Majestés. Il maintenoit des correspondances avec les amis que sa profession et ses belles-lettres lui avoient acquis à Paris et en divers endroits dedans et dehors le royaume, pour savoir et faire savoir les nouvelles qu'il importoit de débiter. Il me parla avec plus de liberté qu'aucun autre, et me communiquoit avec franchise tout ce qui lui venoit dans l'esprit.

La présidente de Nesmond y étoit souvent envoyée par le président son mari, homme de bon sens et d'une prudence fort régulière, pour représenter à la princesse qu'il étoit important de n'écouter aucun conseil tendant à la guerre, qui pourroit lui coûter la liberté et la ruine entière de sa maison. Il étoit persuadé pour lors que le salut des princes dépendoit du parlement, et que tant qu'il ne voudroit pas ou ne pourroit agir en leur faveur, il n'y avoit point d'autre ressource, et qu'il falloit attendre le temps qu'on pût agir utilement dans cette compagnie.

Tous les différens conseils de ceux dont je viens de parler, qu'on donnoit à la princesse douairière, et d'autres plus vigoureux qui lui venoient d'ailleurs, partageoient son esprit de divers mouvemens. Elle ne savoit à qui se fier, ni à quoi se résoudre. Ses inégalités naturelles se joignoient à celles que mille avis opposés lui causoient. Elle m'expliqua assez nettement ses pensées, et je connus que la timidité et l'avarice ruinoient en un moment tout ce que le courage, la vengeance et le désir de tirer ses enfans de prison par la force lui suggéroient. Tantôt elle craignoit d'être arrêtée comme eux, tantôt qu'on ne les empoisonnât si l'on faisoit la guerre, tantôt que leur prison ne durât plus que sa vie si on demeuroit en repos; et jamais elle ne demeuroit une heure dans une même résolution.

Enfin nous la fîmes convenir que pendant qu'on feroit la guerre sur la frontière ou dans quelques provinces du royaume, dont elle ne pourroit être accusée, demeurant en repos dans sa maison de Chantilly, il falloit tâcher à diviser la cour, afin d'intéresser un parti ou un autre, suivant qu'on le jugeroit à propos, quand elle seroit divisée, comme on avoit sujet de croire qu'elle le seroit bientôt par l'aversion invétérée et intéressée que les gens nouvellement réconciliés avec le cardinal Mazarin avoient contre lui. On jugea donc à propos que la princesse douairière tâchât de se réconcilier sourdement avec Châteauneuf, auquel on avoit donné les sceaux en les ôtant au chancelier Seguier (elle avoit été son ennemie irréconciliable dès la mort du duc de Montmorency son frère), et de faire proposer par lui le mariage de mademoiselle de Chevreuse avec le prince de Conti; au coadjuteur de Paris, de lui céder le chapeau de cardinal, qui étoit promis à ce prince, avec la plupart de ses bénéfices, et accorder sa nièce, héritière de la maison de Retz, avec le jeune comte de Dunois, héritier de celle de Longueville; au duc de Beaufort, de le marier avec mademoiselle de Longueville; au premier président Molé, les sceaux, en faisant Châteauneuf premier ministre, comme il seroit aisé de le faire, supposé qu'on pût renverser par la liberté des princes la fortune du cardinal Mazarin. On devoit promettre de l'argent et des abbayes à la duchesse de Montbazon, de qui le duc de Beaufort étoit éperdument amoureux; à Noirmoutier, à Laigues et à quantité de subalternes, de faire réussir leurs diverses prétentions. De l'autre côté on résolut, sans que les négociateurs qu'on emploieroit sussent rien l'un de l'autre, de faire proposer par le duc de Rohan, au cardinal Mazarin, le mariage d'une de ses nièces avec le prince de Conti, qui lui remettroit tous ses bénéfices, afin que si les uns ou les autres écoutoient des propositions autant avantageuses que celles-là, on pût leur donner des jalousies capables de les faire rompre de nouveau ensemble, ou du moins de leur faire prendre de la défiance les uns des autres, dont nous pussions profiter. Tout consistoit à détacher les frondeurs du cardinal par un intérêt qui nous fût commun avec eux, parce que, leurs amis se joignant avec ceux des princes dans le parlement, le cardinal ne pouvoit éviter sa perte, ni s'empêcher de tomber promptement dans la nécessité de les mettre en liberté; et c'étoit là le seul moyen de faire tomber les uns et les autres dans le piége, et d'assurer la liberté des princes.

La princesse douairière jeta d'abord les yeux sur moi, pour me faire le directeur de toutes ces intrigues ; mais outre qu'elles étoient d'une périlleuse conduite, elles me paroissoient de très-difficile exécution, quoique je les eusse conseillées plus fortement qu'aucun autre, comme le seul parti qu'il y avoit à prendre dans cette conjoncture : aussi fis-je tout ce que je pus pour m'en exempter ; ne me sentant pas d'un talent bien propre pour acheminer une affaire aussi délicate que celle-là. Toute mon inclination étoit d'aller à Stenay auprès de la duchesse de Longueville, comme je lui avois écrit. Je jugeois d'ailleurs que pour conduire un tel dessein il falloit être à Paris, où je ne pouvois demeurer en assurance sans donner des paroles que je voulois éviter de donner, parce que je n'aurois pu les tenir, et que je n'aime point à les violer. Quoique la surprise dont on avoit usé envers les princes pouvoit rendre tout faisable, je ne faisois pas difficulté de conseiller aux autres ce que je ne pouvois me résoudre à pratiquer moi-même. Je proposai beaucoup de personnes infiniment au-dessus de ma capacité pour l'exécution de ce projet; mais comme on avoit plus de besoin d'une fidélité éprouvée en beaucoup de rencontres que d'habileté, les larmes de la princesse me firent condescendre à la volonté obstinée qu'elle eut de m'en charger. J'allai donc à Paris, où je vis les ducs de Nemours et de Rohan, les comtes de Maure et de Saint-Aoust, l'archevêque de Sens, le maréchal de La Mothe, et quelques autres amis et serviteurs des princes, qui me donnèrent beaucoup de lumières pour ce que j'y allois conduire, dont néanmoins je ne fis confidence à aucun, me réservant de me servir des uns et des autres dans les temps qu'il seroit à propos, et qu'ils y pourroient être utiles. Je me résolus ensuite d'aller voir Navailles. Je le priai, sans lui donner aucune parole, de dire à la Reine et au cardinal Mazarin que j'étois arrivé de Bourgogne; qu'ils ne devoient pas douter que je n'eusse un déplaisir sensible de la disgrâce du prince de Condé, qui m'avoit honoré de son amitié dès son enfance, et que je donnerois volontiers ma vie pour faire connoître son innocence au Roi, et pour le voir ami du cardinal Mazarin aussi sincèrement que je savois qu'il l'avoit été : mais que comme pour cela je n'avois que des vœux à faire au Ciel, je les ferois très-ardemment, et attendrois l'effet de sa providence et de la justice de la Reine : cependant que j'étois venu pour continuer de faire ma charge dans le conseil de Sa Majesté ; et que si ma présence à la cour étoit suspecte, j'étois prêt à me retirer où il plairoit à la Reine me l'ordonner, et même d'aller à la Bastille si elle le jugeoit à propos pour le service du Roi.

Deux jours après, Navailles vint me trouver en mon logis, et me dit qu'il avoit fait ce dont je l'avois chargé ; qu'il avoit parlé à la Reine en présence du cardinal, qui avoit appelé Le Tellier en tiers ; que d'abord la Reine m'avoit fait l'honneur de dire qu'il falloit tirer parole de moi de ne rien faire contre le service du Roi, et qu'elle savoit que je ne manquerois pas à la tenir ; qu'on fit divers raisonnemens en sa présence qu'il ne vouloit pas me dire, et qu'il suffisoit que je susse qu'il m'avoit fait office d'ami. J'ai su depuis que c'étoit que Le Tellier avoit conseillé de m'arrêter prisonnier, disant plus de bien de moi que je ne mérite, mais de ces biens qui sont pires que des maux dans une conjoncture semblable, parce qu'ils font plus appréhender la résolution et la conduite d'un homme. Navailles se formalisa de ce qu'il parla d'arrêter son ami qui se fioit en lui, qui n'avoit jamais rien fait contre son devoir, et qui ne l'avoit chargé que de choses honnêtes : tellement que le cardinal trouva le milieu entre la sévérité de Le Tellier et la bonté de la Reine, et chargea Navailles de m'apporter l'ordre qu'il me donna, qui fut que, n'y ayant point d'apparence dans une telle rencontre d'affaires de voir un homme autant confident du prince de Condé que je l'étois dans le conseil du Roi,

Sa Majesté m'ordonnoit de me retirer de Paris, où dans quelques mois on pourroit me rappeler; et que cependant si j'y avois des affaires pressées, je pouvois y demeurer encore trois ou quatre jours; mais que j'y visse le moins de monde qu'il me seroit possible.

Je demandai à Navailles quel étoit le lieu où il plaisoit à la Reine que je me retirasse, et s'il n'avoit point d'ordre à me donner par écrit, comme je le souhaitois, de crainte qu'on ne m'imputât un jour à crime de m'être retiré de la cour, et d'avoir cessé d'entrer dans le conseil du Roi depuis la prison des princes, si je n'avois une lettre de cachet pour me servir en temps et lieu de justification. Navailles me repartit qu'il ne falloit plus rebattre cette matière, parce que peut-être en demandant l'ordre dont je lui parlois, on en donneroit quelque autre plus sévère; et que puisqu'on ne me prescrivoit aucun lieu, je pouvois adoucir mon exil par le choix de celui qui me seroit le plus agréable. Je le crus, je remerciai, et lui dis une chose très-véritable, que rien au monde n'étoit plus selon mon cœur que l'ordre qu'il venoit de m'apporter, par des raisons que je lui dirois un jour, et qui sont celles que j'ai touchées ci-dessus. Je demeurai encore quatre jours à Paris, voyant nos amis, et introduisant par eux de certaines négociations obscures vers tous ceux dont nous avons parlé pour parvenir à notre dessein, et me retirai à Chantilly, d'où je venois; et ensuite j'allois continuellement à Paris par un chemin que je m'étois fait entre Louvres et Luzarches, sans passer ni par l'un ni par l'autre. J'entrois et sortois par diverses portes, et logeois en des logis différens, mais toujours chez nos amis qui étoient dans les mêmes intérêts, et qui travailloient à même fin. Je rapportois tout à la princesse douairière et à la duchesse de Châtillon, à qui il étoit nécessaire de tout dire parce que la princesse lui cachoit peu de choses, et à la comtesse de Tourville, par la confiance que j'avois en son amitié et à sa capacité. Il venoit à Chantilly des gens de divers endroits, comme de Stenay, de Bourgogne, de Berri; on y recevoit des avis des choses courantes, sur quoi on prenoit résolution qu'on faisoit savoir aux affidés. Je voyois à Paris, outre ceux que j'ai nommés ci-dessus, le marquis, la marquise et la duchesse de Saint-Simon, dont le mari étoit à Blaye, et que la princesse douairière m'avoit assuré être dans les intérêts du prince son fils. Je voyois encore le marquis de Persan, et Baas, frère aîné de celui dont j'ai parlé ci-dessus. Je jugeai à propos de dépêcher au duc de Bouillon l'aîné Baas, homme d'esprit et fort porté aux intrigues, comme le sont ordinairement ceux qui ont besoin de bien, et qui veulent faire leur fortune. Il avoit crédit auprès de ce duc, qui étoit, comme j'ai dit, à Turenne, piqué des mauvais traitemens qu'il avoit reçus depuis le mauvais office que le cardinal lui avoit rendu, et encore plus de la détention de la duchesse sa femme et de mademoiselle sa fille. Je chargeai Baas de lui rendre compte de ma conduite, et des desseins dont je viens de parler; que j'irois toujours plus avant, jusqu'à ce que je pusse prendre assez de crédit sur la princesse douairière par moi ou par ceux qui y en avoient, pour la porter aux résolutions de vigueur si on l'y pouvoit porter, sinon de fournir sous main de l'argent pour nos entreprises; que cependant on verroit le cours des affaires; et que s'il arrivoit du désordre en quelque province, on le fomenteroit, et particulièrement à Bordeaux, où les plaies des années précédentes n'étoient pas consolidées, et où je ne jugeois pas bien difficile de les faire saigner comme auparavant, pour peu d'occasion que l'on leur en fournît à la cour; que nous verrions encore en quel état se mettroit le vicomte de Turenne, qui étoit à Stenay avec madame de Longueville; quel traité il feroit avec les Espagnols, quel avantage on pourroit tirer d'eux; que, quelque chose qui pût arriver, j'entrerois dans toutes les affaires où le duc entreroit; et qu'en cas qu'on ne pût forcer le naturel avare et craintif de la princesse douairière, je lui promettois que la jeune princesse feroit tout ce qu'il lui conseilleroit, et que je la menerois avec le jeune duc son fils à la tête de tous les partis que lui ou quelque autre que ce fût pourroit former en faveur de la liberté des princes. Je priai Baas de bien peser tout ce que lui répondroit le duc de Bouillon sur ce qu'il lui diroit de ma part; qu'il observât ses actions et ses paroles, pour m'en faire un rapport exact à son retour, afin de prendre des mesures certaines. Le duc étoit estimé dans le monde fort brave et fort habile, mais on l'accusoit de n'avoir point de fidélité; j'ai pourtant connu depuis qu'il avoit en cela plus de malheur que de crime. Ainsi j'eus peine à hasarder l'envoi de Baas; mais quand je considérois la nécessité qu'on avoit d'un tel homme, l'utilité qui nous en pouvoit revenir par la réputation qu'il donneroit à une affaire de la portée de celle qu'il falloit entreprendre, je croyois faire faute que de balancer là-dessus. Il est certain qu'en pareilles affaires celui qui se fie hasarde ; mais aussi qui ne se fie pas perd tout : de sorte que je ne fis aucune difficulté, après avoir pesé ces raisons, de tout risquer en consultant le duc de Bouillon, parce que je lui ouvrois par cette confidence le pas à tout ce qu'il a fait depuis.

J'aurois fort souhaité d'avoir une personne de pareille confiance pour envoyer au duc de La Rochefoucauld ; mais lui-même, qui étoit tout plein d'un désir passionné de sacrifier ses intérêts et sa vie au service de la duchesse de Longueville, me donna bientôt après l'occasion que je cherchois. Cependant tout ce que nous négociions à Paris alloit lentement ; et comme le cardinal Mazarin et les frondeurs s'entre-craignoient, et que les uns et les autres avoient un même but, qui étoit d'acquérir assez de crédit et d'autorité pour se défaire les uns des autres, pas un d'eux n'osoit entrer en aucune négociation pendant leur foiblesse, de crainte que si le parti contraire le découvroit, il n'échappât à l'autre ; c'est-à-dire que le désir qu'ils avoient de se conserver nous donnoit peu d'espérance de parvenir à nos fins, par la division que nous voulions jeter parmi eux.

Baas, qui fit le voyage de Turenne en poste, ne tarda guère à retourner. Il m'en dit plus que je n'en espérois ; et après m'avoir témoigné de la part du duc de Bouillon de l'amitié et de la reconnoissance de ma franchise envers lui, il me dit qu'il lui avoit témoigné qu'il étoit prêt à tout faire et à tout entreprendre ; qu'il cultivoit l'amitié de la noblesse voisine, et entroit tant qu'il pouvoit en commerce avec messieurs de La Force, de Sauvebœuf et autres de cette portée ; qu'il en avoit aussi avec le duc de La Rochefoucauld; qu'il me feroit savoir par Baas ce qui se passeroit par-delà, que j'en usasse de même ; qu'il approuvoit ma conduite, et que je ne manquasse point de la continuer, et d'avoir une communication autant régulière que je pourrois avec la duchesse de Longueville, parce qu'on ne pouvoit que très-difficilement entreprendre quelque chose dans les provinces de delà la Loire, que suivant l'embarras que l'on donneroit à la cour sur la frontière, et suivant l'assistance qu'on auroit d'hommes et d'argent des Espagnols, par le traité que cette princesse et le vicomte de Turenne son frère feroient avec eux; qu'il avoit eu de ses nouvelles pendant que Baas étoit chez lui, et que tout alloit autant bien qu'il pouvoit aller dans les commencemens d'une telle entreprise, où les moindres difficultés sont difficiles à surmonter.

Le cardinal Mazarin, qui incontinent après la détention des princes avoit mené le Roi, la Reine et toute la cour en Normandie, pour empêcher qu'elle ne se soulevât en faveur du duc de Longueville, mena encore Leurs Majestés en Bourgogne, où le château de Dijon, gouverné par Comeau et par Bussière, s'étoit déjà rendu, moyennant les dix mille livres que le duc de Vendôme leur fit donner de la part du Roi. Saint-Jean-de-Losne commandé par Saint-Point, et Verdun-sur-Saône dont de Bar étoit gouverneur, en firent de même pour rien. Il ne restoit de toutes les places du prince de Condé que Bellegarde, où tous les gens dont j'ai parlé s'étoient enfermés, à dessein, disoient-ils, de s'ensevelir dans les ruines de cette place. Le cardinal prit résolution de l'assiéger malgré la saison; et comme le duc de Vendôme commandoit l'armée, et qu'il ne pouvoit lui en ôter le commandement sans le déshonorer, et que d'ailleurs c'étoit hasarder l'honneur des armes du Roi que de laisser la direction absolue du siége à un homme de son peu d'expérience dans cette occasion, qui étoit de la dernière importance, le cardinal résolut d'en prendre un soin particulier; et pour en être plus proche, il détermina de s'aller poster à Saint-Jean-de-Losne, petite ville assise sur la Saône, à trois lieues de Bellegarde. J'en fus averti en toute diligence par un de mes amis, et je pris résolution, sans en rien communiquer à la princesse (par la crainte que j'avois que la part qu'elle pourroit en donner à des personnes à qui elle disoit tout ne découvrît un secret aussi important que celui-ci), de prier, comme je fis, Baas l'aîné de s'en aller en Bourgogne, sous prétexte de négocier quelque chose pour l'accommodement du duc de Bouillon, et par là ôter la défiance qu'on avoit de lui à la cour, et ne donner aucun soupçon du sujet pour lequel il faisoit ce voyage. Je lui communiquai donc mon dessein, qui étoit de ceux qui réussissent rarement, mais aussi de ceux qu'il faut toujours hasarder par la grandeur de leur importance. Je dis donc à Baas, qui savoit tout ce que j'avois résolu avec le major de Persan son frère, que le plus considérable corps qui étoit en Bourgogne étoit ce régiment-là, et que son frère avoit su persuader, comme nous en étions convenus ensemble, la sincérité de ses intentions pour la cour : aussi le cardinal ne manqua-t-il pas de l'employer au siége; et comme il y avoit un pont à Saint-Jean-de-Losne sur lequel on devoit faire passer le régiment de Persan pour se rendre au camp avec les troupes, que c'étoit une conjoncture où il falloit tâcher de faire le coup le plus important que l'on pouvoit jamais entreprendre, qui étoit que lorsque ce régiment, composé de dix-huit cents hommes, défileroit par cette petite ville, et qu'il y en auroit cinq ou six cents passés du côté de la Franche-Comté, le reste étant hors de la ville du côté de la France, les uns et les autres se saisiroient des deux portes, et les compagnies qui se trouveroient au dedans de la ville investiroient la maison du cardinal Mazarin; et que pour lors celui qui commanderoit le corps iroit trouver le cardinal, et lui diroit qu'il étoit prisonnier, mais que sa prison ne dureroit qu'autant que celle du prince de Condé; qu'il le supplieroit, au nom de tous ses serviteurs et amis, d'envoyer les ordres nécessaires pour le mettre en liberté avec les princes ses frère et beau-frère; que d'abord qu'on sauroit, par le retour d'un capitaine du même régiment, et par des lettres signées des princes, l'exécution de cet ordre, le cardinal seroit en liberté tout entière; mais que si on ne l'apprenoit dans six jours, on le conduiroit prisonnier à Dôle; et si l'on trouvoit par les chemins quelque obstacle, on le feroit mourir, et dans Saint-Jean-de-Losne même, s'il y avoit apparence de difficulté de le mettre vivant dans Dôle, ou si le parlement de Dôle ou le gouverneur de la Comté faisoient difficulté de leur donner un château au dedans du pays pour l'y garder en toute sûreté.

L'aîné Baas se chargea d'aller faire cette proposition à son frère, qui l'agréa et la proposa à ses amis, non pas de droit fil, mais peu à peu. Il pressentit Le Bout-du-Bois, lieutenant colonel, en lui disant que l'on pourroit faire un grand coup en faveur du prince pendant le siége proposé. Il lui donna parole de tout mettre en usage et de tout faire pour tâcher de lui rendre la liberté : et après avoir discouru long-temps sur ce que l'on pourroit entreprendre, ils en vinrent jusqu'à proposer d'arrêter le cardinal Mazarin, s'il se pouvoit, en passant par Saint-Jean-de-Losne, c'est-à-dire si les officiers avoient assez de résolution et de volonté pour cela; ou de l'enlever s'il alloit visiter la tranchée de Bellegarde, et se jeter avec lui dans la place, parce que l'une de ces entreprises pourroit se faire plus facilement que l'autre, en se défaisant, sous prétexte de quelques commissions, des officiers de qui ils n'auroient pas une assurance tout entière; mais qu'en tout cas rien ne pouvoit les empêcher, quand ils manqueroient l'un et l'autre de ces coups-là, de raser une nuit tous les travaux que l'on auroit avancés devant la place, et ensuite se jeter dedans; ce qui seroit un coup de parti. Le major rapporta tout cela à son frère, qui lui dit en même temps de demander son congé au cardinal pour retourner, disoit-il, à Turenne, mais en effet pour venir me donner réponse de sa négociation, et se trouver absent de la cour quand on exécuteroit ce qui avoit été concerté entre son cadet et Le Bout-du-Bois. Le cardinal, qui ne se pressoit jamais en aucune affaire, différa trois ou quatre jours à le dépêcher, et enfin lui dit un matin qu'il savoit que le régiment étoit partagé, et que Baas son frère faisoit des cabales avec ses amis en faveur du prince de Condé; qu'il en avoit assez de certitude pour le faire arrêter; mais que, quoi qu'on lui eût dit, il ne l'avoit pas voulu faire, parce qu'il savoit qu'il étoit homme d'honneur; que s'il donnoit sa parole au Roi, il le serviroit bien; et qu'ainsi il le chargeoit de faire venir son frère à Saint-Jean-de-Losne pour la lui demander. Baas crut d'abord que Le Bout-du-Bois, qui, deux jours après qu'il fut convenu avec son frère de ce que je viens de dire, avoit parlé deux heures entières au cardinal, lui avoit tout révélé, et ne douta point qu'on n'arrêtât son frère s'il venoit là. Il alla le trouver en son quartier, où ils résolurent de parler au Bout-du-Bois, et de lui dire hardiment qu'ils savoient tout ce qu'il avoit dit au cardinal contre la foi donnée. Le Bout-du-Bois, qui le crut, leur confessa ingénument, et leur dit qu'il étoit vrai qu'un remords l'avoit pris, ou plutôt une crainte que quelqu'un de tant de gens qui devoient être de la conjuration ne le déclarât, et qu'il ne lui en coûtât la liberté, et peut-être la vie; mais qu'il pouvoit leur jurer qu'il n'avoit dit aucune chose de ce dont ils étoient convenus ensemble, s'étant contenté d'avertir le cardinal qu'il ne se trouvoit pas en état de répondre du régiment, par la grande quantité de créatures que le prince y avoit faites, et qu'il l'en avertissoit, afin qu'on ne lui imputât rien des événemens.

Cette confession ingénue rassura les Baas, et ils allèrent à Saint-Jean-de-Losne, où le cardinal, avant que de les avoir vus, avoit séparé toutes les compagnies suspectes, et avoit fait expédier une route pour les envoyer en Italie, se réservant les autres pour servir au siége. Les Baas désespérèrent pour lors de tout ce qu'ils avoient projeté, et se résolurent à donner toutes les paroles que le cardinal leur demanderoit, pour le rassurer contre l'avis que Le Bout-du-Bois lui avoit donné. En effet, le cardinal les ayant un matin fait entrer tous deux dans sa chambre, et adressant sa parole au major, il lui dit qu'encore que le prince n'eût rien fait pour sa fortune, il savoit l'attachement qu'il avoit toujours eu et conservoit encore à son service; qu'il pouvoit se précautionner contre lui en le cassant du régiment avec tous ses amis, et même en l'arrêtant prisonnier; mais qu'il n'avoit pas voulu user d'autre précaution que de l'envoyer servir en Italie avec quatorze compagnies, suivant la route qu'il lui mettoit en main. Baas le major lui répondit qu'il ne pouvoit lui nier qu'il n'eût eu depuis long-temps une grande vénération pour le prince de Condé, et de la reconnoissance pour l'estime qu'il avoit fait paroître pour lui; mais quelque douleur que sa prison eût excitée dans son cœur, elle n'y avoit produit que des désirs pour sa liberté, qui ne lui avoient pu rien faire entreprendre contre son devoir; qu'il ne savoit pas ce qu'on pouvoit avoir dit à Son Eminence, ni quel soupçon ses ennemis pouvoient lui avoir donné de sa fidélité; mais qu'il savoit bien qu'il n'avoit jamais rien fait qui leur eût pu faire concevoir la moindre chose du monde contre son honneur; que Son Eminence étoit le maître de faire du régiment ce qu'il lui plairoit; qu'il lui étoit indifférent en quel lieu on le fît servir, mais qu'il lui fâchoit de le voir séparer (ce qui seroit autant que de le perdre), et qu'il valoit mieux l'envoyer tout entier en Italie. Il sut si bien persuader le cardinal de sa bonne intention, que le lendemain il envoya querir

Baas, et lui demanda s'il lui conseilloit de se fier à son frère pour le siége de Bellegarde; et lui ayant répondu que oui, il fit deux jours après revenir les compagnies qui étoient déjà en marche, demanda sa parole, le retint, et congédia l'aîné, avec de grandes promesses de faire beaucoup pour l'un et pour l'autre. Il vint me trouver, et me demanda rendez-vous dans la forêt de Chantilly, me raconta tout ce qui est dit ci-dessus, et m'assura que son frère ne manqueroit pas de se jeter dans Bellegarde, avec tout ce qu'il pourroit de son régiment, dans le temps qu'il seroit le plus nécessaire, en la forme qui est dite; et qu'il ne se consoleroit jamais de ce que Le Bout-du-Bois avoit fait avorter un dessein tel que celui qu'ils avoient concerté ensemble. Il me donna encore avis du peu de préparatifs qu'il y avoit pour le siége, et qu'il croyoit que difficilement le commenceroit-on si ceux de dedans avoient de la fermeté; que le cardinal ne faisoit semblant d'attaquer la place que dans l'espérance de l'emporter par négociation, parce que ceux qui étoient dedans faisoient les fiers en général, et tous écoutoient en particulier; qu'il falloit remédier à cela, et les fortifier par avis et par promesses de les secourir de toutes manières.

Je rapportai tout cela à la princesse douairière, et, de son consentement, je le fis savoir à la duchesse de Longueville et au vicomte de Turenne, avec qui ceux de Bellegarde avoient déjà leur communication, et ceux-là avec eux. Ils ne manquoient pas de leur côté à les encourager : jamais je ne pus tirer de lettres de la princesse douairière pour Saint-Micault, pour Tavannes ni pour autres. Tout ce que nous pûmes faire fut de dépêcher. Desloges, commissaire des guerres par son aveu, chargé de deux mille pistoles, et avec ordre d'entrer dans la place, parce qu'il étoit connu de tous pour être tout-à-fait dépendant de la maison de Condé. On disoit même qu'il étoit bâtard du prince de Condé le père. Je le menai à la jeune princesse, qui le chargea en partant de dire à tous les serviteurs du prince, qui étoient à Bellegarde, qu'elle n'oublieroit jamais les obligations qu'elle leur avoit de s'être jetés dans Bellegarde; qu'elle espéroit tout de la valeur de tant de braves gens; qu'elle croyoit même qu'en témoignant de la vigueur on ne les attaqueroit pas; et que quand on viendroit à le faire, ils auroient la gloire d'avoir conservé contre un tyran une place si importante à leur maître, qui en auroit une reconnoissance éternelle. Elle faisoit très-bien de le dire; mais je ne sais si elle auroit voulu garantir cette parole.

Après avoir rendu un compte exact de tout ceci à la duchesse de Longueville et au vicomte de Turenne par un exprès que je dépêchai à Stenay, je vins à Paris pour prendre conseil avec les amis du prince. J'y eus une longue conversation avec l'archevêque de Sens et le maréchal de La Mothe; et faisant un jour collation avec le marquis et la marquise de Saint-Simon, avec qui je m'entretenois du duc leur frère, et des avantages que nous pourrions tirer de lui et de son gouvernement de Blaye où il étoit, en cas qu'il fût nécessaire de nous en servir (sur quoi le mari et la femme me parloient autant bien et aussi favorablement que je le pouvois désirer), on vint avertir que Servien, qui étoit leur voisin, entroit, et venoit passer la soirée avec eux ; de sorte que je n'eus d'autre parti à prendre que celui de me jeter sur le lit qui étoit dans la chambre où nous mangions. Je demeurai bien une heure à les ouïr parler de toutes choses qui ne me plaisoient point, et qui étoient fort opposées au dessein qui m'avoit amené là. Servien étoit un homme de bel esprit, hardi et éclairé, mais violent, et de maximes fort absolues. Il étoit outre cela attaché aux volontés et à la fortune du cardinal, et n'entretenoit le marquis et la marquise que des supplices qu'on préparoit à ceux qui témoignoient quelque attachement aux intérêts des princes ; de l'impossibilité de les voir jamais en liberté, et des récompenses qu'on devoit donner à ceux qui demeuroient dans le service du cardinal, qu'il disoit être celui du Roi. Ils commençoient d'entrer dans un détail des intérêts du duc de Saint-Simon, quand un page entr'ouvrant de l'autre côté le rideau du lit sur lequel j'étois, et qui étoit fort près de la porte, me vint dire tout bas qu'un gentilhomme qui venoit de Chantilly m'attendoit chez Dalliez, ancien serviteur du prince, chez qui je devois coucher, et qu'il me prioit de l'aller trouver pour chose de la dernière conséquence. Je me coulai sans bruit, et sortis de la chambre et ensuite du logis, sans que Servien en eût rien aperçu.

Je me rendis dans le lieu désigné, où je trouvai celui qui m'avoit fait appeler, qui étoit Gourville, secrétaire du duc de La Rochefoucauld, auquel emploi il étoit parvenu de degré en degré : il avoit porté les livrées. C'est un homme d'un beau talent, fécond en expédiens, allant à ses fins par toutes voies. Il est d'une activité fort brusque et infatigable ; il a changé de maîtres et d'emplois autant de fois que son intérêt l'a voulu. Je le connoissois plus par réputation que par pratique. Il me parla avec une grande liberté; il me dit qu'il venoit de Chantilly de la part du duc son maître, avec ordre de m'entretenir sur les moyens de servir les princes; qu'à peine avoit-il eu la liberté de faire un compliment à la princesse douairière, mais qu'il avoit parlé assez amplement à la duchesse de Châtillon, qui l'avoit envoyé à moi. Je fus bien aise de trouver en cet envoyé du duc de La Rochefoucauld ce que je cherchois pour me communiquer avec lui: aussi ne fis-je aucune difficulté de m'ouvrir à Gourville, et de lui dire mes sentimens à peu près comme je les avois mandés auparavant au duc de Bouillon par Baas, dont je lui fis confidence, et lui dis qu'il falloit tâcher de faire prendre créance à ces deux ducs de l'un à l'autre, et d'assembler leurs amis; d'y joindre, s'il se pouvoit, toute la maison de La Force, celle de La Trémouille, le duc de Saint-Simon, Arpajou, Lusignan et Sauvebœuf, et tous les gens de considération de Poitou, d'Angoumois, de Saintonge et de Guienne, et de faire une assemblée à Loudun semblable à celle qui y fut tenue pendant la régence de Marie de Médicis; et là ne parler que du bien public, de la réformation de l'Etat, et des choses graves et sérieuses concernant le bien, l'avantage et les priviléges des trois Etats: et pour parvenir aux fins dont il étoit question, de faire résoudre que chacun se tiendroit sous les armes, et prendroit chacun de son côté l'argent dans les recettes voisines; et, sans parler de la liberté des princes qu'accessoirement, tâcher à mettre Bordeaux de la partie, et pour

9.

cela essayer par leurs amis, de porter le parlement à donner arrêt, par lequel il seroit ordonné au peuple de courir sus aux gens de guerre qui étoient logés à dix lieues aux environs de cette ville, au préjudice de la dernière déclaration de paix que le Roi leur avoit accordée, dont un article disoit en termes exprès qu'aucunes troupes ne logeroient ni passeroient à dix lieues près de Bordeaux ; et que si on observoit cet arrêt, on tâcheroit d'obliger le colonel Bains, serviteur particulier du prince de Conti, qui avoit un régiment de six cents chevaux aux environs de Bordeaux, de se déclarer; et que tous les seigneurs y joignant les troupes qu'ils pourroient faire dans leurs terres et gouvernemens, commenceroient à se mettre en campagne, et à tailler en pièces, s'ils en pouvoient trouver l'occasion, les autres troupes, ou du moins les réduire à leur faire quitter la campagne, où il seroit aisé de grossir leurs corps ; que cependant je disposerois les princesses à quitter leur séjour de Chantilly pour l'aller établir à Montrond, château très-fort, situé au cœur du royaume, et propre à donner la main à tout ce que lesdits seigneurs pourroient entreprendre; et que, quand il seroit temps, nous mettrions le jeune duc d'Enghien à leur tête, pour avoir un nom et un prétexte spécieux de faire ouvertement la guerre au cardinal Mazarin pour la liberté du prince son père et de ses oncles; que cependant on manderoit de la part de la princesse, à Dumont, ancien serviteur du maréchal de Brezé son père, de tenir bon dans le château de Saumur, où il commandoit.

Je dis encore à Gourville que j'avois parole du

maréchal de La Mothe de se rendre à Montrond quand les princesses s'y rendroient. Il me répliqua que le duc son maître entreroit assurément dans tout ce dessein, puisqu'il lui avoit ouï dire et avoit discouru avec lui à peu près de la même chose ; qu'il s'en retournoit toute la nuit pour lui apprendre mon avis, et qu'il reviendroit ensuite pour me dire ceux du duc et de ses amis ; mais que cependant je prisse bien garde qu'il n'arrivât aucun accident aux princesses et au jeune prince, en la personne et au nom duquel résidoit la sûreté du parti que l'on pourroit former ; et que je fisse en sorte que la cour n'entrât point en connoissance de notre projet, parce qu'elle ne manqueroit pas de se saisir de la personne du jeune duc, et de l'arrêter avec les princesses, après quoi la vie des princes ne seroit pas en sûreté. Je lui repartis que j'étois si fort dans son sentiment, qu'il y avoit long-temps que j'avois pourvu à toutes choses, et que j'avois fait faire un carrosse tout simple et une livrée grise et peu nombreuse, pour détourner la mère et l'enfant d'abord qu'il seroit nécessaire (dont bien me prit après) ; et, au premier avis qu'il m'apporteroit que les choses projetées seroient en état, je menerois l'un et l'autre, et peut-être encore la princesse douairière, à Montrond avec le maréchal de La Mothe. Et sur cela nous nous séparâmes, lui pour aller trouver le duc son maître, et moi pour retourner à Chantilly, où je rendis un compte fort exact à la duchesse de Châtillon et à la comtesse de Tourville de toute la conférence que j'avois eue avec Gourville, et aux princesses de tout ce qui étoit nécessaire qu'elles en sussent.

Cependant comme l'on étoit bien avant dans le carême, nous consultions nos amis de Paris sur ce que nous pourrions faire au parlement après les fêtes prochaines. Le temps commençoit à rendre les noms des princes moins odieux; quantité d'écrits couroient parmi le peuple en leur faveur, et contre le gouvernement du cardinal Mazarin; on débitoit tout ce que l'on pouvoit pour rendre les frondeurs suspects d'intelligence avec lui. Je ne cessois point de faire proposer à eux ou à lui les projets du mariage dont nous avons parlé ci-dessus, pour faire en sorte de les diviser par l'intérêt. Les apprêts du siége de Bellegarde continuoient, et ceux qui étoient dedans témoignoient une vigueur non pareille. Le cardinal n'oublioit rien pour emporter la place par négociation pendant qu'il faisoit occuper tous les postes pour l'assiéger, comme il fit bientôt après. Desloges n'y put entrer; il revint, et nous dit beaucoup de particularités de cette affaire, que nous fîmes savoir au maréchal de Turenne, qui voyoit à regret cette place en état de se perdre, et qu'on ne pouvoit secourir en cette saison-là par diversion ni autrement. Six jours après le départ de Gourville, il revint à Chantilly, où il entra sans bruit, et me fit dire qu'il étoit dans ma chambre, où il passa la nuit. Il me dit que le duc de La Rochefoucauld avoit reçu agréablement toutes les propositions qu'il lui avoit portées de ma part; qu'il avoit mis les fers au feu pour les faire réussir autant qu'il se pourroit; que pour commencer il avoit envoyé son capitaine des gardes au duc de Bouillon ; qu'il avoit eu de grands commerces avec le duc de Saint-Simon par l'évêque d'Angoulême et par le chevalier de Todias, gentilhomme de cœur et de mérite, domestique du prince de Condé, et avoit envoyé chez plusieurs de ceux que je lui avois indiqués; qu'il avoit quantité d'amis (comme l'expérience le fit voir) qu'il emploieroit avec joie à ce dessein; mais que pendant que tout se disposeroit à cela, il croyoit pouvoir venir à bout d'un autre dessein fort important et fort nécessaire à la suite des affaires, qui étoit le secours du château de Saumur, que Comminges tenoit comme bloqué par les troupes qu'il commandoit en ce pays-là, et dont il étoit près de former le siége par l'intérêt des affaires du Roi et par le sien particulier, parce qu'après la mort du maréchal de Brezé on lui avoit donné et à Guitaut son oncle ce gouvernement, pour la récompense d'avoir arrêté les princes. J'approuvai fort ce dessein, parce que j'en connoissois la conséquence, et que le prince de Tarente, dans une visite qu'il avoit rendue aux princesses à Chantilly, avoit donné parole de secourir cette place, si on faisoit mine de l'attaquer; et que depuis son départ nous n'avions plus ouï parler de lui, sinon par les nouvelles qu'on nous écrivoit de ce pays-là, qui nous apprenoient qu'il étoit chez lui à Thouars, où il ne disposoit rien pour cela. Gourville continua, et me dit que le duc de La Rochefoucauld faisoit état d'assembler tous ses amis de Poitou, dont il étoit gouverneur, et ceux des provinces circonvoisines, sous prétexte de faire solennellement les funérailles du duc de La Rochefoucauld son père, décédé quelque temps auparavant, et qui n'étoit pas encore inhumé; et qu'ensuite il se mettroit à leur tête avec ce qu'il pourroit amasser d'infanterie dans son gouvernement et dans ses terres, et marcheroit droit à Saumur; mais que ce qui l'embarrassoit le plus étoit qu'il se trouvoit sans argent; qu'il avoit de quoi chez lui pour bien recevoir l'assemblée; mais que d'abord qu'il faudroit en sortir, tout succomberoit en deux jours, faute des sommes nécessaires aux dépenses qui se font en pareilles rencontres. C'étoit là notre maladie générale, et je me trouvai assez embarrassé d'où je pourrois en tirer pour lui en donner. L'affaire demandoit un grand secret et une grande diligence. L'avarice et les incertitudes de la princesse douairière, et l'impuissance de la princesse sa belle-fille, ne permettoient pas que j'en demandasse à l'une ou à l'autre. Il me souvint que Desloges avoit rapporté et mis entre les mains de Dalliez les deux mille pistoles qu'il n'avoit pu jeter dans Bellegarde : je donnai un billet à Gourville pour les aller prendre; ce qu'il fit, et retourna avec cette petite somme jeter les fondemens de tout ce qui éclata depuis.

Je commençois à espérer beaucoup de la vigueur de Bellegarde, du dessein de Saumur, de l'assemblée de tous les seigneurs dont je viens de parler. Je fondois une grande espérance sur le soulèvement qui se pourroit faire à Bordeaux, sur Stenay, et sur les choses que la duchesse de Longueville et le vicomte de Turenne pourroient y faire et entreprendre avec le Espagnols. Je ne songeois plus qu'à exciter quelque mouvement dans le parlement de Paris, et à mettre en sûreté la personne du jeune duc et celles des princesses, dont il me sembloit que dépendoit la vie et la liberté des prisonniers, et qui étoient le fondement sur lequel se devoit élever le parti que nous projetions de faire pour leur procurer l'un et l'autre. Je proposai à la duchesse de Châtillon, puis par elle à la princesse douairière, deux choses : l'une, de faire aller après les fêtes de Pâques la jeune princesse et le duc son fils avec les fils du duc de Longueville à Montrond, où le maréchal de La Mothe devoit se trouver; et l'autre, d'obliger la princesse douairière d'aller à Paris pour présenter une requête au parlement telle que je l'avois dressée, par laquelle elle se rendroit dénonciatrice au procureur général contre le cardinal Mazarin, pour divers crimes et fautes commises dans son ministère, dont l'un étoit l'emprisonnement de messieurs ses enfans. Par ce biais-là on embarrassoit les frondeurs dans le choix du parti qu'ils auroient à prendre, parce que protégeant le cardinal ouvertement, comme ils lui avoient promis en secret, c'étoit ruiner leur crédit dans le public, et en l'abandonnant ils se divisoient; en quoi consistoit le salut de nos affaires.

Plusieurs personnes étoient de cet avis; d'autres de différer. Quelques-uns approuvoient la manière dont la requête étoit dressée; d'autres la vouloient d'une autre façon. Mais enfin la princesse, qui devoit la présenter pendant que le reste de sa famille se retireroit secrètement à Montrond, où elle-même devoit aller après avoir vu le fruit que produiroit sa requête, avoit consenti à tout ceci par la seule crainte que nous lui avions donnée qu'infailliblement on la mettroit en prison, ou que du moins on lui donneroit des gardes lorsque la cour reviendroit de Bourgogne ; mais que si elle se mettoit en une place comme celle de Montrond, hors de la main de la cour, on ne pourroit l'arrêter ni la prendre qu'avec une armée : ce qu'on ne pourroit entreprendre pendant la campagne qui approchoit, et qui obligeoit le Roi d'envoyer toutes les troupes qui étoient en Anjou et en Bourgogne sur les frontières.

Pendant ce temps-là on avoit disposé toutes les choses nécessaires à l'évasion concertée, pour n'être pas surpris quand il seroit à propos de l'exécuter : cependant j'allois et venois à Paris en secret, et quand j'étois à Chantilly j'avois souvent l'honneur de me promener avec les princesses, la duchesse de Châtillon et la comtesse de Tourville. Les promenades étoient les plus agréables du monde ; car après que chacun avoit parlé de ce qu'il avoit appris de ses amis de Paris, de Stenay et de divers endroits du royaume touchant les affaires dont il étoit question, on discouroit sur le moyen de les acheminer, d'unir et de désunir ceux qui pourroient servir ou nuire. Nous formions les uns et les autres mille desseins chimériques pour la liberté des princes, ou pour avoir correspondance de lettres avec eux ; et comme la princesse douairière avoit l'esprit agréable et la conversation galante, elle parloit souvent avec douleur de l'ingratitude de la Reine envers elle, se souvenant des services qu'elle lui avoit rendus pendant la vie du feu Roi, dont elle nous disoit mille particularités curieuses, et de ce qui s'étoit passé du temps du duc de Buckingham, du comte de Holland, et des ducs de Bellegarde et de Montmorency. Elle nous peignoit quelquefois avec horreur le caractère du cardinal de Richelieu, et avec un souvenir fort obligeant celui du cardinal de La Valette. Quelquefois elle nous parloit de la princesse de Conti et du maréchal de Bassompierre; et enfin elle nous racontoit toutes les histoires de ce temps-là fort agréablement; puis elle nous contoit des singularités fort particulières et divertissantes de l'amour que Henri IV avoit eu pour elle; de ce qui s'étoit passé en son voyage de Flandre par l'entremise du marquis de Cœuvres, à présent le maréchal d'Estrées, par celle du garde des sceaux de Châteauneuf, qui s'appeloit pour lors M. de Préaux. J'en écrirois une partie si j'avois le loisir, et si cela n'étoit pas si fort hors de mon sujet. Le cardinal Bentivoglio en a écrit des relations que la princesse disoit être la plupart très-véritables, et ajoutoit que nous ne devions pas nous étonner s'il l'avoit flattée dans le portrait qu'il fait de sa beauté dans ses ouvrages, parce qu'il étoit fort amoureux d'elle : elle disoit de fort bonne grâce qu'elle avoit eu une étoile favorable pour se faire aimer des vieillards.

Je ne puis m'empêcher de rapporter ici une aventure qu'elle nous conta, et qui m'a semblé fort agréable. Le prince de Condé son mari, père de celui d'à présent, s'absentoit le plus qu'il pouvoit de la cour, pour éloigner la princesse des yeux du roi Henri IV, et éviter la violence dont il étoit menacé. Il s'étoit retiré à Verteuil, abbaye située à l'entrée de la Picardie, qu'il faisoit posséder par un de ses aumôniers; et comme il avoit convié quelques-uns de ses affidés, amis et serviteurs pour y faire la Saint-Hubert, le sieur et la dame de Trigny prièrent les princesses mère et femme du prince d'aller dîner ce jour-là en leur maison, qui n'est éloignée de cette abbaye que de deux ou trois lieues. Il y a bien de l'apparence que cette partie étoit concertée avec le Roi, mais tout au moins il en fut averti par le sieur de Trigny, qui étoit fort dans ses plaisirs ; tellement que les princesses, faisant cette promenade, virent de leur carrosse passer des livrées du Roi, et grande quantité de chiens. La princesse mère, qui aimoit passionnément son fils, et qui veilloit exactement aux actions de la jeune princesse, craignit que, sous prétexte d'un rendez-vous de chasse, le Roi ne leur eût dressé quelque embuscade. Elle appela les veneurs qu'elle voyoit de loin : ils s'approchèrent; mais l'un s'avançant plus que les autres, vint à la portière rendre compte de ce que la princesse lui demandoit, et la désabusa de sa créance, en lui disant qu'un capitaine de la vénerie, qui étoit dans le voisinage pour faire la Saint-Hubert, avoit fait mettre le relais qu'elle voyoit en ce lieu-là, parce qu'il couroit le cerf avec quelques-uns de ses amis. Pendant que la princesse mère parloit à ce veneur, la jeune princesse, qui étoit à la portière, observoit les autres qui étoient demeurés à l'écart, et s'aperçut que l'un étoit le Roi, qui, pour se mieux déguiser sous sa livrée qu'il portoit, s'étoit mis un emplâtre sur l'œil gauche, et menoit deux lévriers d'attache en lesse. La princesse nous dit qu'elle n'avoit jamais été si surprise en sa vie, et qu'elle n'osa dire à sa belle-mère ce qu'elle avoit vu, de peur qu'elle ne le dît au prince son mari. Elle nous avoua en même temps que cette galanterie ne lui avoit pas déplu; et poursuivant l'histoire, elle nous raconta qu'étant arrivée à Trigny, elle s'écria, en entrant dans la salle, sur la beauté de la vue : à quoi la dame de Trigny lui dit que s'il lui plaisoit mettre la tête à une fenêtre qu'elle lui montra, elle en verroit encore une plus agréable; et s'y étant avancée, elle vit que le Roi étoit à celle d'un pavillon, parce qu'il avoit gagné le devant après avoir eu le plaisir de la voir à la campagne, et qui porta tout d'un temps une main à la bouche pour lui jeter une manière de baiser, et l'autre sur son cœur, pour montrer qu'elle l'avoit blessé. La surprise de cette rencontre ne donnant pas lieu à la princesse de raisonner, elle se retira brusquement, et cria : « Ah! Dieu, qu'est-ce ici, ma- « dame? le Roi est céans! » Sur quoi la princesse mère, enflammée de colère, partagea sa voix aux ordres qu'elle donna de remettre promptement les chevaux au carrosse, aux injures qu'elle dit, et aux menaces qu'elle fit à Trigny qui l'entretenoit, et à sa femme qui parloit à la jeune princesse. Le Roi accourant au bruit, ne fut pas exempt de ses injures et de ses reproches. Ce prince amoureux employa toutes les prières que sa passion lui put dicter, et toutes les promesses qu'il put lui faire, pour l'arrêter, mais inutilement; car les princesses remontèrent sur-le-champ en carrosse, retournèrent à Verteuil sur la parole que le Roi leur donna, où le soir même la princesse mère, manquant à celle que le Roi avoit tirée d'elle, raconta tout ceci au prince son fils, qui peu de jours après enleva la princesse sa femme, et l'amena à Bruxelles entre les mains de l'infante Isabelle, qui a été une princesse excellente en toutes sortes de vertus. J'ai été assez long-temps en Flandre, où j'en ai appris des choses si dignes de mémoire, qu'elles mériteroient de tomber entre les mains de quelqu'un qui fût capable d'en faire un volume.

Les soirées de Chantilly n'étoient pas moins divertissantes que les promenades; car après que l'on avoit fait les prières ordinaires en la chapelle, où tout le monde assistoit, toutes les dames se retiroient en l'appartement de la princesse douairière, où l'on jouoit à divers jeux. Il y avoit souvent de belles voix, et toujours des conversations fort agréables, et des récits d'intrigues de cour ou de galanterie qui faisoient passer la vie, avec autant de douceur qu'il étoit possible, à des gens qui partageoient fort sensiblement la douleur des princesses. Quelquefois nous lisions en particulier et en secret, avec la douairière, les lettres de la duchesse de Longueville, et les écrits sérieux ou ridicules que l'on faisoit courre en faveur des princes contre le cardinal; et quelquefois nous examinions ceux qu'on avoit composés, et qu'on n'avoit pas encore donnés au public.

Ces divertissemens étoient souvent troublés par les mauvaises nouvelles qu'on apportoit ou qu'on écrivoit de quelques serviteurs de la maison qu'on avoit exilés ou arrêtés; de plusieurs desseins avortés, dont on avoit auparavant conçu de bonnes espérances. C'étoit un plaisir très-grand de voir toutes les jeunes dames qui composoient cette cour-là tristes ou gaies, suivant les visites rares ou fréquentes qui leur venoient, et suivant la nature des lettres qu'elles recevoient; et comme on savoit à peu près les affaires des unes et des autres, il étoit aisé d'y entrer assez avant pour s'en divertir. Il y en avoit qui étoient servies d'un même galant; d'autres qui croyoient l'être de plusieurs et qui ne l'étoient de personne, et d'autres qui l'auroient voulu être d'un autre que de celui qui les galantisoit; d'autres encore qui eussent souhaité d'être les seules qui eussent été servies de tous; et, en vérité, elles méritoient toutes de l'être. De là naissoient les liaisons d'amitié entre quelques-unes, et des froideurs entre d'autres, suivant que leurs galans étoient amis ou ennemis; et comme la plupart étoient absens pour servir ou pour se mettre en état de servir les princes, on voyoit à tout moment arriver des visites ou des messagers qui donnoient de grandes jalousies à celles qui n'en recevoient point; et tout cela nous attiroit des couplets de chansons, des sonnets et des élégies qui ne divertissoient pas moins les indifférens que les intéressés. On faisoit là des bouts-rimés et des énigmes qui occupoient le temps aux heures perdues. On voyoit les unes et les autres se promener sur le bord des étangs, dans les allées des jardins ou du parc, sur la terrasse ou sur la pelouse, seules ou en troupes, suivant l'humeur où elles étoient; pendant que d'autres chantoient un air et récitoient des vers, ou lisoient des romans sur un balcon en se promenant, ou couchées sur l'herbe. Jamais on n'a vu un si beau lieu, dans une si belle saison, rempli de meilleure ni de plus agréable compagnie, quand le 10 avril, à huit heures du matin, la princesse reçut une nouvelle qu'elle me fit l'honneur de m'envoyer dire par Dalmas, laquelle ne me surprit pas beaucoup, parce que je m'étois souvent étonné de ce que cela n'étoit pas arrivé long-temps auparavant;

mais elle me fâcha fort, parce que ce contre-temps rompoit ou du moins déconcertoit toutes les mesures que nous avions prises. Mais comme dès ce jour-là je commençai un journal autant exact que les grandes affaires dont je me trouvois chargé me le purent permettre, je m'en servirai pour la continuation de ces Mémoires.

LIVRE SECOND.

Le lundi 11 avril de l'année 1650, la princesse douairière eut avis de divers endroits que six compagnies des gardes suisses étoient parties de Saint-Denis avec deux autres de chevau-légers du régiment de Mespas, qui sortoient de Soissons pour venir occuper les passages de la rivière d'Oise, Le Presy, Creil, Pont-Sainte-Maxence, et encore les postes de Senlis et de Luzarches. Chacun raisonna à sa mode sur cette marche : les uns disoient que l'affection que Mespas avoit témoignée au prince de Condé avoit donné de la méfiance de lui, et obligeoit le cardinal Mazarin à l'envoyer en Anjou ; et qu'on envoyoit les Suisses vers la frontière, sur le mouvement d'un corps de l'armée espagnole qui paroissoit dans l'Artois, et qui menaçoit Arras de quelque surprise. Les autres crurent, et avec raison, que ces troupes qui se croisoient et venoient en même pays de deux côtés différens ne pouvoient être à autre fin que pour investir Chantilly, ou pour empêcher les communications que les princesses pouvoient avoir avec la duchesse de Longueville et le vicomte de Turenne ; ou pour leur ôter le moyen de donner et de recevoir des nouvelles de Paris, où elles puisoient les conseils de leurs serviteurs et amis pour leur conduite. Enfin, après avoir ouï parler les uns et les autres, la princesse douairière envoya reconnoître sur les lieux la vérité de cet avis ; lequel lui ayant été confirmé sur le midi, elle assembla après le dîné, dans la chambre de la duchesse de Châtillon, tous ceux auxquels elle avoit quelque créance, pour prendre, par leurs conseils, des mesures qu'elle exécuteroit quand et comment elle le jugeroit à propos. Les sentimens furent partagés sur la raison de la prompte arrivée de ces troupes; mais tous s'accordèrent à dire qu'il n'y avoit plus de sûreté dans ce lieu-là pour les princesses, et moins encore pour le duc d'Enghien, qui étoit le seul qui pouvoit un jour venger l'injuste détention du prince son père sur ceux qui l'avoient conseillée à la Reine; qu'on pouvoit même dès-lors en faire un chef de parti, pour rendre l'armement du vicomte de Turenne plus plausible, et le mettre à la tête de ceux qui pourroient le former dans le royaume pour donner un nom spécieux, et ôter même la jalousie du commandement entre les grands seigneurs qui y entreroient; et que le plus tôt qu'on le pourroit faire passer en Berri seroit le meilleur. J'appuyai fort cet avis, par la connoissance que j'avois de ce qui étoit projeté avec les ducs de Bouillon et de La Rochefoucauld; et je crus que le jeune duc et les princesses ne pouvoient être mieux qu'à Montrond, qui est une place forte, et qui ne pouvoit être prise que par un long siége : ce que l'on ne devoit pas appréhender dans une saison si proche de l'ouverture de la campagne.

Montrond, qui est situé dans le cœur du royaume, m'avoit toujours paru la plus propre à donner chaleur aux mouvemens de Poitou et de Guienne; et comme je raisonnois sur cela, la jeune princesse m'interrompit, et dit qu'elle n'étoit ni d'un âge ni d'une expérience à dire son avis; qu'elle ne songeoit qu'à tout déférer à celui de madame sa belle-mère; qu'elle la supplioit très-humblement que, quoi qui pût arriver, on ne la séparât point de monsieur son fils; qu'elle le suivroit partout avec joie, quelque péril qu'il y eût à essuyer; et qu'elle s'exposeroit à tout pour le service du prince son mari. La princesse douairière loua fort son zèle, l'en remercia, et lui dit, les larmes aux yeux, que l'on exécuteroit en temps et lieu ce qui venoit d'être proposé pour le voyage de Montrond; et que comme elles n'avoient toutes deux qu'un même dessein de sauver, en la personne du jeune prince, le reste de la ruine de leur maison et le débris de leur naufrage, aussi toutes deux n'auroient qu'un même sort; que toutes deux tâcheroient de se mettre à couvert de l'oppression de leur persécuteur, et d'élever leur fils en la crainte de Dieu et au service du Roi : sur quoi l'évêque de Senlis, qui vint conférer le sacrement de confirmation à ceux qui en avoient besoin, interrompit la conférence.

Bientôt après, et sur les cinq heures du soir, Blanchefort, gentilhomme de vertu et de fidélité connue, vint assurer la princesse douairière que le marquis de Montespan, qui depuis s'est fait appeler le duc de Bellegarde, l'avoit assuré qu'il étoit tout disposé de passer en Guienne pour y servir les princes, et lui confirma tout ce que l'archevêque de Sens, frère de ce marquis, m'avoit dit plusieurs fois à Paris. Il est bon de dire en cet endroit le chagrin qu'avoit Montespan contre la cour, qui l'obligeoit de se jeter dans tous les partis qu'on formeroit contre le cardinal : car j'ai observé, pendant près de dix ans que nos mouvemens ont duré, que l'intérêt est presque toujours la raison principale qui fait entrer les gens de qualité dans les partis, ou les gens d'ambition; et c'est ce qui fait que plusieurs grands seigneurs y entrent, et que peu y demeurent : car comme la cour a plus de quoi les intéresser que les princes qui les forment, on trouve moyen de les en retirer par le même principe qui les oblige à s'y jeter; et l'on attribue souvent à mauvaise humeur ou à méconnoissance du chef ce qui est inconstance et souvent infidélité du subalterne. Montespan crut donc qu'après la mort du duc de Bellegarde son oncle, de qui le titre étoit fini avec lui, on devoit lui ériger de nouveau une duché; et comme on lui refusa, il se résolut à servir les princes : ce qu'il ne fit pourtant pas tant que leur prison dura.

Blanchefort ajouta que depuis dix jours il avoit vu passer un gentilhomme ordinaire du Roi par Sens pour aller à Dijon; qu'il en ignoroit le nom, et qu'il venoit de le rencontrer dans la grande route de la forêt, et lui avoit dit qu'il venoit voir les princesses, sans vouloir lui expliquer le sujet de son voyage; que cela lui donnoit quelque soupçon, d'autant plus qu'il avoit trouvé des troupes à Luzarches. Ce nouvel avis réveilla les soupçons qu'on avoit eus tout ce jour; et comme la princesse douairière fit part à la duchesse de Châtillon et à moi de ce que Blanchefort lui avoit dit, nous ne doutâmes ni l'un ni l'autre que ce gentilhomme ne fût porteur de quelque ordre du Roi d'éloigner, garder ou arrêter les princesses et le duc. Et comme à l'instant même Dalmas lui vint dire que ce gentilhomme inconnu, qui étoit ordinaire chez le Roi, s'appeloit Du Vouldy, et avoit des lettres de Sa Majesté pour l'une et l'autre princesse, nous conseillâmes à la douairière de se jeter sur son lit, de contrefaire la malade, et de dire à cet envoyé ce qu'elle jugeroit à propos pour retarder l'exécution de l'ordre qu'il lui portoit. Je passai en diligence à l'appartement de la jeune princesse, qui étoit au lit pour un grand rhume accompagné de fièvre. Je la fis lever promptement, et fis mettre en sa place mademoiselle Gerbier, jeune fille anglaise, et l'une de ses filles d'honneur, comme je dirai plus au long, et l'amenai dans la chambre de la princesse sa belle-mère, où nous étant cachés avec la duchesse de Châtillon dans la ruelle du lit, Du Vouldy ayant été introduit, nous ouïmes qu'après avoir lu la lettre dont il étoit porteur, elle lui dit qu'elle n'étoit ni d'âge ni de santé à partir si brusquement pour un tel voyage que celui que le Roi, ou celui qui la persécutoit sous le nom de Sa Majesté, lui ordonnoit de faire; qu'elle écriroit à M. le duc d'Orléans, qui étoit à Paris, pour obtenir quelque temps pour faire son équipage; et quant à lui, qu'il pouvoit aller rendre à la princesse sa belle-fille la lettre dont il étoit chargé pour elle, se promener, se reposer, et en un mot faire tout ce qui lui plairoit le plus.

Il passa donc dans la chambre de la jeune princesse : on l'introduisit ; et on le présenta à la demoiselle Gerbier, qui s'étoit mise, comme je viens de dire, dans le lit de sa maîtresse, où elle la contrefit si parfaitement, que son ton, son air de parler, les reproches et les plaintes qu'elle faisoit contre la Reine et contre le cardinal, et ses larmes feintes, trompèrent si bien, non-seulement ce jour-là, mais tout le reste de la semaine, Du Vouldy, que, sur quelque bruit qui courut à Paris de l'évasion de la princesse, il écrivoit tous les jours à Paris, et au cardinal en Bourgogne, qu'il leur répondoit du contraire, et qu'il la voyoit à toutes les heures du jour. On le mena ensuite saluer le duc d'Enghien qu'il demanda à voir, ou pour mieux dire le fils du jardinier, âgé de sept ans comme lui, à qui j'avois fait prendre l'habit du duc dès le moment que Blanchefort étoit arrivé : et comme Du Vouldy trouva ce petit garçon au milieu de la gouvernante, des femmes, et de tous ceux qui étoient ordonnés pour servir le duc, il ne douta nullement que ce ne fût lui. On le conduisit ensuite aux beaux promenoirs de Chantilly, et de là en sa chambre ; on lui tint bonne compagnie, pendant que les princesses tinrent un conseil avec les dames de Châtillon, de Tourville, de Bourgnen, avec les sieurs Dalliez, abbé Roquette, Girard, La Roussière, de Tury, Dalmas, Vialard et moi. Elles commencèrent à me mettre les lettres du Roi en main. Je les lus deux fois ; elles portoient en substance l'une et l'autre que Sa Majesté jugeant leur séjour à Chantilly préjudiciable au bien de ses affaires, elle avoit résolu de les faire passer en la province de Berri avec le duc d'Enghien et les enfans du duc de Longueville, desquelles Sadite Majesté laissoit le soin et la conduite à la princesse douairière ; que le sieur Du Vouldy les conduiroit par la route qui lui avoit été donnée, avec ordre de ne les point quitter. Comme je vis que toute l'assistance se préparoit à de longs discours, et qu'il n'y avoit aucun temps à perdre pour l'exécution de ce que j'avois ruminé, et que je croyois être le seul parti qu'il y avoit à prendre, j'interrompis celui qui parla le second, et dis que les circon-

stances qui avoient précédé et accompagné cette dépêche me faisoient croire que le dessein du cardinal Mazarin n'étoit pas seulement de se saisir des personnes du duc et des princesses, mais encore de la place forte de Montrond, qui donnoit jalousie à cause de sa situation sur les confins de Berri, du Bourbonnais, du Nivernais, de La Marche, du Limosin, de Poitou, comme étant un lieu propre à tenir toutes les provinces en échec, en tirer de grandes contributions, par le moyen desquelles on pouvoit faire perdre la taille et la gabelle au Roi, et tirer de l'argent suffisamment pour faire subsister le parti qui se pourroit former, favoriser les passages pour la Bourgogne et pour la Guienne, province en laquelle la disposition des esprits et divers intérêts faisoient prévoir de grands orages; et que faisant escorter les princes et les princesses avec les troupes qui environnoient Chantilly, ils s'empareroient avec grande facilité de cette importante place, bien fortifiée par art et par nature, et munie de la plupart des choses nécessaires pour sa conservation; que là ils garderoient les restes de cette maison opprimée, et qu'ainsi je ne voyois rien à faire dans une telle conjoncture que de sauver en diligence les personnes du duc d'Enghien et de la princesse sa mère, qui s'y étoit offerte peu d'heures auparavant. La princesse douairière m'interrompit, et me demanda d'un ton aigre où je prétendois les mener.
« A Montrond, madame, lui répondis-je; et je me
« fais fort de les y rendre en toute sûreté, s'il plaît à
« messieurs de Thury et de La Roussière, qui savent
« le pays, d'être de la partie. » A quoi ils s'offrirent de très-bonne grâce. La princesse répliqua avec colère

que je voulois les faire tous prendre prisonniers. « Nous le sommes dès à présent, repartis-je, ma-
« dame; et quand on nous arrêtera sur la route, il ne
« sauroit nous arriver pis que nous avons. »

Chacun applaudit à ce que je disois; et la princesse m'ayant ordonné de poursuivre mon discours, j'ajoutai que si nous n'exécutions ce dessein à la faveur de la nuit, l'occasion en seroit perdue, et ne pourroit plus se recouvrer; que madame la princesse sa mère n'étant pas, comme elle avoit fort bien dit à Du Vouldy peu auparavant, d'une constitution pour le voyage que le Roi lui ordonnoit de faire, bien moins le seroit-elle pour un qui seroit autant précipité et imprévu que celui que je proposois; qu'elle pourroit entretenir Du Vouldy tout le jour suivant pour donner temps à l'entreprise; qu'il seroit grandement à souhaiter que toute la maison n'eût qu'un sort commun, comme elle avoit dit le jour même, et qu'il fût possible de ne pas séparer madame sa belle-fille et monsieur son petit-fils d'elle; mais qu'il n'y avoit homme de bon sens qui pût leur conseiller d'exposer une princesse de son âge et d'une telle utilité à sa maison aux accidens d'une marche si peu préméditée, parce que voulant tout sauver on perdroit tout; et qu'à moins qu'elle ne restât pour agir de son côté pendant que madame sa belle-fille et ses serviteurs agiroient du leur, elle couroit fortune de voir faire naufrage à toute sa maison dans le vaisseau qu'elle voudroit conduire. Je la fis souvenir encore que dans le dessein auquel je l'avois fait consentir d'aller à Montrond en temps et lieu, elle savoit bien qu'on avoit résolu qu'elle iroit, avant que d'entreprendre ce voyage, se jeter à Paris pour présenter au parlement la requête que j'avois dressée; qu'après notre évasion elle pourroit exécuter ce même dessein; et qu'avec l'assistance des amis de sa maison, et la compassion que pourroit exciter ce redoublement de persécution, elle pourroit émouvoir le peuple et le parlement même à ne pas souffrir plus long-temps que la déclaration de 1648, que l'on avoit obtenue avec tant de peine, fût plus long-temps violée. En effet, il n'y a que les conjonctures à prendre pour faire mouvoir les peuples et les parlemens même, qui font et défont en peu de temps des choses fort opposées l'une à l'autre, suivant que l'intérêt du soulagement des uns et de l'autorité des autres les fait agir, ou que la persuasion de ceux qui savent se servir d'eux les excite. J'ajoutai qu'il y avoit quantité de négociations attachées à la cour, au parlement et dans les provinces, parmi le peuple et avec les frondeurs, desquelles on ne pouvoit espérer aucun effet si cette princesse ne demeuroit pour les conduire. Enfin elle se laissa persuader tout-à-coup, se résolut à faire ce qu'on proposoit, et nous dit qu'elle s'exposeroit volontiers non seulement à être gardée dans sa maison ou à en être enlevée violemment par les gens de guerre qui l'environnoient, mais encore aux rigueurs de la plus étroite prison, pour contribuer quelque chose à la liberté de messieurs ses enfans; qu'elle résoudroit avec Dieu et avec ses amis ce qu'elle auroit à faire pour le salut de sa maison. Je doutai pourtant fort, de l'humeur dont je la connoissois, qu'elle l'eût exécuté. Cependant chacun suivit son sentiment; et après avoir dit son avis sur la manière de l'exécution, les uns conseilloient de mener la mère et le fils par différens chemins; les autres étoient d'avis que ce fût à cheval, d'autres que ce fût en carrosse; les uns que ce fût par un pays, et les autres par un autre. Il fut enfin résolu de partir tous ensemble, et pour Montrond.

La princesse avoit fait préparer un coffre rempli d'un service d'or pour le charger derrière le carrosse; mais ceux qui ordonnèrent de l'équipage jugèrent qu'on avoit un trésor plus précieux à sauver, et qu'il ne falloit pas risquer de le perdre par la pesanteur de celui-ci. Elle nous donna quelques pierreries de peu de valeur, et à moi une montre d'or qu'elle arracha de son côté où elle la portoit, me disant fort obligeamment qu'elle me prioit de me souvenir d'elle, et qu'elle me confioit en la personne du jeune duc ce qu'elle avoit de plus cher au monde; mais qu'elle me prioit de ne le mettre ni entre les mains des Espagnols ni en celles des huguenots, et moins encore en celles du duc de Bouillon, mais de prendre toute confiance à son cousin le duc de Saint-Simon, qui lui avoit offert retraite en son gouvernement de Blaye. A quoi je lui répondis que je ferois avec toute fidélité tout ce que la fortune et le temps nous offriroient, et que je lui donnerois avis de toutes choses autant qu'il me seroit possible.

La jeune princesse chargea la dame de Tourville de toutes ses pierreries, et de celles du maréchal de Brezé son père, qui étoit mort depuis peu dans le château de Saumur; et après que les princesses se furent embrassées, qu'elles eurent versé bien des larmes en se séparant, que le jeune duc eut reçu toutes les douceurs, les bénédictions et les caresses que la tendresse de son âge, le fâcheux voyage qu'il alloit faire, la gentillesse de son humeur et l'agréable manière dont on l'avoit travesti de garçon en fille lui attirèrent, et que tous ceux qui étoient présens à cette cruelle séparation eurent embrassé ceux qui partoient avec des pleurs et des gémissemens incroyables, le voyage se commença et se poursuivit en cette manière.

On envoya un carrosse à deux chevaux dans lequel on mit quatre autres harnais à l'entrée de la forêt, et on fit sortir quatre chevaux comme si on les eût menés à l'abreuvoir, qui passèrent vers le carrosse. La princesse et le duc, avec les dames de Tourville, de Gouville et de Changrand, sortirent par les jardins, et se rendirent à pied au lieu assigné. Bourdelot, à présent abbé du Massé, célèbre médecin, auquel pour son savoir et bonnes qualités le prince avoit confié le soin des premières études de son fils, le suivit partout en ce voyage. La Roussière se rendit aussi avec Fleury et Vialard à l'endroit où étoit le carrosse. Celui-ci porta le jeune duc entre ses bras pour le sauver en cas d'attaque dans la forêt. Les dames montèrent en carrosse; Girard, Chapizeaux et moi, pour ne point donner de soupçon par une trop grande escorte, passâmes par le chemin duquel j'ai parlé sur la droite, avec tous les valets. Nous partîmes tous à onze heures du soir, et arrivâmes à Paris par la porte Saint-Denis en même temps que la princesse par celle de Saint-Martin, et nous nous retrouvâmes tous à quatre heures du matin à la porte Saint-Victor. Nous envoyâmes prendre un attelage de la princesse à l'hôtel de Condé, qui nous joignit à Juvisy, et qui nous servit de relais. Nous marchions toujours deux à deux, à la vue des uns des autres, à autant de distance qu'il falloit pour observer le carrosse. Nous logions dans diverses hôtelleries, comme si nous ne nous fussions pas connus. Madame de Tourville se faisoit appeler madame de La Vallée, et tout ce qui étoit dans le carrosse paroissoit sa famille. Nous arrivâmes sur les quatre heures du soir à Augerville-la-Rivière, maison du président Perrault, qui étoit prisonnier avec les princes. Je croyois y trouver son attelage, et passer encore à dix lieues de là; mais je trouvai qu'il avoit été vendu, contre les ordres que j'avois donnés dès le temps que j'avois conçu le dessein de faire passer les princesses de Chantilly à Montrond. Nous fûmes donc contraints de coucher en ce lieu-là, d'où nous partîmes le lendemain 13 du mois.

Nous passâmes à Choisy-aux-Loges, maison appartenant à Bellegarde, de qui nous avons parlé, et où il n'étoit pas. J'allai voir madame sa femme, que j'empêchai de recevoir madame la princesse chez elle, pour ne pas nuire à son mari; mais nous convînmes qu'elle iroit lui rendre ses devoirs sur son chemin à un ermitage, où elle lui offrit toute chose, même de la suivre. Elle lui donna un relais qui nous servit beaucoup. Nous passâmes la rivière de Loire à Sully; et comme la princesse passa dans un petit bateau, il fallut attendre quelque temps, jusqu'à ce que le carrosse et les chevaux fussent passés. Le peuple s'assembla sur le rivage, à la vue d'un assez grand équipage. Nous nous assîmes tous sur des pierres qui y étoient, comme si nous eussions été tous d'une condition égale; et même pour ôter tout soupçon de celle de la princesse, elle s'assit sur mes genoux, quand tout-à-coup un valet de chambre du duc de Sully m'appelant par mon nom, je ne pus m'empêcher de tourner la tête; et lui ayant dit qu'il me prenoit pour un autre, il me dit qu'il me connoissoit fort bien, et qu'il désiroit me dire un mot; et m'ayant tiré en particulier, il me dit qu'il connoissoit bien la princesse, quoique masquée, et vêtue d'un habit fort commun. Il me nomma toute la suite, et ajouta qu'il voyoit bien que nous nous sauvions; qu'il m'offroit de la part de son maître, qui étoit très-humble serviteur du prince et de toute sa maison, retraite dans son château, et dix-huit mille francs qu'il avoit reçus de ses terres. Je le dis à l'heure même à la princesse, qui le remercia fort, et tira de son doigt une bague qu'elle lui donna, sans rien accepter de ses offres. J'eus pourtant quelque envie de prendre l'argent, dont nous avions fort besoin; car toutes nos finances étoient réduites à environ cinq cents pistoles qu'avoit la princesse, et à vingt mille francs que j'avois en partie empruntés et en partie tirés de quelque vaisselle d'argent que j'avois vendue. Nous passâmes ce jour-là jusqu'à Argent en Berri, appartenant au sieur de Clermont, ancien serviteur du prince, et beau-père de Mautour, gouverneur de Montrond. Ce gentilhomme, qui reçut très-bien la princesse et toute sa suite, envoya toute la nuit ses chevaux de carrosse en relais à quatre lieues, en un château à la vue de Bourges, appartenant au sieur de Rhodes, où elle dîna, relaya, et renvoya l'équipage à madame de Bellegarde avec une lettre de remercîmens, passa et arriva ce jour-là 14 du mois à Montrond environ sur la minuit.

La diligence fut des plus grandes que l'on puisse

faire en carrosse avec une femme et un enfant d'une telle qualité, ayant été autant surpris qu'on le fut, et sans avoir envoyé des relais sur la route. Tout le monde arriva en parfaite santé, malgré les veilles et la fatigue. On essaya pendant tout le voyage à soulager le chagrin de la princesse, et de la divertir autant qu'on le put. Le lendemain de son arrivée, elle m'envoya appeler de bon matin, et me fit l'honneur de me dire, en présence de la comtesse de Tourville, que son âge et le peu d'expérience qu'elle avoit aux affaires, l'estime qu'elle avoit pour moi, et la connoissance qu'elle avoit de mon affection et de ma fidélité au service du prince son mari, l'obligeoit à me confier la principale conduite de toutes choses; et me demanda ensuite ce que je jugeois à propos qu'elle fît dans l'état auquel elle se trouvoit. Je lui répondis, après l'avoir très-humblement remerciée de l'honneur qu'elle me faisoit, que j'avois songé à cela une partie de la nuit, et qu'il me sembloit qu'elle devoit dépêcher un courrier à madame sa belle-mère pour l'avertir de son arrivée, et soulager l'inquiétude où elle seroit sans doute jusqu'à ce qu'elle eût reçu cette nouvelle; en second lieu, de reconnoître avec Mautour, et ces messieurs qui l'avoient accompagnée, et qui avoient plus de lumières et de connoissances que moi, l'état de la place, de l'artillerie et des munitions, afin d'y mettre peu à peu, et sans donner jalousie, celles qui y manquoient; en troisième lieu, faire savoir à tous les serviteurs de la maison que sa personne et celle du duc étoient en sûreté, afin qu'ils pussent prendre des mesures certaines; en quatrième lieu, de dépêcher au duc de La

Rochefoucauld, et continuer avec lui et par lui, avec tous les seigneurs de par delà, les négociations commencées par Gourville, et que j'ai rapportées ci-dessus; en cinquième lieu, d'envoyer quelqu'un d'intelligence en Bourgogne pour apprendre l'état du siége de Bellegarde, la disposition de la cour; faire savoir aux amis qu'on y avoit, et dans l'armée, ce qui s'étoit passé; établir une correspondance de là à Dijon, de ville en ville, pour avoir souvent, sans dépense et sans bruit, des nouvelles et en donner; et enfin écrire son arrivée à Bourges, à Moulins, à la noblesse circonvoisine attachée depuis long-temps à la maison de Condé, et surtout au marquis de Valancé, qui est fort accrédité dans la province. Tout cela ayant été approuvé par la princesse et par la dame de Tourville, je le fis exécuter le plus diligemment qu'il me fut possible. Je fis dresser toutes les lettres, et fis les instructions pour tous ceux qu'on dépêcha de toutes parts, et qui partirent le lendemain 16 du mois; et je puis dire qu'on n'oublia aucun de ceux de qui on pouvoit tirer quelque utilité, ou en qui on pût prendre confiance, en quelque endroit du royaume qu'ils pussent être. Je ne dirai pas le détail de ce qu'on manda aux ducs de Bouillon et de La Rochefoucauld, parce que j'en ai parlé ci-devant, ni de ce qu'on manda à Paris et en tous les endroits où l'on dépêcha, parce que l'on écrivoit partout presque la même chose.

Le 17, quelques gentilshommes du voisinage commencèrent à venir rendre leurs devoirs à la princesse, qui dans tout le temps qu'elle séjourna à Montrond reçut merveilleusement bien ceux qui la visitoient. Elle avoit une grande application à embarquer à son service tous ceux qu'elle pouvoit. Son dessein étoit de mettre sa place en état de ne rien craindre, d'y séjourner autant qu'elle pourroit. Aussi est-il difficile en pareils accidens de trouver des retraites assurées ailleurs que chez soi; et souvent quand on est nécessité de se retirer chez un ami, on l'est de suivre ses volontés, et on est parfois au hasard d'être la victime qu'il sacrifie à ses intérêts : aussi avoit-elle résolu d'observer de là les démarches de tous les siens, et de ne mettre monsieur son fils à la tête d'un parti que quand elle le verroit assez puissant pour se maintenir. Elle croyoit même que quand cette place seroit munie de toutes choses, et qu'elle y auroit établi une grande et forte garnison, elle donneroit dans la vue à ceux qui n'osent rien entreprendre, quelque envie ou quelque intérêt qu'ils aient de le faire, qu'ils ne se voient soutenus d'une place ou d'une protection considérable d'un prince du sang, qui sert toujours, en quelque bas âge qu'il puisse être, à faire une bonne et utile composition. D'ailleurs de ce lieu, qui est au milieu du royaume, on étoit proche de tout. Une des principales choses que nous avions à souhaiter étoit une assemblée d'Etats généraux : aussi étoit-ce ce que nous tâchions d'insinuer à tout le monde. Nous ne voyions point de parlement dont l'on pût espérer des délibérations vigoureuses, que de ceux de Bordeaux et de Provence : aussi n'oublia-t-on rien pour les y exciter. On donna charge en divers endroits d'observer la contenance des huguenots; on chargea celui qui partoit pour le Poitou de sonder Du Dognon pour ses places, le prince de Tarente pour Taillebourg, le duc de Rohan pour Angers, et de porter le duc de La

Rochefoucauld à mettre tout en usage pour secourir
Saumur. Le chevalier de Todias nous assura par ses
lettres que le duc de Saint-Simon se mettroit avec
Blaye dans les intérêts des princes; enfin on n'oublioit rien pour réveiller, dans l'esprit de tous ceux
qui avoient des placés, et surtout dans celui de Du
Dognon, les défiances qu'il devoit avoir du cardinal
Mazarin, pour s'être jeté dans Brouage incontinent
après la mort du duc de Brezé, de qui il étoit créature; où il s'étoit toujours maintenu en dépit du cardinal, et malgré toutes ses négociations pour l'en tirer. La princesse espéroit que les obligations qu'il avoit
au feu duc son frère le mettroient dans ses intérêts;
mais il est peu de cœurs assez bons pour sacrifier une
grande fortune à ceux de qui ils la tiennent, et peu
d'hommes qui soient assez reconnoissans pour s'exposer à de grands périls quand ils se voient dans une
élévation au-delà de leur portée naturelle.

On chargea encore celui qu'on dépêcha en Anjou
d'envoyer quatre cents pistoles à Dumont qui tenoit
Saumur pour la princesse, et deux cents à La Martinière qui étoit à Brezé, ou plus s'ils en avoient besoin; d'envoyer quelque vaisselle d'argent au duc de
La Rochefoucauld, avec quelques-uns des chevaux
du feu maréchal de Brezé, et d'envoyer tout le reste
à Montrond.

D'Aubigny, qu'on dépêcha à la princesse douairière, eut charge de lui dire tout ce que dessus, de
lui faire connoître la nécessité d'argent en laquelle
nous nous trouvions, et du moins de faire convertir
en monnoie le service d'or qu'elle nous avoit donné
à Chantilly, et de l'envoyer à Montrond. J'écrivis à

Dalliez à Paris, pour le prier d'avertir les deux Baas de ce qui s'étoit passé, et de nous envoyer quelques officiers d'artillerie. La princesse écrivit à la duchesse de Châtillon pour la prier de faire savoir à Chavigny, au duc de Nemours et au président Viole, tout ce dont d'Aubigny avoit charge de lui donner parole. Je priai, par une autre lettre, l'abbé Roquette de savoir si le maréchal de La Mothe se résoudroit à effectuer la promesse qu'il avoit faite de venir à Montrond, sinon d'y envoyer Arnauld, qui avoit témoigné grande envie d'occuper ce poste, dont on lui avoit donné quelque espérance. Je lui mandois encore de nous envoyer tous les imprimés que l'on débiteroit contre le cardinal, pour les semer dans les provinces. Rien n'est moins nécessaire pour faire agir les honnêtes gens qui servent, parce que l'amitié ou l'intérêt les conseille; mais rien n'est plus utile à faire mouvoir les peuples, qui ne conçoivent les choses qu'autant qu'elles frappent leurs sens, parce qu'ils n'imaginent rien d'eux-mêmes : il faut leur éveiller l'esprit par les écrits qu'on publie. J'écrivis à la dame Du Bourgneuf, à qui j'adressai une dépêche pour la duchesse de Longueville et pour le vicomte de Turenne, pour leur demander l'état auquel ils étoient à Stenay, ce qu'ils espéroient des Espagnols, et leur dire amplement de nos nouvelles. J'écrivis au comte de Maure afin d'apprendre quelque chose de celles dont il étoit chargé; et à la comtesse de Chalais, qui par son naturel craintif, et l'amitié qu'elle avoit pour moi, me faisoit toujours savoir toutes les nouvelles que Palluau, à présent le maréchal de Clérembault, qui étoit passionnément amoureux d'elle, lui écrivoit du siége de

Bellegarde; et enfin à l'archevêque de Sens, pour savoir de lui ce qu'il avoit avancé en ses négociations.

On dépêcha ensuite partout où il fut nécessaire par le Berri. Quelques fermiers apportèrent de légères sommes de leurs fermes. On apprit que la plupart des serviteurs que le prince avoit à Bourges avoient été proscrits sur les plaintes que le comte de Saint-Aignan en avoit fait à la cour; que lui et cinquante chevaux avoient été à Meveton le jour précédent, et avoient traversé tous les chemins qu'avoit tenus la princesse; qu'il disoit pourtant que ce n'étoit qu'à dessein de prendre prisonnier le chevalier de Rhodes; qu'il n'avoit aucun ordre de la cour contre Leurs Altesses; mais que s'il les avoit rencontrées, il auroit taillé en pièces ceux qui les escortoient, et qu'il les auroit arrêtées avec tout le respect qui leur étoit dû et qui lui auroit été possible; qu'il sauroit mettre tout en usage pour le service du Roi; qu'il avoit dépêché à la cour pour demander des troupes, et qu'il étoit bien averti qu'il y avoit cinq cents hommes de pied et deux cents chevaux dans Montrond.

Le lendemain 17, on eut avis de divers endroits que Bellegarde avoit capitulé de se rendre, s'il n'étoit secouru dans le 22 du même mois. La princesse passa tout ce jour-là en dévotion, et sur le soir on dépêcha un courrier qui porta à Le Tellier, secrétaire d'Etat, cette lettre-ci :

« Monsieur,

« Comme je reçus le 11 du courant un ordre du
« Roi de partir de Chantilly, et d'amener avec moi

« madame ma belle-mère et mon fils en ce lieu, elle
« ne se trouva pas avec la santé nécessaire pour en-
« treprendre un si pénible voyage, et je crus qu'il
« étoit de mon devoir de témoigner en cette occa-
« sion, comme je ferai en toutes autres, l'obéissance
« que je dois à Sa Majesté : de sorte que je partis à
« l'instant même, et me rendis ici avec fort peu de
« suite. Je n'y changerai rien de l'ordre établi de
« tout temps pour la conservation de la maison ; j'y
« éleverai mon fils dans la crainte de Dieu, et le por-
« terai, par mon exemple, au même zèle que mon-
« sieur son père a toujours eu pour le service du Roi.
« Je prierai incessamment Dieu qu'il comble Leurs
« Majestés de bénédictions, et qu'il leur plaise de
« finir mes souffrances, que j'ai offertes aujourd'hui
« à Dieu. C'est ce que j'ai cru vous devoir écrire
« par ce porteur, que j'envoie pour faire venir mon
« train. S'il avoit besoin de quelque sauf-conduit,
« vous m'obligerez de lui faire donner, et de me
« croire

« Votre, etc. »

Le lendemain 18, je dépêchai un nommé Percheron pour le camp devant Bellegarde, afin de nous
en mander des nouvelles, et je fis écrire par le bonhomme Blanchefort, à un fils qu'il avoit à la cour,
que le bruit couroit qu'après le siége achevé l'on
enverroit investir Montrond ; qu'il le prioit de s'en
informer de tous ses amis, afin que si cela étoit vrai il
trouvât quelque honnête prétexte de s'en retirer. Et
je crus qu'il étoit bon en cette rencontre d'observer
la vieille maxime de tromper l'ambassadeur ; car c'é-

toit le moyen d'avoir, par son propre fils, des nouvelles les plus assurées de ce qu'il importoit si fort de savoir.

Je chargeai le même Percheron d'une lettre de créance pour les deux Baas, et de leur dire que s'ils ne pouvoient rien faire des choses proposées pour la délivrance de la place assiégée, ils fissent passer en diligence à Montrond tout ce qu'il leur seroit possible d'officiers et de soldats du régiment de Persan, et de dépêcher en chemin faisant messager sur messager, qu'ils adresseroient au lieutenant criminel de Moulins, qui nous en dépêcheroit d'autres pour m'apprendre par cette voie tout ce qu'il apprendroit sur la route de la marche de quelques troupes que ce fussent. Nous reçûmes ce jour-là cinq ou six nouvelles différentes sur le siége : les uns mandoient qu'il continuoit, les autres qu'il étoit levé; d'autres que la capitulation étoit véritable, et d'autres que le cardinal Mazarin en faisoit artificieusement courir le bruit pour retarder les bonnes volontés de ceux qui étoient prêts à se jeter au service de la princesse en divers endroits du royaume; et j'ai connu, dans tout le cours des affaires que j'ai conduites, que toutes les nouvelles se débitent, et par lettres et de vive voix, suivant l'affection, l'intérêt, l'humeur, le courage ou la foiblesse de ceux qui servent, qui veulent être fermes dans les partis, ou qui ne cherchent que des prétextes pour s'en retirer.

Le marquis de Valencey, qui arriva, fit de grands complimens à la princesse, sans pourtant s'expliquer de ce qu'il vouloit ou pouvoit faire. Elle me commanda de lui exposer l'état de toutes choses : ce que je fis pourtant avec la réserve à laquelle m'obligeoit le peu d'avance qu'il faisoit pour s'embarquer tout-à-fait avec nous. Et, en vérité, on n'en sauroit trop avoir en pareilles rencontres, tant le secret y est nécessaire, et tant on trouve peu de gens qui ne tâtent le pouls avant que de franchir le pas. Celui-ci nous proposa mille choses générales pour essayer d'exciter le désordre partout, sans nous dire ce en quoi il pourroit y contribuer. En un mot, je connus bien de l'esprit et peu de résolution en ce gentilhomme.

Sur ce qu'on avoit envoyé des lettres de cachet du Roi, à la sollicitation du comte de Saint-Aignan, pour exiler plusieurs des principaux de Bourges affectionnés ou dépendans du prince, nous n'oubliâmes rien de ce qu'on pouvoit faire pour y exciter quelques troubles, afin de tâcher, par l'exemple de cette grande ville, d'entraîner la province et peut-être les voisines, et par là soutenir le cœur à la Guienne et au Poitou, pour le succès des choses qu'on y tramoit depuis quelque temps. Mais la prison inopinée des princes avoit été un coup de foudre qui avoit abattu le courage à tout le monde, et il falloit plus de temps pour le relever.

Le doyen de Bourges, l'abbé de La Loue et plusieurs serviteurs de la maison vinrent visiter, et se condouloir avec la princesse. Le premier, destiné à la conduite du clergé dont il avoit été exclu par une lettre du Roi, avoit des ressentimens plus vifs que les autres, et ne conseilloit que feu et flammes, tant l'intérêt particulier prévaut sur le général. On l'échauffa tant qu'on put, et tous les autres maltraités, qu'on renvoyoit toujours avec un esprit de trouble ; mais tout cela sans effet.

Saint-Aignan, qui avoit envie de se rendre considérable dans la province, et se mettre en pouvoir d'attirer des amis par les emplois qu'il pourroit donner, d'abattre ses ennemis par la force, et se venger des discours qu'on faisoit contre lui, écrivoit continuellement à la cour qu'il y avoit quantité de troupes dans Montrond, et la nécessité d'assiéger cette place pour éviter les suites dont elle menaçoit, croyant que tout au moins on enverroit des gens de guerre à son ordre. Les peuples ne pouvoient s'accoutumer à le respecter, après avoir eu deux princes du sang pour gouverneurs consécutifs. La domination est toujours odieuse ; mais elle l'est moins quand on est soumis à la grande qualité et au grand mérite ; et tel avoit obéi aux princes de Condé père et fils, qui trouvoit les ordres du comte de Saint-Aignan tyranniques, encore qu'ils fussent doux, civils, et pleins d'égards et de circonspections.

Cela obligea la princesse d'écrire aux présidiaux de Bourges et de Moulins en ces termes, et même à la Reine, comme il sera dit ci-après :

« Messieurs,

« J'attendois l'arrivée de madame ma belle-mère
« en ce lieu, suivant l'ordre du Roi que nous en
« reçûmes ensemble à Chantilly le 11 de ce mois ;
« mais comme je n'ai encore reçu aucunes nouvelles
« depuis que j'y suis, j'ai cru ne devoir pas différer
« davantage à vous dire que je m'y suis rendue dans
« la seule intention d'obéir aux volontés du Roi mon

« souverain seigneur, d'y élever M. le duc d'En-
« ghien mon fils en la crainte de Dieu et au service
« de Sa Majesté. Ma conduite confondra les bruits
« que le comte de Saint-Aignan fait courir, et les
« avis qu'il donne continuellement à la cour que j'ai
« mis dans cette place cinq cents hommes de pied
« et deux cents chevaux : ce qui est si contraire à la
« vérité, que j'ai sujet de croire qu'il ne l'a fait qu'à
« dessein d'attirer des troupes dans cette province
« pour son utilité particulière ; ce qui me donne su-
« jet de vous prier (afin que vous puissiez assurer
« le Roi de la vérité du fait) d'envoyer des députés
« de votre corps en ce lieu. Je leur ferai voir l'état
« des choses, et connoître que je n'ai rien innové des
« anciens ordres qui y sont établis de tout temps ;
« et vous assurerai en leurs personnes, comme je
« fais ici, de n'avoir jamais de pensées contraires à
« mon devoir, qui me portera toujours au service du
« Roi et au bien de l'Etat, vous demandant pour mon
« fils et pour moi la même amitié que vous avez té-
« moignée à monsieur mon mari.

« Je suis, etc. »

Les 20 et 21, la princesse eut avis de divers endroits que des compagnies du régiment de Villette
et de celui de M. le duc d'Orléans y passoient, sé-
journoient, et y prenoient étape. Une des principales
attentions qu'on doit avoir dans les affaires de la nature de celle-ci est d'éviter les surprises et les coups
inopinés : aussi avions-nous mis un tel ordre à vingt
lieues à la ronde, et dans tous les passages et ponts
plus éloignés, qu'il n'y pouvoit rien arriver dont la

princesse ne fût fort ponctuellement et fort promptement averLie.

Le moindre événement en telles occurrences fait former des raisonnemens à chacun suivant sa crainte ou suivant son désir. Les uns disoient qu'on envoyoit ces troupes pour assiéger Saumur; d'autres, qu'elles étoient destinées pour Bellegarde, et qu'on les contremandoit ensuite du traité de cette place; d'autres, qu'elles marchoient pour investir Montrond. Tout cela pouvoit être vrai; et je tiens que l'une des plus grandes fautes qu'ait jamais faites le cardinal Mazarin a été celle de n'avoir pas mené devant Montrond le Roi et les troupes qui avoient fait rendre Saumur et Bellegarde; car, comme la saison n'étoit pas avancée, on auroit pu réduire cette place avant que les affaires de la frontière eussent pressé : aussi appréhendois-je fort que l'on prît ce parti, qui auroit déconcerté tous mes projets, et m'auroit fait prendre celui de tirer la princesse et le duc son fils de cette place, sans savoir presque où les mener. Cela me fit résoudre à lui conseiller de dépêcher à la cour le sieur de Blanchefort, comme je dirai ci-après.

Le marquis de Valencey, qui avoit la même crainte, et qui avoit reçu une lettre de la marquise de Sillery, par laquelle elle lui mandoit que le duc de La Rochefoucauld son frère s'étant mis en marche pour secourir Saumur l'avoit trouvé rendu, tâchoit par toute voie de me persuader de tirer en diligence la princesse et le duc d'Enghien de Montrond; où il disoit que leurs personnes n'étoient en aucune assurance. Encore que je fusse au fond dans le même sentiment, avec cette différence seule que lui vouloit qu'on le fît sur-le-champ, et que je ne pensois à le faire que dans la dernière extrémité, je ne m'en expliquois pas ; au contraire je disois qu'il ne le falloit jamais faire, parce que je voulois par des discours hardis, tels que la princesse même faisoit, rassurer tout le monde, tâcher de mettre cette place en état de faire croire au cardinal qu'elle n'étoit pas facile à prendre, exciter sous main dans le parlement de Paris assez de troubles pour l'obliger d'y retourner, et de l'autre côté faire de fausses négociations à la cour, pour lui persuader que nous ne songions à rien qu'à vivre en repos en ce lieu-là. Il n'étoit pas malaisé de faire concevoir du mépris du pouvoir d'une femme jeune, sans expérience, et d'un enfant de sept ans : on croit aisément ce qu'on souhaite, et un ministre tout puissant a peine à se persuader qu'une petite vapeur puisse exciter un grand orage contre lui.

Cependant je disois à Valencey et à tous ceux de son avis que difficilement le cardinal entreprendroit ce voyage, par plusieurs raisons. Premièrement, que croyant ou soupçonnant que les ducs de Bouillon, de La Rochefoucauld, de Saint-Simon, Bordeaux, tous les seigneurs de Guienne et de Poitou, et les huguenots même, étoient en état de former un parti, il ne voudroit pas pousser la princesse à bout, et la contraindre de chercher son refuge dans des provinces éloignées de Paris, qui pour lors étoit le centre de toutes choses, et le lieu propre à former tous les foudres que le cardinal craignoit ; la forcer à se mettre avec le duc son fils à la tête de quelque grande faction, avec une place aussi considérable que Montrond, qui apporteroit la guerre des pro-

vinces les plus reculées jusque sur la rivière de Loire;
que d'ailleurs il ne voudroit pas faire croire à toute
la France qu'il avoit dessein d'arrêter à Chantilly les
princesses, le duc, et les enfans du duc de Longueville, en leur envoyant l'ordre de se retirer en Berri,
dont j'ai parlé; qu'il ne voudroit pas risquer, après
le triomphe de Normandie, de Bourgogne et de Saumur de venir échouer devant Montrond; qu'il y auroit péril qu'enfin les peuples, par la jalousie des
frondeurs ses nouveaux amis, et des parlemens qui
craignoient qu'une trop grande autorité ne mît le
cardinal en état de se venger d'eux, ne se soulevas-
sent contre lui, le voyant acharné à exterminer la
maison royale (car il n'y avoit plus de prince du
sang en liberté que le jeune duc); que rien ne seroit
plus extraordinaire ni plus mal reçu de tout le monde
que de lui voir employer les armes du Roi à prendre
une maison particulière, où une jeune princesse et
son fils s'étoient retirés par ordre de Sa Majesté, et
qui n'y faisoient aucun acte d'hostilité; et enfin que
la saison ne permettoit pas d'employer les troupes,
fatiguées de tous les exploits de l'hiver, dans le cœur
du royaume, au lieu de leur donner un peu de repos,
et les envoyer ensuite sur la frontière de Flandre
pour s'opposer aux troupes espagnoles, et à celles
de la duchesse de Longueville et du vicomte de Turenne, qui menaçoient de la plus puissante irrup-
tion qu'on eût encore vue, et qui venoient de s'allier
ensemble par un traité solennel, qui n'avoit autre
prétexte ni autre but apparent que celui de parvenir
à la paix générale, et par conséquent plus capable
de frapper l'esprit des peuples.

A tout cela il y avoit bien des choses à répliquer, comme je le connoissois moi-même ; mais il importe de ne se laisser jamais persuader en pareilles rencontres, et de persuader si l'on peut pour parvenir à ses fins, dont la principale doit être de ne témoigner jamais de peur ; et tout consiste à faire paroître tout facile et tout avantageux.

Ce jour-là Du Buisson, contrôleur de la maison, apporta nouvelle à la princesse que madame sa belle-mère étoit sortie de Chantilly la nuit du 16 au 17, sans qu'il sût le lieu de sa retraite, qui avoit été précipitée par les ordres que le duc d'Orléans lui avoit envoyés d'exécuter ceux qu'elle avoit reçus d'en sortir le 11, ainsi que je l'ai dit. Il ajoutoit que cette princesse n'étoit suivie que de la duchesse de Châtillon et d'une femme de chambre ; qu'elle s'étoit dérobée de la garde de Du Vouldy comme avoit fait la princesse sa belle-fille, quoique les troupes dont nous avons parlé gardassent tous les passages. Elle avoit donné ordre en partant de Chantilly, la veille de Pâques, d'empêcher que personne n'en sortît les deux jours suivans ; et qu'après ledit Du Buisson diroit son évasion à Du Vouldy, et viendroit apporter la nouvelle à la princesse à Montrond, et me diroit de sa part qu'aux premières approches des troupes de cette place j'en fisse sortir et elle et monsieur son fils, pour les remettre entre les mains de messieurs les ducs de Saint-Simon, de Bouillon et de La Rochefoucauld, avec ordre précis de ne les faire sortir du royaume qu'à toute extrémité. Du Buisson demanda encore à la princesse un blanc signé, pour le remplir d'une requête tendante à la liberté de monsieur son mari, que la princesse sa belle-mère présenteroit au parlement le lendemain de Quasimodo.

Après ces ordres reçus, nous nous assemblâmes dans la chambre de la comtesse de Tourville, pour délibérer de la manière de tirer la princesse et le duc son fils de Montrond, et de ceux à qui on pourroit les confier. Je savois bien ce que j'avois résolu, et le parti qu'il y avoit à prendre ; mais c'est un des plus grands embarras en pareilles affaires, qu'il faut, et avec quelque justice, donner part des événemens à tous ceux qui s'y engagent, et tâcher à les faire tomber dans votre sens : autrement toutes les actions de ceux qui gouvernent sont censurées et condamnées, et souvent on prend prétexte de s'en retirer quand ils n'en usent pas de la sorte. Je fis donc discourir tous ceux qui étoient là des personnes, des esprits, des intérêts, des établissemens, de l'habileté et du pouvoir desdits sieurs de Bouillon, de La Rochefoucauld et de Saint-Simon. Je n'avois en effet dessein de les mettre absolument au pouvoir des uns ni des autres, mais bien de faire, s'il étoit possible, que madame la princesse demeurât partout sa maîtresse et celle de son fils, évitant de donner de la jalousie auxdits ducs les uns des autres ; et enfin je fis convenir toute l'assemblée qu'il valoit mieux les mener à Blaye, gouvernement du duc de Saint-Simon, qu'ailleurs, parce que la place est assez bonne, qu'elle ne se peut attaquer sans armée navale ; qu'on pouvoit, en cas de nécessité, et quand même tous nos desseins viendroient à échouer dans le royaume, les faire passer en Angleterre, en Hollande, en Flandre, en Espagne, selon que la suite des affaires le feroit juger plus à propos. D'ailleurs le duc de Saint-Simon avoit moins de capacité pour concevoir de grands desseins, moins d'intrigues à la cour, et plus de crédit dans Bordeaux, à cause du voisinage de sa place; et celle-là nous étoit de la dernière conséquence. Il avoit par dessus tout cela l'honneur d'avoir épousé mademoiselle de Portes, proche parente de la princesse douairière, à qui il avoit donné de grandes espérances de se jeter avec Blaye dans les intérêts des princes; au lieu que les ducs de Bouillon et de La Rochefoucauld n'avoient que des maisons particulières, et autant, ou peu s'en faut, engagées dans le cœur du royaume que Montrond, et où par conséquent leur affection et leur crédit seroient inutiles contre l'oppression de la cour toutes les fois qu'elle voudroit les pousser; que si on vouloit ménager les choses, la mère et l'enfant seroient mieux audit Montrond qu'ailleurs; elles y donneroient moins de jalousies; et qu'ainsi il ne falloit pas légèrement prendre l'épouvante d'un siége qu'il ne seroit peut-être pas malaisé d'éviter (quand même on auroit pris résolution de le faire) en négociant à Paris et à la cour, où tout étoit divisé, et où tout faisoit ombrage au cardinal; qu'il falloit mettre dans la place, sans éclat et peu à peu, toutes les choses nécessaires pour sa défense; non pas à dessein d'y enfermer la princesse et le duc, mais pour y établir un gouverneur de considération quand on seroit obligé à les en tirer, comme seroient le maréchal de La Mothe, le marquis de Persan ou Arnauld. On résolut encore, en les menant à Blaye, si l'on prenoit la route de Limosin ou d'Auvergne, de se servir, pour le passage, du duc de Bouillon; si par le Périgord, de messieurs de La Force ; si par La Marche, de La Clavière et de Saint-Germain-Beaupré ; si par le Poitou, des ducs de La Rochefoucauld et de La Trémouille ; vers tous lesquels la princesse avoit des envoyés, aussi bien que vers Du Dognon à Brouage. Valencey proposa une autre retraite, qui étoit de les mener inconnus par la rivière de Loire, les embarquer à Nantes pour la Hollande, où il offroit de demeurer avec eux, après avoir envoyé négocier, disoit-il, vers le maréchal de La Meilleraye pour dissimuler ce passage. Je fis semblant d'approuver cette proposition pleine de piéges, pour lui témoigner de la confiance qui l'obligeroit à m'en faire quelque autre, pour lui ôter toute lumière des desseins dont j'ai parlé ci-dessus ; mais en effet cela ne me fit connoître autre chose, sinon qu'il avoit fort envie de se rendre le patron de leurs personnes dans un pays étranger, puisque, n'ayant ni place ni gouvernement, il ne pouvoit l'être en France.

On dépêcha, le même jour 21, Du Buisson avec le blanc signé qu'il avoit demandé. On eut confirmation de toutes parts des traités de Saumur et de Bellegarde. On n'avoit aucune réponse des seigneurs de Poitou et de Guienne. L'on nous mandoit de mille endroits que les ducs de Bouillon et de La Rochefoucauld négocioient à la cour : peut-être étoit-il vrai, sans qu'ils eussent intention de manquer à leur engagement ; car en pareilles rencontres c'est prudence aux plus foibles de négocier avec les plus forts, pour se donner le temps de se servir des machines qu'on veut faire jouer, et éviter d'être accablés, comme on le seroit immanquablement, si l'on faisoit connoître ses desseins à contre-temps. Et ce fut par cette maxime, et par le peu de chaleur que l'on reconnut dans la province, que la princesse, craignant l'orage dont nous avons parlé, se résolut d'avancer le temps qu'elle s'étoit prescrit d'écrire à la Reine en ces termes :

« Madame,

« J'aurois différé de donner avis à Votre Majesté
« de mon arrivée en ce lieu, et de lui faire connoître
« que la fièvre et un grand rhume qui me travail-
« loient depuis long-temps à Chantilly n'ont pas eu
« assez de force pour m'empêcher d'obéir au Roi
« avec toute la diligence qui m'a été possible. J'a-
« vois résolu d'attendre des nouvelles de madame
« ma belle-mère, qui n'a pas eu la santé, la force
« ni l'équipage nécessaire pour se rendre ici en
« même temps que moi, et d'y amener mes neveux
« de Longueville; mais comme je suis encore incer-
« taine du temps qu'elle y pourra arriver, j'ai cru,
« madame, devoir avancer le terme que je m'étois
« proposé pour rendre compte à Votre Majesté de
« mon voyage, et lui porter en même temps, et au
« Roi, mes justes plaintes contre le comte de Saint-
« Aignan, qui, sur l'avis de mon voyage, a fait une
« assemblée de gens inconnus. Il a traversé la route
« que j'ai tenue avec deux cents chevaux, et dit pu-
« bliquement à Bourges que s'il m'avoit rencontrée
« il m'auroit arrêtée avec mon fils, et taillé en pièces
« quatre ou cinq de mes domestiques qui accompa-
« gnoient mon carrosse. Je veux croire, madame,
« qu'il a dit cela sans ordre; mais quoi qu'il en soit,
« c'auroit été un traitement bien étrange à une per-

« sonné de ma qualité, qui conduit son fils unique, âgé
« de sept ans, et qui a l'honneur d'être de la maison
« royale, dans un château particulier, et sur la foi
« d'une lettre de cachet du Roi. Il n'a, Dieu grâce,
« rencontré qu'un palefrenier, et l'un de mes chevaux
« de carrosse qu'il a emmené à Bourges, où il publie
« que Votre Majesté doit lui envoyer des troupes
« pour m'assiéger, ensuite de l'avis qu'il lui avoit
« donné par courrier exprès que j'avois mis céans
« des gens de guerre; sur quoi je proteste à Votre
« Majesté, comme j'ai déjà fait au Roi dans une
« lettre que j'ai écrite à M. Le Tellier, que rien n'est
« plus contraire à la vérité, et que je n'y ai rien
« changé des anciens ordres, et qu'il n'y a qu'envi-
« ron quarante hommes de la garnison ordinaire;
« que je n'y aurai d'autre pensée que celle d'y
« prier Dieu pour la prospérité de Vos Majestés,
« d'y élever mon fils en sa crainte, et le porter par
« mon exemple à la même passion que monsieur son
« père a toujours eue pour le service du Roi, ce-
« lui de Votre Majesté, et pour le bien de l'Etat :
« vous assurant, madame, que je fermerai l'oreille
« à toutes les propositions qu'on pourroit me faire
« contraires à ce dessein, et que je ne chercherai
« jamais le remède aux maux que j'endure que dans
« les bonnes grâces et la justice de Votre Majesté.
« C'est dans cette pensée, madame, que j'ai écrit
« aux présidiaux de Bourges et de Moulins, pour
« les prier d'envoyer dresser des procès-verbaux de
« l'état auquel est ce lieu, afin d'en rendre compte
« à Votre Majesté, et lui faire voir en même temps
« la fausseté des dépêches du comte de Saint-Aignan,

« et la vérité de la protestation que je fais d'être
« toute ma vie, madame, votre, etc. »

La princesse, pour envoyer cette lettre à la cour, fit choix de Blanchefort, duquel j'ai parlé ci-dessus. Il y étoit connu pour un bonhomme, et de probité. Elle le chargea de lui mander tout ce qu'il pourroit découvrir à la cour, d'assurer la Reine de la ferme résolution d'exécuter le contenu en sa lettre; de la supplier de ne lui donner aucune inquiétude par l'approche des troupes dont on la menaçoit, et que les discours de Saint-Aignan lui faisoient craindre, aussi bien que les voyages qu'il faisoit souvent dans son voisinage avec de la cavalerie ramassée; qu'il en avoit fait encore d'autres du côté de Châteauroux, et donné des ordres du long de la rivière de Creuse pour l'arrêter, si elle alloit en Guienne ou en Poitou, à quoi elle ne songeoit pas. En un mot, elle me chargea de dire à Blanchefort toutes les choses nécessaires à sa mission, et de lui en donner une instruction par écrit. Je le fis, et je n'omis rien de tout ce qu'il falloit pour bien persuader, comme l'on dit, l'ambassadeur : à quoi je n'eus pas grand' peine, car ce bonhomme n'avoit aucune connoissance de tout ce que nous négociions de toutes parts. Il partit, et Valencey après lui, pour le moins autant persuadés l'un que l'autre. Celui-ci hâta son voyage aussitôt qu'il sut Saumur et Bellegarde rendus, disant qu'il alloit chez lui, d'où il manderoit à la princesse ce qui pourroit venir à sa connoissance.

Le 22, le présidial de Bourges fit réponse à la princesse qu'il viendroit lui rendre ses devoirs : ce qu'il différa jusqu'à ce qu'il eût eu avis du comte de

Saint-Aignan, auquel il avoit envoyé la lettre qu'il avoit reçue d'elle. D'Aubigny, qu'on avoit dépêché à Paris pour y porter les nouvelles de l'arrivée de la princesse à Montrond, retourna de son voyage. Il ne vit ni la princesse douairière ni la duchesse de Châtillon, qui s'étoient retirées de Chantilly comme je viens de dire. Il ne rapporta aucunes lettres de tous ceux et celles à qui l'on avoit écrit, mais dit seulement de bouche et de leur part que le bruit étoit grand que l'on devoit assiéger Montrond; qu'on espéroit bien des requêtes qu'on devoit présenter; que les amis n'omettroient rien pour le salut de la maison; et quoique le parti semblât abattu par la perte de Bellegarde et de Saumur, que leurs courages ne l'étoient pourtant pas; et enfin que les Espagnols commençoient à se réunir en Flandre.

Le 23, le trésorier de la princesse lui apporta huit mille livres. La duchesse de Montmorency, retirée à Moulins depuis la mort de monsieur son mari, et où depuis elle a pris l'habit de religieuse parmi les Filles de Sainte-Marie, laissant à la postérité un exemple éternel du plus illustre veuvage qui fut jamais, envoya visiter la princesse.

On sut que le présidial de Moulins avoit envoyé sa dépêche au Roi.

Un courrier du duc de La Rochefoucauld m'apporta une lettre de créance de son maître, et me dit ensuite que, sous prétexte d'honorer la pompe funèbre du feu duc son père, il avoit amassé douze à quinze cents gentilshommes pour aller secourir Saumur, comme il en étoit demeuré d'accord avec Dumont qui y commandoit, La Martinière, capitaine de

Brezé, et Jarzé, qui étoit retiré chez lui par ordre du Roi, pour l'imprudente passion qu'il avoit fait connoître pour la Reine ; mais qu'encore que le duc eût avancé ce secours de huit jours, et qu'il l'eût mené jusque dans la plaine de Moncontour, il n'avoit pu avoir le succès qu'il s'en promettoit, parce que les troupes destinées au siége avoient pris de certains postes qui empêchoient d'aborder ce château que par des défilés où il auroit perdu toute cette noblesse sans aucun fruit, s'il avoit tenté le passage. Il ajoutoit que La Martinière ayant changé de style avec lui, lui faisoit croire le bruit qui couroit qu'il avoit reçu deux mille écus de la cour ; que Jarzé, qui avoit promis de se jeter dans Saumur avec des troupes à la moindre apparence de siége, n'avoit fait ni l'un ni l'autre ; et que tout cela avoit obligé le duc son maître à se retirer chez lui, et de laisser retourner tous ces gentilshommes en leurs maisons, tous prêts à tout hasarder pour le parti quand il seroit temps, et n'avoit gardé près de lui qu'environ cinq cents hommes de pied et cinquante chevaux, dont on se serviroit à ce que l'on jugeroit à propos. Il disoit encore quelque chose d'un certain traité qu'avoit fait le père de Dumont pour son fils, qui ne s'est pas trouvé véritable par la suite ; et assurément le duc fit son possible de son côté pour secourir la place, et Dumont du sien pour la défendre.

Ce que ce courrier dit et qui nous donna plus d'espérance fut que les ducs de Bouillon, de La Rochefoucauld, de Saint-Simon, de La Force, les marquis de Sauvebœuf, de Lusignan et quelques autres, devoient s'assembler, suivant ce que j'avois résolu à

Paris avec Gourville, environ le 23 du mois, pour résoudre ce qui se pourroit faire pour former un parti pour la liberté des princes; et qu'incontinent après l'assemblée finie, ils donneroient avis de ce qu'ils auroient résolu; que cependant il avoit retenu des Chapizeaux, que la princesse lui avoit dépêché pour cela, et qu'il l'enverroit encore faire une tentative à Du Dognon à Brouage, et visiter Sauvebœuf, Lusignan, et quelques autres gentilshommes accrédités en ces quartiers-là.

Après que ce courrier m'eut dit tout ce dont il étoit chargé, je le menai à la princesse, à qui il le confirma, et à madame de Tourville. Nous lui fîmes mille questions sur l'état des affaires des provinces d'où il venoit, et où chacun étoit aux écoutes, attendant ce que produiroit l'ouverture de la campagne.

Le 24, Le Picard, à présent nommé Rochefort, valet de chambre du prince, arriva de Bellegarde où je l'avois envoyé de Chantilly un mois auparavant, et dit à la princesse beaucoup de particularités de ce qui s'étoit passé dans la place, où il manquoit des armes et des soldats; mais qu'il y avoit trop d'officiers de qualité, à la plupart desquels la tête tourna à un point, qu'encore qu'ils fussent tous d'une valeur éprouvée, ils rendirent ce poste important avant que la tranchée fût ouverte: ce qui fit avorter la résolution que nous avions prise avec la plus grande partie du régiment de Persan, qui avoit promis de se jeter dans la place quand il seroit de garde dans la tranchée, après avoir comblé les travaux, et d'y mener prisonniers ceux des officiers généraux qui s'y seroient trouvés. C'est toujours un grand malheur quand on perd une place : il est plus grand quand on en a peu ; mais il est extrême quand ceux qui la défendent ne la font pas durer autant que le courage et l'art le peuvent permettre, particulièrement dans une conjoncture comme celle en laquelle nous nous trouvions, où il nous étoit d'une importance extrême d'amuser les troupes du cardinal devant Bellegarde pour lui ôter le moyen de retourner à Paris, où sa présence étoit nécessaire au maintien de sa fortune ; ou de venir attaquer Montrond, qui lui eût été un coup d'Etat : mais surtout il lui importoit de fatiguer cette armée, et de la mettre hors d'état de paroître sitôt sur la frontière pour s'opposer aux desseins des Espagnols, desquels nous espérions tout notre salut, parce que nous ne doutions pas que leur approche ne produisît à Paris quelque chose de favorable à la liberté des princes.

Dans cette conjoncture notre conduite étoit délicate : il importoit de solliciter continuellement les amis des princes pour ne pas laisser ralentir leur affection ; et il importoit de ne le pas faire, de peur de donner à connoître à la cour que les desseins de la princesse étoient bien opposés aux assurances qu'elle avoit données à la Reine par la lettre que Blanchefort lui avoit portée de sa part. Le duc de La Rochefoucauld demandoit par son courrier à la princesse des lettres pour le duc de La Trémouille, le prince de Tarente, Du Dognon, Sauvebœuf, Lusignan, et quantité de blancs signés pour les remplir de lettres pour ceux qu'on jugeroit à propos dans l'assemblée, et particulièrement pour des présidens, conseillers et notables bourgeois de la ville de Bordeaux. La princesse ne désiroit rien tant au monde que de faire en cette rencontre ce que ce duc désiroit d'elle, et rien n'étoit plus à propos ni plus utile; mais la crainte que dans une si grande quantité de gens à qui il convenoit d'écrire il n'y en eût quelqu'un qui, pour se faire de fête à la cour et en tirer quelque utilité, comme il arrive fort souvent en pareille occurrence, ne fît part de ces lettres, et que cela ne fît perdre tout l'effet de la fausse négociation de Blanchefort, dont on ne prétendoit autre fruit que de gagner temps jusqu'à celui de la campagne, en quoi consistoit le salut de toutes choses, cela obligea la princesse et moi de lui conseiller de refuser au duc de La Rochefoucauld lesdites lettres et blancs signés : mais aussi pour ne le pas mécontenter, et pour produire quasi le même effet sans péril, elle écrivit une lettre à Chapizeaux de voir ses amis et tous ceux que le duc de La Rochefoucauld lui ordonneroit, et de leur dire de sa part ce que lui et tous ceux qui assisteroient à l'assemblée qui se devoit faire jugeroient à propos.

La princesse chargea encore ce courrier, qui avoit de l'esprit, de dire au duc son maître la même chose que je lui avois conseillée dès Paris par Gourville, et au duc de Bouillon par Baas que je lui avois dépêché, qui étoit de tâcher par toute voie de promouvoir des Etats généraux, de faire signer à tous ceux de l'assemblée une procuration pour en demander la convocation, de la faire signer encore par ceux de tous les ordres qu'ils pourroient dans les provinces voisines, et ensuite de province en province par leurs amis et par leurs correspondans. Le clergé devoit s'assembler au mois de mai suivant; et il n'étoit pas malaisé après que quantité de grands seigneurs qui ne demandoient autre chose en ce temps-là auroient signé avec beaucoup de gentilshommes, de demander la jonction à la chambre ecclésiastique, et de l'obtenir d'autant plus qu'au mois d'octobre précédent elle avoit été accordée quand la noblesse s'assembla à Paris sur le fait des tabourets; après quoi le tiers Etat n'auroit guère fait de difficulté de faire de même. Ce sont des choses qui réussissent rarement, mais qu'il faut toujours tenter. La princesse chargea encore ce courrier de dire à son maître, et pour lui et pour tous les seigneurs de par delà, de ménager leur conduite jusqu'à ce que la saison attirât l'armée du Roi sur la frontière, parce que le peu de troupes qu'ils leveroient ne seroient pas assez fortes pour résister à celles qu'on pourroit envoyer de la cour, et le seroient trop pour ne pas lui donner de la jalousie. Après quoi elle écrivit une fort honnête lettre audit sieur duc, et lui renvoya son courrier.

Ce jour-là même, quatre députés du présidial de Bourges arrivèrent.

La princesse envoya quelque argent à Saint-Micault, qui en sortant de Bellegarde s'étoit retiré chez lui avec quantité d'officiers d'infanterie qu'il importoit de faire subsister.

Les députés du clergé arrivèrent aussi, et ensuite le corps des trésoriers de France. La princesse leur parla à tous de même manière qu'elle avoit écrit à la Reine, et leur fit toutes les amitiés possibles.

De Roches, lieutenant des gardes du prince, avec quelques officiers et soldats, retournèrent de Bellegarde, dont il dit quelques particularités, et entre autres que le vicomte de Turenne leur avoit écrit de Stenay que ne pouvant les secourir, ils tâchassent de faire une capitulation avantageuse, et surtout de conserver les troupes et tous ces braves officiers qui étoient dans la place. Il donna copie des articles qui avoient été dressés et signés. Je les ai insérés ici, parce que c'a été la première capitulation faite dans ce parti, et pour mieux dire avant qu'il y eût de parti formé dans le royaume; et par conséquent elle est digne d'observation.

Capitulation de Seurre, autrement Bellegarde.

« Les sieurs de Tavannes et de Saint-Micault,
« commandans dans la ville de Seurre, ayant fait
« donner les assurances à M. le duc de Vendôme, gé-
« néral de l'armée du Roi en Bourgogne, par le sieur
« de Navailles, maréchal de camp dans ladite armée,
« de leur fidélité au service de Sa Majesté, et en té-
« moignage du déplaisir qu'ils recevoient de n'avoir
« pas plus tôt déféré à ses ordres, supplioient Sa Ma-
« jesté de leur faire ressentir les effets de sa clémence
« en ce rencontre, après les offres qu'ils font de lui
« remettre, dans lundi 20 avril 1650, à l'heure de
« midi, ladite place de Seurre.

« M. de Vendôme, ensuite du pouvoir à lui don-
« né par Sa Majesté, a reçu et reçoit lesdites of-
« fres; et en conséquence leur a accordé que les
« troupes qui sont dans Seurre sortiront en corps de
« la place le jour du 20 du présent mois d'avril, avec
« armes, chevaux et bagages, à la réserve des ma-
« lades et blessés, qui pourront demeurer dans ladite

« ville jusqu'à leur entière guérison en toute sûreté :
« et seront lesdites troupes licenciées hors le pont
« d'icelle ville, sans toutefois que les officiers, vo-
« lontaires, cavaliers, soldats et autres qui sortiront
« puissent être démontés, ni contraints à servir dans
« aucun corps contre leur gré; même leur sera per-
« mis de prendre des bateaux pour conduire ceux
« qui voudront aller à Mâcon, Châlons et autres
« lieux; seront accordés passe-ports à ceux qui en
« auront besoin pour se retirer en leurs maisons, et
« la liberté au nommé de Vergue, cavalier de M. de
« Meille, prisonnier à Dijon; qu'il sera aussi permis
« à tous les officiers, cavaliers, soldats et autres de
« se retirer dans leurs maisons ou ailleurs où ils vou-
« dront, sans qu'il leur soit apporté aucun empêche-
« ment, à condition qu'ils vivront comme bons Fran-
« çais et fidèles serviteurs de Sa Majesté. Ledit sieur
« de Tavannes sera conservé en sa charge de bailli de
« Dijon comme il étoit par le passé; qu'il sera donné
« abolition générale, tant aux officiers que volontai-
« res, de quelque qualité et condition qu'ils soient,
« cavaliers, soldats et bourgeois, pour tous les actes
« d'hostilité qu'ils pourroient avoir commis depuis la
« détention de M. le prince, même pour incendies,
« meurtres, enlèvement de deniers royaux, vente du
« sel des gréniers de Sa Majesté, jusqu'au jour de
« leur sortie de ladite place, emprisonnement des
« bourgeois, exactions, tant en argent qu'en blé,
« bestiaux, et autres choses; ensemble pour les in-
« telligences, pratiques et conférences de bouche ou
« par écrit avec les ennemis de Sa Majesté, et géné-
« ralement toutes les actions dont ils pourroient être

« recherchés à l'avenir. Et en cas qu'il y ait des ar-
« rêts rendus contre les personnes et biens de ceux
« qui ont servi dans Seurre depuis la détention de
« M. le prince, et qui y sont présentement, Sa Ma-
« jesté leur accordera toutes les déclarations néces-
« saires à présent et par ci-après pour rendre nul
« l'effet desdits arrêts, et les fera jouir de la main-le-
« vée des biens sur eux saisis, et qui pourront l'être
« à l'avenir pour raison desdits cas.

« Les mêmes, en vertu des promesses et obliga-
« tions par eux données aux habitans depuis ladite
« détention jusqu'à leur sortie, lesquelles demeure-
« ront pareillement de nul effet et valeur, demeure-
« ront quittes sans que les habitans puissent répéter
« contre eux les blés, chevaux, armes ou argent qu'ils
« pourroient leur avoir délivré pendant ledit temps,
« à la charge toutefois que toutes les munitions de
« guerre ou de bouche qui sont à présent en nature
« dans ladite ville y demeureront sans qu'elles puis-
« sent être altérées ni distraites en aucune manière.

« Et sera le présent acte autorisé de la ratification de
« Sa Majesté pour être enregistré dans le parlement
« de Dijon, et partout ailleurs où besoin sera, sans
« aucune restriction ni modification, ensuite exécuté
« selon sa forme et teneur. Tout ce que dessus pro-
« mis et accordé de bonne foi au camp devant Seur-
« re, le lundi 18 avril 1650. *Signé* César DE VEN-
« DÔME ; et plus bas : *Par Monseigneur*, DE JABRE. »

« A été accordé par M. de Vendôme, général de
« l'armée du Roi en Bourgogne, aux sieurs de Ta-
« vannes et de Saint-Micault, commandant en la ville
« de Seurre, qu'au cas que les troupes du Roi qui

« sont devant ladite place soient combattues et for-
« cées par une armée plus puissante qui donne se-
« cours à ladite place entre-ci et jeudi 21 du présent
« mois; en ce cas les articles accordés ce jour-là
« demeureront nuls, les otages rendus de part et
« d'autre, et lesdits sieurs de Tavannes et de Saint-
« Micault en leur liberté de faire ce que bon leur
« semblera, à la charge néanmoins qu'ils demeure-
« ront neutres dans tout le temps et pendant le com-
« bat, si aucun arrivoit. Du camp devant Seurre le
« lundi 18 avril 1650. *Signé* comme dessus. »

Le 25, on logea sans bruit et en payant dans Saint-Amand les gardes du prince, que de Roches avoit amenées de Bellegarde avec lui; et on les dispersa ensuite dans divers châteaux, comme l'on fit après tous les officiers et soldats, à mesure qu'ils arrivoient.

Le 26, Boucault, qui étoit venu voir la princesse de la part du comte de Saint-Aignan pour lui demander permission de lui venir rendre ses devoirs, selon les ordres qu'il en avoit reçus de la cour, la pressa de lui rendre réponse. Elle s'emporta fort contre lui, en reprochant les manques de respect qu'il avoit eus pour elle, les faussetés qu'il avoit écrites à la cour sur sa conduite, des officiers de ses terres qu'il avoit arrêtés prisonniers, de ses serviteurs qu'il avoit fait exiler de Bourges, des gens de guerre qu'il avoit logés dans ses maisons; et enfin qu'elle espéroit que la Reine lui en feroit justice, ainsi qu'elle lui avoit demandé par la dépêche dont Blanchefort étoit porteur; et finit pourtant en lui disant qu'elle savoit bien qu'elle ne pouvoit pas se dispenser d'écouter quiconque viendroit la visiter de la part du Roi. Boucault partit, et je lui conseillai de dire au comte de Saint-Aignan qu'il feroit bien d'écrire à la princesse par un gentilhomme à lui, pour lui demander permission de lui rendre ses respects, avec une si petite suite que sa visite ne pourroit lui être suspecte : ce qu'il fit, et elle chargea Boucault d'une déclaration qu'elle signa, et que j'avois dressée à messieurs du présidial de Bourges, afin qu'ils la fissent registrer, suivant la parole que leurs députés lui avoient donnée quand ils la vinrent complimenter. Elle étoit en ces termes :

« Nous, Claire-Clémence de Maillé, princesse de
« Condé, déclarons par cette qu'ayant invité par une
« de nos lettres messieurs du présidial de Bourges,
« comme étant les officiers du Roi plus proches de
« ce lieu, et qui ont par conséquent plus de connois-
« sance de ce qui s'y est observé de tout temps, de
« s'y transporter pour dresser procès-verbal de l'état
« auquel est cette maison; ce qu'ayant fait, nous leur
« avons redoublé ladite prière. A quoi ils nous ont
« répondu qu'ils ne pouvoient faire aucun acte de
« justice, tant parce que ce lieu est hors de leur
« ressort, que pour avoir reçu ordre du comte de
« Saint-Aignan de n'en prendre aucune connoissance;
« mais qu'ils feroient rapport à leur compagnie de la
« déclaration que nous leur avons faite, et registrer
« celle que nous leur pourrions faire dans leurdit
« ressort. C'est pourquoi, afin qu'il ne soit rien
« omis de ce qui est en cela de notre intention, nous
« leur déclarons derechef que nous ne nous sommes
« retirés avec M. le duc d'Enghien notre fils en ce
« lieu de Montrond, que pour obéir aux ordres du

« Roi portés par la lettre de cachet de Sa Majesté,
« du 7 du présent mois, signé Louis, et plus bas, de
« par le Roi, Guénégaud, et datée de Dijon; que
« nous ne changerons aucune chose dans cette mai-
« son, soit pour la garnison ou autrement, et que
« nous laisserons le tout en l'état que nous l'avons
« trouvé, et qu'il a été de tout temps, n'ayant aucun
« autre dessein que d'y conserver la personne de
« notredit fils, et de l'y élever en la crainte de Dieu
« et au service du Roi, ainsi que nous en avons assuré
« la Reine par la lettre que nous avons eu l'honneur
« d'envoyer à Sa Majesté par le sieur de Blanchefort;
« comme nous avions fait au Roi peu de jours aupa-
« ravant dans celle que nous avions écrite au sieur
« Le Tellier, l'un des secrétaires de ses commande-
« mens. Et comme nous avons été avertie que quel-
« ques personnes malintentionnées avoient écrit à la
« cour, et semé divers bruits dans la province, qu'il
« y avoit des factions contre le service du Roi pra-
« tiquées par quelques amis et serviteurs de M. le
« prince notre mari, nous invitons, comme nous
« avons fait de vive voix, lesdits sieurs officiers de
« nous déclarer s'ils savent quelles elles sont et par
« qui elles peuvent être fomentées, afin que nous
« puissions employer tous nos soins pour les faire
« cesser s'il y en a (ce que nous ne croyons pas, pour
« n'en avoir jamais ouï parler), comme aussi de se
« souvenir qu'ils nous ont dit qu'ils n'en avoient au-
« cune connoissance : priant encore lesdits sieurs
« officiers de certifier le Roi que cette maison et sa
« garnison sont au même état qu'ils l'ont vue de tout
« temps; et que nous leur ayant demandé, comme

« nous faisons encore, si les sieurs Mercier, Stampes
« et d'Amour ont fait ci-devant quelque chose à Bour-
« ges ou ailleurs contre le service du Roi qui seroit
« venu à leur connoissance, et qui ait pu donner su-
« jet à Sa Majesté de les faire sortir de ladite ville,
« auquel cas nous les avons invités d'en faire une sé-
« vère et exemplaire justice, ils nous ont répondu
« qu'ils étoient tous trois gens de bien et d'honneur,
« et qui avoient vieilli dans cette réputation : ce qui
« nous fait inviter lesdits sieurs officiaux d'en cer-
« tifier le Roi, afin qu'il plaise à Sa Majesté leur per-
« mettre de retourner en leurs maisons, et d'y conti-
« nuer le soin qu'ils ont pris jusqu'ici de la conduite
« et administration des biens appartenant à madame
« la princesse notre belle-mère, et à monsieur notre
« mari, qui autrement dépériroient. Requérant lesdits
« sieurs officiers de faire registrer ladite déclaration,
« et nous donner acte du contenu en icelle pour nous
« valoir et servir ce que de raison. Fait à Montrond,
« le 25 avril 1650. *Signé* Claire-Clémence DE MAILLÉ. »

J'écris beaucoup de choses inutiles à l'histoire;
mais, comme je l'ai dit au commencement de cet ouvrage, je n'écris que pour ma satisfaction particulière. J'y mets au jour ma conduite; j'y fais voir mes
fautes, mes soupçons, mes défiances, aussi bien que
mes soins et mon affection. On met toute matière en
usage dans des affaires autant épineuses que celle-ci
l'a été; on y est presque toujours novice, parce que
peu de personnes s'y embarquent deux fois en leur
vie. Une grande amitié telle que j'avois pour le prince,
un grand désir de vengeance, ou un grand intérêt
que je n'avois que pour lui, peut faire entreprendre

la conduite d'une telle affaire; et il se trouve rarement une de ces passions assez fortes pour s'engager plus d'une fois contre le premier devoir; et cela fait qu'on y porte peu d'expérience quand on y entre, qu'on est sujet à y faire de grandes fautes, et à y courir de grands hasards.

Ce même jour, arrivèrent en ce lieu quatre jeunes gentilshommes de qualité, braves et galans, qui étoient les comtes de Meille (de Foix), de Clermont (Sessac), de Guitaut, fort honoré des bonnes grâces de M. le prince, lieutenant de ses chevau-légers, et de Lorges (Duras). Ils revenoient tous de Bellegarde, où ils s'étoient jetés. Ils assurèrent la princesse que la cour avoit dû partir de Dijon le 25 pour Paris; qu'on envoyoit quelques troupes en Guienne, et entre autres les régimens de Navarre et de Mazarin cavalerie. Pas un d'eux n'étoit satisfait de la capitulation dont je viens de parler: ils auroient souhaité d'y faire voir leur bravoure, comme ils y montrèrent leur passion pour le service auquel ils étoient attachés. Ils en attribuèrent la précipitation au sieur Du Passage, qui en avoit été le premier mobile, et qui s'y étoit jeté, quoiqu'il n'eût aucune dépendance du prince, mais seulement du vicomte de Turenne, de qui il avoit montré plusieurs lettres qui ôtoient toute espérance de secours. Pour en parler sainement, il y avoit pour et contre. Tenir plus long-temps mettoit Montrond et les personnes de la princesse et du jeune duc en sûreté, et rendre la place un peu plus tôt conservoit des officiers et des troupes qui ont rendu depuis de grands services; et je me suis étonné comme la cour, sachant la division qui étoit entre eux, et le défaut de toutes choses nécessaires à la défense d'une place, et surtout d'armes, ne s'opiniâtrât à les prendre prisonniers de guerre : aussi crois-je que le cardinal s'en est souvent repenti, voyant ce qui est arrivé ensuite; mais Paris le pressoit, et M. de Vendôme mouroit d'envie de voir ce siége, où il commandoit, achevé. Cinq capitaines du régiment de Persan, qui étoient dans la place, refusèrent le rétablissement de leur compagnie. On voulut dire que Saint-Micault avoit reçu deux mille pistoles de la cour; mais les emplois que lui a donnés depuis le prince de Condé, et le cas qu'il en fait, ont bien justifié sa conduite.

Ces messieurs dirent encore qu'on laisseroit le gouvernement de Saint-Jean-de-Losne à Saint-Point, et celui de Verdun-sur-Saône à de Bar : c'étoient deux gentilshommes qui avoient vieilli, et qui étoient estropiés dans les troupes de M. le prince, et qui cessèrent de le servir, à ce qu'ils disoient, par la raison de leurs blessures, quoiqu'il leur eût donné ces deux gouvernemens.

Comme il importoit de tenir nos desseins fort secrets, et pourtant de ne perdre personne de ceux qui pouvoient contribuer à les faire réussir, madame la princesse ne souffroit que personne séjournât plus d'un jour à Montrond. Elle leur disoit que comme elle ne vouloit ni pouvoit rien entreprendre par la force, elle ne vouloit pas seulement en donner le moindre soupçon. Elle prenoit de chacun deux adresses pour leur écrire dans l'occasion, et les renvoyoit autant satisfaits qu'elle pouvoit. On y souffroit ceux qui étoient de Dauphiné, de Provence, de Picardie, de Normandie ou de Bourgogne, parce qu'il étoit malaisé de les rassembler, et on les envoyoit dans des châteaux ou villes voisines : mais ceux qui étoient de Languedoc, de Guienne, de Poitou ou de ces quartiers-là, où l'on pouvoit avoir besoin d'eux, on les renvoyoit en leurs maisons.

Les quatre que je viens de nommer sortirent de Montrond avec bien de la répugnance. Tous quatre trouvèrent la marquise de Gouville pleine d'appas et de charmes : aussi étoit-elle belle, spirituelle et jeune. Je ne pourrois m'empêcher de décrire ici sa beauté, si je n'eusse eu l'ame éprise d'une autre qui faisoit pour lors toute ma joie et toute ma peine. C'étoit mademoiselle Gerbier, que nous avions laissée à Chantilly pour y contrefaire madame la princesse, et tromper, comme nous avons dit, Le Vouldy. Celle-ci étoit Anglaise, pleine d'esprit et de gentillesse ; elle étoit brune, d'une taille agréable et aisée, les yeux vifs, la bouche belle, l'esprit accort et adroit. Je lui avois expliqué ce que j'avois dans le cœur pour elle dès le temps que nous étions à Saint-Germain-en-Laye, après les Barricades. J'avois commencé mon commerce avec elle en lui apprenant l'italien ; et je dis tout ceci parce que nous parlerons souvent de l'une et de l'autre de ces dames dans la suite de ces Mémoires.

La marquise de Gouville étoit assurément une grande beauté ; elle n'avoit que dix-huit ans. La grande amitié que j'avois eue pour Tourville son père, un des plus braves soldats et des plus adroits courtisans que j'aie connu de ma vie, et celle que j'avois pour madame sa mère, m'avoit donné une grande familiarité avec elle, et lui avoit fait prendre tant de créance en moi, qu'elle ne me céloit rien des offres de service qu'on lui faisoit; et comme elle m'avoit dit à Chantilly la passion que Boutteville, à présent duc de Luxembourg, & le chevalier de Gramont, avoient eue l'hiver précédent pour elle, elle m'apprit à Montrond que nos quatre cavaliers lui avoient dit des douceurs pendant les deux jours qu'ils y séjournèrent. Elle trouvoit Séssac habile, Lorges doux, et Guitaut aimable et galant; Meille, qui plaisoit à peu de monde, ne lui tomba pas en grâce. Ils étoient tous quatre amis et de même âge; ils devinrent rivaux sans en rien savoir, et partirent tous quatre ensemble le 27, croyant que leur passion avoit été favorablement écoutée.

Le même jour, Boucault m'écrivit que le comte de Saint-Aignan avoit résolu d'envoyer la lettre qu'il avoit reçue du Roi à madame la princesse, et son instruction, afin de lui rassurer l'esprit; et qu'il avoit mis par avance en liberté le sieur de Bernaise, officier de la duché de Châteauroux, qui en effet arriva à une heure de là à Montrond.

Le lendemain 28, un gentilhomme de ce comte arriva, qui me rendit une de ses lettres, ensuite de laquelle je le présentai à la princesse. Il lui donna une dépêche du Roi en créance sur Saint-Aignan, qui lui fut exposée par le porteur, et étoit que Sa Majesté se réjouissoit qu'elle fût arrivée à Montrond, pourvu qu'elle n'y entreprît rien contre son service; et sous prétexte des visites qu'on lui rendroit de toutes parts, qu'elle n'y fît aucune assemblée, et qu'elle n'écoutât aucune proposition contre le bien de ses affaires. Ce gentilhomme lui fit ensuite de grands complimens de la part de son maître, et des désaveux de toutes les choses dont elle se plaignoit de lui. La princesse lui repartit qu'elle avoit eu tant de sujets de plaintes contre lui, qu'elle les avoit portées à la Reine, de qui elle attendoit les ordres; qu'il n'y avoit rien d'incompatible entre le service du Roi et le respect qui est dû à sa qualité; qu'au surplus, elle souhaitoit que les actions du comte justifiassent à l'avenir les passées, afin qu'elle pût être son amie.

Ce soir-là même, la princesse, qui avoit de la joie, et l'esprit plus rassuré qu'elle ne l'avoit point encore eu, voulut venir souper au parc avec le jeune duc, ayant appris que j'avois fait préparer à manger sous une allée couverte pour les officiers et autres personnes de qualité qui étoient là. Elle y amena toute sa suite; et ce fut la première fois qu'elle prit un peu de divertissement depuis la prison des princes.

Après le souper, le sieur Du Chambon, que je connoissois fort peu, mais que j'avois ouï dire être un bon officier d'infanterie, arriva de la part, disoit-il, du duc de La Rochefoucauld. Il étoit huguenot, et sans aucune dépendance du prince, de qui pourtant il étoit connu. Il commença à fulminer contre Dumont, La Martinière et Jarzé, touchant la perte de Saumur; et dit ensuite à la princesse que les seigneurs devoient s'être assemblés le 23, ainsi que l'envoyé dudit duc l'avoit dit quelques jours auparavant; que le duc de Saint-Simon n'avoit pas voulu donner parole de s'y trouver, disant qu'il ne pouvoit quitter sa place ni se déclarer; qu'il étoit serviteur de M. le prince assez pour y retirer monsieur son fils avec la princesse, et même le duc de La Rochefoucauld s'il étoit poussé; qu'il s'emploieroit à ménager les esprits de Bordeaux, mais qu'il falloit voir quand et comment on se déclareroit; que l'on disoit que M. de Turenne étoit foible, que Saumur étoit rendu, que le cardinal s'autorisoit à Paris, que les frondeurs étoient sincèrement unis avec lui, qu'il savoit que Bellegarde traitoit; mais que tout cela n'empêcheroit pas de souscrire, quand il le pourroit, ce qui auroit été résolu dans l'assemblée.

La grande connoissance que j'avois de l'esprit naturellement irrésolu du duc de Saint-Simon me fit bien juger ce qui arriva depuis, et bien regretter de ce que la duchesse de Saint-Simon, toute puissante sur son mari, et très-passionnée pour la maison du prince, n'étoit pas à Blaye avec lui. C'est une dame de mérite et de conduite, belle, et d'un esprit doux et agréable, et qui auroit détourné les négociations du comte de La Vauguyon, que nous sûmes depuis avoir diverti le duc son mari des bonnes intentions qu'il avoit pour nous, aussi bien que l'étonnement que lui causa la perte de Bellegarde. Il falloit peu pour changer un esprit de la qualité du sien.

Pour revenir à Chambon, il dit encore à la princesse que Bordeaux offroit d'autoriser tout ce qui seroit résolu à l'assemblée; de donner tous les arrêts nécessaires, l'argent du Roi qui se trouveroit dans leur ville; demander le duc d'Enghien pour leur gouverneur, en la place du duc d'Epernon, qu'on leur avoit ôté par la paix qu'ils avoient faite avec le Roi; et que l'on n'avoit point eu de nouvelles du régiment de Bains depuis la prise de Saumur.

Je fus fort surpris que Le Chambon, disant qu'il

venoit de la part du duc de La Rochefoucauld, avec qui j'avois toute relation pour tout ce qu'il disoit, ne m'eût point rendu de lettre de sa part, ni même à la princesse. Il savoit la part que j'avois dans ses affaires, et ne me disoit rien; il sembloit même qu'il se défioit de moi; et cela m'obligea de lui détacher quelques-uns de mes amis particuliers pour l'entretenir, et, faisant semblant d'entrer dans ses sentimens, tâcher à le découvrir. Et par là l'on connut que son dessein étoit de proposer à la princesse (comme il fit en effet) de passer avec le duc son fils en ces quartiers-là, lui disant que Montrond n'étoit pas en état de les tenir en sûreté; que si cette place étoit prise avec leurs personnes, le parti seroit abattu, et que ces provinces éloignées ne demandoient à les voir que pour se déclarer.

La princesse, qui me dit en présence de la comtesse de Tourville tout ce que lui disoit Le Chambon, et qui étoit en effet tout ce que nous avions résolu de faire en temps et lieu, me demanda mon avis sur ce qu'elle avoit à lui répondre. La défiance que j'avois du Chambon par les raisons que je viens de dire m'obligea à la témoigner à la princesse: ce qui l'ayant fait entrer ensuite dans la même défiance, elle lui dit devant nous que ce ne seroit pas prudence, dans une saison si peu avancée, d'exposer monsieur son fils à une si longue marche; qu'elle voyoit par son propre discours l'esprit du duc de Saint-Simon vacillant; que Blaye étoit pourtant la seule retraite de sûreté qu'elle pût avoir, et qu'elle doutoit fort que le duc de Saint-Simon l'y laissât entrer la plus forte; qu'il parloit de Bordeaux en termes si généraux, qu'elle ne croyoit pas qu'elle

en dût faire état, ne voyant ni le parlement ni le peuple déclaré, ni assurance d'y être reçue; qu'elle avoit la parole du Roi pour demeurer à Montrond en toute sûreté; qu'elle mettroit insensiblement cette place en état de ne rien craindre, d'autant plus que l'on s'alloit attacher à la campagne, et que si elle abandonnoit cette place en l'état auquel elle étoit, ce seroit la perdre; qu'il jugeoit bien lui-même de quelle conséquence et en quelle situation elle étoit; en un mot, qu'elle n'en sortiroit qu'à toute extrémité, et en cas que le Roi lui manquât de parole. Le Chambon lui remontra que les paroles du Roi étoient celles du cardinal, qui en avoit tant manqué au prince son mari, qu'elle devoit croire qu'il en feroit de même quand il lui conviendroit. « Je le crois, répondit-elle, mais je ne suis
« pas en état de l'en empêcher : je m'y veux mettre si
« je puis. Je ne puis le faire que par la conduite que
« je me suis proposée; et quand je verrai les choses
« que vous me dites en état de s'exécuter, je vous par-
« lerai bien d'une autre manière. » La princesse ne voulut pas s'expliquer davantage : elle s'étoit même un peu trop expliquée, et plus qu'elle ne l'avoit résolu. Elle le chargea enfin de mander au duc de La Rochefoucauld qu'elle le prioit, et tous ses amis, de lui faire savoir le résultat de l'assemblée, pour lequel elle auroit toute déférence; et cependant donneroit avis à la princesse sa belle-mère, avec qui elle agissoit de concert, de tout ce qui se passeroit, et en donneroit part à la duchesse de Longueville.

Tout le but des travaux de ce duc étoit pour lors de plaire à cette belle princesse; et il prenoit assez de plaisir et de soin de l'avertir de tout ce qu'il faisoit pour elle, pour délivrer la princesse sa belle-sœur de celui de lui dépêcher des courriers sur ce sujet.

Je reçus ce soir-là une lettre de Milly, qui m'avertissoit que des Chapizeaux avoit envoyé dix coureurs de l'écurie du feu maréchal de Brezé, et pour dix mille francs de sa vaisselle d'argent au duc de La Rochefoucauld : ce qui me donna quelque commencement d'espérance, parce que l'ordre que je lui avois donné étoit de ne lui envoyer cela que quand on auroit pris quelque résolution, et que l'on seroit prêt de se mettre en état d'exécuter quelque chose.

Le 29, le frère de Dumont vint rendre compte à la princesse du traité qu'il avoit fait pour Saumur, se plaignant hautement de Jarzé, et tacitement du duc de La Rochefoucauld, qui l'avoit tenu six jours plus qu'il ne leur avoit promis; qu'il n'avoit de vivres dans sa place que pour cinq; que si l'on lui payoit les sommes qu'on lui avoit promises pour sa charge, il les emploieroit à faire des troupes pour son service, et que cependant il la supplioit qu'il vînt servir auprès de sa personne. La princesse, qui étoit pour lors persuadée qu'il n'avoit pas fait son devoir, lui répondit brusquement et en colère qu'elle ne vouloit point voir son frère, moins se servir de sa personne ni de son argent; que quand monsieur son mari seroit en liberté, il lui rendroit compte de sa conduite, et des paroles qu'il avoit données au maréchal de Brezé son maître en mourant. Aussi l'a-t-il si bien fait depuis, que le prince a eu autant d'estime pour lui, et autant de créance en sa fidélité et en son courage, qu'en aucun autre des siens, et avec raison.

Le sieur de Blanchefort fils arriva chargé d'une dépêche que son père, envoyé de la princesse à la cour, m'adressoit. Elle contenoit les lettres suivantes, que j'ai fait transcrire ici pour faire voir quel fut le fruit de sa négociation, et quel étoit pour lors l'esprit de la cour, c'est-à-dire celui du cardinal, facile à entrer en tout commerce.

« Monsieur,

« Vous m'avez si bien instruit que je n'ai eu nulle
« peine à réussir à la commission que Son Altesse
« m'avoit donnée. Sa lettre a été bien reçue, et moi
« comme un ambassadeur. La Reine m'a fait conter
« une partie de notre voyage, et en a bien ri. L'on en-
« verra demain une dépêche à M. le comte de Saint-
« Aignan, où le Roi lui ordonne de laisser tout le
« monde en paix, et M. le chevalier de Rhodes et
« tous les serviteurs de M. le prince. La première
« chose que l'on me demanda fut si je n'étois pas
« chargé de voir M. le cardinal. Je dis à M. de Gué-
« négaud que non ; mais que s'il me commandoit de
« l'aller trouver j'irois, parce que je n'avois pas or-
« dre de n'y pas aller. Le soir donc on me dit qu'il
« ne me verroit point. A ce matin il m'a envoyé qué-
« rir, et m'a dit force civilités pour dire à Son Al-
« tesse ; qu'elle étoit en toute sûreté à Montrond ;
« que les troupes n'en approcheroient point, et que
« je n'avois qu'à m'adresser à lui pour tout ce qu'elle
« désireroit de la Reine. Après notre discours, qui
« a été assez long, j'ai pris congé de lui. Après être
« sorti il me renvoya querir, et m'a entretenu fort
« long-temps : mon fils vous en dira une partie. Les
« serviteurs et les amis de mesdames les princesses

« m'ont conseillé, et pour des raisons considérables,
« d'aller chercher madame la princesse douairière
« pour lui dire les discours que M. le cardinal m'a te-
« nus. Il est au choix de madite dame d'aller en tel lieu
« qu'il lui plaira. Je m'en vais à Paris : si vous savez
« des nouvelles, il me faudroit envoyer un courrier
« à l'hôtel de Sens ou à l'hôtel de Condé, où j'atten-
« drai de vos nouvelles. Je vous souhaiterois à Pa-
« ris : le temps ne me permet pas de vous en dire
« davantage ; il me tarde fort de vous voir. La cour
« sera dans huit jours à Paris ; on séjournera un jour
« à Troyes. On sait que vous êtes avec Madame ; on
« n'y trouve point à dire, ni à notre voyage. M. le
« cardinal m'a fort parlé de vous, et comme d'un
« homme de service et de mérite. Je suis pour ja-
« mais votre très-humble serviteur,

« BLANCHEFORT.

« Je vous écris tout cela à la hâte et à Son Altesse.
« On n'a jamais pensé à arrêter Mesdames, à ce qu'on
« dit. »

« MADAME,

« Votre Altesse saura que j'arrivai hier en ce lieu,
« où j'ai trouvé la cour qui s'en va droit à Paris, et
« passe à Troyes. Je fus descendre chez M. Du Ples-
« sis-Guénégaud, auquel je présentai vos lettres. Il
« me pria d'attendre que M. le cardinal fût arrivé,
« et me demanda si je n'avois point ordre de vous
« de le voir. Je lui dis que non ; mais que Votre Al-
« tesse ne m'avoit pas défendu de le voir s'il le dé-
« siroit. M. le cardinal étant arrivé un peu après,
« M. de Guénégaud me vint quérir, et me mena à

« la Reine. Je lui dis que Votre Altesse m'avoit com-
« mandé de lui porter cette lettre, et de l'assurer de
« votre obéissance. Elle me dit qu'elle étoit bien aise
« que vous fussiez à Montrond; que vous y seriez
« en toute sûreté; qu'elle croyoit que vous ne fe-
« riez pas comme madame de Longueville, qui avoit
« donné des paroles, et qu'elle ne les avoit pas te-
« nues. Après avoir vu votre lettre, elle me dit que
« Votre Altesse faisoit de grandes plaintes contre
« M. de Saint-Aignan. Je lui dis que vous en aviez su-
« jet. Elle me dit qu'elle n'avoit point donné d'ordre
« pour faire traverser votre chemin : ce qui étoit aisé
« à croire, puisqu'elle ne pensoit pas que vous dus-
« siez partir de Chantilly avec cette précipitation.
« Elle me demanda des particularités de votre voyage.
« Je lui dis que Votre Altesse avoit fait tout le che-
« min avec résolution. Là-dessus elle fut au conseil,
« et le lendemain du matin M. de Guénégaud me
« dit d'aller parler à M. le cardinal : ce que je fis. Je
« le trouvai seul avec M. de Lyonne. Il me parla avec
« autant de civilité de Votre Altesse qu'il ne se peut
« davantage; que l'on feroit une dépêche à M. de
« Saint-Aignan, où l'on lui manderoit qu'il ne fît rien
« qui vous pût déplaire; qu'il étoit votre serviteur.
« Je pris congé de lui : demi-heure après il me ren-
« voya querir, et me dit plusieurs discours qui se-
« roient longs à dire à Votre Altesse, et qu'il faudroit
« faire savoir à madame la princesse votre belle-mère;
« qu'il lui étoit permis d'aller demeurer, sans être
« conduite de personne que des siens, à telle mai-
« son qu'il lui plaira; et qu'il me protestoit qu'on lui
« tiendroit parole, qu'il me la donnoit pour la lui

« donner; qu'on n'a point eu intention de la faire
« suivre par des gens de guerre, et encore moins
« d'arrêter Vos Altesses; qu'il y avoit eu du malen-
« tendu à Chantilly. Et, après lui avoir dit adieu, il
« m'a fait dire encore tout ceci par M. de Nogent;
« et là-dessus M. de Brienne et madame sa femme
« m'ont dit qu'il falloit que j'allasse à Paris essayer de
« faire parler à madame la princesse, et lui dire les
« discours que j'avois eus avec M. le cardinal, et que
« je vous devois mander de m'envoyer un courrier à
« Paris pour savoir où je la pourrois trouver. Votre
« Altesse me fera savoir à Paris ce qu'elle voudra que
« je devienne, en cas que je n'apprenne point de
« nouvelles de madame votre belle-mère. Je ne me
« suis fait fort de quoi que ce soit. Il me semble que
« les choses ne sont pas dans l'aigreur où elles étoient
« il y a huit jours. Si j'étois auprès de Votre Altesse,
« je vous en dirois quelque particularité. Madame
« de Brienne et le comte de Nogent ont fait voir à
« la Reine que l'on avoit dit des choses de madame
« votre belle-mère qui sont toutes fausses; de sorte
« qu'elle commence à connoître qu'on ne lui a pas dit
« la vérité. Je supplie très-humblement Votre Altesse
« de me pardonner si je vous écris en de si mauvais
« papier, et si mal. Votre très-obéissant et très-obligé
« serviteur, BLANCHEFORT.

« L'on me trouvera à Paris à l'hôtel de Sens ou de
« Condé. »

« MADAME,

« Vous apprendrez par le retour de M. de Blan-
« chefort ce qu'il a fait en son voyage, et comme

« j'ai exécuté ce qu'il a plu à Votre Altesse de me
« commander. Je me remets à lui à vous rendre
« compte des particularités, vous assurant, madame,
« que je ferai toute ma vie, avec tout le respect et
« l'obéissance que je dois, ce qu'il lui plaira de m'or-
« donner, étant comme je suis votre très-humble
« et obéissant serviteur,

« GUÉNÉGAUD. »

« MADAME,

« J'ai reçu une joie extrême d'apprendre par M. de
« Blanchefort le succès du voyage de Votre Altesse;
« j'en vais remercier Dieu de tout mon cœur. Je
« vous supplie très-humblement de trouver bon
« qu'il ne retourne pas à Montrond. Il est nécessaire
« pour votre service et pour le bien de votre maison
« qu'il fasse un autre voyage. Votre Altesse verra, par
« les lettres qu'il vous envoie par son fils, comme
« il a heureusement négocié ce que vous lui aviez
« commandé. C'est un serviteur très-fidèle. Je pro-
« teste, madame, à Votre Altesse que rien ne l'est
« plus que moi pour tous les intérêts de votre mai-
« son, et que je serai toute ma vie votre très-humble
« et obéissante servante,

« Louise DE BÉON (1). »

« Ma cousine, le sieur de Blanchefort m'a rendu vo-
« tre lettre du 20 du courant, écrite de Montrond; et
« comme c'est un des lieux dont le Roi monsieur mon
« fils vous avoit donné le choix pour y établir votre
« demeure, je n'ai pas voulu m'arrêter à ce qu'il y
« avoit à dire à la manière dont vous vous y êtes ren-

(1) *De Béon :* Comtesse de Brienne.

« due. Je m'assure que quand vous y ferez réflexion,
« vous ne trouverez plus si étrange que vous faites là
« conduite qu'a tenue le comte de Saint-Aignan, le-
« quel, commandant pour le Roi dans la province, a
« eu assez de sujet d'être surpris de voir une per-
« sonne de votre condition aller, comme à la déro-
« bée, dans une place forte avec mon cousin le duc
« d'Enghien, sans être accompagnée de celui que le
« Roi avoit commis pour cela, et séparément de ma
« cousine votre belle-mère, qui avoit eu le même
« ordre que vous. Mais cela sera maintenant réparé
« par la connoissance qui a été donnée audit comte
« des intentions du Roi, et par les ordres qu'il a re-
« çus de vous respecter et honorer; de sorte qu'il ne
« me reste plus qu'à vous assurer en mon particulier
« que, demeurant avec mon cousin le duc d'En-
« ghien à Montrond, sans qu'il s'y passe rien con-
« tre le service du Roi, vous y serez non-seulement
« en toute sûreté, mais je vous donnerai en toute
« rencontre des effets de ma protection et de ma
« bonne volonté. Cependant je demeurerai votre
« bonne cousine,

« ANNE. »

Percheron, que j'ai dit ci-dessus avoir été dépêché
en Bourgogne, conféra à Dijon avec Baas, et lui avec
son frère, et arrivèrent ce jour-là tous ensemble
avec plusieurs officiers du régiment de Persan, qui
en peu de jours s'augmentèrent jusqu'au nombre de
vingt capitaines, vingt-deux lieutenans, dix-neuf enseignes, cinquante-cinq sergens et cinq cents soldats,
qui tous dirent à la princesse que puisqu'on ne leur

avoit pas donné lieu de se jeter en corps dans Bellegarde comme ils avoient projeté, ni pu prendre le cardinal prisonnier comme ils l'avoient concerté, et comme il est dit ci-dessus, par le manquement de parole du Bout-du-Bois, ils venoient se jeter dans Montrond, où, et partout ailleurs, ils s'estimeroient glorieux de mourir pour le service du prince. Cela nous fit le plus grand plaisir du monde. Nous avions à éviter de donner jalousie à la cour, particulièrement depuis les lettres ci-dessus rapportées : aussi pourvûmes-nous à écarter les officiers dans des maisons particulières du prince, à faire subsister la compagnie des gardes çà et là à l'écart; et l'on fit entrer les soldats dans la place à mesure qu'ils arrivoient.

Le marquis de Sauvebœuf envoya un gentilhomme à la princesse, qui vint de sa part lui offrir ses services; et quantité de gentilshommes de la province lui rendirent leurs devoirs.

Le premier mai, il arriva un courrier dépêché par les sieurs de Thès, conseiller au parlement de Dijon, et Ferrant, président à la chambre des comptes, chargé de leurs dépêches, qui portoient que la princesse douairière, depuis son évasion de Chantilly, avoit été cachée dix jours entiers dans des maisons particulières à Paris, où elle avoit fort souffert (et depuis nous avons su qu'elle avoit quasi toujours été chez le sieur de Machault, seigneur de Fleury, conseiller aux requêtes du Palais, homme d'une singulière fidélité et probité pour les intérêts du prince), et depuis en étoit sortie le 27 d'avril à cinq heures du matin, et s'étoit rendue à l'ouverture du parlement, suivie de la duchesse de Châtillon, des marquis et marquise de Saint-Simon, Du Vigean, de La Force, et de plusieurs autres personnes de qualité, pour présenter sa requête, de laquelle le sieur des Landes-Payen, conseiller à la grand'chambre, homme brusque et franc, s'étoit chargé, aussi bien que de celle du président Perrault, prisonnier. Elle demandoit justice contre la détention des princes. Elle accompagna ses sollicitations de tant de soupirs, de larmes et de plaintes, que toute l'assistance en fut merveilleusement touchée. Les trois chambres assemblées ordonnèrent qu'on surseoiroit d'y faire droit pendant huit jours, et que cependant elle demeureroit sous la protection de la cour dans les maisons des présidens de Nesmond, Viole, ou de La Grange. Comme cette dernière étoit située dans la cour du Palais, la princesse l'accepta. Elle alla dans toutes les chambres des enquêtes demander justice, qui témoignèrent lui vouloir rendre. Elle fut visitée par messieurs de Nemours, de Joyeuse, et chevalier de Guise. Ils ajoutoient que le duc d'Orléans, les ducs de Beaufort, d'Elbœuf, de Retz et le coadjuteur avoient tout mis en usage pour empêcher la tenue de la mercuriale, mais inutilement; que le duc d'Orléans avoit assemblé le conseil du Roi pour aviser ce qu'il y avoit à faire en l'absence de Sa Majesté (il fit publier un banc pour faire sortir de Paris, dans vingt-quatre heures, tous les officiers des troupes des princes prisonniers, sous peine de la vie); que le parlement lui avoit envoyé deux députés pour convenir avec Son Altesse Royale d'un lieu de sûreté dans Paris pour la princesse douairière; qu'il avoit répondu que puisqu'elle avoit eu ordre du Roi d'en sortir, il falloit qu'elle se mît en état d'obéir; qu'étant hors de la ville, elle demeureroit en sûreté où bon lui sembleroit; et que trois jours après le retour du Roi, il donnoit sa parole de faire convenir la Reine d'un lieu près de Paris, où elle pourroit agir librement; et que cela avoit été registré sur les registres de la cour. Les parens de Perrault avoient aussi présenté une autre requête à la chambre des comptes, tendante à demander l'observation de la déclaration du mois d'octobre 1648 sur son sujet; que la chambre avoit ordonné l'assemblée des semestres; et enfin madite dame la princesse avoit, par le conseil de ses amis, choisi le Bourg-la-Reine pour son séjour.

Ce jour même la princesse renvoya ce courrier, et écrivit à la princesse sa belle-mère pour la féliciter de ce bon et heureux commencement, et l'inviter à poursuivre sans croire à toutes les paroles que la cour pourroit lui donner, ni même à celles du duc d'Orléans, qui pour lors étoit absolument gouverné par le coadjuteur, à présent le cardinal de Retz, que plusieurs intérêts, dont je parlerai en temps et lieu, avoient rendu ennemi de sa maison. Elle envoya aussi à Bourges et dans les lieux circonvoisins donner avis de cet événement.

Elle dépêcha Longchamps, exempt de ses gardes, au duc de La Rochefoucauld, tant pour lui que pour le duc de Bouillon et pour les seigneurs qui devoient s'assembler. Elle leur envoya copie des lettres du Roi et de la Reine, leur donna part de ce que je viens de dire du régiment de Persan, de ce qui s'étoit passé au parlement, et leur témoigna impatience de savoir la résolution de l'assemblée qu'ils devoient faire.

Le 2, le maire de Bourges, qui étoit pour lors le

lieutenant général, et les échevins, vinrent rendre les devoirs de cette ville à la princesse, qu'ils régalèrent de force confitures. Le premier me donna avis en grand secret qu'il avoit reçu ordre du Roi d'aller en Poitou faire le procès à tous ceux qui avoient suivi le duc de La Rochefoucauld, dont je l'avertis le plus tôt qu'il me fut possible. Je fis avec Baas, mon ami particulier, et auquel j'avois toute créance, et Du Chambon, un mémoire de tout ce qui pouvoit être nécessaire à Montrond; et vîmes toute l'artillerie pour la mettre en état peu à peu, et sans jalousie.

Dans le premier entretien que j'eus avec Baas, après m'avoir raconté la défection que lui avoit faite Le Bout-du-Bois, il me dit plusieurs choses que le cardinal lui avoit dites; et entre autres que l'affaire de Jarzé avoit perdu M. le prince, qui, sur ce sujet, avoit dit à Le Tellier, secrétaire d'État, ces mots : « Si la Reine « refuse de le voir, je l'y menerai par le poing; et si « elle lui fait mauvaise mine, je m'en prendrai au car- « dinal. » Puis il lui dit que rien n'étoit plus grand que le génie qu'avoit M. le prince à la guerre; mais qu'il avoit un tel mépris pour la cour et pour les ministres, et un tel orgueil et une inégalité si grande, qu'il étoit devenu insupportable. « Je le connois pourtant assez, « répondis-je à Baas, pour savoir que cette première « partie est vraie; mais que la seconde est bien éloi- « gnée de l'être, jamais homme du monde n'ayant été « plus porté naturellement à servir la cour que l'est « M. le prince : on attribue même à bassesse ce qu'il « fait en sa faveur. Quant aux ministres, il les connoît « et il fait comme nous; il en estime quelques-uns, et « en méprise d'autres, suivant que les uns et les autres

« le méritent. » Il me dit encore que quand le cardinal vouloit menacer quelqu'un, il s'étoit habitué à dire qu'il le mettroit bien à la raison, puisqu'il avoit su y mettre les princes du sang; qu'il disoit que Perrault et madame de Longueville l'avoient perdu, et qu'elle et madame de Chevreuse étoient capables de renverser dix États; et c'est un discours que le cardinal m'a fait plus d'une fois, y ajoutant encore madame la princesse palatine. Sur ce propos, je ne puis m'empêcher de dire ici ce qu'il dit un jour à M. don Louis de Haro en ma présence, étant sur la frontière (c'étoit ce grand ministre de Philippe IV, roi d'Espagne, dont j'ai fort à parler dans la suite de ces Mémoires).
« Vous êtes bien heureux, lui dit le cardinal; vous
« avez, comme on a partout ailleurs, deux sortes de
« femmes, des coquettes en abondance et fort peu de
« femmes de bien : celles-là ne songent qu'à plaire
« à leurs galans, et celles-ci à leurs maris; les unes
« ni les autres n'ont d'ambition que pour le luxe et
« la vanité; elles ne savent écrire les unes que pour
« des poulets, les autres que pour leur confession :
« les unes ni les autres ne savent comme vient le
« blé, et la tête leur tourne quand elles entendent
« parler d'affaires. Les nôtres, au contraire, soit pru-
« des, soit galantes, soit vieilles, jeunes, sottes ou
« habiles, veulent se mêler de toutes choses. Une
« femme de bien ne coucheroit pas avec son mari,
« ni une coquette avec son galant, s'ils ne leur avoient
« parlé ce jour-là d'affaires d'État; elles veulent tout
« voir, tout connoître, tout savoir, et, qui pis est,
« tout faire et tout brouiller. Nous en avons trois
« entre autres (en nommant celles dont je viens de

« parler) qui nous mettent tous les jours en plus
« de confusions qu'il n'y en eut jamais à Babylone.
« —C'est dommage, lui repartit don Louis, de ce que
« vous n'êtes pas de l'humeur de la plupart des Ita-
« liens; car vous n'auriez pas peine à les châtier sans
« regret; mais comme vous êtes civil, honnête et ga-
« lant, vous les traitez doucement. Dieu grâce, les
« nôtres sont de l'humeur dont vous les connoissez:
« pourvu qu'elles manient de l'argent, soit de leurs
« maris, soit de leurs galans, elles sont satisfaites;
« et je suis bien heureux de ce qu'elles ne se mêlent
« pas d'affaires d'Etat, car elles gâteroient assurément
« tout en Espagne comme elles font en France. De
« l'humeur dont je suis, j'aurois peine à me résoudre
« à leur faire du mal; et quand je le voudrois, le
« Roi mon maître, qui a été galant toute sa vie, me
« disgracieroit. J'ai connu madame de Chevreuse en
« notre cour, où elle a un peu fait de séjour. Nous
« avons fait un traité avec madame de Longueville;
« et madame la palatine a fait quelque séjour dans
« notre Bourgogne. » Il finit en disant. . . . . . .

Ce soir-là, arriva à Montrond un vieil infidèle, écuyer de la princesse, qui avoit été chassé d'auprès d'elle à Chantilly, parce qu'on sut qu'il donnoit avis à un de ses frères nommé Blinvilliers, domestique du cardinal, de tout ce qui s'y passoit. Il nous apprit la mort de mademoiselle de Dunois, que nous y avions laissée malade.

Le 3, des Chapizeaux arriva de bon matin, retournant de Poitou. Il vint me trouver en mon lit, et me dit, comme il fit après à la princesse à son réveil, que les ducs de Bouillon et de La Rochefoucauld s'étoient abouchés, à Marquessac en Périgord, avec un capitaine des gardes chargé de la créance et du pouvoir des maréchal et marquis de La Force ; qu'ils avoient résolu de prendre les armes pour le service des princes ; qu'ils s'étoient assurés de leurs amis, de la ville de Bordeaux et du parlement, par les intrigues qu'ils y avoient ; que messieurs de La Force devoient s'emparer des postes de la Dordogne ; ceux de Bordeaux, de Libourne ; que M. de Tarente avoit donné bonne espérance pour lui et pour le duc de La Trémouille son père ; qu'il falloit les ménager, et à cause du crédit qu'ils avoient en leur pays, et de leur place de Taillebourg, dans laquelle, outre qu'elle étoit bonne, il y avoit pour armer quinze mille hommes ; que M. de Bouillon se divertissoit tous les jours de fête à faire faire l'exercice à ses sujets de la vicomté de Turenne, où il feroit facilement quatre mille hommes de troupes réglées. Si tous les seigneurs faisoient ainsi, on éviteroit bien des ivrogneries et des querelles parmi les paysans ; et quand on y leveroit des soldats, ils ne seroient pas tout-à-fait novices ; que le duc de Saint-Simon n'avoit pas voulu se trouver à la conférence, mais avoit donné toute parole de les recevoir dans Blaye si on les poussoit ; que Du Dognon avoit dit au chevalier de Todias qu'il avoit été prévenu par la Reine, à laquelle il avoit donné sa parole ; mais que la princesse étoit sûre qu'il se souvenoit de son maître et de son bienfaiteur ; que quand il verroit les autres en campagne, il ne savoit ce qu'il feroit ; qu'il s'étoit fort emporté contre les infidélités qu'il prétendoit que lui avoit faites le cardinal, qui avoit voulu lui ôter ses gouvernemens dans le temps qu'il lui faisoit le plus de caresses, et qu'il lui corrompoit tous les jours ses domestiques; que des Ouches, qui étoit dans l'île de Ré, avoit donné de grandes espérances au chevalier de Todias, se souvenant qu'il étoit créature du feu duc de Brezé. Des Chapizeaux ajoutoit que le duc de St.-Simon avoit reçu une dépêche du Roi, par laquelle Sa Majesté lui donnoit avis que la princesse et le duc d'Enghien s'étoient sauvés de Chantilly en habits déguisés, et jetés dans Montrond; lui ordonnoit de leur refuser retraite à Blaye, et d'empêcher par son crédit qu'on ne les reçût à Bordeaux, étant le plus important service qu'il pût jamais rendre à l'Etat, dont ce duc avoit donné part au duc de La Rochefoucauld. Il me dit encore que le cardinal avoit écrit, par le marquis de Cugnac, à messieurs de La Force pour les inviter à demeurer fermes dans le service du Roi, et à ne pas achever l'alliance projetée de mademoiselle de La Force avec le vicomte de Turenne, qui travailloit à ruiner le royaume, dont lesdits sieurs père et fils avoient averti par un exprès le duc de Bouillon, qui étoit dans une colère extrême contre la cour du traitement que recevoit la duchesse sa femme dans sa prison. Puis il me conta que tous ces seigneurs-là s'étoient fait confiance des lettres que le cardinal leur écrivoit, qui toutes n'étoient à autre fin que de les mettre en défiance les uns des autres, disant à chacun en particulier que son compagnon s'accommodoit avec lui; qu'ils croyoient tous que le marquis de Bourdeilles entreroit dans le parti; et qu'enfin tous ensemble l'avoient chargé de dire à la princesse, comme le duc de La Rochefoucauld l'avoit mandé par Le Chambon, et celui de Bouillon par La Mothe-Brigantin qu'il lui avoit dépêché, qu'il étoit nécessaire qu'elle partît en diligence pour mener le duc son fils à Bordeaux, où ils l'assuroient tous, et particulièrement le duc de Saint-Simon, qu'ils seroient reçus comme des restaurateurs de la fortune publique; que le duc de Bouillon lui viendroit au devant avec mille gentilshommes sur le chemin de Turenne, où elle se délasseroit, et recevroit les visites et les assurances de services de tous les gens de qualité et de considération de ces quartiers-là; que les sieurs de La Force, de La Rochefoucauld, Sauvebœuf et Lusignan se joindroient à eux avec tous leurs amis dans la marche, et que tous ensemble l'escorteroient avec quatre mille gentilshommes jusque dans Bordeaux, où le duc de Saint-Simon se trouveroit à point nommé; et que là la princesse et eux seroient tous en pleine liberté d'agir et de négocier en toute sûreté avec qui ils jugeroient plus à propos (voulant entendre les Anglais, les Espagnols ou les huguenots). Il ajouta à ce discours, et de leur part, tout le raisonnement qu'avoit fait Le Chambon quelques jours auparavant, comme j'ai dit ci-dessus, sur le peu de sûreté qu'elle avoit à Montrond, et sur l'importance de ne laisser pas tomber sa personne et celle du duc d'Enghien entre les mains du cardinal; après quoi n'y ayant plus d'espérance à former un parti, il n'y en auroit jamais plus à la liberté des princes.

Incontinent que j'eus ouï tout ce discours, je commençai à avoir bonne opinion de tous nos projets. Je menai des Chapizeaux à la princesse, à laquelle il le répéta tout au long, et même avec quelques circonstances qu'il avoit oublié à me dire. Après quoi je fis appeler Le Chambon, qui m'avoit trouvé fort contraire tous les jours précédens à son opinion; car comme il étoit venu sans dépêche du duc de La Rochefoucauld qui l'envoyoit, je me défiois fort de lui. Je commençai par lui dire en souriant que je n'étois plus mazarin, comme il avoit dit aux uns et aux autres, mais bon frondeur, et de son avis. Je lui expliquai mes défiances avec franchise, et la résolution qu'avoit prise la princesse de le dépêcher avec Chapizeaux à madame sa belle-mère, sous prétexte de lui faire un compliment sur l'événement de la requête qu'elle avoit présentée au parlement, ainsi que le contenoit la lettre qu'elle venoit de lui écrire, et le surplus en créance sur eux.

Cette créance étoit de lui faire le plan au vrai de tout ce que je viens de dire, et la belle apparence que leur montroit le parti que l'on pouvoit former en Guienne et en Poitou, l'avantage d'un poste aussi grand et aussi considérable que Bordeaux soutenu de Blaye; que si le feu prenoit de bonne sorte dans toutes ces contrées-là, on pouvoit, par le moyen de Montrond, le porter jusque sur la Loire; et que, pendant que les Espagnols paroîtroient sur la frontière (comme ils feroient dans peu de temps), il y avoit grande apparence de relever, dans le parlement et dans les peuples, les esprits abattus et les bonnes volontés languissantes, et par là faire quelque chose de grand, non-seulement pour la liberté des princes, mais encore pour le soulagement des peuples et pour la paix générale; qu'on la mettroit elle, madame la douairière, à la tête de tout, et qu'elle en auroit toute la gloire.

D'un autre côté, les envoyés furent chargés de lui

faire voir le revers de la médaille, c'est-à-dire l'inconstance des peuples, le peu d'assurance qu'il y a aux compagnies souveraines, lesquelles étant composées de plusieurs têtes, le sont par conséquent de divers sentimens et de différentes pensées; mais de lui remontrer fortement les intérêts particuliers de tous ceux qui projetoient de former ce parti, qui de grandeur, qui de religion, qui d'utilité et d'argent; et que bien souvent, au lieu de se rendre leur maître en se mettant à leur tête, l'on devient dépendant d'eux, et on ne leur sert qu'à avancer leur fortune; et en un mot, qu'on s'expose à être soumis à leur volonté, à leur intérêt et à leur caprice, quand on n'est pas en état de leur faire du bien autant qu'ils s'en proposent en prenant les armes.

Qu'il est vrai que l'on pouvoit tirer quelque avantage de la pitié qu'exciteroit une princesse fugitive, et un jeune prince du sang qui est contraint, dans sa septième année, de traverser tout un royaume pour se mettre à couvert de la violence d'un ministre étranger, haï et décrié; et qui va de parlement en parlement pour crier vengeance et demander justice contre l'oppression que souffre son père, et qui paroît en un âge si tendre à la tête d'un parti, pour appuyer par la force les délibérations des compagnies souveraines et la bonne volonté des peuples.

Qu'une telle compassion pouvoit bien sans doute, dans la situation des esprits, armer des provinces entières, faire monter la noblesse à cheval, et produire de grandes choses; mais que tel feu qui paroît beau et clair dans les commencemens ne peut durer long-temps sans aliment et sans matière.

On chargea ces deux gentilshommes de remontrer tout cela à la princesse douairière. Je leur en fis même un petit raccourci pour faciliter leur mémoire, qu'ils mirent en lieu à ne pouvoir être trouvé. On communiqua toutes ces choses à la princesse douairière pour deux raisons : la première, qu'il n'y avoit point d'apparence de rendre la comtesse de Tourville et moi responsables d'une telle levée de boucliers sans la participation et l'aveu de cette princesse; il étoit de la prudence de lui remontrer les avantages qu'on en pouvoit tirer, pour échauffer son courage par la grandeur de l'entreprise ; mais il falloit lui dire les inconvéniens auxquels s'exposeroit madame sa belle-fille et monsieur son petit-fils, si nous n'avions de l'argent; et c'étoit elle seule qui pouvoit nous en fournir. La princesse écrivit aussi à la duchesse de Châtillon, qui étoit absolue sur les volontés de la princesse douairière ; et par la relation secrète que j'avois avec elle, et la connoissance de son humeur intéressée, je chargeai des Chapizeaux de lui faire entrevoir des monts d'or dans la suite, pourvu qu'elle obligeât madame la douairière à soutenir les commencemens par quelques sommes considérables, en attendant qu'on eût pu tirer à soi une partie des deniers publics pour faire subsister le parti qui étoit prêt à se mettre en campagne. Et enfin la princesse les chargea de dire à madame sa belle-mère qu'elle seroit au désespoir si elle voyoit négliger une occasion grande et favorable de rendre la liberté au prince son mari, et peut-être de lui sauver la vie, aussi bien qu'à messieurs ses beaux-frères; qu'il étoit vrai qu'il y avoit quelques risques à courir et quelques périls à essuyer ; mais qu'en pareilles rencontres il faut s'exposer à tout ce qui n'est pas un précipice visible par la grandeur de ce qu'on entreprend ; qu'il faut tout mettre en usage dans l'espérance d'un tel succès, pour soutenir et échauffer les bonnes volontés naissantes, et les intentions des amis et des serviteurs fidèles; tâcher à satisfaire à l'intérêt de ceux qui en ont ; et que c'étoit par toutes ces raisons qu'elle la conjuroit de l'assister de ce qu'elle pourroit d'argent comptant, de pierreries et de vaisselle, qui ne sont en usage et n'ont trouvé prix dans la créance des hommes que pour s'en servir au besoin ; que jamais elle ne verroit sa maison dans une nécessité plus pressante que celle en laquelle elle se trouvoit réduite ; qu'elle espéroit cette grâce et des conseils pour sa conduite dans une telle conjoncture; qu'elle lui demandoit l'un et l'autre, et comme à une personne habile et clairvoyante, et comme à une bonne mère passionnée pour le salut de tous les enfans que Dieu lui avoit donnés ; qu'elle attendoit, par le retour de ses envoyés, des conseils hardis et prudens tout ensemble, qu'elle exécuteroit par les avis et avec la participation de ceux qu'elle lui avoit donnés pour sa conduite, avec tout le secret, toute l'adresse et toute la diligence dont elle seroit capable ; et qu'elle espéroit tout de la bonté de Dieu, qui est toujours protecteur de l'innocence.

Après avoir expédié ceux-ci, la princesse dépêcha La Roussière vers le prince de Tarente son ami, pour donner avis à lui et au duc de La Trémouille son père de tout ce qu'elle avoit su et fait les trois jours précédens, avec ordre de leur dire qu'elle n'avoit rien voulu écouter de toutes ces propositions, sans en prendre avis de l'un et de l'autre ; que difficilement s'engageroit-elle à quelque chose sans les y avoir engagés. C'est une chose étrange combien peu de gens l'on voit d'un génie assez fort pour conseiller de grandes choses ; et néanmoins chacun a si bonne opinion de ses talens, qu'il n'y a personne qui ne se croie plus habile que son compagnon pour conduire, quoique avec un esprit peu élevé, les affaires qui le sont davantage. Je suis fâché d'avoir fait cette remarque au propos de ceux dont je parle ; mais elle est venue au bout de ma plume, et je l'ai laissée couler. La Roussière fut encore chargé de leur dire qu'il étoit facile de reprendre Saumur par les défauts que Dumont y connoissoit, et qu'elle offroit de commencer la guerre par cet exploit, et de leur mettre cette place entre les mains, qui étoit à leur bienséance, tant pour le voisinage de Thouars que parce que la plupart des habitans de la ville étoient de la religion de la duché de La Trémouille et du prince de Tarente, et que c'étoit un passage important, et qui pourroit augmenter leur considération dans le pays.

D'Alègre, Du Fay, Gallet et Moucault, capitaines dans Persan, arrivèrent ce soir-là. Le dernier nous dit que le régiment de cavalerie de Ravigny ayant voulu entrer dans la ville de Troyes sans l'attache du prince de Conti, avoit été taillé en pièces, et trois capitaines tués ; et qu'il avoit ouï Campy, gouverneur de Mirecourt, disant à Talon, domestique du cardinal, lorsqu'ils étoient à Châtillon, qu'il lui apportoit la nouvelle du traité que faisoit le vicomte de Turenne avec de certaines troupes allemandes. A quoi Talon lui avoit répondu qu'il ne disoit rien que l'on ne sût déjà ; que le cardinal avoit copie du traité ; mais que les choses en étoient au point qu'il ne devoit faire état que des régimens de Rose et de Chuts.

On envoya Belissant faire faire des grenades dans des forges du Nivernais, Belachi acheter du plomb en divers endroits ; et l'on traita avec un des principaux marchands de Bourges pour faire venir d'Orléans, de Tours, de Moulins, de Limoges et de Lyon toutes les choses nécessaires dans la place, suivant le mémoire qu'on lui donna : ce qu'ils firent fort ponctuellement et fort adroitement.

Le 4 de mai, le comte de Coligny, mon ami très-particulier, qui commandoit le régiment de cavalerie d'Enghien, et qui avoit passé du fond du Limosin, où il étoit en quartier d'hiver, à Bellegarde, en retourna. Je fus fort aise d'avoir un tel secours. Je fis que la princesse lui communiqua tout ce que je viens de rapporter, et le pria de ne la point quitter, afin qu'il eût part à tout ce qui s'exécuteroit. Il nous apprit que le comte de Palluau, à présent maréchal de Clérembault, dignité qu'il s'acquit par la prise de Montrond, comme nous dirons ci-après, avoit le gouvernement de Poitou, et qu'il le savoit de lui-même.

La Martinière écrivit de Brezé, du 29 du mois d'avril, que les troupes qui étoient par-delà seroient commandées par le maréchal de La Meilleraye ; qu'une partie étoit destinée pour le Poitou, et l'autre pour le Berri. Quelqu'un qui venoit du côté du Dorat dit qu'il avoit rencontré des troupes qui disoient venir assiéger Montrond ; de sorte que nous envoyâmes des gardes, des cavaliers et des officiers de tous les côtés et sur tous les passages à plus de vingt lieues à la ronde pour savoir des nouvelles, et se mettre en état de n'être point surpris.

Il arrivoit à tout moment des officiers et des soldats du débris de Bellegarde : ce qui obligea la princesse à écrire à Le Tellier, secrétaire d'Etat, en ces termes. L'un des écuyers de M. le prince, nommé La Vallée, porta la lettre.

« Monsieur,

« Je ne veux pas que vous appreniez par d'autres
« que par moi que plusieurs officiers de ceux qui
« étoient dans Bellegarde, et même quelques uns des
« troupes du Roi, affectionnés de longue main à mon-
« sieur mon mari, comme ayant été les fidèles témoins
« de la passion avec laquelle il a toujours servi Sa
« Majesté, me sont venus rendre visite et offrir leur
« service en ce lieu; mais après les avoir assurés que
« je ne songeois qu'à mon repos et à l'éducation de
« mon fils, et les avoir remerciés des témoignages de
« leurs bonnes volontés, je les ai priés de ne pas faire
« ici long séjour; de sorte que la plupart n'ont fait
« que passer pour se retirer en leurs maisons, ou aux
« endroits où leurs affaires les appellent ; et les autres,
« après s'être un peu reposés, en useront de même.
« C'est de quoi j'ai voulu vous donner avis, afin que
« vous ne preniez aucune créance à ceux qui, pre-
« nant pour l'ordinaire les occasions de se faire de
« fête au moindre prétexte qu'ils en ont, vous pour-
« roient donner quelques soupçons de ma conduite
« sur les devoirs que me rendent ceux qui ont pitié
« du malheureux état où je suis réduite. Vous m'o-
« bligerez d'en avertir la Reine. Je ne puis oublier

« mon devoir, quelque traitement que j'aie reçu de
« Sa Majesté. Je vous prie de lui témoigner la sincé-
« rité de mes intentions, et de me croire votre, etc. »

On envoya à la princesse la copie de la lettre que M. de Brienne écrivit de Châtillon le 26 du mois précédent aux officiers du présidial de Moulins, qui étoit telle :

« Messieurs,

« En l'absence de M. de La Vrillière, qui s'est
« avancé de Dijon à Paris, j'ai ouvert en cette ville
« votre lettre, qui lui étoit adressée, sur le sujet de
« celle que vous avez reçue de madame la princesse,
« portant avis de son arrivée à Montrond, et de sa
« demande pour avoir des commissaires de votre com-
« pagnie, afin de connoître l'état de la place et en
« informer Sa Majesté. Sur quoi elle m'a commandé
« de vous dire qu'elle a loué votre zèle et votre soin
« d'avoir envoyé un exprès pour la faire avertir de
« ce qui se passoit, et que vous eussiez à répondre
« à madame la princesse que comme vous n'avez
« point reçu d'ordre du Roi, vous ne pouvez satis-
« faire à ce qu'elle vous a témoigné désirer, et que
« vous n'avez qu'à attendre les commandemens de
« Sa Majesté, n'ayant pas jugé devoir les rechercher
« en cette occasion. »

Le surplus de la dépêche concernoit quelques autres affaires.

Le 5, la princesse eut avis que le Roi avoit envoyé ordre à La Charité d'arrêter tous ceux qui voudroient passer en Berri, et qu'on avoit commencé par deux de ses gardes, qui depuis s'étoient sauvés : ce qui m'obligea à dépêcher en toute diligence à ceux que la princesse avoit envoyés à madame sa belle-mère, qui devoient revenir promptement, et passer la rivière sur quelque petit bac. Je leur mandai même une folle invention qui me vint dans la tête en cas qu'ils fussent arrêtés à la campagne, qui réussit heureusement.

La princesse courut un chevreuil dans le parc pour essayer les trousses que j'avois fait faire pour le voyage projeté, disant que c'étoit pour la mener en croupe à la chasse avec les dames de sa suite, et même une petite machine que l'on avoit faite pour le jeune duc, et qui se plantoit sur l'arçon de la selle de son écuyer, qui le portoit ainsi fort commodément entre ses bras; et cela pour ôter tout le soupçon que pourroient donner ces nouvelles inventions. Après la chasse, je leur donnai la collation sur le bord du canal.

Longchamps retourna d'auprès du duc de La Rochefoucauld. Il rapporta nouvelle certaine que le maréchal de La Meilleraye avoit accepté le commandement des troupes en Guienne et en Poitou, qui ne consistoient pour lors qu'en quatre régimens de cavalerie et trois d'infanterie, qui avoient leur rendez-vous, au 3 du mois, à ***; que le duc de La Rochefoucauld croyoit qu'il alloit pour le pousser et raser ses maisons; qu'il se résolvoit de passer par Bordeaux pour connoître la disposition des esprits, et de là joindre avec tous ses amis le duc de Bouillon. Il assuroit que le Roi avoit écrit à la ville et au parlement dudit Bordeaux une semblable lettre à celle que Sa Majesté avoit adressée au duc de Saint-Simon pour les obliger à ne recevoir pas la princesse ni le duc son fils, s'ils vouloient s'y retirer.

Le 6, arrivèrent plusieurs officiers de Persan et de Condé : Le Chambon et Chapizeaux retournèrent aussi. Ils avoient trouvé le courrier que je leur avois envoyé la veille, et s'étoient fort heureusement servis de ma folle imagination; en telle sorte qu'ayant trouvé le prevôt de Bourges avec ses archers, ils les découvrirent de loin; et au lieu de se sauver (ce qu'ils auroient eu de la peine à faire), ils allèrent droit à cette troupe en criant : *Bonne nouvelle!* Le Chambon prenant la parole, leur dit qu'il alloit porter à la princesse à Montrond celle de l'évasion du prince de Condé du bois de Vincennes; qu'il s'étoit allé tout droit jeter dans le Palais à Paris; qu'il avoit pris sa place au parlement, et demandé justice; et qu'il avoit été ordonné sur-le-champ que la Reine seroit suppliée de mettre en liberté le duc de Longueville et le prince de Conti, et avoit octroyé commission au procureur général pour informer contre ceux qui avoient donné au Roi un conseil si pernicieux à l'Etat; que le prevôt l'ayant cru, en avoit témoigné telle joie, qu'il lui avoit donné son cheval et deux de ses archers pour faire plus de diligence; car ils avoient encore ceux de la poste de Bony. L'on tire quelquefois plus d'utilité des conseils ridicules et imprévus, que de ceux qu'on a pris par les règles de la prudence et avec une mûre délibération; et je me suis bien trouvé de laisser battre du pays à mon esprit tant qu'il veut dans les affaires épineuses, et de tenter tout ce qu'il me présente, quand je vois qu'il n'y a point d'autre risque à courre que de demeurer comme l'on étoit.

Ils dirent à la princesse que la cour étoit arrivée à Paris le 2 du mois ; que le maréchal de L'Hôpital avoit porté ordre à madame la douairière de sortir du Bourg-la-Reine, et s'avancer davantage vers le Berri ; que le comte de Brienne lui conseilloit d'obéir seulement pour la forme, et qu'il lui répondoit qu'on la feroit revenir bientôt, avec toute liberté de poursuivre ses affaires ; que le premier président Molé lui avoit envoyé le comte d'Anteuil pour lui dire qu'il étoit dans ce même sentiment ; et qu'il n'y avoit point d'apparence de s'opiniâtrer à présenter ses requêtes, desquelles elle ne pouvoit espérer aucun fruit en présence de la Reine, et dans la disposition présente des esprits ; que madame la princesse n'avoit voulu croire les uns ni les autres, et étoit résolue de ne se retirer point, et de faire rapporter sa requête le jeudi suivant, qui étoit le jour même qu'ils parloient. Ils ajoutèrent que l'archiduc Léopold et le vicomte de Turenne entroient en France du côté de Reims et de Guise en deux corps séparés.

Quant au sujet pour lequel ils avoient été dépêchés, ils rapportèrent que la princesse avoit dit que madame sa belle-fille pouvoit entreprendre le voyage qu'ils lui avoient proposé de sa part sans lui en demander avis, puisqu'en se séparant d'elle elle lui avoit donné tout pouvoir de se conduire par les conseils de la comtesse de Tourville et les miens, auxquels elle se remettoit, se louant fort de la déférence qu'elle avoit pour elle ; qu'elle ne pouvoit mieux faire que de sortir de Montrond, d'autant plus que le maréchal de La Meilleraye devoit l'assiéger ; que le Roi et la Reine ne lui avoient écrit que pour l'amuser. Je le crus facilement, parce que madame la princesse n'avoit dépêché à Leurs Majestés qu'à cette même fin; et l'on ne tâche, en toutes les affaires pareilles à celle-ci, qu'à se surprendre l'un l'autre. Malheureuse nature de l'homme, qui se sert moins de son esprit aux choses de sincérité qu'en celles de surprise! Les plus forts comme les plus foibles usent de finesse et de ruses; ceux-ci y sont forcés par leur état, et ceux-là ne peuvent pas toujours mettre leur autorité en usage.

Surtout madame la douairière mandoit qu'on ne mît madame sa belle-fille et monsieur son petit-fils, pour quelque occasion qui pût arriver, entre les mains des huguenots, en celles des Espagnols, ni au pouvoir de M. de Bouillon; et qu'on évitât de les faire sortir de France que dans la dernière extrémité: comme si on étoit les maîtres de se former des retraites à sa mode, et si, battus de l'orage de la fortune comme on l'étoit, on pouvoit donner la loi à ceux que l'affection ou l'intérêt devoient faire agir pour le service de cette maison accablée.

La princesse fit appeler Coligny, La Mothe-Brigantin, envoyé par le duc de Bouillon, et qui avoit dit que le comte de Lorges et Chavagnac devoient arriver pour apporter quelques sentimens particuliers de ce duc. La princesse résolut qu'on attendroit ces deux-ci pour prendre une dernière résolution pour la marche, et cependant qu'on disposeroit toutes choses pour le départ, et avec tout le secret possible. Le secret est important; mais aux affaires telles que celles qui étoient sur le point d'éclater, il est d'une nécessité si absolue, que rien ne se doit commencer qu'on ne soit comme certain qu'il y sera tout entier;

et qu'il est impossible de rien finir heureusement sans cette bonne qualité, qui fait la sûreté du commerce des hommes. On convint d'employer le temps qui restoit à mettre la place en état de se maintenir, et tous les châteaux hors d'insulte, afin que les affaires de Berri pussent se soutenir quand on entreprendroit celles de Guienne.

Il falloit pourvoir d'un gouverneur à Montrond : c'étoit un poste principal qui pouvoit être rempli de quelqu'un d'importance. Mautour qui l'étoit, bien loin d'être tel qu'il le falloit, étoit fort incapable en toute manière. Le maréchal de La Mothe avoit fait espérer de s'y rendre : on n'avoit plus de ses nouvelles. Arnauld, qui avoit témoigné le désirer, s'étoit marié la nuit de la détention des princes, et s'étoit retiré avec sa femme, sans qu'on sût quasi où. D'ailleurs je ne savois si on pouvoit lui confier une place qui devoit être notre ressource. Philisbourg, qu'il avoit perdu autrefois, l'avoit tellement décrié dans le monde, que sa réputation ne pouvoit se rétablir; et quoique le prince en fît cas et le menât en toutes ses campagnes, on croyoit que c'étoit plutôt pour le jeu et pour le divertissement, que pour sa bravoure. Toute mon inclination penchoit à y établir le marquis de Persan, savant dans l'infanterie, et homme de ferme résolution. Il n'y avoit pas d'apparence d'y faire venir le comte de Tavannes, qui, commandant les gendarmes du prince, étoit plus propre à la campagne et à suivre le jeune duc qu'à être enfermé dans une place. Coligny, qui se trouvoit là, étoit destiné pour escorter la princesse et le duc dans leur voyage par l'Auvergne, où il avoit du crédit. Le comte de

Saligny son père étoit lieutenant des gendarmes du Roi, et voisin de Montrond. Ce n'étoit pas prudence de laisser le fils à la portée des persuasions du père : je crains en telles occurrences les gens de grande ambition et nourris à la cour. On proposa à la princesse d'y laisser Le Chambon; mais outre qu'il n'étoit pas assez attaché à la maison, il étoit huguenot; et je m'opposai à lui mettre cette place en main, pour éviter le bruit et les conséquences : car je craignois qu'on ne s'imaginât que nous voulions nous attacher à ceux de la religion, M. de Turenne étant dans le parti aussi bien que messieurs de Duras, et y ayant apparence que messieurs de La Force, de Tarente et de La Trémouille, tous de même secte, y entreroient.

Il y a de certaines choses bonnes à faire quand elles sont assurées, et qui sont dangereuses à tenter quand l'événement en est incertain. Sur toutes ces incertitudes, je pris résolution en moi-même de proposer à la princesse de n'y laisser que Mautour, avec ordre de ne rien faire dans sa place que par l'avis des sieurs d'Alègre et de Baas, anciens capitaines de Persan, braves soldats, très-bons fantassins, et qui n'étoient ni de qualité ni de poste à faire difficulté de déférer toutes choses au marquis de Persan quand il viendroit.

Lorges, neveu du duc de Bouillon, arriva de sa part pour presser le départ de la princesse; et Chavagnac, aîné d'une maison accoutumée aux factions, pour l'escorter par l'Auvergne, d'où il est, par une route qu'il avoit apportée, avec ordre de renvoyer Lorges à toute bride pour avertir le duc son oncle du jour de son départ et de tous ceux de sa marche, afin qu'à point nommé il pût aller à sa rencontre jusqu'au lieu qu'il leur avoit indiqué au 7 mai.

La princesse, qui avoit de grands soupçons contre Blinviliers son écuyer, comme j'ai dit, voulant le congédier d'auprès d'elle avant que d'exécuter sa résolution, de crainte que comme il avoit de l'esprit il ne la découvrît, résolut de lui donner quelque emploi au dehors. Et comme elle jugea à propos de fortifier la princesse sa belle-mère dans la bonne résolution dans laquelle elle étoit de pousser vigoureusement ses affaires au parlement de Paris, elle s'avisa de supplier le cardinal de Lyon son oncle de se joindre à elle pour la sollicitation de ses requêtes. Elle résolut de lui écrire, et de lui envoyer sa dépêche par ce Blinviliers, parce que par là elle l'éloignoit d'elle sous un prétexte honnête, et qui feroit connoître si les soupçons qu'on avoit contre lui étoient raisonnables ou non, par la manière dont il agiroit auprès de ce cardinal, de qui il étoit fort connu. La lettre dont il fut chargé étoit celle-ci :

« Monsieur,

« Je vous confesse que j'avois toujours attendu
« des marques de votre souvenir, et les témoignages
« de votre amitié sur le sujet de la perte que j'ai
« faite de mon père ; mais me voyant privée du sou-
« lagement que j'espérois de vos consolations dans
« une douleur si pressante, et ne pouvant m'imagi-
« ner quelle peut être la cause de votre silence, je
« vous envoie ce gentilhomme pour m'en éclaircir.
« Je suis assez malheureuse pour qu'on m'ait peut-
« être rendu quelque mauvais office vers Votre Emi-

« nence; mais je ne la suis pas assez pour avoir ja-
« mais manqué d'amitié ni de respect pour une
« personne qui m'est aussi chère que la vôtre. Si
« pourtant je vous avois déplu innocemment, mon-
« sieur, souvenez-vous de ce que vous êtes à mon
« fils et à moi, de l'état auquel nous sommes; et que
« cela vous excite à servir de père à l'un et l'autre,
« puisque Dieu m'a ôté le mien, et que monsieur
« mon mari n'est pas en lieu d'où il puisse prendre
« soin de nous, et régler notre conduite; mais bien
« de vous faire oublier les mécontentemens que vous
« pouvez avoir de lui, et qui, je m'assure, sont main-
« tenant les siens, se voyant de toutes parts payé de
« tant d'ingratitude. Souffrez, mon cher oncle, que
« je me soulage en pleurant avec vous, car je vous
« confesse que je ne puis contenir ma douleur; et
« trouvez bon, pour la soulager, que je vous prie de
« ne nous pas refuser vos conseils et votre assistance
« dans le malheur où nous sommes, duquel personne
« ne peut plus raisonnablement contribuer à nous
« tirer que vous : et j'ose vous dire, monsieur, que
« vous y acquerrez d'autant plus de gloire, que je
« l'ai peu mérité. Je laisse à ce porteur, auquel vous
« savez que j'ai toute confiance, à vous dire toutes
« nos tristes aventures, ce qui s'est passé au parle-
« ment de la part de madame ma belle-mère, l'état
« auquel je suis ici, et les appréhensions continuelles
« qu'on me donne de m'y voir assiégé avec votre
« petit-neveu. Comme l'on me persuade que le des-
« sein de ceux qui ont fait arrêter monsieur son
« père et messieurs ses oncles est de se rendre
« maîtres de mon fils pour perdre toute la maison,

« Votre Eminence y a trop d'intérêt, monsieur, pour
« ne contribuer pas de tous ses soins pour prévenir
« l'effet de ces mauvaises intentions comme je vous
« en conjure, en vous assurant que je serai toute ma
« vie votre, etc. »

Blinviliers fut chargé de lui dire l'état des choses, la raison de la retraite de la princesse à Montrond, sa conduite envers la cour, ses amis, ses voisins; sa crainte d'être assiégée; sa résolution de ne rien remuer, de faire ses plaintes contre le maréchal de La Meilleraye, qui sans nécessité s'étoit chargé des troupes destinées contre sa maison; l'obliger à se trouver dans l'assemblée du clergé; et enfin de lui faire oublier tous les mécontentemens qu'il avoit reçus de M. le prince, et le disposer ensuite à se rendre à Paris pour solliciter l'effet de sa requête.

Un courrier du duc de La Rochefoucauld arriva, et dit qu'il avoit nouvelles que le maréchal de La Meilleraye devoit tourner sur Montrond; et que ce duc avoit armé quatre cents hommes de pied, qu'il alloit faire partir pour s'y jeter en cas de besoin. Il continuoit de presser la princesse de partir, et assuroit qu'on avoit donné au comte de Palluau son gouvernement de Poitou.

Cet envoi fit partir en diligence La Mothe-Brigantin et Lorges, pour retourner joindre le duc de Bouillon par deux chemins différens, afin que si l'un étoit arrêté, l'autre pût arriver heureusement. L'un et l'autre étoient chargés de dire à ce duc que la princesse et le duc son fils partiroient de Montrond la nuit du 8 au 9, traverseroient l'Auvergne, et arriveroient le jeudi suivant près Sallers, en un lieu qu'on appelle Le Vomier, où elle le supplioit de se trouver avec une escorte suffisante pour passer avec sûreté en sa vicomté de Turenne.

On envoya à Bourges chercher quelque argent que le trésorier de la maison avoit promis; et Le Picard, valet de chambre, au marquis de Persan, avec une lettre de la princesse, qui le prioit d'accepter le gouvernement de Montrond, où la plus grande partie de son régiment se trouvoit établie. Elle lui donna deux autres lettres : l'une pour la duchesse de Longueville, l'autre pour le vicomte de Turenne, par lesquelles elle leur donnoit part de tout ce qui se disposoit en Guienne, et du voyage qu'elle y alloit faire, et des raisons qui l'obligeoient à l'entreprendre. Je leur en avois déjà mandé quelque chose par avance par une voie fort sûre, qui étoit un des courriers que nous avoit dépêchés le duc de La Rochefoucauld, qu'il avoit chargé de passer jusques à Stenay, où ils étoient l'un et l'autre, et où il envoyoit à toutes rencontres des exprès pour rendre compte à cette duchesse de tout ce que le respect qu'il avoit pour elle lui faisoit entreprendre. Le Picard eut aussi ordre de rapporter à la princesse leurs avis et de leurs nouvelles, comme aussi de retirer à son retour de Caillet, secrétaire du prince, et d'apporter à Bordeaux, deux mille pistoles qu'il avoit eu ordre de mettre dans Bellegarde; à quoi il n'avoit pu réussir.

Sur le soir la princesse, après avoir tenu conseil avec Coligny, Baas, la comtesse de Tourville et moi, sur la marche que l'on avoit à faire, me demanda si j'avois fait dresser tous les ordres qu'elle avoit résolus avec moi; et lui ayant dit qu'oui, et que ladite dame de Tourville les avoit mis au net afin qu'ils parussent écrits de sa main, elle me les demanda, et les lut. Ils furent approuvés par les assistans, distribués et envoyés le lendemain 8 du mois, et étoient tels que je les ai fait ici transcrire.

Comme il y a plusieurs châteaux en Berri appartenant à M. le prince, qui peuvent être fort utiles pour la communication de Montrond, la princesse jugea à propos de pourvoir à leur conservation, et pour cet effet expédia une lettre à chaque concierge en ces termes :

« J'envoie à *** le sieur ***, auquel j'ai particu-
« lière confiance, afin qu'il empêche par ses soins
« que la maison ne soit surprise par tant de gens qui
« vont et viennent. Je lui ai dit mes intentions,
« que vous suivrez; et j'entends que l'on défraie lui
« et ses gens aux dépens du fermier de la terre. Je
« ferai allouer dans ses comptes la dépense qu'il aura
« faite, le tout jusqu'à nouvel ordre. »

La princesse donna autant de commissions pour autant d'officiers qu'il y a de châteaux, lesquelles toutes étoient en ces termes :

« La princesse de Condé, etc.... Il est ordonné
« aux capitaines, concierges et habitans de ***, et
« autres dépendans de la terre, d'obéir aux ordres du
« sieur ***, qui a charge d'en prendre soin, et faire
« les choses nécessaires pour la conservation de la-
« dite maison, jusqu'à nouvel ordre. »

Et comme il étoit nécessaire de songer à la conservation de Montrond avant que d'en partir, la princesse jugeant que le sieur de Mautour, qui en étoit gouverneur de père en fils, n'avoit pas toute l'expérience nécessaire pour la défense d'une telle place, et même pour éviter la jalousie qui pourroit naître après son départ entre les officiers des divers corps qui s'y étoient jetés, elle fit cette ordonnance :

« La princesse de Condé, etc..... Il est ordonné
« que le sieur de Mautour continuera, comme il a
« fait jusques à présent, à commander dans le châ-
« teau de Montrond et dépendances d'icelui ; mettra
« les choses nécessaires dans la place, suivant les
« derniers mémoires, sauf à augmenter ou diminuer
« suivant l'exigence des cas; fera faire ce qui sera de
« besoin aux fortifications de ladite place pour la
« sûreté d'icelle ; le tout par l'avis et conseils des
« sieurs d'Alègre et de Baas, de gré à gré, et en
« bonne intelligence, jusques à ce que l'une des
« personnes destinées pour commander dans ledit
« Montrond y soit entrée : auquel temps ledit sieur
« de Mautour en usera avec ledit commandant
« comme a fait le sieur de Saint-Micault à Bellegarde
« avec le comte de Tavannes, dont ceux qui étoient
« dans ladite place les pourront informer. Et quant
« aux officiers de Persan, de Condé, Enghien, Bour-
« gogne, Conti et autres, leurs rangs, grades et
« autres fonctions demeureront réglées en la même
« forme et manière qu'elles l'ont été servant aux
« armées sous monsieur mon mari; le tout sans dif-
« ficulté, et jusqu'à nouvel ordre. »

La princesse fit encore deux ordres adressant au sieur de Mautour, l'un d'obéir au sieur de Persan en la même forme que le sieur de Saint-Micault a obéi au comte de Tavannes à Bellegarde, en cas que ledit sieur marquis se jette dans la place; et l'autre en même forme en faveur du sieur Arnauld, si Persan manquoit. Elle en fit encore un autre en faveur du sieur de Baas, pour commander en cas de mort, maladie, ou autres empêchemens dudit sieur de Mautour; un autre adressant au sieur d'Amour, pour faire amener tous les grains des terres circonvoisines appartenant à M. le prince audit Montrond; un autre adressant au sieur de Mautour, pour faire amener les vivres de la ville de Saint-Amand audit château, avec ordre de les distribuer aux habitans selon leur nécessité, et de fermer trois portes, et barricader les avenues des faubourgs, pour la conservation de ladite ville.

Le 8, la princesse porta lesdits ordres qu'elle avoit signés au sieur Girard, pour les lui faire contresigner. Il étoit vieux et riche : cela fut cause qu'on lui céla tout jusqu'au moment qu'il fallut partir. Il étoit d'ailleurs fidèle; mais les gens qui de peu ont amassé beaucoup grondent tout au moins quand ils se voient en péril de voir renverser leur fortune. Ils ne peuvent s'empêcher de murmurer, et d'en faire confidence à ceux de leur cabale, même donner des ordres pour mettre leur bien à couvert; et cela découvre pour l'ordinaire les affaires.

La princesse avoit dit tout haut la veille qu'elle vouloit ce jour-là, qui étoit un dimanche, donner le plaisir à tous les officiers qui étoient à Saint-Amand et à Montrond de lui voir courre un chevreuil dans le parc, et au duc sur la petite machine qu'on lui avoit faite. Elle dit qu'elle et les dames de sa suite seroient galamment habillées, et que monsieur son fils auroit ce jour-là son premier haut-de-chausse, afin d'attirer tout le monde dans le château, et ôter tout le soupçon qu'on pourroit prendre, quand on verroit, comme il le falloit faire, atteler les chevaux de carrosse et tous les chevaux de selle. Le rendez-vous fut incontinent après le dîner : pas un ne manqua de s'y trouver; et comme on vit tout disposé dans la vénerie et dans l'écurie pour cette fausse partie de chasse, personne ne douta qu'elle ne fût véritable. De bonne fortune il plut tout le jour; et comme il y avoit espérance de beau temps, on crut qu'on courroit sur le soir : de sorte que chacun voulut attendre. Tout d'un coup le gouverneur eut commandement de fermer promptement le guichet, avec ordre de ne laisser partir qui que ce fût sans un billet signé de la princesse ou de moi; et cela fut exécuté. Pendant qu'elle soupa, elle donna ordre qu'on fît apporter dans la grande salle de quoi faire faire collation à tous les officiers qui étoient au nombre de six vingts, auxquels elle vouloit communiquer après son repas quelque chose qui concernoit le service des princes.

Elle n'eut pas plus tôt achevé de souper, que passant avec le jeune duc qu'elle menoit par la main dans son cabinet, elle fit appeler Mautour, à qui elle expliqua ses intentions, auxquelles il se soumit; puis appela d'Alègre et de Baas, à qui elle dit la confiance qu'elle avoit en eux, les invita à observer ses ordres, et à vivre tous trois en amitié. Elle les embrassa, et en fit faire autant à monsieur son fils; puis repassa dans la salle, où chacun attendoit avec impatience la chose dont la princesse avoit dit les vouloir entretenir. Elle la trouva toute remplie d'officiers, auxquels elle parla en cette sorte :

« Messieurs, je suis trop persuadée de vos affec-
« tions et de votre fidélité au service de mon fils et
« au mien, pour laisser cette place, l'unique ressource
« de cette maison affligée, en d'autres mains que les
« vôtres, et pour en sortir sans vous communiquer un
« voyage que je vais faire, et que je crois très-utile au
« bien de l'Etat, et à la liberté de monsieur mon mari
« et de mes beaux-frères. Je ne pars pas sans un dé-
« plaisir très-grand de me séparer et de séparer mon
« fils de tant de braves gens, auxquels je confierois
« et ma vie et la sienne ; mais j'emporte du moins
« cette consolation, que je laisse cette importante
« place entre les mains de gentilshommes de votre
« mérite, et qui saurez répandre généreusement vo-
« tre sang pour la défendre, afin que vous ayez un
« jour l'avantage de la remettre entre les mains de ce
« prince qui vous a tant chéris, et à qui vous avez
« aidé à gagner tant de batailles glorieuses à l'Etat,
« et payées d'une cruelle prison. Il ne me reste que de
« vous recommander de garder parmi vous l'union,
« l'intelligence et l'amitié ; à vous demander la vôtre,
« à vous assurer de la mienne, et que je porterai
« mon fils à en avoir autant pour vous qu'en a mon-
« sieur son père, et que vous le méritez. »

Elle fit lire ensuite les ordres ci-dessus ; elle les distribua à chacun : ils jurèrent de les observer fidèlement. La princesse ordonna encore que tous les commandans des corps entreroient au conseil de guerre ; elle les embrassa l'un après l'autre. Le jeune prince en fit autant, et n'omit pas de dire de bonne grâce ce qu'on lui avoit appris ; qu'il leur recommandoit la liberté de monsieur son père, et une vengeance éternelle contre le Mazarin, et qu'il leur promettoit de les aimer toute sa vie. Tout cela tira des larmes de tous les assistans ; et l'on ne peut jamais se séparer avec plus de tristesse que l'on fit.

Tels discours ne sont plus à la mode ; mais rien, à mon sens, n'est plus nécessaire en pareilles occasions. Les caresses des grands sont une monnoie qui passe partout : les sots s'en paient, les honnêtes gens les souhaitent, elles leur tiennent souvent lieu de choses solides ; elles sont de grand prix quand elles sont bien dispensées ; elles tombent en mépris quand on veut les mettre à tout usage ; et quand on en est avare, on est sujet à être haï.

Mademoiselle Gerbier arriva ce jour-là de Chantilly, et nous conta mille particularités de la comédie qu'elle y avoit jouée ; et son arrivée me donna une joie fort sensible. Il étoit près de minuit quand la princesse monta en carrosse : elle y fit entrer avec elle mesdames de Tourville, de Gouville, Changrand, et Bourdelot son médecin, et précepteur du duc. Comme elle étoit prête à marcher, il arriva un courrier du duc de La Rochefoucauld, qui lui portoit nouvelles qu'il sembloit que le maréchal de La Meilleraye prenoit sa route vers le Berri, ayant établi ses étapes à Montmorillon et à Confolens ; et que comme il craignoit pour Montrond, il avoit fait partir les quatre cents hommes dont j'ai parlé ci-devant, et cinquante chevaux sous la conduite du sieur Du Couret. La princesse donna ordre pour les recevoir, et j'écrivis au duc son départ pour Turenne, où je lui donnai rendez-vous certain vers le 16 du mois. Elle commanda au gouverneur de n'ouvrir la porte du château, après sa sortie, à qui que ce fût, que le 10 au soir, afin que sa sortie ne pût être sue par le comte de Saint-Aignan, qui, l'apprenant, eût pu l'arrêter sur la route, et avertir de son voyage les commandans dans les provinces par où elle devoit vraisemblablement passer.

Je m'avisai avant que de partir de lui proposer de faire une fausse confidence à cinq ou six officiers en particulier, et à l'insu l'un de l'autre. Elle le fit, et leur dit qu'elle marchoit droit en Poitou pour joindre le maréchal de La Meilleraye, qui devoit se déclarer pour elle avec l'armée qu'il commandoit. Elle leur demanda leur parole de n'en parler à qui que ce soit : mais quand on exige le secret d'un homme sujet à parler, c'est justement l'obliger à le publier plus tôt, surtout quand on n'est intéressé dans une affaire qu'avec le public; et la plupart des gens qui ne sont pas de poste à être dépositaires du secret des grands, quand ils en peuvent découvrir quelques-uns, ils ont une grande joie à le dire pour persuader qu'ils sont de la faveur.

Cela réussit tout comme je l'avois imaginé ; car ce bruit courut d'une telle manière, qu'étant allé aux oreilles du cardinal, il fut tout le reste de la campagne en une défiance de ce maréchal ; et Saint-Aignan, qui le sut, suivit l'équipage de la princesse, qui en effet prit ce chemin-là, et le lui renvoya depuis.

Le 9 donc, entre minuit et une heure, la princesse et le duc d'Enghien partirent de Montrond, suivis du comte de Coligny, de Chavagnac, du Chambon, de Saint-Agoulin, de des Roches, lieutenant; de Longchamps, exempt des gardes; de Vialas, écuyer; de Brandon, de quelques officiers, et de moi. Il y avoit encore des gardes, qui avec nos valets faisoient environ cinquante chevaux. Elle marcha en cet équipage le reste de la nuit. A la pointe du jour, elle monta à cheval en croupe derrière Coligny, renvoya son carrosse avec la dame de Changrand joindre le reste de son équipage qui alloit par le Poitou, alla dîner à Vierzac, passa la rivière du Cher à Chambon, et coucha à Marsillac, petit village dans la Combrailles, chez un vieux gentilhomme qui ayant reconnu M. de Coligny, lui demanda quel étoit tout cet équipage. Il lui dit qu'il enlevoit une demoiselle de qualité qu'il menoit en Auvergne, où il la devoit épouser : ce qui en fit courre le bruit partout.

Le 10, nous dînâmes dans une petite métairie dépendante de Saint-Agoulin. Le frère du seigneur de ce lieu que je viens de nommer, et qui s'étoit avancé, y avoit fait préparer un fort bon et propre dîner. Nous passâmes la rivière d'Allier avec un bac près le pont du château, après avoir traversé la Limagne avec un relais de carrosse du sénéchal de Canillac, que Chavagnac avoit fait préparer à la princesse ; et elle alla coucher à Montaigu chez la marquise de Boullier, qui la reçut magnifiquement, quoique sans préparation, y étant arrivée à minuit. Elle lui donna un autre relais de carrosse le lendemain matin 11, qui la mena jusques à Landes chez un des Cavillac.

Le 12, le chemin devenant plus rude et inaccessible au carrosse, la princesse monta à cheval, et toutes ses dames en trousse derrière les cavaliers, que chacune choisissoit; et le duc sur sa petite selle, entre les bras de Vialas son écuyer. Elle alla dîner à Brus, et coucher à Dienne chez le comte de Cavillac, qui la reçut et madame sa femme avec la plus grande joie et le plus grand respect qu'il est possible de dire. Elle avoit dépêché la veille depuis Montaigu un gentilhomme au duc de Bouillon, pour l'avertir de sa marche, et lui dire qu'elle ne pourroit arriver au Vomier que le vendredi à midi, et non le jeudi, comme elle lui avoit mandé par La Mothe-Brigantin et par Lorges, les lieues de ce pays-là s'étant trouvées beaucoup plus longues qu'elle ne l'avoit cru, avec ordre de renvoyer un garde à Dienne à sa rencontre. Et comme elle ne l'y trouva pas, et qu'il y avoit des troupes dans le voisinage, elle crut ne devoir pas partir de ce lieu-là, où elle étoit en toute sûreté, sans savoir si le duc étoit au rendez-vous. En effet, elle y envoya deux hommes toute la nuit par divers chemins.

Le lendemain 13, un garde nommé Beauvais arriva sur le midi, et donna avis que les ducs de Bouillon et de La Rochefoucauld étoient au rendez-vous dès la veille à l'heure assignée, et qu'ils étoient accompagnés des comtes de Meille, de Clermont, marquis de Saint-Alvire, de Hautefort, La Bastide, Courault, Savignac, de quantité de noblesse, et huit cents maîtres; et que n'ayant point eu de nouvelles, ils avoient été coucher à Moriac, d'où ils viendroient au devant d'elle par une route qu'il apporta. Elle partit donc de Dienne sur le midi en litière, et trouva au bourg de Chen trente gentilshommes conduits par La Mothe-Brigantin. Peu après, elle trouva un gentilhomme du duc de Bouillon avec une compagnie de cavalerie, et à une lieue de là deux cents fusiliers. Un gentilhomme qui les commandoit l'assura que les ducs l'attendoient à Moriac. Elle ne put y arriver, et fut contrainte de coucher à Mossaye chez un beau-frère de Brandon, où une heure après arrivèrent les comtes de Duras, de Meille et de Clermont, qui vinrent complimenter la princesse et le duc de leur heureuse arrivée.

Le lendemain 14, elle monta en litière; et étant arrivée dans une plaine près Dauglar, où elle monta à cheval, elle rencontra les ducs de Bouillon et de La Rochefoucauld à la tête de plusieurs gens de qualité. Elle les salua avec toute la civilité possible: elle fit à chacun des caresses proportionnées à leur naissance et à leur mérite, et leur donna des témoignages de sa reconnoissance tels que méritoient ceux de leur amitié et de leur engagement pour le prince son mari. Elle leur présenta le jeune duc son fils, qui dit fort agréablement aux ducs: « Je n'ai en vérité plus peur « du Mazarin, puisque je vous trouve ici avec tant « de braves gens; et je n'espère la liberté de mon « bon papa que de leur valeur et de la vôtre. » Ce petit compliment d'un enfant de sept ans donna bien de la joie et de la tendresse à toute cette noblesse; et ils dirent tous qu'il y auroit plaisir à cultiver une plante d'autant d'espérance qu'ils jugèrent celle-là.

A cent pas de là étoient huit escadrons de cavalerie, belle, quoique ramassée. La princesse et monsieur son fils, le chapeau au poing, passèrent par les rangs. Ils firent les salves ordinaires; et tous, l'épée à la main, firent des protestations confuses et passionnées de mourir pour leur service, et firent un cri de guerre qu'on ouït depuis souvent retentir par les rues de Bordeaux, par celles de Paris, et presque par toutes celles du royaume, qui fut *vive le Roi et les princes ! et f.…. du Mazarin !* Ils furent tous ensuite dîner chez le sieur des Courailles. Là, un gentilhomme envoyé du marquis de Lusignan vint complimenter la princesse, et lui dire que les Espagnols avoient voulu faire passer sept cent mille livres à Bordeaux par Blaye ; que le duc de Saint-Simon l'avoit empêché, ce qui avoit obligé le commandant du vaisseau qui les portoit de les ramener à Saint-Sébastien ; qu'ils offroient de revenir en quinze jours, de secourir la princesse de quatre mille hommes de pied, de quinze vaisseaux de guerre, et de deux millions, pourvu qu'elle traitât avec eux. Il ne faut que désirer pour être facilement persuadé ; et l'on avoit tant ouï parler du Pérou, et des sommes immenses que cette nation avoit autrefois semées pour soutenir des factions en divers endroits de l'Europe, que la plupart de nous crut aisément cela, venant du marquis de Lusignan, qui avoit déjà eu de grandes conférences avec le baron de Vatteville. Ce fut la première fourbe que ce baron nous fit : la suite de ces Mémoires en découvrira bien d'autres. Celle-ci nous fut avantageuse ; car elle échauffa fort la bonne volonté de ceux qui s'engageoient au service des princes, et y en attira d'autres par l'espérance de raccommoder leurs affaires avec la portion que chacun espéroit dans une telle somme. L'espoir de profiter est le meilleur négociateur qu'on puisse employer en pareille conjoncture, et quasi dans toutes les affaires du monde : aussi ne fîmes-nous de raisonnement qu'en particulier sur la possibilité ou impossibilité d'effectuer cette promesse, et nous jugeâmes tous à propos de la laisser croire prompte et facile à exécuter. A la vérité, nous ne la croyions pas aussi ample qu'on nous la faisoit; mais nous croyions trouver de grands secours en Espagne, où nous n'en trouvâmes que de très-médiocres; et à peine eût-on pu s'imaginer la nécessité en laquelle elle étoit pour lors réduite. On résolut de renvoyer ce gentilhomme quand la princesse seroit arrivée à Turenne avec un billet d'elle au baron de Vatteville, et de créance en ce que le marquis de Lusignan lui diroit ou écriroit de sa part. Elle alla coucher à Argentac, petite ville appartenant au duc de Bouillon, sur la rivière de Dordogne, où il lui donna un magnifique souper, et à toute sa suite. Le lendemain 15, elle en partit en carrosse après y avoir dîné, et arriva de bonne heure à Turenne, où ayant conféré avec les ducs et moi, elle résolut, fit et envoya les expéditions suivantes :

« M. le baron de Vatteville prendra, s'il lui plaît,
« toute créance en ce que le marquis de Lusignan lui
« dira ou écrira de ma part, pour entrer dans le même
« traité que madame la duchesse de Longueville et
« M. le vicomte de Turenne ont fait avec Sa Majesté
« Catholique à Stenay; aux conditions duquel traité,
« moi, mes parens, amis et confédérés de Guienne,
« nous nous soumettons, moyennant ce qui sera ac-
« cordé de notre part avec Sadite Majesté ou mes-
« sieurs ses ministres, les suppliant à cet effet de nous
« envoyer quelques personnes suffisamment autori-
« sées pour traiter avec nous.

« *Signé* Claire-Clémence DE MAILLÉ. »

« Monsieur (1),

« Je ne puis être plus long-temps dans votre voisi-
« nage sans vous avertir de mon arrivée, et com-
« mencer à vous remercier de tous les témoignages
« d'amitié que je reçois de vous et de monsieur le
« marquis votre fils, sur lesquels je me suis embar-
« quée à ce voyage plutôt que sur toute autre con-
« sidération : et je vous avoue que la seule consola-
« tion qui me reste dans tous les malheurs qui m'ac-
« cablent est celle d'avoir des amis de votre qualité
« et de votre vertu. Je vous supplie d'ajouter à tou-
« tes vos bontés celle de me donner vos conseils et
« votre assistance pour la conduite de l'affaire que
« j'entreprends. Elle est importante au service du
« Roi, au bien de l'Etat, et à la conservation de la
« maison royale (ce qui a été toujours l'objet de
« tant de grandes actions qui vous ont rendu le plus
« illustre de votre siècle), vous suppliant d'être per-
« suadé de ma reconnoissance, et que je serai toute
« ma vie, etc. »

« Monsieur mon cousin (2),

« Quelque impatience que j'aie de vous voir, je
« vous confesse que ma lassitude est si grande,
« que je me suis résolue de me reposer quelques
« jours en ce lieu, où nous parlons souvent de vous.
« Les troupes qui sont en Poitou m'ont empêchée
« d'aller tout droit à Blaye, outre que, pour vous parler

(1) *Monsieur* : Le maréchal duc de La Force. — (2) *Mon cousin* : Le
duc de Saint-Simon.

« franchement, je n'ai pas été fâchée d'embarquer
« tous ces messieurs ici, de qui je n'étois pas autant
« assurée que de vous. M. Filsgean, que je vous en-
« voie parce qu'il est de vos anciens amis, vous dira
« l'état de nos affaires et de nos desseins, sur lesquels
« je ne résoudrai rien qu'après en avoir conféré avec
« vous. Vos conseils et la créance que j'ai en vous
« me les ont fait entreprendre ; et sans l'assurance de
« votre amitié, et la sûreté de ma retraite dans votre
« place, je crois que j'aurois risqué de me voir assié-
« ger à Montrond, après avoir évité la prison à Chan-
« tilly. Vous pouvez croire, mon cher cousin, que
« je ressens comme je dois les obligations que mon
« fils et moi vous avons, aussi bien qu'à monsieur vo-
« tre frère ; et j'espère que les pauvres prisonniers
« que vous aiderez à sortir d'où ils sont vous en re-
« mercieront un jour bien tendrement, et que vous
« connoîtrez, par toute la suite de ma vie, que je
« suis de tout mon cœur, etc. »

« Monsieur (1),

« Comme je n'ai pris la résolution de me retirer en
« cette province, à dessein d'y agir pour la liberté
« de monsieur mon mari et de mes beaux-frères, que
« dans la créance que la mémoire de mon pauvre
« frère, et l'amitié que vous m'avez toujours témoi-
« gnée, vous porteroit à y contribuer, je vous ai dé-
« pêché ce gentilhomme (auquel je vous prie d'avoir
« créance) dès le moment de mon arrivée en ce lieu.
« Je sais que vous êtes assez généreux et assez puis-

(1) *Monsieur* : Le comte Du Dognon.

« sant pour témoigner à la sœur et au neveu de M. le
« duc de Brezé, dans une occasion telle que celle-
« ci, que vous avez toujours dans le cœur le souve-
« nir d'une personne qui vous a si tendrement aimé,
« et qui avoit tant de sujet d'être persuadée de votre
« affection. Je nourrirai mon fils dans la même amitié
« que son oncle avoit pour vous. Aidez-le et aidez-
« moi à tirer monsieur son père de la cruelle prison
« en laquelle le cardinal Mazarin (de qui vous avez
« tant de sujets de vous plaindre) le retient. J'espère
« tout de vous, puisque je suis, etc. »

Le 16, comme le gentilhomme de la princesse partoit pour La Force, un envoyé du maréchal arriva,
qui apporta de sa part un mémoire non signé, par lequel, après l'avoir assurée de ses services, il lui remontra qu'il n'étoit pas raisonnable, ni même utile
au parti, qu'il se mît en devoir de l'accompagner à
Bordeaux sans avoir ses sûretés et celles de ses amis,
qui étoient en grand nombre ; car n'ayant ni troupes
réglées ni argent pour en faire, s'il quittoit sa maison,
il ne tarderoit guère à la voir rasée par les troupes
du duc d'Epernon ; et qu'au contraire, quand il auroit de quoi se déclarer avec effet, qu'il verroit le
parlement de Bordeaux agir, il feroit déclarer plusieurs villes et quantité de personnes de considération et de mérite. On renvoya ce gentilhomme avec
celui de la princesse, et on les chargea tous deux de
proposer au maréchal une conférence avec les ducs
de Bouillon et de La Rochefoucauld, en laquelle elle
me feroit l'honneur de m'envoyer de sa part.

Filsgean, en partant pour Blaye, fut chargé de

dire au duc de Saint-Simon que, comme il partoit, la princesse avoit reçu avis qu'il avoit envoyé un courrier au cardinal pour l'assurer de ses services ; qu'il répondoit de Bordeaux en sa faveur, qu'il y décrieroit le parti des princes, et que tout cela n'empêcheroit pas la princesse et le duc de se rendre trois jours après lui dans sa place, puisqu'elle avoit parole de lui qu'il les y recevroit, et même le duc de La Rochefoucauld. Et, en un mot, elle chargea Filsgean de ne rien omettre pour découvrir ses intentions, et en tout cas pour l'obliger de se rendre à Bordeaux, s'il voyoit qu'il fît difficulté de la recevoir dans Blaye, afin qu'on pût négocier avec lui pour l'obliger à se déclarer.

On m'envoya de Toulouse un arrêt du 5 mai, par lequel ce parlement ordonnoit à Morand, maître des requêtes, qui étoit intendant à Montauban, d'en partir dans vingt-quatre heures, et du ressort dans huit jours, à peine d'être puni comme infracteur des ordonnances, avec défense à lui d'y faire directement ou indirectement les fonctions de sa charge.

Le marquis de *** se trouva ce jour à Turenne, comme une manière d'émissaire du maréchal de La Force, jugeant qu'il seroit moins périlleux de rendre une visite à la princesse à Turenne, que de se trouver à la conférence proposée, parce que n'ayant point de défense de la cour, c'étoit même une incivilité à lui que de ne le pas faire. Il proposa à Madame de l'inviter à se rendre près d'elle pour lui donner ses conseils : ce qu'elle fit à l'heure même, par une seconde lettre de ce même jour.

Le marquis de *** étoit de ces gentilshommes retirés en leurs maisons, qui s'érigent en arbitres de provinces, qui veulent être de tout, qui s'ingèrent à tout, et qui vont de lieu en lieu chercher des affaires quand les affaires ne les cherchent pas chez eux. Ils condamnent tout ce qui n'a pas passé par leurs suffrages, et ne trouvent rien de bien que ce qu'ils ont ordonné. Tels gens sont fâcheux en toutes saisons et en toutes affaires : ils sont pourtant utiles en beaucoup d'occasions, parce qu'on a affaire à des gens retirés comme eux, sur lesquels ils ont pris une si grande autorité, qu'ils n'osent rien faire que par leur ministère. Un léger profit les fait mouvoir, mais une légère crainte les arrête; ils sont sujets à négocier des deux côtés, et je n'ai point trouvé de plus dangereux espions. Il faut les laisser agir à leur mode, ne les contrarier jamais; car l'instruction du plus expérimenté ministre d'Etat leur paroîtroit impertinente. Nous avons trouvé en notre chemin une infinité de ces gens-là, qui nous ont fait plus de peine que le gros de l'affaire. Il faut pourtant les ménager, et n'en rebuter aucun, parce que personne n'est plus propre que ces gens-là à décrier les affaires, et les manières qui ne tombent pas sous leur sens. Tout ce qui réussit bien, ils disent qu'ils l'avoient conseillé, et que l'on vouloit faire tout le contraire; et tout ce qui n'a pas un bon succès, ils ne manquent pas de publier que c'est parce qu'on ne les a pas crus.

Le duc de Bouillon reçut quelques avis de Montauban que cette ville, désireuse de se revoir en son ancien état, croyoit que le moyen d'y parvenir étoit de se déclarer pour les princes, et que plusieurs des principaux tâchoient à persuader les autres de le faire. Le duc écrivit ce qu'il falloit pour fomenter cela.

Langlade, secrétaire du duc de Bouillon, retourna ce jour-là à Bordeaux, où il étoit allé par son ordre. Il confirma les défiances que nous avions du duc de Saint-Simon, dit qu'il tâchoit par toute voie d'en donner à cette ville-là du parti des princes; que pourtant il ne voyoit rien de changé dans l'esprit de ceux avec qui il avoit coutume de négocier, et les avoit tous laissés dans le sentiment de recevoir la princesse et le duc son fils dans leur ville, et de donner tous les arrêts nécessaires pour leur sûreté, pourvu qu'ils vissent des troupes sur pied capables de leur ôter la crainte d'être opprimés. Langlade étoit pour lors un jeune garçon d'une grande vivacité d'esprit, fort affectionné à son maître, et par conséquent à cette affaire-ci, dont le succès étoit d'une importance extrême à la grandeur du duc et à sa réputation. Aussi y a-t-il fort bien agi, et en toutes celles où M. de Bouillon s'est intéressé. Il plut à la fin au cardinal, et devint, quelques années après, secrétaire du cabinet.

Les avis se confirmèrent de toutes parts que la haine que ceux d'Agen avoient contre le duc d'Epernon augmentoit fort; que s'il sortoit de cette ville, il n'y rentreroit jamais, et que si l'on se présentoit à la porte avec quelques troupes considérables, il couroit fortune d'y être tué ou pris prisonnier. Ce duc étoit affolé d'une bourgeoise de ce lieu-là, nommée Nanon de Lartigue, qui avoit trouvé l'art de lui plaire avec peu de beauté et un esprit fort médiocre, en l'admirant tout le jour et en le traitant de prince. Elle a été depuis et jusques à sa mort la maîtresse absolue de son cœur et de ses volontés. Elle avoit fait avec lui une fortune de plus de deux millions de livres; car ce duc s'étoit attaché à la cour, parce que la cour l'avoit gagnée. Il la menoit partout avec lui; il la faisoit précéder les dames de qualité dans les lieux où il avoit du pouvoir: la Reine même la recevoit chez elle, et parce qu'elle lui étoit nécessaire, et parce que la comtesse de Fleix, sa dame d'honneur, l'en supplioit par l'espérance de la succession du duc, qu'elle a depuis ménagée à son fils, à présent duc de Foix. Le cardinal rendoit des visites à cette fille, et à son exemple la plupart des gens de qualité. Il ne se distribuoit point de grâce dans l'infanterie, dont M. d'Epernon étoit colonel, ni dans ses gouvernemens, que par sa volonté; enfin jamais un gentilhomme particulier n'a fait ou procuré de si grands bienfaits à une telle créature. Sa fortune ne dura qu'autant que la vie du duc; car après sa mort elle en a été presque entièrement dépouillée par la dame de Fleix, qui a cru qu'en la ruinant elle rendoit à son fils du bien qu'il avoit dû trouver dans la succession du duc d'Epernon.

J'ai fait cette digression à propos d'Agen, où cette fille étoit mortellement haïe, et presque dans toute la Guienne, où elle avoit beaucoup contribué à l'aversion qu'on y avoit contre ce duc leur gouverneur: car, outre qu'il y avoit du scandale de voir un tel commerce et une si honteuse dépendance pendant qu'il étoit séparé de la duchesse sa femme, elle avoit élevé sa fortune dans son propre pays; et cela suffisoit pour avoir excité une envie et une aversion aussi grande que celle qu'on avoit contre elle.

Plusieurs particuliers de Bergerac écrivoient qu'ils ne songeoient à rien tant qu'à se délivrer de la tyrannie du duc d'Epernon, et qu'ils n'en savoient point des moyens plus sûrs et plus prompts que de se jeter dans le parti des princes. Cette ville nous eût été fort nécessaire et par la situation et par son pont, qui est seul sur tout le cours de la Dordogne.

Limeuil est un poste avantageux sur le confluent de la Vezère et de la Dordogne. Cette ville appartient au duc de Bouillon; il y jeta quelques gens de guerre pour l'empêcher de surprise: c'étoit un passage assuré pour conduire la princesse à Bordeaux. Le général de La Valette s'en approcha, mais il n'osa rien entreprendre en l'état qu'étoient les affaires.

Libourne offrit, par le premier consul, de se rendre au premier ordre de la princesse ou du duc de Bouillon.

On eut avis que la compagnie de gendarmes du prince Thomas devoit loger le 17 à Brives-la-Gaillarde. Le duc de Bouillon résolut de la charger quand elle seroit sur le point d'entrer dans cette ville, qui est de la vicomté, et à deux lieues de Turenne. Il fit sonner le tocsin, et en un moment tous les habitans qui composent cette belle terre furent sous les armes; et à deux heures de là ils furent tous au rendez-vous. C'est une chose assez singulière, et établie de tout temps, que quand la cloche de Turenne sonne, la paroisse voisine en fait autant, et la même chose de paroisse en paroisse; de sorte qu'en moins d'un demi quart-d'heure cette vicomté, qui est avec ses dépendances composée de quatre à cinq cents villages, entend le tocsin partout, et s'arme. Chacun sait son rendez-vous particulier, qui est composé de plusieurs paroisses; et la manière de sonner du clocher de Turenne apprend où doit être le rendez-vous général. Ainsi on ne s'étonnera pas, sachant cela, si l'ordre du duc de Bouillon fut si promptement exécuté; et ce n'est pas assurément dans ce pays-là que le proverbe a pris naissance : *C'est l'ordre de M. de Bouillon; quand il parle, personne ne marche;* car jamais je n'ai ouï parler d'une plus prompte obéissance, ni d'une exécution plus brusque que celle-là le fut. Toute la noblesse dont j'ai parlé se joignant aux communes de Turenne, fit un corps assez considérable pour la faire réussir. Tout marcha; et comme on sut que cette compagnie étoit déjà dans Brives depuis environ une heure, le duc envoya quarante maîtres à chacune des portes, fit préparer force fagots pour y mettre le feu, et envoya dire aux magistrats qu'ils avoient reçu une compagnie d'étrangers que le cardinal envoyoit pour enlever un prince du sang et madame sa mère; qu'il avoit résolu de la tailler en pièces, et qu'à cet effet ils eussent à la mettre dehors ou à lui ouvrir les portes, ou qu'il les alloit brûler, et mettre ensuite le feu dans leur ville; et tout cela dans une heure. Les magistrats furent assez embarrassés à quoi se résoudre; mais la populace, qui voyoit des troupes à leurs portes, leur seigneur à la tête, et les communes qui grossissoient de gens qui descendoient de toutes parts des montagnes, commença à dire aux commandans de cette compagnie qu'ils les chargeroient, et même plus promptement que ne feroit le duc de Bouillon, et qu'ils eussent à aviser à ce qu'ils avoient à faire; et que s'ils attendoient plus que le temps qu'il leur avoit donné, il n'y auroit point de quartier pour eux. De sorte qu'après quelques allées et venues,

Sauvebœuf, qui étoit de la troupe, entra dans la ville, capitula qu'ils sortiroient en armes et bagage. C'étoit un homme brusque, emporté, sujet à faire bien des fautes quand il commandoit, et à être brouillé avec ses commandans quand il obéissoit. Le duc de Bouillon le désavoua; et il fut enfin accordé, au nom du duc d'Enghien, que les officiers sortiroient chacun avec le cheval qu'on leur voudroit donner, sans valets ni bagage, et que tout le reste se rendroit à discrétion : ce qui fut exécuté. On mena bien cent cinquante chevaux à Turenne, et la plupart des cavaliers prirent parti dans nos troupes ; et tel fut le commencement de cette guerre.

Sauvebœuf se plaignit fort de ce désaveu, et plus encore de ce que le billet de créance que la princesse avoit écrit au baron de Vatteville étoit adressé à Lusignan et non à lui, et qu'il ne l'avoit pas signé, disant qu'il avoit commencé cette négociation; que les Espagnols n'auroient créance en qui que ce fût : de sorte que pour le contenter, et empêcher que cette mèche ne fût éventée, il fallut en faire un, qu'il signa avec la princesse, et qu'il envoya par un gentilhomme à lui. Ceux qui sont à la tête des partis, surtout quand ils sont dans leurs commencemens, font un exercice perpétuel de patience pour contenter l'avarice, l'ambition ou la vanité de ceux qui y sont, de peur qu'ils n'en sortent; et de ceux qui n'y sont pas, afin qu'ils y entrent.

On sut le soir que le marquis de Sillery venoit avec trois à quatre cents maîtres, parmi lesquels il y avoit cent cinquante gentilshommes; qu'il s'étoit saisi du pont de Térasson sur la Vezère, et que le chevalier de Todias avoit fait plus de mille fantassins dans la duché de Fronsac, dont il étoit gouverneur.

Chaufour, entré dans Limeuil, écrivit qu'il s'y étoit jeté près de quinze cents hommes; qu'il étoit en état de durer plus de quinze jours, et qu'il ne croyoit pas le général de La Valette si mal avisé que d'en entreprendre le siége.

Le gentilhomme que la princesse avoit envoyé au maréchal de La Force retourna avec une de ses lettres fort respectueuse pour elle, et nous dit qu'il lui avoit confirmé tout ce qu'il lui avoit envoyé dire par le gentilhomme nommé Chassin, qu'il lui avoit dépêché deux jours auparavant; disant de plus qu'il avoit neuf ou dix villes qui se déclareroient aussitôt que la princesse seroit en campagne, avec une armée capable de s'opposer aux troupes du duc d'Epernon; que lui et toute sa famille se sacrifieroient avec joie pour la tirer d'oppression; que c'étoit une chose honteuse de souffrir qu'une reine espagnole et un ministre calabrois, sujet du Roi son frère, eussent emprisonné sans sujet le plus grand prince du monde, et qui avoit si bien mérité de l'Etat qu'il ne savoit à quoi se résoudre sur la conférence proposée, craignant que s'il sortoit de sa maison, le duc d'Epernon ne s'en saisît; que c'étoit un homme vain, ignorant et sans naissance, qui lui avoit proposé le mariage de mademoiselle de La Force sa petite-fille avec le duc de Candale, dont il n'avoit pas voulu ouïr parler, ne voulant point d'alliance avec telles gens, et finit disant qu'il alloit envoyer copie de la lettre de la princesse au marquis de La Force son fils, qui étoit à ***, pour prendre et suivre son avis sur la conférence proposée.

En tous les conseils que tenoit la princesse, elle n'y appeloit que les deux ducs et moi, non pas qu'il n'eût été nécessaire d'y faire entrer quantité de personnes de qualité et de mérite qui étoient là, et que je n'y fusse bien inutile ; mais le secret est si nécessaire dans tels commencemens, où les créances réciproques ne sont pas encore bien établies, et où l'on ne connoît pas les intérêts, les humeurs ni le génie des uns et des autres, qu'on étoit obligé d'en user de la sorte. Chacun pourtant vouloit y être ; mais le remède est de s'entretenir souvent d'affaires sans appeler cela conseil, ne faire jamais sortir personne du lieu où l'on est pour cela, et que ceux qui délibèrent fassent de concert les uns avec les autres des confidences à leurs amis des choses les moins importantes, et auxquelles le secret est moins nécessaire, et leur en demander toujours beaucoup.

Le 18, la princesse en tint un avec nous, auquel il fut délibéré sur la manière de concevoir les ordres qu'il falloit donner à l'avenir pour faire avancer les troupes avec lesquelles on prétendoit attaquer le général de La Valette, pour ensuite conduire la princesse à Bordeaux. Les uns furent d'avis de les dresser de cette sorte :

« Henri de Bourbon, duc d'Enghien, prince du
« sang, pair de France, lieutenant général de l'ar-
« mée du Roi contre le cardinal Mazarin, ses fauteurs
« et adhérens, perturbateurs du repos public, empê-
« chant la paix générale et la décharge des peuples. »

Mais sur ce qu'il fut remontré que ce seroit déclarer la guerre si on le déclaroit chef de parti, et qu'il n'étoit pas expédient d'en user de la sorte, que de concert avec le parlement de Bordeaux, lorsqu'on y seroit arrivé, on résolut qu'on les expédieroit en cette forme :

« La princesse de Condé, etc. Il est ordonné aux
« maires, consuls et habitans de *** de recevoir
« ***, qui leur seront envoyés ou menés par le
« sieur ***, que nous avons prié de se rendre près
« de nous avec ladite troupe, pour empêcher que
« celles du cardinal Mazarin, qui nous poursuivent, ne
« se saisissent de notre personne et de celle de M. le
« duc d'Enghien notre fils. Et d'autant qu'il ne seroit
« pas raisonnable que lesdits habitans fussent sur-
« chargés de la dépense de ladite troupe, qui vient
« pour nous défendre de l'oppression et de la vio-
« lence d'un étranger ; et que rien n'est plus impor-
« tant à l'Etat, au service du Roi et au repos du peu-
« ple, que la conservation de mondit sieur le duc
« d'Enghien notre fils, comme étant le seul prince de
« la maison royale qui soit hors du pouvoir dudit car-
« dinal Mazarin, il est ordonné au commandant de
« ladite troupe de la faire vivre doucement, de gré
« à gré, sans aucune exaction ni violence, à peine
« d'y être pourvu ; et de laisser en sortant dudit lieu
« aux maire et consuls, un état arrêté et signé de lui
« de la dépense qui y aura été faite, afin qu'elle leur
« soit déduite sur la taille de la présente année 1650.
« Fait, etc. »

Ce jour même, la princesse, jugeant à propos d'écrire à quantité de gentilshommes des provinces voisines, fit expédier cette lettre circulaire pour eux :

« Monsieur ,

« Je n'ai pas voulu différer davantage à vous don-
« ner avis que je me suis rendue en cette province
« près de messieurs les ducs de Bouillon et de La Ro-
« chefoucauld, pour mettre M. le duc d'Enghien mon
« fils à couvert de la violence du cardinal Mazarin,
« lequel n'étant pas satisfait de l'injuste détention de
« monsieur mon mari et de messieurs mes beaux-
« frères, nous fait poursuivre partout par ses troupes.
« Je crois que vous êtes assez généreux pour con-
« tribuer votre pouvoir et celui de vos amis pour la
« conservation du seul prince du sang qui soit hors
« de la puissance de cet étranger. Monsieur son père,
« lui et le Roi même reconnoîtront un jour le ser-
« vice que nous recevrons de vous en cette rencon-
« tre : en mon particulier, croyez que j'aurai toute ma
« vie le ressentiment que j'en dois avoir, et que je
« suis, etc. A Turenne, ce 18 mai. »

Madame la princesse envoya ordre au chevalier de Todias de se tenir d'une heure à l'autre en état de marcher, et de se saisir, le samedi 21 du mois, de la ville de Libourne.

Elle envoya aussi ordre au commandant et aux officiers de la duché d'Albret d'obéir à tout ce que Lusignan leur ordonneroit de sa part.

Comme le marquis de Sillery n'avoit amené que de la cavalerie, il ne s'étoit saisi du pont de Térasson que pour assurer son passage, et n'y avoit laissé personne. Les troupes du duc d'Epernon vinrent l'occuper, et s'y barricadèrent au nombre de douze cents hommes de pied et de quatre cents chevaux, pour de là observer la contenance de la princesse, et être à portée de traverser la marche qu'elle pourroit faire.

On résolut de faire imprimer et jeter, dans les villes circonvoisines et dans l'armée, le billet que j'ai fait ici transcrire :

« Soldats, qui avez vaincu autant de fois que vous
« avez combattu sous le grand prince de Condé, auriez-
« vous bien assez de cruauté pour tremper vos mains
« dans le sang de sa femme et de son fils, que le Maza-
« rin fait poursuivre? Non; on espère de vos courages
« que vous quitterez les troupes de cet infâme étran-
« ger pour vous ranger, comme ont fait beaucoup
« de braves soldats, auprès de la princesse et du
« duc d'Enghien. Vous y aurez bon parti dans le
« corps que chacun choisira; les cavaliers et fantas-
« sins toucheront leur première montre le jour de
« leur arrivée, et seront ensuite payés tous les mois,
« dont tous les généraux donnent leur parole, et
« engagent leur honneur. Quant aux officiers, on les
« croit trop généreux pour ne pas se joindre à ce
« juste parti, où tous les seigneurs du royaume qui
« ne sont pas unis par intérêt au Mazarin sont enga-
« gés pour contribuer avec eux au bien de l'Etat,
« à la paix générale, au soulagement du peuple, et à
« la liberté du plus vaillant et du plus grand capitaine
« du monde. Adieu, etc. — La première montre sera
« de deux pistoles pour chaque fantassin, et de cin-
« quante écus pour chaque cavalier monté. »

La princesse écrivit au maréchal de La Force pour l'avertir que les ennemis s'étant postés à Térasson, il avoit toute liberté d'entreprendre ce qu'il lui plairoit vers la haute Guienne et tout le long de la Garonne.

Le duc de Bouillon reçut nouvelle que le vicomte de Turenne son frère avoit fait pendre trois soldats de ses troupes qui avoient voulu l'assassiner, et avoient confessé avoir été attitrés par le cardinal. J'aidois en ce temps-là à le laisser croire aux autres, parce que cela servoit à ce qui nous convenoit le plus; mais je ne l'ai jamais cru, et particulièrement quand j'ai connu, par beaucoup d'expérience, que son naturel étoit fort éloigné de la cruauté.

Le 19, on tint un conseil, auquel furent appelés les principaux de ceux qui étoient là, comme Sauvebœuf, Coligny, Sillery, etc. Il y eut deux avis: le premier, d'assembler toute la vicomté de Turenne, d'où l'on pourroit tirer trois mille hommes de pied en état de combattre; et avec ce qu'il y avoit là de monde environ de sept à huit cents chevaux, pour aller attaquer le général de La Valette à Térasson, tâcher à le défaire ou mettre en désordre, qui seroit le moyen de se rendre maître de toute la Guienne, et de mener ensuite la princesse et le duc comme en triomphe dans Bordeaux.

Le second avis fut de se contenter de régler ce que l'on pourroit tirer de troupes de Turenne et lieux circonvoisins, quinze cents hommes qui étoient dans Limeuil, les mille ou douze cents hommes du chevalier de Todias et de Roissac, avec environ mille chevaux qu'on ramasseroit de toutes parts; passer la princesse, le duc et les enfans du duc de Bouillon le long de la Dordogne, par Montfort, à Limeuil, et de là à Libourne, où l'on attendroit des nouvelles d'Espagne, et d'où l'on négocieroit avec Bordeaux, ou l'on s'y jeteroit sans aucun traité, suivant que l'occasion le voudroit; que si le général de La Valette vouloit suivre, on tâcheroit de prendre quelque poste avantageux pour l'incommoder ou le combattre; et que du moins, en hasardant un combat, la princesse seroit en sûreté et le duc son fils. Ce dernier avis prévalut avec raison; et il n'y avoit pas à balancer entre la conservation de leurs personnes, et quelques succès qu'on eût pu avoir d'ailleurs. Elles étoient la sûreté d'un parti naissant, et celle de la vie des princes prisonniers. L'on résolut d'exécuter cette proposition le 21 ou le 22 du mois.

Le 20, un cordelier vint à Turenne; on sut tôt après sa sortie, d'une personne à qui il s'étoit adressé, qu'il étoit envoyé du duc d'Epernon pour lui rapporter ce qui s'y passoit. On fit courre après lui de tous côtés, mais en vain.

Un père carme, nommé Fabri, vint s'offrir à faire surprendre Filsgean et Cadevac, deux forts châteaux appartenant au comte de Crussol : et tant que cette affaire a duré, nous avons reçu mille propositions de cette nature par des moines presque de tous ordres. Il est dangereux de s'y fier, car les bons religieux demeurent dans les cloîtres; il n'y a que les vagabonds, ou peu affectionnés à leur profession, qui s'offrent à entrer dans les affaires de cette nature. Ils sont pour l'ordinaire espions, doubles, et se prévalent du respect que l'on doit à leur habit, pour profiter et trahir des deux côtés, et, en chemin faisant, pratiquer toutes sortes de vices : effets ordinaires de la fainéantise et de l'impunité.

Le duc de Bouillon fut au rendez-vous de ses troupes pour les régler tout-à-fait, et les mettre en état de marcher.

Le duc de La Rochefoucauld apprit, par une lettre qu'il reçut, que cinquante gentilshommes de Poitou marchoient pour le joindre.

La princesse écrivit au marquis de Bourdeilles de Montsallé, frère du comte de *** et de Saint-Bonnet, et leur donnoit part de sa marche pour Bordeaux, pour tâcher à hâter leur résolution d'entrer dans le parti.

La Roussière, qui avoit été envoyé de Montrond en Poitou, en retourna, et dit qu'ayant voulu voir le duc de La Trémouille, il avoit contrefait le malade pour l'éviter; que la duchesse sa femme lui avoit dit que non-seulement son mari ne vouloit rien écouter touchant le parti des princes, mais qu'il en détournoit le prince de Tarente son fils, aussi bien que la landgrave de Hesse sa belle-mère, le comte de Laval son frère, et la princesse sa femme, afin que s'il avoit à lui proposer quelque chose, il le fît à l'insu de tous ces gens-là. Après quoi elle lui dit qu'elle étoit servante de la princesse douairière, et qu'elle avoit sujet de se plaindre du prince de Condé, qui avoit, en beaucoup de rencontres, abandonné les intérêts de sa maison. C'est une dame qui est assez habile à sa mode, et qui vouloit imputer quelque chose au prince pour se dispenser de le servir : ce qui arrive souvent aux gens foibles, ou à ceux qui croient profiter davantage de l'autre côté. La Roussière prit un rendez-vous avec le prince de Tarente, qui lui dit qu'il faisoit son possible pour persuader son père, sa mère et son frère d'aller en Bretagne, et pour envoyer sa femme en Allemagne, à Cassel; et que pour lors étant libre, il verroit ce qu'il pourroit faire : et ensuite le questionna fort sur ceux qu'on prétendoit devoir être du parti, l'argent, les troupes, les places, les emplois, les commandemens, etc. En un mot, cet homme qui s'étoit venu offrir à Chantilly, croyant qu'on lui mettroit Saumur entre les mains quand il étoit à la disposition de la princesse, fit comme ces gens qui, après avoir sondé le gué, quoique bon, vont passer la rivière à dix lieues de là sur un pont, bien qu'ils aient une affaire pressée. La Roussière dit encore qu'il avoit de grandes conférences, aussi bien que Du Dognon, avec le maréchal de La Meilleraye.

Le 21, l'on sut que les ennemis se retranchoient fortement à Térasson, sur le bruit que nous faisions courre exprès que nous voulions les attaquer; qu'ils attendoient quelques compagnies de cavalerie et le régiment de Cugnac, et faisoient faire leur pain de munition à Serlac.

Quelques soldats vinrent se rendre, et la princesse leur fit donner l'argent porté par les billets jetés dans leur camp.

On donna tous les ordres aux troupes de se trouver avant le jour avec toute la noblesse à Cussensac.

Il est bien juste, avant que de sortir de Turenne, que je rapporte la magnificence et la cordialité avec laquelle la princesse y fut reçue et traitée tout le temps qu'elle y séjourna. Elle y entra avec toute la cavalerie et la noblesse dont j'ai parlé, et y fut reçue au bruit du canon. Il y avoit soir et matin une table pour elle seule, une pour le duc son fils, une pour madame de Tourville, à laquelle mangeoient les autres dames, servies chacune dans des lieux séparés; et dans la grande salle il y avoit quatre tables de vingt-cinq couverts chacune, toutes magnifiquement servies et sans bruit, que celui qui commençoit à s'élever après que l'on avoit desservi les potages, et qui alloit augmentant petit à petit, jusques à ce que la plupart fussent dans une gaieté approchant de l'ivrognerie. On commençoit les santés, et on les finissoit par celle du prince de Condé : on la buvoit debout, à genoux, et de toute manière; mais toujours le chapeau bas, et l'épée nue à la main. Le duc de Bouillon la commençoit toujours avec des protestations de mourir pour son service, de ne remettre jamais l'épée au fourreau, qu'il ne le vît avec le prince de Conti et le duc de Longueville en liberté. Il portoit telles santés, tantôt d'une, tantôt de deux et de trois rasades, parfois dans des verres; parfois dans des gobelets à l'allemande; et elles étoient suivies par toute l'assistance de protestations et de sermens de le seconder : tous les valets en faisoient de même. Cette façon de boire passa jusque dans les troupes; tout l'équipage de la princesse et toute sa suite fut défrayée : et je ne sais comment le duc put fournir à cette dépense en l'état auquel étoient ses affaires, après tous les malheurs qu'il avoit essuyés depuis sa prison, et la perte de Sedan. Il donnoit à la princesse tous les divertissemens qu'il pouvoit; le voisinage la visitoit, les paysans venoient danser devant elle; elle jouoit, et chacun essayoit de la divertir par quelque plaisanterie.

Les feux qui avoient commencé à Montrond pour la marquise de Gouville alloient croissant dans les cœurs de Sessac et de Meille. Celui de Lorges ne fit pas grand progrès; mais celui de Guitaut, quoiqu'absent, n'en étoit pas de même : il se défendit, tout éloigné qu'il étoit, contre les attaques de ses rivaux. Saint-Agoulin commençoit à galantiser Gerbier pendant le voyage; Coligny la trouvoit aimable à Turenne ; et le duc de Bouillon, qui avoit des civilités pour elle au-delà de sa condition, fit paroître dès-lors quelque chose de l'amour passionné qu'il eut pour elle. Je lui dictois en particulier toutes les lettres qui devoient paroître écrites de la main de la princesse; j'avois tout loisir de l'entretenir; elle, de bonne foi, me faisoit confidence de ce que les autres lui disoient de leurs passions : et comme je craignois fort qu'on ne découvrît celle que j'avois pour elle, je vivois avec le plus grand respect du monde avec elle ; personne ne m'en croyoit amoureux; et comme on ne la croyoit que mon amie, ils me disoient tous trois mille choses d'elle qui me faisoient juger ce qu'ils avoient dans le cœur, et me faisoient, sans qu'ils y pensassent, tenir sur mes gardes, et gagner toutes les avenues pour faire échouer leurs desseins.

LIVRE TROISIÈME.

Le 22, à une heure après minuit, le duc de Bouillon, qui avoit tout disposé pour la marche, envoya deux heures devant le jour avertir madame de Tourville de faire éveiller la princesse et le duc d'Enghien. On le fit : elle ouït la messe, et descendit long-temps avant le jour au bas du château, où elle trouva les compagnies des gardes du prince son mari, du duc de Bouillon et du duc de La Rochefoucauld, qui tous deux étoient à la tête de toute la noblesse dont nous avons parlé, près des deux carrosses, dans l'un desquels elle, le duc d'Enghien et les dames entrèrent; et l'autre servit à mener les fils de M. de Bouillon, fort jeunes, et qu'on appeloit pour lors Sedan et Raucourt.

Jusque là la princesse n'avoit agi qu'en secret; elle n'avoit fait que fuir de Chantilly et de Montrond; elle avoit dissimulé ses desseins à la cour et à ses amis mêmes : maintenant son ressentiment éclate, tout est au jour; elle marche à la tête d'une armée; elle cherche un asyle les armes à la main, et voit enfin éclore ce parti qu'on avoit ménagé avec tant de secret, je dirois même d'adresse, si je n'avois eu trop de part à toute cette conduite. Il a été glorieux à tous ceux qui l'ont soutenu et qui l'ont formé dans un temps d'une très-violente oppression, après un coup de foudre tel qu'avoit été la prison des princes pendant l'union étroite des frondeurs avec le cardinal, qui avoit relevé son autorité partout, et après les heureux succès qu'il avoit eus en Normandie, en Anjou et en Bourgogne. Il faut que je dise ce qu'on dit souvent en pareilles rencontres, qu'il est aisé de gouverner un vaisseau quand le vent est favorable, mais très-difficile de prendre port contre vent et marée.

Le rendez-vous fut à ***, où la princesse trouva dans une plaine seize escadrons de cavalerie d'environ neuf cents chevaux, quatre cents gentilshommes, et de deux cents dragons, faisant environ deux mille quatre cents hommes. Tout marcha en bataille jusqu'à Montfort-sur-Dordogne, appartenant au duc de Bouillon, comme j'ai dit. L'armée campa entre ce lieu-là et Sarlat, pour la couvrir des ennemis.

La princesse y reçut un gentilhomme du marquis de La Force, qui proposa de faire prendre Libourne avec un grand mystère, dont la princesse étoit assurée. S'il eût proposé de s'en servir en personne, il eût fallu lui donner curée de cette exécution, tout comme s'il n'y eût eu que lui au monde qui eût été capable de la faire, et qu'elle eût été le salut du parti. Il importe souvent de donner l'honneur à autrui des choses que l'on feroit mieux soi-même et avec moins de dépense, comme ici, où l'on auroit fait faire un pas au marquis de La Force, après lequel il n'auroit pu reculer : mais il ne parloit que de nous mettre en main quelques gentilshommes de ce voisinage-là, qui n'étoient pas assez considérables pour désobliger ceux qui nous avoient ménagé l'entrée de cette place.

Le 23, on partit suivant le conseil tenu la veille. Incontinent après que l'on fut arrivé à Montfort, il fut résolu de couvrir la marche de la princesse le plus qu'il seroit possible, et de la conduire à Bordeaux avec toute sûreté : de sorte qu'à quatre heures du matin elle se rendit avec le duc son fils, les fils du duc de Bouillon, et le reste de sa suite, sur le bord de la rivière, où elle trouva six bateaux, dans quatre desquels étoient cent ou six vingts mousquetaires, ses carrosses dans le cinquième, et l'autre destiné pour sa personne. Avant que de s'embarquer, elle entretint sur le bord de la rivière le sieur de Merry, envoyé du marquis de La Force, auquel elle promit de faire toutes les choses qu'il souhaiteroit en faveur des gentilshommes qui devoient se saisir de Libourne, et le pria de lui proposer de se rendre à Bordeaux, ou d'y envoyer un gentilhomme de sa part avec lettre de créance, afin qu'elle pût traiter avec lui, connoître ses intérêts et ses desseins. Elle dépêcha aussi un gentilhomme vers le maréchal de La Force, pour lui faire ses complimens et ses excuses si elle passoit à la porte de Castelnau sans le voir; mais qu'étant en bateau, et le château en un lieu extraordinairement élevé, elle ne pourroit, sans une très-grande incommodité, satisfaire au dessein qu'elle avoit d'aller elle-même prendre ses conseils. Elle le chargea de lui dire qu'elle marchoit avec mille ou douze cents chevaux, et trois mille hommes de pied; que le Pariage étoit sous les armes; qu'elle étoit assurée de M. de Bourdeilles et de tous ses amis; que dans la duché de Fronsac elle avoit mille hommes de pied et deux cents chevaux, et qu'elle alloit se jeter dans Bordeaux.

Elle avoit été conseillée, et fort à propos, de voir ce maréchal en passant, pour deux raisons. La première, pour le faire précisément déclarer; et la seconde; en cas qu'elle n'en pût venir à bout, faire croire par cette entrevue à toute la Guienne qu'elle venoit de nouer la partie : mais ce dessein fut combattu par d'autres raisons qui l'emportèrent. La princesse s'embarqua donc, passa au pied de Castelnau, fut visitée sur la rivière, près de Benac, par le seigneur du lieu, qui s'excusa sur son âge s'il ne la suivoit, et l'assura qu'il alloit faire monter ses fils à cheval pour aller joindre son armée. Chacun la voyant passer plaignoit l'affliction de cette princesse, et la manière avec laquelle elle se sauvoit avec un prince du sang âgé de sept ans : on lui souhaitoit, les larmes aux yeux, toutes bénédictions et toutes prospérités. Enfin elle arriva à Limeuil, petite ville où il y a un château sur une hauteur qui la commande, et dans la situation que j'ai dite. Elle trouva en arrivant le pont de bateaux, qu'on avoit commandé deux jours auparavant, achevé, et tout le pain de munition cuit. Deux heures après son arrivée toute la cavalerie arriva, à laquelle se joignirent deux cents chevaux que le marquis de Saint-Alvaire, et les sieurs de Ribère, de Jorre et autres, lui avoient amenés.

Les ducs reçurent la nouvelle que les ennemis avoient quitté Térasson, sur l'avis de leur sortie de Turenne, et marchoient sur deux lignes : savoir, la cavalerie d'un côté, et l'infanterie d'un autre, et sembloient aller vers Bergerac. Cela les fit résoudre d'aller à eux pour essayer de les pousser, et peut-être de les tailler en pièces.

A cinq heures du soir toute l'infanterie arriva. Les ducs, qui étoient partis en diligence, et qui avoient emmené cinq cents fantassins qu'ils avoient pris à

Limeuil des troupes qui y étoient pour la conservation de la place, apprirent, à demi-lieue de là, que les ennemis avoient passé à Liorat, et pourroient s'arrêter à La Moussie de Montastruc. Ils résolurent de les pousser jusque dans Bergerac, et de les combattre s'il étoit possible. Le duc de Bouillon envoya querir toute l'infanterie, quoique fatiguée d'une longue marche, et qui partit à l'heure même.

Le sieur d'Erchinac et ***, neveux du sieur Le Blanc de Mauvoisin, conseiller au parlement de Bordeaux, avertirent la princesse et les ducs que le duc de Saint-Simon continuoit d'écrire à Bordeaux que l'arrivée de la princesse et du jeune duc seroit leur ruine; qu'il falloit l'éviter à quelque prix que ce fût, et leur refuser l'entrée; et que Pomiers-Françon, quoiqu'intendant de madame la princesse en Guienne, et le procureur général du parlement dépendant dudit duc, tenoient le même langage, et alloient de porte en porte pour essayer de le persuader. Et cela avoit été déjà dit et mandé de divers endroits à la princesse.

Le sieur de La Chapelle-Biron arriva avec quarante maîtres. Longchamps retourna à Figeac, où il rendit sa lettre de la princesse au sieur de Montsallé. Le comte de Crussol, la comtesse sa femme, et l'abbé d'Uzès, crurent ou feignirent de croire qu'il venoit appeler en duel le sieur de Montsallé, et par là empêchèrent de l'entretenir, et l'arrêtèrent un jour entier. La comtesse le désabusa de la pensée qu'avoit la princesse que le duc de Saint-Simon fût dans ses intérêts, et lui témoigna tous les déplaisirs du monde qu'il ne fût pas dans les sentimens qu'il étoit obligé d'avoir par les paroles qu'il avoit données, et par la parenté qu'il avoit l'honneur d'avoir avec M. le prince.

Le sieur de Palière, capitaine au régiment d'infanterie de Condé, arriva de Montrond, et apporta la copie d'une lettre de la princesse la mère à Mautour, gouverneur de cette place, dont voici la copie :

« M. de Mautour, j'ai appris avec grand déplaisir le départ de ma belle-fille et de mon petit-fils de Montrond, et suis bien en peine où elle pourra être allée. J'ai appris qu'il s'étoit jeté dans ledit Montrond quelques gens de guerre, ce qui m'oblige à envoyer savoir de vous ce qui en est : et comme je ne suis en volonté ni en puissance de tenir une garnison extraordinaire, je vous prie de le faire connoître à ces messieurs, afin de les obliger à se retirer avec le plus de civilité et de courtoisie qu'il vous sera possible, ainsi que je l'ai dit à votre frère, me remettant à vous du surplus. Je suis, etc. »

Mautour lui fit réponse que ce qui étoit à Montrond y étoit par l'ordre de madame sa belle-fille, qu'ils n'en sortiroient que par son ordre ; et que n'y étant que pour la sûreté de la place, et n'y faisant aucun acte d'hostilité, il ne croyoit pas que la cour y pût trouver à dire. Il y a des occasions où l'on fait plaisir aux maîtres de leur désobéir.

Filsgean retourna de Blaye où la princesse l'avoit envoyé, qui lui rendit une lettre du duc de Saint-Simon, et lui dit qu'il disoit n'avoir jamais donné parole à Todias, au Chambon, à Chapizeaux ni à l'évêque d'Angoulême de recevoir elle, ni son fils, ni madame sa belle-mère, et ne lui en avoir donné jamais espérance par le marquis de Saint-Simon son frère; qu'elle avoit pris un mauvais conseil de sortir de Montrond; que les ducs de Bouillon et de La Rochefoucauld l'en avoient tirée pour leur intérêt particulier; qu'ils s'étoient voulu rendre maîtres de leurs personnes, l'un pour avoir Sedan, et l'autre son gouvernement de Poitou; que s'ils se présentoient à ses portes il les chargeroit; que s'il étoit contraint de recevoir la princesse et son fils, ce ne seroit qu'elle dixième; et que si pendant qu'elle y seroit il recevoit un ordre du Roi pour l'arrêter, il se trouveroit embarrassé; qu'il feroit pour M. le prince plus que tous les autres, en ménageant sa liberté par douceur; mais que pour y parvenir il falloit que la princesse accusât ceux qui lui avoient conseillé une telle conduite, et en demandât pardon au Roi; et que moyennant cela il feroit en sorte qu'on lui laisseroit la liberté de demeurer à Coutras ou à Montrond; enfin que c'étoit là tout ce qu'il pouvoit pour son service. Filsgean, qui est un vieux courtisan, et duquel le feu prince de Condé père se servoit en toutes ses négociations de la cour, lui répondit fort pertinemment sur tout cela; mais j'ai toujours connu que rien ne persuade que la passion ou l'intérêt. Le duc n'avoit pas à espérer l'un de la princesse; il n'avoit pas l'autre pour elle ni pour sa maison: il compta pour rien tout ce qu'il sembloit avoir promis et fait espérer. Je ne le blâme qu'en cela, car au fond il avoit trop d'obligations au feu Roi pour pouvoir manquer à la Reine en cette rencontre; aussi le comte de La Vauguyon, qui le gagna pour la cour, n'eut point de peine à en venir à bout.

Ce duc envoya un gentilhomme visiter la princesse.

Elle fut deux jours sans vouloir le voir : elle le vit à la fin, mais elle le traita avec beaucoup de froideur.

Sur le soir, la princesse sut par le sieur des Chapizeaux, et ensuite par le retour des ducs de Bouillon et de La Rochefoucauld, et de toute l'armée, qu'après avoir marché toute la nuit, qui étoit fort obscure, ils rencontrèrent les ennemis logés à Clermont et à Monclar, villages situés dans des lieux fort montueux, couverts de bois, et de difficile abord, séparés d'eux par un ruisseau fort bourbeux et profond, dans un marais qui empêcha les troupes de passer à eux pour les enlever la nuit, comme il avoit été projeté ; outre que l'infanterie, qui avoit fait une longue marche, n'ayant pu suivre, s'étoit postée une lieue en arrière. Les ducs crurent qu'ils ne pouvoient pas sans péril attaquer les ennemis dans leur quartier ; leur infanterie étoit avantageusement postée : de sorte qu'ils attendirent le point du jour, à cause des grands défilés qu'il falloit passer pour aller à eux. Mais les épernonistes (c'est ainsi qu'on les appela toujours depuis) ayant aperçu à la faveur du jour la moitié de la cavalerie du duc d'Enghien (l'autre moitié, qui avoit eu ordre de se rendre là, avoit été fourvoyée la nuit par les guides, et s'étoit postée à deux grandes lieues sur la droite), commencèrent à prendre leur marche du côté de Bergerac par une forêt qui aboutit assez proche de la ville, quittant pour leur propre salut le dessein duquel ils s'étoient si fort vantés. Messieurs les généraux résolurent de les combattre ; et pour cela ils passèrent à La Moussie le ruisseau qui les séparoit, pour les attaquer dans leur marche : mais ayant rencontré leur bagage escorté de trois cents mousquetaires et de cent chevaux, M. le duc de Bouillon commanda au sieur des Roches, qui étoit à la tête d'un escadron composé des gardes de M. le prince de Condé et de ceux du duc de La Rochefoucauld, de les aller attaquer, étant soutenu de Marquessac et de La Bastide-Conros; et ceux-ci par les escadrons des volontaires, qui étoient commandés par le comte de Coligny, qu'ils avoient choisi pour leur chef. Des Roches et de Marquessac les attaquèrent avec tant de vigueur, qu'ils les défirent entièrement; et cette avant-garde, qui étoit commandée par le marquis de Sauvebœuf, ayant tué plus de cent soixante soldats sur la place, deux capitaines et quelques autres officiers, le reste fut fait prisonnier; tout le bagage, mulets, chariots et équipage de toute l'armée pris; tout leur argent monnoyé avec la vaisselle du chevalier de La Valette : le butin fut estimé trois cent mille livres, y ayant tel cavalier qui eut douze cents louis d'or pour sa part; et rien de tout l'attirail de l'armée n'échappa qu'un carrosse, qui prit la fuite pendant le combat avec la cavalerie qui l'escortoit.

Cependant les épernonistes craignant après cette déroute que les troupes du prince, qu'ils voyoient donner avec tant de chaleur et de courage, ne leur tombassent sur les bras, prirent la fuite en grand désordre, et se sauvèrent à toute bride jusque dans Bergerac, et au delà. Tout le pays sonna le tocsin sur eux, et faisant des prières pour la prospérité des nôtres qui les poussèrent jusques aux portes de cette ville-là, d'où ils retournèrent à Limeuil, où madame la princesse, qui avoit su le bon succès, les attendoit avec impatience; et là les sieurs de La Chapelle-Biron, La Chapelle de *** et quelques autres les joignirent avec chacun cinquante maîtres, la plupart gentilshommes. On trouva dans la cassette du chevalier de La Valette toutes les lettres qu'il avoit reçues du duc d'Epernon et de ses confidens, les minutes des réponses qui leur avoient été faites, quelques copies des lettres du Roi et du cardinal Mazarin, par lesquelles on découvroit les fourbes et les intrigues des uns et des autres contre le parlement, contre la ville de Bordeaux, madame la princesse, monsieur son fils, et la plupart des seigneurs et gentilshommes de Guienne.

Je fis écrire sous M. de Bouillon cette relation ainsi qu'il la dicta, et je l'ai fait ici écrire mot pour mot, parce qu'elle est fort véritable; et je la fis imprimer avec des additions et publier à Bordeaux, pour solenniser le commencement de notre guerre, que nous prenions grand soin d'amplifier en le publiant: nous les augmentions même dans notre imagination; car les malheureux font parade de peu de choses, et se flattent que le moindre avantage est un augure pour le retour de la bonne fortune.

Le 25, on envoya des copies partout; et il n'est pas croyable combien ce petit avantage parut grand dans la créance des peuples de toute la Guienne, et combien de joie ils en eurent. Je ne sais si c'étoit l'affection pour nous, ou l'aversion qu'on avoit contre le duc d'Epernon: car ces deux passions si contraires et si opposées produisent d'ordinaire le même effet; et souvent on nous aime sans nous connoître, parce qu'on hait nos ennemis, ou l'on nous hait parce qu'on aime ceux qui nous sont opposés. Et parce que dans la cassette du chevalier de La Valette on trouva plusieurs lettres contre les intérêts du parlement et de la ville de Bordeaux en général, et en particulier contre l'honneur du marquis de La Force, et de plusieurs personnes de qualité de la province, avec les ordres pour arrêter la princesse et le jeune duc, où les envoya en original à Bordeaux, et des copies à tous les intéressés.

On séjourna à Limeuil le 26, pour donner un peu de repos aux troupes.

La princesse renvoya le gentilhomme du marquis de La Force avec les lettres que l'on avoit trouvées contre lui. Elle l'invita de se trouver à Bordeaux pour conférer avec elle, et ajouta que, par un courrier qu'elle avoit reçu ce jour-là, on lui mandoit que le cardinal écrivoit à ce marquis avec promesse de le faire maréchal de France : sur quoi elle me commanda de faire un billet au porteur, qui disoit qu'elle croyoit le marquis trop habile pour se contenter d'une chose aussi peu solide que cette promesse, qu'on ne lui faisoit que pour l'amuser, et lui faire perdre le temps de se rendre considérable en relevant son parti, en se saisissant des places que sa maison avoit possédées autrefois, et dans lesquelles il avoit intelligence, et tout le crédit; qu'il seroit bien plus tôt et plus sûrement maréchal de France en se rangeant de son côté qu'en se fiant au cardinal, parce qu'elle s'engageoit, par le traité qu'elle feroit avec lui, de ne faire jamais d'accommodement qu'il ne le fût; qu'elle lui donneroit de l'argent pour lever des troupes; qu'il devoit se souvenir de quelle manière le cardinal l'avoit méprisé et le maréchal son père, ne leur ayant jamais donné d'emploi pour faire éclater leur vertu, ni procuré aucuns bienfaits à la cour depuis qu'il étoit au ministère; qu'au contraire il les avoit reculés, pour avancer des gens de néant à leur préjudice; et quand bien il seroit devenu bien intentionné pour lui, il seroit impossible qu'il lui donnât le bâton de maréchal de France, l'ayant promis préférablement à tous autres aux marquis d'Hocquincourt, de ***, La Ferté-Senneterre, La Ferté-Imbault, Palluau, Manicamp, Du Dognon, Grancey, et à d'autres qu'il n'osoit mécontenter, les uns par la considération de leurs places, d'autres par celle de leur cabale, et les autres parce qu'ils étoient ses créatures; et qu'il rebuteroit tout le monde s'il en faisoit si grande quantité à la fois.

Dorénavant, quand je dirai que la princesse fit ou ordonna quelque chose, il faut supposer que les ducs de Bouillon et de La Rochefoucauld le proposoient ou le jugeoient à propos; parce que depuis qu'elle les eut joints, elle ne voulut jamais décider d'aucune chose sans leur avis. J'employois toute la créance dont elle m'honoroit à faire tourner les choses comme les ducs le souhaitoient; et je les priai d'abord tous les deux en particulier, et tous deux ensemble, de me commander avec un pouvoir absolu. Je savois bien que la bonne intelligence est l'ame des partis. La princesse n'avoit rien à craindre que de voir former de petits partis dans le grand par la désunion des chefs : aussi appliquai-je tous mes soins à les éviter comme un écueil; et à la vérité je n'eus aucune peine à les tenir unis, car je n'ai jamais vu deux hommes d'une telle qualité et d'une aussi grande ambition qu'étoient la leur avoir des intentions plus nettes et plus sincères. Ils me traitèrent l'un et l'autre avec tant d'honnêteté, et prirent une telle créance en moi, qu'ils ne firent jamais la plus petite affaire sans me le communiquer et me la faire approuver.

La princesse vint, et renvoya le gentilhomme que le duc de Saint-Simon lui avoit dépêché. Elle répéta à peu près tout ce que Filsgean avoit dit à son maître, et y ajouta que rien n'étoit plus chrétien que ce qu'il faisoit en faveur du cardinal Mazarin, qui l'avoit toujours persécuté; et qu'elle espéroit qu'il feroit réflexion sur ce qu'il lui avoit promis, et sur ce qu'elle n'étoit sortie de Montrond qu'à sa persuasion et sur sa parole; et que quand il auroit connu la force du parti, il jugeroit qu'il pouvoit y entrer sûrement; qu'elle lui laisseroit la liberté de faire la guerre à l'œil pendant quelque temps; et que, quoi qu'il eût écrit et fait dire, elle ne pouvoit s'imaginer qu'il lui manquât en une occasion d'une telle importance. Elle chargea cet envoyé de lui dire de sa part, et de l'assurer qu'il ne tiendroit qu'à lui qu'elle ne l'aimât de tout son cœur.

La princesse se surmonta elle-même en dissimulant la plus grande partie de ce qu'elle avoit sur le cœur; mais il n'étoit pas à propos de rompre brusquement avec lui : et dans les négociations d'une aussi grande conséquence que celle-là, c'est une maxime certaine qu'il faut toujours laisser lieu aux intéressés de penser à ce qu'on souhaite d'eux, parce que le temps produit mille choses qui leur font changer de résolution, et les porte souvent à désirer ardemment le lendemain ce qu'ils refusoient la veille avec obstination, surtout quand on n'est pas en pouvoir de donner la loi.

« En renvoyant ce gentilhomme, la princesse lui fit donner une copie d'une certaine lettre du cachet du Roi, qu'on supposoit avoir été écrite au chevalier de La Valette, et avoir été prise dans son équipage, par laquelle on lui donnoit ordre de mettre tout en usage pour surprendre Blaye, n'y ayant point d'apparence de laisser une place de cette importance entre les mains du duc de Saint-Simon, auquel on ne pouvoit prendre confiance; sachant bien qu'il étoit engagé dans le parti des princes.

Depuis on en montra le prétendu original à plusieurs de ses amis à Bordeaux; mais la vérité est que quelqu'un que je ne veux pas nommer avoit, avec une certaine drogue, levé tout l'écrit d'une vraie lettre de cachet, et avoit ensuite fait remplir le blanc de ce que je viens de dire : tant la nécessité et la foiblesse inspirent de choses contre la bonne foi.

Le 26, le duc de Bouillon renvoya Langlade à Bordeaux pour avertir ceux de sa confidence que la princesse marchoit pour s'y rendre, afin de disposer les choses pour sa réception. La princesse le chargea de voir en passant le marquis de Bourdeilles, et de lui rendre une lettre de sa part; de porter ordre au chevalier de Todias de faire faire du pain de munition à Coutras; de voir quand et comment l'affaire de Libourne s'exécuteroit, et en tout cas de faire préparer des bateaux au Bec-d'Ambez et à Lormont.

Le 27, on sortit de Limeuil, et l'armée marcha en bataille droit à Verg, où le marquis de La Douze, qui en est le seigneur, avoit défendu d'ouvrir la porte du château à la princesse; et comme la petite vérole étoit en la plupart des maisons du bourg, et que la princesse avoit sujet de la craindre pour elle et pour le duc son fils, elle campa la nuit avec l'armée.

Le 28, on continua la marche par le Pariage, petite partie du Périgord, dont les habitans, naturellement séditieux, et qui sont accoutumés à ne payer ni dettes à leurs créanciers ni tailles au Roi, vinrent au nombre de six cents hommes armés, sous la conduite du baron d'Abroche, offrir leurs services à la princesse. On fit halte près Le Grigault; et, en passant à Saint-Pont, la dame du lieu lui donna une fort honnête et fort galante collation sous des arbres auprès d'une fontaine. On passa la rivière de l'Ile à Mauriac, où trois cents hommes des terres de Lauguais-de-Clérau, qui appartiennent au vicomte de Turenne, vinrent nous joindre. On campa à Saint-Louis, où la princesse coucha, et où elle reçut une lettre du marquis de Lusignan, qui étoit à Bordeaux, par laquelle il lui donnoit avis que tout le peuple l'y attendoit avec impatience : ce qui lui fut et à nous d'une très-grande consolation.

Le 29, l'on marcha à Saint-Antoine, où l'on fit repaître la cavalerie. La princesse y dîna, et tout campa et coucha à Coutras, où le chevalier de Todias joignit à l'armée deux cents chevaux et cinq cents fantassins. Ce lieu, fameux par la bataille que Henri IV, étant encore roi de Navarre, y donna au duc de Joyeuse, et qu'il gagna avec tant d'avantage pour son parti, l'est encore par la beauté de sa situation entre les rivières de l'Ile et de la Drôme, et par la beauté de la maison et des grands jardins qui l'accompagnent : c'est ce qui le fit juger propre à y faire quelque séjour, en attendant que les choses fussent en l'état que nous les souhaitions à Bordeaux. Et déjà les dames et quelques-uns de ceux que j'ai nommés sur leur sujet commençoient à faire des chiffres sur les écorces des lauriers les plus hauts et les plus beaux que j'aie vus de ma vie, et qui forment une belle allée sur le bord d'un très-grand canal, quand un avis que l'on reçut de Mazerolles, gentilhomme de bon sens, et de long-temps attaché au prince de Condé, qui s'étoit rendu à Bordeaux sur le bruit du voyage de la princesse; et le retour de Langlade, firent changer d'avis, et résoudre d'y marcher avec toute la diligence possible pour s'y rendre le 31, sur ce que le premier avoit écrit qu'elle y seroit bien reçue, pourvu qu'elle y arrivât inconnue, et sans être accompagnée des ducs de Bouillon et de La Rochefoucauld; et qu'y étant, elle négocieroit pour les y faire recevoir : mais qu'il falloit user de diligence, parce que Lavie, avocat général, étoit arrivé de la cour en poste, avec des ordres pour empêcher sa réception, et qu'il ne falloit pas lui donner le temps de faire sa cabale pour les faire exécuter (1). Elle lui dépêcha à l'instant même, pour lui

(1) « Le 30 mai, il fut porté chez le sieur d'Affis, président au parlement de Bordeaux, sur les six heures de relevée, par un homme inconnu, aposté par le sieur de Lavie, avocat général audit parlement, et un des députés dudit parlement en cour, envoyé à Bordeaux par le cardinal Mazarin pour y porter ses ordres, deux lettres de cachet datées du 18 mai : l'une adressante au parlement, et l'autre aux jurats de Bordeaux, toutes deux de pareille teneur; par lesquelles le cardinal, sous le nom du Roi, leur donnoit avis que madame la princesse et le duc d'Enghien son fils devoient se rendre à Bordeaux; qu'il leur commandoit, en cas qu'ils ne fussent pas encore arrivés, de leur fermer les portes; et en cas qu'ils le fussent, de se saisir et assurer de leurs personnes.

« Le sieur d'Affis ayant reçu ces lettres, fit avertir quelques-uns des conseillers du parlement de se rendre chez lui, qui jugèrent qu'il étoit trop tard pour assembler les chambres; de sorte qu'ils remirent au len-

dire qu'elle marcheroit le lendemain dès la pointe du jour; mais qu'elle ne vouloit, pour quelque considération que ce fût, se séparer des ducs, et qu'elle aimoit mieux qu'on lui fermât les portes que de lui imposer cette nécessité.

Langlade dit beaucoup de raisons pour obliger la princesse à gagner promptement Bordeaux; en telle sorte que le 30, l'armée passa la rivière de l'Ile, et la princesse ensuite, qui coucha dans un petit lieu nommé Quesvac. Elle y reçut diverses dépêches, qui la pressoient de marcher.

Le 31, elle en partit, et passa la Dordogne à Leusac. Elle y reçut une très-agréable nouvelle par le

demain, et tous les officiers du parlement furent avertis de se rendre à six heures du matin au Palais. Cependant les jurats ayant été mandés à l'hôtel du président d'Affis, et ayant ouvert la lettre qui leur étoit adressée, eurent ordre de faire fermer les portes de la ville : ce qui mit cette nuit toute la ville en alarme.

« Le lendemain, les jurats retinrent les clefs des portes de la ville sans les faire ouvrir, et se rendirent au Palais pour savoir ce que le parlement leur vouloit ordonner: ce qui causa une grande émotion, et tout à l'instant la place et la grand'salle du Palais se trouvèrent remplies du peuple, qui crioit qu'il ne vouloit point être renfermé dans la ville; et que si on n'ouvroit promptement les portes, qu'il les iroit rompre. Ce grand bruit et cette sédition qui se formoit obligèrent le parlement d'ordonner aux jurats d'aller en diligence apaiser ce désordre et faire ouvrir les portes. Dès aussitôt que les jurats parurent dans les rues, le peuple les obligea par diverses fois de crier *vive le Roi et messieurs les princes!* et quelques-uns des plus échauffés furent rompre les serrures des portes appelées du Caillau et du Chapeau-Rouge, au mépris de l'autorité des magistrats.

« Le parlement, pour calmer ce tumulte et témoigner aux habitans qu'il n'y avoit rien d'extraordinaire, estima très-prudemment qu'au lieu d'assembler les chambres il falloit ouvrir l'audience : ce qui fut fait, et en outre informé contre ceux qui avoient rompu les serrures des portes de la ville. » (*Histoire véritable de tout ce qui s'est fait et passé en Guienne pendant la guerre de Bordeaux.*)

sieur de Vigé, qui y arriva en poste, et lui dit que toute la ville mouroit d'impatience de la voir; que Lavie avoit si bien cabalé les jurats qu'il les avoit obligés à fermer les portes le 29, trois heures plus tôt qu'à l'ordinaire, et avoit empêché ce jour-là qu'on ne les ouvrît, de peur que la princesse y entrât; mais que sur les neuf heures de ce matin-là le peuple s'en étoit tellement offensé, qu'il s'étoit assemblé, et avoit à coups de hache brisé les portes, jurant qu'ils égorgeroient tous ceux qui s'opposeroient à son entrée, et avoient contraint les jurats et tous les assistans de crier *vive le Roi et les princes! et point de Mazarin!*

La princesse, qui avoit résolu de coucher à Lormont pour le lendemain se rendre à Bordeaux à huit heures du matin et aller droit au parlement, changea d'avis; et s'étant embarquée en ce lieu-là, passa et arriva sur les trois heures après midi à Bordeaux. Les ducs voulurent demeurer à Lormont, sur une troisième dépêche de Mazerolles, et sur plus de trente lettres qu'ils reçurent là, qui toutes leur conseilloient de ne pas entrer à Bordeaux, et qui toutes leur faisoient espérer, et en donnoient presque une assurance certaine, que le lendemain la princesse obtiendroit facilement pour eux tout ce qu'elle voudroit demander aux Bordelais.

Toutes les bénédictions qu'on avoit données à la princesse, et les fleurs qu'on lui avoit jetées partout où elle avoit passé, et au duc son fils, étoient autant de favorables augures de la réception glorieuse et pleine d'affection qu'on lui devoit faire à Bordeaux. Quatre cents vaisseaux qui étoient dans le port lui firent trois décharges de tous leurs canons; plus de trente mille personnes de tout âge et de tout sexe la reçurent avec des acclamations redoublées de *vive le Roi et M. le prince!* On se choquoit avec empressement pour la voir. Sauveboeuf et Lusignan lui servoient d'écuyers, et eurent des peines incroyables de la mener jusques au carrosse qu'on lui avoit préparé. Le jeune duc, qu'un gentilhomme portoit sur ses bras, étoit vêtu d'une robe de tabis blanc, chamarré d'argent et de passement noir, avec un chapeau couvert de plumes blanches et noires, pour le deuil qu'il portoit du maréchal de Brezé son grand-père. Il alloit avec une contenance douce et agréable, tendant ses mains à gauche et à droite à tous ceux qui pouvoient l'aborder pour les lui baiser, et leur disoit qu'il connoissoit bien que messieurs ses père et grand-père avoient eu raison d'aimer des gens autant affectionnés pour leurs maisons qu'ils l'étoient. Tout le monde fondoit en larmes, en voyant un enfant de sa qualité et de son âge venir chercher refuge contre les violences d'un ministre étranger. Il gagna un carrosse où l'on le mit à la portière, et d'où il saluoit incessamment tout le monde qui le suivoit en foule. Toute la noblesse qui étoit arrivée en dix ou douze bateaux remplit vingt-deux carrosses qui se trouvèrent sur le port, et qui escortèrent la princesse et le duc jusqu'au logis du président de La Lasne, qu'on leur avoit préparé. Le peuple s'y jeta avec tant d'empressement et de confusion, que les chambres en furent toutes remplies. La princesse fut contrainte de passer avec le jeune duc sur une terrasse qui est sur la porte de cette maison pour se faire voir à cette populace, qui jusques à minuit leur donnoit des bénédictions, et vomissoit des exécrations continuelles contre le cardinal Mazarin et contre le duc d'Epernon.

Pendant ce temps-là d'Alvimar arriva, chargé de lettres de créance du Roi pour le parlement et pour les jurats de Bordeaux; et comme il étoit attaché au maréchal Du Plessis-Praslin, et qu'il l'avoit suivi lorsqu'il traita l'accommodement de cette ville-là avec Sa Majesté, il y étoit fort connu. D'ailleurs, comme on étoit scandalisé des ordres qu'avoit apportés quelques jours auparavant Lavie, il s'éleva tout-à-coup un murmure contre Alvimar tel, que le peuple l'eût déchiré, si quelques gentilshommes qui l'avoient connu dans les armées, pour empêcher l'effet de ce premier emportement, n'eussent proposé de le mener à la princesse (1).

(1) « Le premier juin, sur les huit heures du soir, le sieur d'Alvimar, officier de la maison du maréchal Du Plessis, envoyé à Bordeaux par le cardinal Mazarin, arriva venant de Blaye. Comme il sortoit du bateau, un habitant de la ville, qui le reconnut, le fut saisir au collet, et lui dit : « Espion, que venez-vous faire ici? Je vous fais prisonnier de la « part de madame la princesse; » et à l'instant fut mené à Son Altesse. Cette princesse, la larme à l'œil, voyant d'Alvimar en sa présence, lui reprocha qu'ayant reçu beaucoup de bien du prince de Condé son mari, il étoit étrange de voir qu'il fût à ce point ingrat, que pour plaire au Mazarin, ennemi et persécuteur de sa maison, il fût venu à Bordeaux pour l'empêcher d'y trouver retraite. D'Alvimar lui ayant répondu qu'il avoit été obligé d'obéir au commandement du Roi, par l'ordre duquel il avoit fait ce voyage, supplia Son Altesse de le vouloir excuser, et de le garantir de l'indignation et de la colère des habitans, qui l'avoient menacé par les rues de l'assommer. Cette princesse eut la bonté de lui dire que comme elle révéroit tout ce qui venoit de la part du Roi, elle prendroit soin de sa conservation; qu'il étoit dans une ville de laquelle les habitans avoient toujours témoigné une extrême passion et fidélité au service du Roi; mais qu'ils avoient grand sujet de se plaindre du Mazarin, lequel, par le support extraordinaire qu'il

D'abord qu'il y fut arrivé, elle le fit passer dans un cabinet, afin de prendre conseil de ce qu'elle avoit à faire avant que de lui parler. Sauvebœuf et Lusignan furent d'avis de le sacrifier à la fureur du peuple, et par cet exemple empêcher que d'autres ne se chargeassent à l'avenir de semblables ordres de la cour. Il est toujours fâcheux de faire des violences; mais quand on est nécessité à le faire pour le salut de tous, une que l'on fait à propos empêche souvent qu'on ne soit obligé d'en faire plusieurs dans la suite; et il n'est pas toujours aisé de les exécuter comme il l'étoit dans cette conjoncture. Les ducs de Bouillon et de La Rochefoucauld étoient de ce sentiment; ils écrivirent un billet à la princesse pour la prier de l'exécuter. Je crus au contraire qu'il étoit dangereux, entrant dans une ville où l'on cherchoit un asyle, de faire une action violente, qui sied toujours mal à une femme, dont les principales armes doivent être la douceur. La princesse devoit exciter de la pitié, et éviter de s'attirer de la haine : elle avoit affaire du parlement, et sa prudence consistoit à lui faire connoître de la modération et de la défé-

---

avoit donné au duc d'Epernon pour assouvir ses vengeances, s'étoit acquis avec raison la haine de toute la province. Et ensuite elle pria le marquis de Lusignan d'avoir soin de la personne d'Alvimar : de quoi ce marquis s'est acquitté avec tant de générosité pendant que d'Alvimar a été à Bordeaux, que quoiqu'il eût porté des ordres de la cour pour lui faire son procès sous prétexte de quelque prétendue intelligence avec le roi d'Espagne, il l'a logé dans sa maison, et garanti par plusieurs fois de la fureur de ce peuple, qui avoit résolu de le mettre en pièces pour se venger de diverses fourberies dont ledit d'Alvimar les avoit abusés ci-devant, pendant les conférences faites au lieu de Lormont entre les députés de Bordeaux et le maréchal Du Plessis. » (*Hist. vérit. de tout ce qui s'est fait et passé en Guienne pendant la guerre de Bordeaux.*)

rence; et il ne pouvoit approuver le massacre d'un gentilhomme qui lui portoit les ordres du Roi, dans un temps auquel il n'avoit fait aucun pas contre ses intentions. Je crus qu'il suffisoit de lui faire peur pour l'obliger à se retirer de Bordeaux sans y rien négocier, de porter les nouvelles à la cour du péril qu'il avoit couru, et qu'il y feroit connoître l'affection qu'on y avoit pour la princesse. Je jugeai, en un mot, que nous aurions le même effet de la modération que nous aurions eu de la violence. Nous discourûmes amplement sur la diversité de nos avis, et enfin la princesse se porta à suivre le mien, non pas qu'il fût meilleur que l'autre, mais parce qu'il étoit plus conforme à son humeur.

Elle ordonna donc à Lusignan et à Sauvebœuf de se charger de la personne d'Alvimar, de le conduire au logis de l'avocat général Dussaut, âgé de quatre-vingts ans, homme qui s'étoit érigé en tribun du peuple, et qui avoit acquis du crédit en soutenant et proposant tout ce qui alloit contre les intentions de la cour; mais, au reste, fidèle, d'une vertu stoïque, et qui croyoit faire en cela le service du Roi et le bien public. Ce fut à lui que la princesse vouloit qu'Alvimar portât les lettres du Roi, afin que les présentant en parlement, il haranguât pour en empêcher l'effet. Elle ordonna ensuite de le conduire chez le président d'Affis, qui, par l'absence des plus anciens, se trouvoit à la tête du parlement, afin de lui rendre la dépêche qui s'adressoit au premier président. Il étoit homme de bel esprit, et beau parleur. Nous ne pouvions rien souhaiter de plus en lui, car nous avions en main de quoi disposer de lui par la récompense ou par la peur : aussi ne tarda-t-il guère d'offrir ses services à la princesse, qui ne manqua pas de lui faire présent de quelques diamans, de lui promettre une pension qui lui triploit le revenu de sa charge, et de faire semblant de se gouverner par ses avis. C'est un grand coup que de connoître la passion dominante d'un homme nécessaire, et d'avoir le moyen de l'assouvir. La princesse laissa agir le peuple en tout ce qui n'alloit qu'à faire peur à Alvimar : de sorte qu'on le suivoit en foule par les rues ; on faisoit mille menaces et mille imprécations contre le cardinal Mazarin et contre lui ; on juroit qu'on mourroit pour le service des princes, et que le premier qui viendroit à proposer quelque chose contre leur intérêt seroit jeté dans la rivière.

D'Affis et Dussaut refusèrent de se charger des lettres dont Alvimar étoit porteur, et même ils ne voulurent pas l'ouïr. On le mena à la princesse, qui chargea Lusignan de le mener en son logis, et de voir ses lettres et son instruction, et dit à Alvimar, devant que de le faire sortir de sa maison, qu'encore qu'elle sût qu'il fût envoyé par le cardinal Mazarin contre elle et contre monsieur son fils, et que tout le monde lui conseillât de le laisser déchirer par le peuple, elle respectoit si fort le nom du Roi, qu'elle ne souffriroit pas pour ce coup qu'on lui fît aucune violence ; mais qu'elle ne lui conseilleroit pas de prendre une autre fois une semblable commission.

Deux heures après, la princesse sut que son instruction portoit, en termes exprès, d'empêcher par toutes voies sa réception dans Bordeaux, avec ordre au parlement de faire le procès à Lusignan pour un prétendu traité fait avec les Espagnols, duquel il disoit beaucoup de particularités. On loua fort ce marquis, et avec raison, d'avoir employé tout le crédit qu'il s'étoit acquis sur le peuple pour sauver la vie au porteur de ces ordres, qui alloient à lui faire perdre la sienne, et de l'avoir gardé soigneusement dans sa maison.

Le premier jour de juin, la princesse sortit de son logis sur les dix heures du matin, suivie de la même foule de peuple et de noblesse, et mena le jeune duc son fils au parlement, dont la grand'salle retentissoit des mêmes acclamations qu'on y avoit faites la veille. J'avois l'honneur d'être près de leurs personnes : la princesse sollicitoit les juges à mesure qu'ils entroient dans la grande chambre ; elle fondoit en larmes en leur représentant le malheureux état de toute sa maison opprimée, et leur demandoit un refuge contre la violence du cardinal Mazarin. Le jeune duc, que Vialas portoit sur ses bras, se jetoit au cou des conseillers quand ils passoient, et, les embrassant, leur demandoit, les larmes aux yeux, la liberté de monsieur son père ; mais d'une manière si tendre, que la plupart de ces messieurs pleuroient aussi amèrement que lui et que madame sa mère, et leur donnoient tous bonne espérance du succès de leur requête. Ce spectacle augmentoit dans le cœur de tout le monde l'affection qu'il témoignoit pour la maison de Condé, et l'aversion pour tous ceux qui la vouloient détruire.

Le parlement tarda beaucoup à s'assembler, mais enfin il le fit ; et ceux qui étoient malintentionnés contre nous firent courir le bruit que la princesse avoit fait arrêter d'Alvimar, et lui avoit ôté les lettres

du Roi, dont il étoit chargé pour la compagnie. Aussitôt qu'elle en fut avertie, elle leur fit savoir ce qui s'étoit passé la veille, et les fit prier de mander Alvimar pour en apprendre la vérité de sa bouche : ils le firent sur-le-champ, et la chose avérée les satisfit, et jeta la confusion sur les auteurs de cette imposture. Cependant, comme il se formoit d'autres difficultés, les enquêtes pressèrent l'assemblée des chambres, et l'obtinrent incontinent. La princesse, outrée de douleur et d'impatience, prit monsieur son fils par la main, et entra de son mouvement avec lui dans la grand'chambre. Elle étoit tout en pleurs; et voulant se jeter à genoux, elle en fut empêchée par ceux qui coururent à elle, et leur dit : « Je viens, mes-
« sieurs, demander justice au Roi, en vos personnes,
« contre la violence du cardinal Mazarin, et remettre
« ma personne et celle de mon fils entre vos mains :
« j'espère que vous lui servirez de père; ce qu'il a
« l'honneur d'être à Sa Majesté, et les caractères que
« vous portez, vous y obligent. Il est le seul de la
« maison royale qui soit en liberté : il n'est âgé que
« de sept ans; monsieur son père est dans les fers.
« Vous savez tous, messieurs, les grands services qu'il
« a rendus à l'Etat, l'amitié qu'il vous a témoignée
« aux occasions, celle qu'avoit pour vous feu mon-
« sieur mon beau-père : laissez-vous toucher à la
« compassion pour la plus malheureuse maison qui
« soit au monde, et la plus injustement persécutée. »
Ses soupirs et ses larmes interrompirent son discours; le jeune duc mit un genou à terre, et leur dit : « Servez-moi de père, messieurs; le cardinal Mazarin m'a ôté le mien. » Ils se jetèrent tous à lui

pour le relever, et la plupart furent attendris à cette vue jusqu'à en pleurer. Le président d'Affis les pria de se retirer, et leur dit que la cour reconnoissoit leur juste douleur, et qu'elle alloit délibérer sur leur requête.

Quelque temps après, la compagnie sachant que la princesse s'obstinoit à ne point sortir du Palais qu'elle n'eût obtenu l'arrêt qu'elle demandoit, lui envoyèrent les gens du Roi pour la supplier de ne se pas donner la peine d'attendre. Elle répondit que ce ne lui étoit point peine, et qu'elle n'avoit traversé le royaume avec tant de périls que pour leur demander justice. Le concierge eut ordre de lui présenter du fruit de sa maison : ce qu'il fit. Cependant le peuple, qui s'impatientoit, faisoit dans la salle un grand bruit et de grandes menaces, si le parlement ne donnoit l'arrêt que la princesse espéroit.

L'on envoya demander les conclusions des gens du Roi. Lavie, qui étoit engagé de parole au cardinal, qui lui avoit promis la charge de premier président, vacante par la mort du président Bernay, fit son possible pour tirer l'affaire en longueur ; mais Dussaut, qui entra dans la chambre, porta la parole avec tant de vigueur, qu'après beaucoup de contestations, l'arrêt fut donné aux termes que je mettrai ci-après. Mais, avant que de le prononcer, la cour envoya à la princesse Pomiers-Françon, doyen du parlement, et Tarangue, qui avoit été le rapporteur de sa requête, pour lui demander, afin de garder quelque bienséance, si, en cas que la compagnie lui donnât la protection du Roi et sûreté dans Bordeaux, elle n'entendoit pas y vivre en bonne sujette de Sa Majesté ;

et si elle n'emploieroit pas son autorité pour empêcher qu'il ne s'y passât rien contre son service : à quoi elle répliqua qu'elle l'avoit ainsi déclaré par sa requête. Ils se retirèrent, et l'arrêt fut résolu et donné. Voici les termes auxquels il est conçu, et ceux de la requête telle que je l'avois dressée par ordre de la princesse, et que les ducs de Bouillon et de La Rochefoucauld approuvèrent.

Requête de madame la princesse.

« Supplie humblement Claire-Clémence de Maillé
« de Brezé, épouse de messire Louis de Bourbon,
« prince de Condé, premier prince du sang, premier
« pair et grand-maître de France, duc d'Enghien,
« Châteauroux, Montmorency, Albret et Fronsac,
« gouverneur et lieutenant général pour le Roi en ses
« provinces de Bourgogne, Bresse et Berri, disant
« qu'elle a vu opprimer l'honneur, la liberté et l'in-
« nocence de monseigneur son mari par la plus ex-
« traordinaire violence dont l'histoire ait jamais parlé;
« que son respect a été tel, qu'elle a vu pendant plus
« de trois mois dans les fers de la plus étroite cap-
« tivité dont jamais criminel ait ressenti la rigueur,
« par l'ordre du cardinal Mazarin, un prince qui a
« si courageusement, tant de fois, et dans des con-
« jonctures si importantes, exposé sa vie pour le ser-
« vice du Roi, le bien de l'Etat et le soulagement des
« peuples, sans oser s'en plaindre qu'à Dieu seul.
« Elle a néanmoins vu redoubler la persécution jus-
« qu'à lui refuser la permission d'aller rendre les der-
« niers devoirs à son père mourant, à qui leur mal-

« heur commun faisoit perdre la vie; jusques à faire
« investir la maison de Chantilly, que la Reine lui
« avoit donnée pour retraite, par plusieurs com-
« pagnies des Suisses et de cavalerie étrangère, où
« il envoya le sieur Du Vouldy, avec ordre de me-
« ner madame la princesse douairière sa belle-mère,
« M. le duc d'Enghien son fils, et messieurs les com-
« tes de Dunois et de Saint-Paul, fils de M. de Lon-
« gueville, en Berri, pour se saisir en même temps
« de leurs personnes et du reste de leurs biens : ce
« qu'elle n'auroit évité que par une fuite précipitée,
« qui l'empêcha de tomber entre les mains du comte
« de Saint-Aignan, qui avoit ordre de l'enlever avec
« toute sa suite, et avoit fait pour ce sujet une as-
« semblée de gens inconnus, qui, par une visible
« protection de Dieu, n'arrivèrent au village de ***
« que quelques heures après qu'elle en fut partie
« pour se rendre à Montrond, où elle sauva, en la
« personne de M. le duc d'Enghien, le reste de cette
« maison opprimée. Tous ces traitemens ne firent pas
« perdre à la suppliante le souvenir qu'elle étoit née
« sujette de celui sous le nom duquel le cardinal
« Mazarin la persécutoit, et crut qu'elle devoit écrire
« à la Reine pour la supplier, comme elle fit avec
« toute la soumission possible, de la laisser vivre en
« repos, afin d'élever monsieur son fils en la crainte
« de Dieu, au service du Roi et au sien dans cette
« maison particulière : ce que Sa Majesté eut la bonté
« de lui accorder par sa lettre du 21 avril dernier.
« Mais elle ne fut pas long-temps dans la tranquillité
« qu'on lui faisoit espérer : elle vit bientôt renaître
« en elle les premières inquiétudes d'une femme et

« d'une mère, à qui l'appréhension de perdre un
« mari et un fils qui ont l'honneur d'être du sang
« royal ne donne que des pensées funestes. Elle
« eut avis de toutes parts que les troupes du cardinal
« Mazarin prenoient leur route vers Montrond, et
« leur rendez-vous dans toutes les villes voisines de
« ce château, qui est au cœur du royaume, dans un
« temps qu'elles doivent être sur les frontières. Elle
« vit de ses fenêtres le comte de Saint-Aignan, qui,
« avec cent chevaux, fut reconnoître la place : elle
« eut une copie de la lettre que M. le comte de
« Brienne, secrétaire d'Etat, écrivoit de Dijon aux
« officiers du présidial de Moulins, pour leur dé-
« fendre d'aller dresser procès-verbal de l'état dudit
« Montrond et de ses forces, comme la suppliante
« les avoit invités de faire pour justifier à la Reine la
« sincérité de l'intention qu'elle avoit de vivre dans
« la paix qu'elle s'étoit proposée, n'usant d'aucune
« précaution pour sa défense. Elle apprit que, dans
« le dessein de l'assiéger, les prevôts des maréchaux
« de trois ou quatre provinces voisines avoient ordre
« du cardinal Mazarin de courre sur tous ceux qui
« venoient la visiter dans sa retraite. Elle eut nou-
« velle qu'on avoit imputé à désobéissance, à madame
« la princesse douairière, la requête que cette mère
« affligée avoit présentée au parlement de Paris, par
« laquelle elle demandoit sûreté pour sa personne,
« pendant qu'elle feroit une poursuite, fondée en la
« plus ancienne et en la plus juste de toutes les lois,
« qui est celle de la nature, en demandant la liberté
« de messieurs ses enfans, autorisée par les lois du
« royaume; en réquérant que, suivant les ordres

« qu'elles prescrivent, leur procès leur fût fait par
« leurs juges naturels; et qu'enfin ce juste procédé
« d'une princesse du sang contre la violence d'un
« ministre étranger avoit été puni comme un crime,
« et qu'elle avoit été reléguée à Vallers, avec défense
« d'en sortir pour quelque prétexte que ce pût être:
« sur quoi ayant jugé que cette violence ne procédoit
« que du dessein, de long-temps prémédité par le
« cardinal Mazarin, de perdre toute la maison de
« Condé, parce que celui qui en est le chef s'étoit,
« pour le bien de l'Etat, opposé à des alliances qu'il
« projetoit de faire; qu'il avoit été la cause que les
« traités de paix avoient été conclus contre les inté-
« rêts de ceux avec lesquels il avoit prétendu s'al-
« lier, et qu'il avoit supplié la Reine, avec toute sorte
« de respect, d'accepter les offres que les Espagnols
« faisoient pour la conclusion de la paix générale; la
« suppliante crut que puisque le cardinal Mazarin
« avoit jeté dans les esprits des gens de bien ce qui
« empêchoit madame sa belle-mère d'avoir justice
« au parlement de Paris, elle devoit la chercher dans
« cette compagnie, outre qu'elle voulut éviter le
« siége duquel elle étoit menacée, et hasarder sa vie
« dans les fatigues d'un long et pénible voyage, pour
« conserver celle de monsieur son fils, qui est le seul
« prince du sang qui soit hors du pouvoir de cet en-
« nemi commun de tous ceux qui ont bien mérité de
« l'Etat. Elle monta donc à cheval avec peu de suite,
« fit porter monsieur son fils, âgé de sept ans, de-
« vant un de ses domestiques; elle traversa plusieurs
« provinces par des chemins difficiles et fâcheux,
« contrainte de camper toutes les nuits au vent et à

« la pluie pour éviter, en s'abstenant d'entrer dans
« les villes, d'être arrêtée, suivant les ordres que le
« cardinal avoit donnés par tout le royaume, à l'insu
« de la Reine, dans le temps que Sa Majesté assuroit
« la suppliante de sa protection et de son amitié par
« les lettres qu'elle lui faisoit l'honneur de lui écrire.
« Et toute la précaution dont elle avoit usé pour ca-
« cher sa marche ne l'auroit pas garantie de la prison,
« sans la faveur qu'elle reçut de quatre ou cinq cents
« gentilshommes, qui, touchés des outrages qu'elle
« recevoit de celui que monsieur son mari avoit sauvé
« de la fureur d'un peuple justement irrité, par l'o-
« béissance aveugle qu'il vouloit rendre à la Reine
« contre ses sentimens et ses intérêts particuliers,
« qui tous lui vinrent au devant avec messieurs de
« Bouillon et de La Rochefoucauld, ses parens et
« amis particuliers, qu'elle avoit priés de s'avancer
« avec eux jusque dans les montagnes d'Auvergne,
« parce qu'elle savoit que l'archevêque de Bourges
« et le comte de Noailles, gens dévoués au cardinal,
« assembloient du monde dans leur gouvernement, à
« dessein de l'arrêter. Elle se rendit dans le Limosin,
« d'où elle croyoit sortir le lendemain pour implorer
« plus diligemment votre justice, et chercher auprès
« de vous le remède aux maux qu'elle souffre depuis
« un si long temps, et que les violentes factions du
« dit cardinal l'ont empêchée de trouver à Paris, quel-
« que disposition que messieurs de ce parlement-là
« aient à lui faire justice, comme ils feront sans doute
« quand son éloignement du royaume laissera agir
« leur probité avec une liberté tout entière. Elle fut
« investie à Turenne, aussitôt qu'elle y fut arrivée,

« par la compagnie de M. le prince Thomas, qui se
« rendit à Brives, le régiment de Cugnac à Tulle, et
« toutes les troupes de M. d'Epernon au pont de
« Térasson, sur la rivière de Vezère, où vraisem-
« blablement elle devoit passer pour se rendre par
« sa maison de Coutras à Bordeaux. Le bruit courut
« partout qu'on vouloit l'arrêter avec monsieur son
« fils : les communes s'assemblèrent de leur mouve-
« ment, et la compassion leur fit naître le dessein et
« prendre la résolution de les suivre, jusques à ce
« que l'un et l'autre fussent en lieu de sûreté; mais la
« suppliante ne jugeant pas à propos de faire une as-
« semblée si nombreuse ne retint, de ceux qui s'of-
« frirent à elle, qu'autant qu'il en falloit pour avoir
« des forces suffisantes pour s'opposer à celles que
« commandoit le chevalier bâtard de La Valette, et
« renvoya le reste pour ôter tout soupçon qu'elle
« voulût faire la guerre au Roi dans une province
« où elle venoit chercher la paix vers les dépositaires
« de sa justice souveraine. Elle continua son voyage :
« les troupes qui étoient à Térasson en furent aver-
« ties; elles quittèrent ce poste, la suivirent, traver-
« sèrent son passage, et tâchèrent de lui couper
« chemin pour exécuter l'ordre que M. le duc d'Eper-
« non avoit reçu du cardinal Mazarin de les arrêter
« séparément ou conjointement, et de les mettre sous
« bonne et sûre garde, comme la suppliante le justi-
« fiera par écrit : mais, à la faveur de cette escorte,
« elle aborda à ce port après tant d'orages qu'il avoit
« excités pour précipiter cette maison dans un entier
« naufrage. Ce considéré, nosseigneurs, et qu'en la
« détention de M. le prince et en celle de messieurs

« les princes de Conti et de Longueville, ses frère
« et beau-frère, qu'on ne colore que de crimes ima-
« ginaires, vous connoissez la violence et l'oppression
« de ce ministre, qui, soumettant l'avantage et la gloire
« de l'Etat qu'il gouverne à ses intérêts et à sa ven-
« geance, veut établir sa tyrannie sur la ruine d'une
« maison qui a tant de fois empêché celle du royaume,
« et par la perte du premier prince du sang, qui a
« par tant de grands exploits soutenu et augmenté
« la gloire de la couronne, dont vous avez si souvent
« rendu grâces à Dieu par des prières publiques et
« solennelles; et attendu que le même arrêt qui a
« rendu le testament de Louis XIII, de glorieuse mé-
« moire, inutile, pour donner la régence à la Reine,
« a fait M. le prince, pour son mérite et pour sa nais-
« sance, conseiller nécessaire de la régence, comme
« vos registres en font foi; qu'il n'est pas raisonnable
« que le conseil du Roi demeure plus long-temps sans
« ce chef, lequel a si dignement présidé en l'absence
« de M. le duc d'Orléans; et qu'il est trop préjudi-
« ciable au service de Sa Majesté, et à la grandeur de
« l'Etat, que les armées demeurent privées de celui
« qui les a fait triompher autant de fois qu'il les a fait
« combattre; et tout cela par le seul intérêt du car-
« dinal Mazarin, né sujet du roi d'Espagne, ennemi
« de l'Etat, perturbateur du repos public, déclaré tel
« par arrêt du parlement de Paris du 9 janvier 1649,
« autorisé par le consentement universel des peuples;
« et que la déclaration du mois d'octobre 1648, qui
« a tant coûté de peines et de soins à toutes les com-
« pagnies souveraines, est violée en la personne de
« M. le prince et de messieurs les princes de Conti

« et duc de Longueville, il vous plaise autoriser la
« suppliante, attendu qu'elle ne peut l'être par M. le
« prince son mari, pour se pourvoir et prendre sur
« le contenu en sa présente requête, et autres affaires
« de justice, telle conclusion qu'il appartiendra; et
« cependant que sa personne et celle du duc d'En-
« ghien son fils, et tous ses biens, seront mis en la
« sauvegarde du Roi et protection de la cour, avec
« défenses d'attenter à leurs personnes directement
« ou indirectement; et ferez bien. »

Arrêt en faveur de la princesse.

« La cour, suivant les registres de ce jour, ouï sur
« ce le procureur général du Roi, a ordonné et or-
« donne que la requête de la dame princesse de
« Condé, et le registre, seront envoyés à Sa Majesté,
« et qu'elle sera très-humblement suppliée, attendu
« les protestations et les déclarations faites par la-
« dite dame princesse de son inviolable fidélité à son
« service, d'agréer qu'elle et le seigneur duc d'En-
« ghien son fils demeurent avec ceux de leur mai-
« son dans la présente ville en toute sûreté, sous sa
« sauvegarde et de sa justice; comme aussi Sadite
« Majesté sera très-humblement suppliée d'agréer
« les remontrances contenues aux registres. Fait à
« Bordeaux en parlement, les chambres assemblées,
« le premier juin 1650.
« *Signé* DE PONTAC. »

Il étoit six heures du soir quand cet arrêt fut rendu.
La princesse, en ayant su le contenu, se retira en sa

maison avec le même accompagnement qu'elle en étoit sortie. Toutes les gens de qualité de l'un et l'autre sexe vinrent se conjouir de ce bon succès, à la réserve de l'archevêque. Le parlement ne la visita point en corps, ni le duc d'Enghien, comme ils étoient obligés de le faire, et comme ils auroient fait dans un autre temps ; mais ils me prièrent de faire leurs excuses, fondés sur ce qu'ils devoient ce respect au Roi, après les défenses qu'il leur avoit faites de les recevoir, et qu'ils croyoient que l'arrêt qu'ils venoient de donner leur étoit plus utile et leur témoignoit mieux leurs bonnes volontés que ne feroit un compliment. Je leur applaudissois toujours en pareilles rencontres, et encore en ce qui touchoit leur rang et leurs formes, dont pour l'ordinaire les parlemens sont plus jaloux que des choses effectives et solides, afin qu'en leur accordant des choses de vanité je pusse acquérir créance parmi eux, et obtenir les choses qui pourroient être utiles à nos affaires.

Les jurats, qui étoient la plupart créatures du duc d'Epernon, n'eurent pas grande peine à s'abstenir de rendre leurs devoirs à la princesse, ensuite de la défense que Lavie leur en avoit faite de la part du Roi.

Le 2, les ducs de Bouillon et de La Rochefoucauld, qui de Lormont étoient passés au faubourg des Chartreux, reçurent quantité de visites. Le peuple y accourut, et crioit à haute voix qu'ils n'avoient qu'à venir dans la ville. Ils crurent, et avec raison, qu'ils devoient profiter de cette première chaleur. La princesse alla remercier tous les juges du favorable arrêt qu'ils lui avoient donné, et en même temps sollicitoit de ne point enregistrer une déclaration que le Roi avoit envoyée au parlement contre les ducs. La plupart lui en donnèrent parole. Elle leur insinua ensuite qu'il étoit honteux que des gens de cette qualité, et dont tout le crime étoit de l'avoir accompagnée, n'osassent entrer où elle étoit; qu'elle croyoit qu'ils ne trouveroient pas mauvais qu'ils quittassent le faubourg pour se loger dans la ville. Quelques-uns contredisoient, quelques autres l'approuvoient. Elle fut ensuite visiter les ducs pour leur dire l'air du bureau. Le peuple, qui suivoit son carrosse en grand nombre, disoit tout haut qu'il égorgeroit tous ceux qui s'opposeroient à leur entrée dans Bordeaux : ce qui les invita de s'y rendre un moment après que la princesse fut sortie de leur logis. Nous prîmes d'autant plus tôt cette résolution, que dix ou douze conseillers qui y étoient l'approuvèrent.

La princesse, retournant des Chartreux, continua ses sollicitations en faveur des ducs. J'avois toujours l'honneur de la suivre partout. Elle disoit à ces messieurs que la fin de la requête qu'ils avoient à leur présenter étoit tout-à-fait de justice, puisqu'ils ne demandoient que la sûreté de leurs personnes, et à se justifier contre les calomnies que le cardinal avoit fait insérer dans la déclaration envoyée contre eux.

Le parlement, qui appréhendoit la chaleur du peuple et de toute la noblesse qui avoit suivi les ducs dans la ville, vouloit tirer la chose en longueur, croyant que les uns se refroidiroient avec le temps, et que les autres retourneroient la plupart en leurs maisons : de sorte qu'ils disoient presque tous à la princesse qu'ils n'étoient pas leurs juges, mais bien le parlement des pairs, qui étoit celui de Paris. On leur répliquoit que le parlement de Dijon avoit jugé le duc de Bellegarde et d'Elbœuf, et celui de Toulouse le duc de Montmorency; que le duc de Bouillon n'étoit pas pair, qu'il étoit habitué dans leur ressort, et par conséquent leur justiciable; et que quand il seroit pair comme l'étoit le duc de La Rochefoucauld, il ne tiendroit qu'à eux de renoncer, comme ils faisoient, à leurs priviléges; que d'ailleurs il n'y avoit point d'apparence qu'ils pussent aller se justifier à Paris, où le cardinal Mazarin, leur ennemi capital, étoit le maître, et où il tenoit madame et mademoiselle de Bouillon prisonnières dans la Bastille; et enfin qu'elle leur demandoit justice pour eux.

Les ducs avoient résolu de porter leur requête au Palais; mais comme messieurs du parlement appréhendèrent de les y voir avec la même suite de peuple qu'ils y avoient vue la veille, ils me firent prier de concerter la requête avec eux, et de la faire porter par madame la princesse : et sur la parole que la plus grande partie donna qu'ils rendroient l'arrêt qu'elle souhaitoit, il fut ainsi résolu. La princesse monta en carrosse à sept heures du matin, et pria le peuple et la noblesse de ne la suivre pas, pour ôter tout sujet de plainte à messieurs du parlement; mais comme elle étoit en chemin, ils envoyèrent deux conseillers de leur corps pour la prier de s'épargner cette peine, et l'assurer qu'en son absence l'affaire passeroit sans difficulté. Elle s'arrêta au milieu de la rue : j'allai voir les ducs pour leur donner part de cette proposition, qu'ils agréèrent; et la princesse, par leurs avis, retourna en sa maison.

Ceux qui étoient dans l'intention de servir la princesse firent ce qu'ils purent pour faire passer la parole qu'ils avoient donnée ; mais l'avocat général Lavie et sa faction firent jouer tous les ressorts imaginables pour faire différer la résolution de la compagnie jusqu'après les fêtes de la Pentecôte, croyant que quelque changement modéreroit la grande chaleur qu'avoit tout Bordeaux pour ce parti. Ils prirent prétexte sur d'Alvimar, et dirent que c'étoit une chose honteuse qu'un gentilhomme envoyé du Roi n'eût pu trouver de sûreté dans Bordeaux ; qu'il falloit le mander, pour savoir de lui derechef comment la chose s'étoit passée deux jours auparavant, et lui demander les plaintes qu'il pouvoit former. On le manda, il fût ouï, et dit qu'il avoit trouvé assez de générosité au marquis de Lusignan pour lui donner retraite et assurance chez lui, encore que le principal de son voyage fût de lui faire faire son procès sur le prétendu traité d'Espagne ; qu'il se tenoit fort assuré chez lui contre la violence du peuple ; que néanmoins il croyoit qu'il y alloit de l'autorité de toute la compagnie de n'avoir d'autre protection que d'elle dans une ville où elle devoit avoir tout pouvoir. Ce discours eut l'effet dans l'esprit du parlement qu'Alvimar s'étoit proposé ; et ils se piquèrent de lui montrer qu'ils étoient les maîtres dans la ville. Ils mandèrent les jurats pour leur enjoindre de tenir la main à cet envoyé du Roi et à sa sûreté, de lui donner un logis, et d'empêcher qu'on ne lui fît aucun outrage. J'étois allé visiter le marquis de Lusignan, à dessein d'entretenir d'Alvimar, qui m'avoit fait dire qu'il avoit quelques propositions à me faire fort avantageuses à M. le prince. Ne le trouvant pas au logis, et sachant qu'il étoit mandé au Palais, je m'imaginai à peu près le sujet de son voyage, et qu'il étoit absolument nécessaire de l'éloigner promptement de Bordeaux, pour ôter les communications entre lui et Lavie, et les sujets de factions qui restoient par son moyen dans cette ville-là : de sorte qu'ayant proposé à quelques-uns de ceux qui étoient en crédit parmi le peuple les moyens qu'il y avoit à tenir pour cela, je disposai les choses pour le temps qu'Alvimar retourneroit du Palais. Et en effet, au moment qu'il fut de retour, et qu'il fut entré dans la chambre où il s'entretenoit avec le sieur de Lusignan et moi, un valet de chambre vint dire à Lusignan qu'il passât dans la salle; que le peuple étoit grandement ému, et se jetoit en foule en son logis pour égorger Alvimar. Lusignan, qui savoit la chose, courut au peuple : Alvimar eut peur, et me pria d'y accourir aussi pour arrêter ce torrent. J'y courus, et trouvai trois ou quatre cents hommes mutinés, jurant contre le cardinal Mazarin et ses émissaires, et disant qu'il falloit immoler celui-là à la vengeance publique. Ils accompagnoient ce discours de tant de fureur et de tant de bruit, qu'Alvimar, qui n'étoit séparé de cette salle que par une simple clôture d'ais, et n'ayant point d'issue pour se sauver, ne sachant même où il pourroit trouver asyle quand il pourroit prendre la fuite, et se remettant dans l'esprit ce qui s'étoit passé les jours précédens, mouroit de peur et de désir de sortir de la ville. Le bruit, qui étoit aisé à finir par le même ordre qu'il avoit été commencé, fut apaisé par les paroles qu'on donna qu'Alvimar s'étoit retiré, et qu'on ne le souffriroit plus; et par là prière que le sieur de Lusignan faisoit hautement au peuple de ne pas lui faire cette injure; que de massacrer un homme à qui il avoit donné retraite en sa maison. Puis il repassa avec moi en la chambre où étoit Alvimar. Nous le trouvâmes plus mort que vif de l'appréhension qu'il avoit eue; mais ayant repris ses esprits, il me dit à peu près tout ce que le duc de Saint-Simon avoit dit à Filsgean : d'où je jugeai qu'ils s'étoient concertés par ordre de la cour, et je commençai à perdre toute espérance de Blaye. Il me représenta que la force n'étoit pas la voie par laquelle la princesse pouvoit obtenir la liberté de monsieur son mari; qu'elle feroit beaucoup mieux de se retirer à Coutras ou à Montrond; où le Roi la laisseroit en toute sûreté, et d'où elle pourroit négocier ses intérêts et ceux des princes, que de se retirer parmi des peuples mutinés, inconstans, et un parlement glorieux qui voudroit être son maître; qu'enfin la princesse, par les conseils des ducs de Bouillon et de La Rochefoucauld, s'embarqueroit dans une guerre; et que n'ayant ni les uns ni les autres les moyens de la soutenir, elle demanderoit du secours aux Espagnols; et s'engageroit avec eux par un traité, comme avoit fait madame de Longueville; après quoi il n'y auroit plus de retour; et que le cardinal remettroit M. le prince entre les mains de M. le duc d'Orléans et des frondeurs, ses ennemis capitaux, irréconciliables et violens; au lieu que lui, étant doux, débonnaire, et obligé au prince pour les secours qu'il avoit reçus, il oublieroit aisément les derniers sujets de plainte qu'il avoit contre lui, et de faire oublier à la Reine les déplaisirs qu'elle croyoit en avoir reçus; qu'ainsi la princesse ne seroit pas bien conseillée si elle ne prenoit les voies de douceur et de négociation avec le cardinal, de qui dépendoit absolument la liberté de monsieur son mari; qu'il m'en parloit comme à un homme bien intentionné au service du Roi et de l'Etat, ainsi qu'il l'avoit connu le jour précédent, et à un homme à qui il confessoit qu'il devoit la vie.

Il ne m'étoit pas difficile de lui répondre, et parce que je savois par cœur ce qu'il y avoit à dire là-dessus, tant je le disois souvent aux uns et autres, à qui la crainte ou l'intérêt me faisoit faire tous les jours de semblables propositions, et parce que je n'avois pas entrepris de mon chef de conférer avec Alvimar. Je savois trop combien il est dangereux de donner de la jalousie et de la défiance dans un parti: aussi avois-je dit à la princesse, aux ducs, et à tous les plus considérables de nos amis, qu'il m'avoit fait dire qu'il avoit des propositions à me faire; et je pris leur ordre et leurs avis sur ce que j'avois à lui dire et à lui proposer: non pas que nous ne jugeassions tous qu'il n'étoit ni de poste ni de créance à rien persuader au cardinal, mais nous crûmes qu'une négociation qu'on commenceroit par lui pourroit se continuer par d'autres; qu'elle empêcheroit peut-être la cour de nous pousser si brusquement qu'elle auroit fait; qu'elle nous donneroit le temps de méliorer nos affaires, et d'agrandir notre parti par le traité que nous pourrions faire par quelques villes et quelques seigneurs de Guienne, et même avec les Espagnols; et en tous cas que cela ne nous pourroit faire aucun mal; et que d'ailleurs nous ferions connoître par là que nul n'auroit d'autre intérêt que la liberté des princes; et que le parlement de Bordeaux, à qui il fâchoit de s'embarquer dans une nouvelle guerre (car ils ne faisoient que de terminer celle qu'ils avoient faite au duc d'Epernon), connoîtroit par là notre modération. Il y a peu de gens qui entreprennent d'abord de grandes choses, il faut les y engager petit à petit, et après les premiers pas ils en font pour l'ordinaire autant et plus que l'on ne peut souhaiter : c'est une vérité que nous connûmes bientôt en messieurs de ce parlement.

Je dis à Alvimar que la princesse avoit tenu quatre mois entiers la conduite qu'il me conseilloit; qu'il n'étoit proposition qu'elle et madame la douairière n'eussent fait faire à la Reine et au cardinal; qu'elles n'avoient abouti qu'à les vouloir arrêter à Chantilly et assiéger à Montrond; qu'elle n'étoit sortie de l'un et de l'autre que par une nécessité précise; que je demeurois d'accord avec lui que le cardinal n'étoit ni cruel ni violent de son naturel; que nous savions tous que la prison des princes lui avoit été conseillée par les duchesses d'Aiguillon et de Chevreuse, et par le sieur Servien; que nous voyions bien encore que c'étoit malgré lui, contre ses intérêts et contre son intention, qu'il s'étoit mis entre les mains des frondeurs, qui ne songeoient à autre chose, comme ils avoient fait dès le commencement des troubles, que de donner atteinte à sa fortune; que les heureux succès que ce ministre avoit eus depuis cette prison, en réduisant les places de Normandie, de Bourgogne et d'Anjou, leur donnoient de la jalousie, et nous faisoient déjà faire quelques propositions, et du moins des complimens, pour nous persuader qu'il ne seroit pas difficile de les désunir d'avec le cardinal; qu'il ne devoit pas douter que nous ne prissions tous les partis qui pourroient tirer les princes de prison; que je souhaiterois en mon particulier en venir à bout par la douceur, et en procurant du bien et de l'avantage au cardinal, duquel j'avois beaucoup de sujet de me louer, aussi bien que de la Reine; que, de l'humeur et de la profession dont j'étois, je ne pouvois jamais désirer de voir la princesse engagée dans une guerre contre Sa Majesté, et encore moins avec les huguenots et avec les Espagnols; que tous mes vœux n'alloient qu'à réconcilier le prince avec le cardinal; que je savois bien qu'il étoit malaisé de se fier les uns aux autres après de telles entreprises, mais qu'on pouvoit faire des alliances de l'un avec les parens de l'autre; que l'on pouvoit encore allier mesdemoiselles de Longueville, de Bouillon et de La Trémouille avec des neveux, parens ou amis de M. le cardinal; que le prince étoit trop glorieux pour manquer aux paroles qu'il donneroit solennellement; que de plus M. le cardinal pouvoit faire la paix générale, qui le mettroit en état de ne rien craindre dans le royaume, et de mettre les frondeurs à la raison; que je m'offrois d'aller en Espagne sous prétexte de faire un traité pour la princesse, pour sonder les Espagnols et nouer la partie pour une conférence en la forme que M. le cardinal le pourroit souhaiter; que j'osois lui répondre que les ducs de Bouillon et de La Rochefoucauld s'uniroient avec lui en les satisfaisant sur les justes prétentions qu'ils avoient; que rien ne seroit plus glorieux au cardinal ni plus utile que de perdre les frondeurs en les abandonnant à la vengeance de M. le prince;

comme il pourroit faire en rejetant toute la haine de sa prison sur eux; qu'on pourroit faire consentir le duc d'Orléans à tout, en faisant une alliance du duc d'Enghien avec l'une de mesdemoiselles ses filles; que tout cela remettroit le calme dans l'Etat, étoufferoit un parti qui pouvoit avoir de grandes suites, et établiroit l'autorité du cardinal pour toujours; que je demeurois d'accord qu'il y avoit eu quelque chose à dire à la conduite du prince, mais que les services qu'il avoit rendus au Roi, à la Reine et au cardinal même, en exposant tant de fois sa vie, devoient faire oublier de petits manquemens. Je conclus ce discours en lui disant que si le cardinal entroit de bonne foi dans toutes ces propositions, je mettrois tout en usage pour les faire réussir, et que, connoissant la princesse et les ducs comme je faisois, je pouvois l'assurer que je n'y aurois pas grande peine; mais que je lui disois franchement, et que je le priois de le dire au cardinal, que nous avions trop d'expérience de sa manière de négocier pour nous arrêter à d'autres choses qu'à des effets; et qu'il ne devoit pas se persuader qu'il ruineroit nos affaires par les longueurs de ses négociations, car nous irions toujours à nos fins, et ne perdrions pas un moment de temps à avancer nos affaires; que la princesse ne se désuniroit en rien ni pour rien des ducs ni de Bordeaux; qu'elle n'en sortiroit point, et ne prendroit point le change en cherchant sa sûreté ailleurs; qu'elle avoit un exemple devant les yeux de ce qui étoit arrivé peu auparavant à la princesse douairière, qu'on avoit tirée de Paris par de belles paroles qui n'avoient abouti qu'à y ruiner ses affaires, et à la reléguer à Valery. J'ajoutai qu'il n'y avoit point de temps à perdre; et qu'ainsi il devoit s'en retourner en toute diligence à la cour, et non pas séjourner à Blaye comme il m'avoit dit qu'il vouloit faire, parce que la princesse, qui étoit encore sa maîtresse, ne le seroit plus après les traités et les alliances qu'elle projetoit de faire; que je le priois de rendre un compte exact de tout ceci à la Reine et au cardinal, en les assurant de la sincérité de mes intentions et de mon très-humble service; et de leur remontrer que la paix générale et la fin d'une guerre civile étoient le moyen de terminer glorieusement une régence, et de rendre d'un même coup le Roi absolu dès le commencement de sa majorité.

D'Alvimar me promit de ne rien oublier de notre conférence, et de me faire savoir de ses nouvelles trois jours après qu'il seroit arrivé à la cour. Je le conduisis au bateau, je le vis embarquer, et vins faire un récit exact de tout ce qui s'étoit passé entre lui et moi à la princesse et aux ducs, qui l'approuvèrent, et trouvèrent que j'avois suivi très-ponctuellement leurs intentions.

Pour revenir au parlement, les cabales qu'y avoit faites l'avocat du Roi Lavie empêchèrent qu'on ne donnât arrêt ce jour-là sur les requêtes des ducs de Bouillon et de La Rochefoucauld. La princesse ne put souffrir qu'on eût manqué à la parole qu'on lui avoit donnée, et ne put s'empêcher de faire éclater sa colère, et de dire publiquement qu'elle sortiroit de Bordeaux si on ne leur donnoit satisfaction. Tout le monde accourut lui offrir des services sans réserve, avec des menaces qui étonnèrent la plupart de la compagnie.

Plusieurs conseillers s'assemblèrent en deux troupes : l'une, chez la princesse, de douze ou treize, tous amis et fort zélés frondeurs; l'autre, de seize, au logis de Pomiers-Françon, leur doyen. Je fus appelé en l'une et en l'autre, et m'y rendis à leur prière pour voir et résoudre avec eux ce qu'il y avoit à faire pour conserver leur autorité, et donner à la princesse ce qu'elle souhaitoit. Ceux-ci craignoient l'emportement du peuple, parce qu'ils étoient opposés à la Fronde. Je leur remontrai la nécessité de s'unir et d'agir de concert avec la princesse, qui offroit de ne rien faire sans leur participation, pourvu qu'ils en usassent de même; et que s'ils vouloient accorder aux ducs ce qu'ils demandoient par leur requête, et donner ensuite arrêt d'union, toutes choses se passeroient à l'avenir avec une très-bonne intelligence; que par là le cardinal perdroit toute espérance de les désunir, et seroit contraint de venir à quelque traité honorable pour eux et favorable pour nous.

Ils me répondirent fort pertinemment, et me remontrèrent qu'il ne seroit pas prudent à eux de se déclarer quant à présent, disant qu'ils ne voyoient pas à la princesse des forces et de l'argent suffisamment pour soutenir les arrêts qu'ils pourroient donner; mais ils convinrent qu'ils dissimuleroient tout ce que la princesse pourroit faire et entreprendre, pourvu qu'elle le concertât avec eux; qu'ils donneroient des arrêts aux occasions pour lui faciliter l'exécution de ses desseins; qu'ils la prioient de ne pas recevoir publiquement ni dans Bordeaux l'argent qui lui pourroit venir d'Espagne; qu'ils jugeoient à propos que tous les ordres de guerre fussent conçus sous le nom du duc d'Enghien, afin que ceux des ducs ne parussent pas, et que ceux d'un prince du sang imprimassent plus de respect; que si on pouvoit avoir du canon ailleurs qu'à Bordeaux, on leur feroit plaisir de le prendre, en attendant qu'on eût su ce qui se passoit à la cour, au parlement de Paris, et sur la frontière. J'entrai assez dans leurs sentimens, parce que je les trouvois autant avantageux que nous pouvions l'espérer en l'état des choses, et qu'ils offroient assez pour juger qu'ils s'embarqueroient à la fin à tout vouloir et à tout souffrir. Je les fis convenir ensuite de l'arrêt qu'on donneroit le lendemain en faveur des ducs. En sortant de cette assemblée, je fus à l'autre, laquelle étant toute composée de nos amis, la princesse et les ducs voulurent que je leur fisse rapport devant eux de ce qui s'étoit passé chez le doyen du parlement : ce que je fis. Ils l'approuvèrent tous, et résolurent la même chose qui avoit été arrêtée au lieu d'où je venois. Lavie mit tout en usage pour l'empêcher; le peuple s'attroupa, et alla le menacer de le jeter dans la Garonne si l'arrêt résolu ne passoit.

Le 4, l'arrêt fut donné tout d'une voix, par lequel les requêtes furent renvoyées au Roi, et la délibération remise à six semaines.

Le 5, Lavie voyant que rien ne réussissoit, voulut exciter une sédition contre la princesse; et, pour en venir à bout, il fit distribuer par le trompette de la ville, à tous les bailles des confréries (qui sont les syndics des métiers), des copies des lettres du Roi que lui et d'Alvimar avoient apportées. Il manda les banquiers pour leur défendre, de la part de Sa Majesté, de prêter de l'argent sur les pierreries de la princesse; et ensuite assembla Uglas, Franc et Pontac-Beautiran, jurats de la ville, sur qui il avoit du pouvoir, et qui étoient établis dans ces charges par le duc d'Epernon, pour concerter les moyens de faire réussir la sédition qu'il projetoit.

Le peuple, qui le sut, l'eût égorgé si la princesse ne l'eût retenu. Chacun se vint offrir à elle pour faire la garde en son logis, et des conseillers même. Elle les remercia civilement, et leur dit qu'elle ne vouloit point de sauve-garde que celle de son arrêt : ce qui contenta fort le parlement.

Le 6, on eut avis que quelque cavalerie ennemie paroissoit du côté de Fronsac. Les ducs partirent avec la noblesse pour joindre l'armée qu'ils avoient laissée vers Savignac, sur la rivière de l'Ile, à dessein d'aller attaquer, disoient-ils, celle du général de La Valette, mais en effet par la seule raison de montrer à Bordeaux qu'on étoit en état de le faire, quoiqu'il ne fût pas véritable; car ils avoient pris le poste de Castillon-sur-Dordogne, où ils étoient très-bien retranchés.

Les ducs savoient bien de quelle importance il est de paroître forts et hardis, quand on veut embarquer dans un parti des gens irrésolus et qui se croient foibles : aussi ne firent-ils, à proprement parler, qu'une cavalcade, au retour de laquelle ils mirent du monde dans Vaire avec des vivres et des munitions. Le lieutenant des gardes du duc de Bouillon y fut tué en duel.

Le 7, on trouva bon que j'eusse une conférence avec Lavie; qui m'en avoit fait prier plusieurs fois après que la princesse eut absolument refusé de le voir. Cette conférence n'aboutit à rien qu'à ouïr un discours étudié, qui sentoit plus le docteur que le négociateur, et qui contenoit en substance les mêmes doctrines que le duc de Saint-Simon et Alvimar nous avoient prêchées : en quoi leur concert me parut davantage. Il me devint odieux quand il me fit la proposition d'obliger madame la princesse à se séparer des ducs : il m'en disoit des raisons qui me firent beaucoup rabattre de l'opinion que l'on m'avoit voulu donner de sa suffisance; il me fit un grand prône tendant à nous remettre à la bonne foi du cardinal. Je lui repartis en deux mots que rien de tout cela n'étoit faisable, et me retirai pour en rendre compte à ceux qui m'y avoient envoyé. C'étoit un homme qui mouroit de peur d'être assommé, qui se voyoit hors d'état de rien faire à Bordeaux, et qui vouloit effacer la honte de n'avoir pu venir à bout de ce qu'il avoit promis à la cour, en commençant une négociation pour s'y faire de fête. Rien ne déconcerte tant un négociateur qui est habile que de lui laisser établir tout le raisonnement qu'il auroit ruminé dans son cabinet, et de lui répondre par oui ou par non, suivant l'exigence des cas. Comme je voyois que tout cela ne valoit rien pour nous, je coupai court pour lui en ôter toute espérance.

La princesse envoya à Paris ordre aux comtes de Bussy, de Tavannes et de Châtelux, et à plusieurs autres ses serviteurs, de se rendre à Montrond, où elle avoit envoyé tous les ordres et toutes les commissions que les uns et les autres lui avoient demandés. Elle écrivit en particulier à Bussy de faire son possible pour se rendre maître de La Charité-sur-Loire. Il étoit pour lors lieutenant de roi de Nivernais; et encore qu'il eût traité malgré lui de la compagnie de chevau-légers du prince qu'il commandoit avant sa prison, et quoique le traité ne se trouvât pas exécuté, il ne laissa pas de le servir tant que la prison dura avec autant d'affection qu'aucun autre, encore qu'il eût intention de quitter son service d'abord qu'il seroit en liberté.

La princesse dépêcha encore ce même jour Bernard mon secrétaire, à qui pour sa fidélité elle avoit confié la garde du peu de finance qu'elle avoit à Paris, avec la lettre de créance pour l'archevêque de Sens, l'évêque de Rennes, pour le duc de Nemours, et pour les sieurs de Mirommeuil, conseiller d'Etat, le président Viole, le comte de Maure, l'abbé Roquette, Dalliez, et autres amis et serviteurs du prince, afin de leur faire savoir le succès de son voyage, de son entrée à Bordeaux, et de ce que le parlement et le peuple avoient fait jusque là, et sembloient vouloir faire à l'avenir; et pour prendre leurs avis non-seulement sur la conduite que nous avions à tenir, mais encore pour connoître par eux quelles seroient les négociations qu'on pourroit faire à Paris, par tous les avantages que nous avions eus depuis que nous en étions sortis, et ceux que l'on pourroit prendre dans le parlement, et par l'entremise de celui de Bordeaux. Bernard eut entre autres ordres celui de dire à l'archevêque de Sens tout ce qui pourroit donner de la peur au cardinal, afin que cela allant par le moyen de l'un à la connoissance de l'autre, l'archevêque de Sens pût remettre sur pied et continuer les négociations commencées entre eux pour la liberté des princes.

La princesse chargea encore cet envoyé de passer de Paris à Augerville, où la princesse douairière étoit retirée par ordre de la cour, et de lui rendre, et à la duchesse de Châtillon, de ses lettres et des miennes, contenant une ample relation de tout ce qui s'étoit passé, pour faire connoître à l'une et à l'autre le bon état du parti, et les avantages qu'on pouvoit en espérer à Paris, surtout s'il plaisoit à madame la douairière d'y retourner pour présenter de nouveau sa requête au parlement, pendant que la nécessité des affaires occuperoit le Roi sur la frontière.

De là il eut ordre de revenir à Bordeaux par Montrond, pour y faire connoître, et à tout ce pays-là, l'état auquel nous étions en Guienne, la facilité de les secourir en cas de besoin, et rapporter à la princesse l'état de cette importante place et des environs.

Le 8, elle dépêcha le sieur de Béralde, huguenot, avec lettres au maréchal et au marquis de La Force, desquels il étoit envoyé. Elle lui donna une commission signée du duc d'Enghien, qu'il lui avoit demandée de leur part, pour tailler en pièces les troupes du duc d'Epernon qui étoient pour lors aux environs de leurs terres, voulant, disoient-ils, entrer dans le parti, et commencer par cet exploit. Béralde part; il trouve en chemin le marquis de Castelmoron, fils du maréchal, qui venoit à Bordeaux par l'ordre de son père, pour ménager ses intérêts et ceux de sa maison avec la princesse. Il étoit chargé de lettres que le maréchal et le marquis me faisoient l'honneur de m'écrire, parce que la compétence les empêchoit de vouloir traiter par l'entremise des ducs de Bouillon et de La Rochefoucauld. Ce marquis étoit accompagné de Saint-Martin, intendant, et qui avoit tout crédit sur les esprits du marquis et de la marquise de La Force. Béralde, qui étoit avec eux, gagna le devant pour me venir avertir qu'on ne pouvoit assez se défier de Saint-Martin, qui depuis peu avoit reçu quatre mille écus du cardinal par la médiation du président de Mesmes. Je reçus cet avis sans y faire grand fondement; car je n'ai jamais vu de négociateurs à la cour pour leurs maîtres qui ne soient soupçonnés d'en être corrompus, surtout par les domestiques, qui ne pouvant pour l'ordinaire prétendre de grâces que par leurs entremises, quand ils ne les obtiennent pas attaquent par ressentiment ou par envie leur réputation. Quoi qu'il en soit, ils arrivèrent à Bordeaux; et après avoir rendu leurs devoirs à la princesse et aux ducs, ils voulurent avoir une conférence avec moi, qui n'aboutit qu'à voir le président Charon, de la même religion, qui présidoit pour lors à la chambre de l'édit, en qui toute la maison de La Force avoit beaucoup de confiance. J'eus un long entretien avec ce président, qui étoit homme d'un médiocre génie; mais attaché à sa religion et à ses amis, desquels il soutenoit vigoureusement les intérêts. Ceux de qui nous avions à discourir étoient du nombre: aussi me porta-t-il leurs prétentions si haut, que je jugeai d'abord qu'il me vouloit réduire dans l'impossibilité de les pouvoir contenter, afin qu'ils eussent un honnête prétexte de rompre avec la princesse. Je crus qu'il falloit de mon côté lui faire voir que nous connoissions bien qu'encore que M. le prince fût très-obligé à messieurs de La Force de vouloir entrer dans ses intérêts, ils prenoient l'occasion du parti qui se formoit en sa faveur pour faire valoir les leurs, et remettre en considération leur maison, qui depuis long-temps étoit hors d'action, qui avoit peu de biens, et point du tout de faveur, et par conséquent point de moyens d'en acquérir. Je lui rebattis tout ce que la princesse avoit fait savoir au marquis, comme je l'ai rapporté: j'ajoutai que nous savions ce que Villefrenois lui étoit venu proposer pour lui faire espérer le bâton de maréchal de France, qui étoit le moyen de le perdre dans l'esprit de tous ceux de sa religion, dans un temps qu'il pouvoit faire beaucoup en leur faveur, eux qui avoient autrefois cru et publié que le maréchal son père avoit eu cette dignité, celle de duc et pair, et de grandes sommes d'argent, à leurs dépens; et que s'il étoit vrai, comme je n'en doutois pas (ce qu'ils nous avoient dit et fait dire plusieurs fois), qu'ils s'étoient assurés d'eux, ils auroient bien plus de sujet dans l'occasion présente de se plaindre; qu'ils ne leur avoient proposé d'entrer dans les intérêts des princes que pour faire leurs affaires particulières, au lieu de se prévaloir d'une conjoncture aussi favorable que celle-là pour travailler à celles qui les concernoient en général.

Qu'au surplus je convenois de la grande réputation que donneroit au parti le nom de la maison de La Force; mais qu'au fond elle nous feroit plus de mal que de bien, parce que si elle étoit à souhaiter, leur religion étoit fort à craindre; que moi-même qui lui parlois, j'avois combattu et combattrois toujours l'opinion de ceux qui vouloient persuader à la princesse et aux ducs qu'il falloit tâcher à faire aboutir notre parti à une guerre de religion, en remettant sur pied celui des huguenots, qui donneroit occasion à beaucoup de catholiques de se séparer de nous; que nous avions quantité de gens de bien et de prélats dans nos intérêts, qui avec raison les abandonneroient quand ils nous verroient en état de nous joindre à eux; que les parlemens, les Etats-généraux, si l'on venoit à les assembler, appréhendant de revoir les confusions de l'autre siècle; que les Espagnols même, qui avoient un roi et des ministres d'une humeur et d'une politique bien différentes de celles de Philippe II; de ses conseils et de ses généraux d'armées, comme ceux-ci l'avoient montré par le dernier siége de La Rochelle, difficilement pourroient consentir à une liaison telle que celle-là.

Que si messieurs de La Force n'avoient pas assez de crédit sur ceux de la religion pour leur faire prendre les armes en notre faveur, ils ne nous seroient pas d'une grande utilité, parce qu'ils n'avoient ni gouvernemens, ni places, ni argent, ni troupes, et que nous serions obligés de nous épuiser pour leur donner et procurer l'un et l'autre au préjudice de tous ceux qui étoient déjà dans nos intérêts, et qui auroient grande peine à voir passer les grâces à d'autres à leur préjudice; qu'au contraire nous aurions la plupart des leurs avec notre argent: pour lors ils dépendroient directement de la princesse, parce qu'ils étoient tous opposés aux intérêts de la cour et à ceux du duc d'Epernon. Mais quand bien ces messieurs auroient assez de crédit pour soulever le parti des huguenots, ce parti seroit fort ou foible; si fort, ils nous opprimeroient, s'il leur plaisoit, en nous faisant leurs victimes, pour faire leurs affaires à la cour, et nous attireroient la malédiction des peuples; si foible, il nous seroit inutile; que les personnes mêmes du maréchal et du marquis, tout utiles et tout considérables qu'elles étoient, nous embarrasseroient par la raison du commandement : et finis en lui disant qu'il falloit que lui président Charon convînt avec moi qu'il seroit d'une plus grande utilité au maréchal et à sa maison d'entrer dans le parti des princes, qu'à la princesse; que cependant elle feroit tous ses efforts pour les y engager; mais qu'il falloit aussi qu'ils ne nous tinssent pas le pied sur la gorge en nous faisant des propositions au-dessus de nos forces, par la connoissance qu'ils avoient de leur mérite et de leur crédit, dont nous savions faire tout le cas que nous devions.

Le président entra fort bien dans une partie de ce que je lui dis, et me promit de s'en servir pour disposer Castelmoron à conclure avec nous; et nous nous séparâmes.

Comme nous fûmes long-temps ensemble, et que nous dîmes quantité de choses, je connus qu'il y avoit autant de chimères à tout ce qu'on nous offroit par tous les huguenots, que je me l'étois toujours imaginé. Et en vérité j'en eus une secrète joie, quoiqu'aux occasions pressantes, autant que l'étoit notre entreprise, qui entraînoit avec elle le salut ou la perte de la maison de Condé, on se serve pour l'ordinaire des derniers remèdes, des plus extrêmes et des plus violens, parce que ce qui touche l'ame aussi sensiblement que la religion fait une telle opposition aux lois de la politique, que je ne sentois pas mon ame de la trempe de celles qui sont capables de se mettre au-dessus de tout.

Après que Charon eut entretenu Castelmoron, il me donna rendez-vous au lendemain pour conférer ensemble; ce que nous fîmes : mais notre entretien n'aboutit qu'à me charger de ses propositions pour en rendre compte à la princesse, et les faire voir aux ducs de Bouillon et de La Rochefoucauld. Il demandoit pour la maison de La Force des sommes d'argent infiniment au-dessus de notre pouvoir, pour faire des régimens de cavalerie et d'infanterie pour le père et les enfans, pour se saisir et pour fortifier Bergerac, Sainte-Foy, Clérac, Tonneins et Aiguillon; et que le marquis de La Force partageroit le commandement avec le duc de Bouillon. Quand nous eussions eu de quoi satisfaire aux premières demandes, nous n'eussions jamais pu ajuster celle-ci : aussi fus-je le premier à contredire quand je rendis compte de cette affaire aux ducs, de crainte que, comme on est ordinairement jaloux de faire réussir ce qu'on négocie, ils crussent que je serois bien aise d'acquérir la maison de La Force pour balancer leur autorité, et pour donner de la réputation au parti, pour contenter Bordeaux, qui souhaitoit passionnément le succès de cette affaire, et pour avoir en mon particulier l'honneur de l'avoir conclue. Mais ils m'entendirent parler et agir en ceci de telle sorte, qu'ils ne conçurent jamais aucun soupçon contre moi, quoiqu'on essayât souvent de leur en donner. J'allai représenter à Castelmoron les intentions de la princesse, qui étoient de donner à la maison de La Force autant de l'argent qui nous viendroit d'Espagne, qu'aux ducs de Bouillon et de La Rochefoucauld; que comme ni l'un ni l'autre de ces ducs n'avoient reçu jusque là aucune somme d'elle, que même ils ne lui en avoient jamais demandé, connoissant l'impuissance en laquelle elle avoit été jusques alors, elle croyoit que messieurs de La Force attendroient qu'elle fût en pouvoir de leur en donner; et que cependant elle offroit de leur mettre en main des pierreries de la valeur de cent mille écus, qu'elle retireroit des lieux où eux les pourroient mettre en gage incontinent qu'elle auroit touché de l'argent.

Je crois, à la vérité, que j'étois le plus riche en argent de tous ceux du parti: toutes mes finances ne consistoient néanmoins qu'à vingt mille livres que j'avois faites de la vente de ma vaisselle d'argent avant que de partir de Paris. Je prêtai cette somme à la princesse en arrivant à Bordeaux, pour faire deux régimens d'infanterie de dix compagnies chacun, qu'elle donna à Sauveboeuf et à Lusignan. A l'égard du commandement que le marquis de La Force souhaitoit partager avec le duc de Bouillon, la princesse me chargea de dire à Castelmoron qu'elle croyoit juste que les ducs commandassent de pair avec le maréchal, auquel néanmoins ils déféreroient le premier jour, et que pour le marquis on lui laisseroit les troupes qu'il mettroit sur pied à commander dans un corps séparé; et que quand on viendroit à se joindre, demeurant avec son père et lui obéissant, il n'auroit rien à démêler avec les ducs, se contentant de servir de volontaire le jour que l'un ou l'autre commanderoit; qui étoit tout ce qu'on pouvoit faire en faveur de ce marquis, qui n'avoit nul caractère, et qui n'en avoit jamais eu dans les armées égal à ceux qu'avoit eus le duc de Bouillon, qui en avoit commandé en chef. Le duc de La Rochefoucauld offrit même en son particulier de servir de volontaire, pour ôter tout l'obstacle qu'il pourroit faire en ce rencontre. Castelmoron se chargea de rapporter cette réponse au maréchal et au marquis, desquels il nous dit qu'il n'avoit eu aucune charge de conclure, mais seulement d'écouter ce que la princesse pourroit lui offrir sur les propositions qu'il venoit lui faire de leur part.

Le 9 fut un jour de grande confusion, qui nous tourna pourtant à grande utilité; car comme Lavie s'opiniâtra à faire distribuer par la ville les copies des lettres du Roi, desquelles j'ai parlé, le peuple s'en émut, et vint en grande rumeur au logis de la princesse, criant qu'ils alloient égorger Lavie et sa famille dans sa maison. Elle leur remontra que cela ne devoit point se faire ni proposer, et mit tout en usage pour les empêcher d'exécuter ce dessein : mais enfin les généraux, qui depuis peu étoient de retour de l'armée, venant visiter la princesse, le peuple les suivit; et comme ils n'avoient pas des sentimens aussi modérés qu'elle, et qu'ils jugèrent la présence de Lavie fort préjudiciable dans Bordeaux, ils applaudirent à la bonne volonté qu'ils témoignoient, et crurent que c'étoit un coup d'Etat de laisser agir leur colère. Sauvebœuf se mit à leur tête; ils coururent au logis de Lavie, qui étoit ennemi capital de ce marquis; ils enfoncèrent les portes, ils y entrèrent. Lavie se sauva au couvent des Pères Feuillans, voisin de sa maison; ils le suivirent, l'appelèrent traître à sa patrie, émissaire du Mazarin pour faire exterminer la maison royale; ils lui vomissoient mille imprécations. Sauvebœuf, qui avoit été touché des larmes de madame sa femme, empêcha qu'on ne l'égorgeât. Il tâchoit à le persuader de se retirer, et sortir de Bordeaux : il y résista, et parut intrépide dans un tel péril, sur le bord et à la vue d'un tel précipice. Le peuple, qui avoit créance en Sauvebœuf, suspendit sa fureur contre Lavie, et retourna en sa maison pour égorger sa femme. Ce marquis y courut, la prit par la main, et l'amena avec ses enfans au même lieu où étoit son mari. Les conjurés pillèrent la maison, et après en avoir enlevé l'argent et les meubles, enlevèrent les portes et les fenêtres, et voulurent y mettre le feu; mais Sauvebœuf, qui y étoit retourné, les en empêcha. Lavie, à la vue d'un tel spectacle, jugeant à l'avenir sa constance inutile, prit résolution de se retirer avec sa famille à Blaye. Sauvebœuf les accompagna jusqu'au bateau qui les y porta, pour les garantir par le chemin de la mort dont ils étoient menacés. Mirat, conseiller au parlement, homme de mérite et de probité, fort en crédit dans sa compagnie et parmi le peuple, qui avoit toujours été ennemi de Lavie, se mit dans le bateau avec lui, et l'accompagna généreusement jusqu'à Blaye, d'où il retourna le lendemain.

Il n'est pas toujours aisé d'exciter des séditions; mais quand elles le sont, il est difficile d'en arrêter le cours. Cette populace, émue et en curée du butin qu'elle venoit de faire chez Lavie, vouloit en faire un pareil aux maisons de Duglas, du Franc et de Pontac-Beautiran, jurats de la ville, et desquels j'ai parlé. La princesse s'y opposa de toute sa force; car si la violence qui venoit d'être faite pouvoit servir, comme en effet elle servit beaucoup, la continuation auroit été nuisible. Il est nécessaire d'imprimer de la crainte;

elle contient dans la dépendance et dans le respect quand elle est modérée : mais l'excès en est dangereux ; il ne refroidit pas seulement les affections, il irrite les volontés, et fait pour l'ordinaire secouer le joug qu'on s'étoit volontairement imposé. La princesse étoit obligée de sauver Duglas parce qu'il étoit oncle du conseiller Tarangue, qui avoit été le rapporteur de sa requête ; Franc, parce qu'il étoit ami intime de Lusignan ; et Pontac, par la grande parenté qu'il avoit dans le parlement ; car cette famille est des plus anciennes, des plus riches et des plus considérables de la ville : le premier président, le procureur général et le greffier en chef sont encore à présent de ce nom. L'avantage que nous tirâmes de la menace qu'on avoit faite à ceux-ci fut qu'ils vinrent avec la livrée haranguer la princesse et le duc d'Enghien (ce qu'ils n'avoient point encore fait), et que Duglas nous découvrit toutes les pratiques, toutes les cabales et tous les desseins que Lavie avoit contre nous.

Le 10, le marquis de Montespan offrit à la princesse quatre cents gentilshommes qu'il pouvoit assembler dans son voisinage, et d'aller à Toulouse pour essayer de disposer ce parlement, par les amis qu'il y avoit, à imiter celui de Bordeaux, et à s'unir avec lui ; dont nous ne vîmes nul effet dans la suite, quoique la princesse lui dépêchât assez souvent. Il n'eut jamais la hardiesse de répondre à pas une de ses lettres, et l'envoya prier de ne lui écrire plus, mais bien de lui envoyer dire ce qu'elle jugeroit à propos pour son service. Et pour établir la créance de ceux qu'elle lui enverroit sans lettres, il la fit prier par son envoyé de couper un écu d'or en deux parties, dont elle garderoit l'une, et lui enverroit l'autre; et que la princesse lui envoyant quelqu'un, ou lui à elle, chacun chargeroit le porteur de la moitié qui seroit en son pouvoir, pour faire voir qu'il seroit homme de confiance. Les seigneurs retournés en province sont sujets à vouloir persuader qu'ils ont du crédit dans leurs contrées, pour tirer leurs avantages de la cour; mais j'en ai peu vu qui aux occasions en aient donné d'autres marques que d'envoyer faire des complimens et parade de leur pouvoir, qui ne s'étend pour l'ordinaire qu'à accommoder une querelle et à garantir leurs terres d'un passage de gens de guerre, et à se saisir des tailles dues au Roi tant qu'il y a des troubles dans leur voisinage.

La princesse le remercia de sa bonne volonté, et le pria d'exécuter l'offre qu'il lui faisoit. Et comme l'envoyé refusa de se charger de sa lettre, de crainte, disoit-il, qu'elle ne fût interceptée, elle lui dépêcha un gentilhomme qui eut ordre en même temps de passer à Toulouse, et d'y voir le sieur Du May, conseiller au parlement, à qui elle envoya, avec la lettre responsive aux offres qu'il lui avoit faites d'agir dans sa compagnie pour son service, douze lettres sans souscription, pour les remplir du nom de tels de ses confrères qu'il jugeroit à propos.

La princesse dépêcha en même temps à l'archevêque de Narbonne, de la maison de Rebé, ancien ami et serviteur de la maison de Condé; au baron de Leiran, gentilhomme du pays de Foix, de la maison de Levis et huguenot, naturellement séditieux, et dont l'humeur, portée aux séditions, lui a enfin fait couper la tête par arrêt du parlement de Toulouse, comme nous dirons en son lieu; au vicomte d'Arpajon, qui, de toutes les espérances qu'il nous donna pendant et depuis la prison du prince, tira enfin de la cour un brevet de duc et pair. Elle dépêcha encore à Saint-Aulnais, qui avoit été autrefois long-temps retiré en Espagne, parce qu'on lui avoit ôté le gouvernement de Leucate, qu'il avoit de père en fils. C'étoit un fort brave homme, mais d'un esprit inégal et difficile à contenter, pour la trop bonne opinion qu'il avoit de lui-même, qui lui avoit fait passer une partie de sa vie en exil ou en prison. Il avoit été désobligé par Henri, prince de Condé, père de celui-ci; mais il étoit devenu ennemi mortel du cardinal Mazarin: ce qui nous faisoit espérer d'en tirer quelques services, parce que les inimitiés présentes effacent pour l'ordinaire le souvenir des passées; et l'intérêt comme la vengeance ont cela de commun, qu'ils oublient les bienfaits et les injures qu'ils ont reçus dans un temps, par l'espérance d'en recevoir ou d'en faire dans un autre.

Incontinent que Lavie fut arrivé à Blaye, il écrivit une longue et pressante lettre au parlement, pour lui demander justice de l'outrage qu'il avoit reçu. Sa parenté dans la compagnie, la crainte de ceux de son parti, celle des conséquences, la pitié que font souvent les malheureux, l'estime que lui avoit acquise son intrépidité, et l'aversion naturelle qu'on a contre les violences, donnèrent lieu à une assemblée de chambres, où il fut résolu qu'il seroit informé de ce qui s'étoit passé le jour précédent. On ordonna aux bons bourgeois de se tenir armés; l'on manda les jurats pour leur dire la délibération qui venoit d'être prise;

on envoya des commissaires par les jurades (qui sont les quartiers de la ville), pour faire prendre les armes partout, mais inutilement: chacun cria qu'on avoit eu raison de châtier un traître. C'est ainsi que les peuples, qui conçoivent les choses suivant leur passion, qualifioient Lavie; mais, à la vérité, tous les gens sages blâmoient la violence de cette action, qui de bonne fortune fut tout attribuée à Sauvebœuf. On en informa; on fit rendre ce qu'on put du pillage; on fit emprisonner trois misérables sans nom et sans aveu. Le parlement avoit dessein de les faire pendre pour intimider le peuple, dont l'emportement lui faisoit peur: mais, par le même principe de crainte, il n'osa l'exécuter; et tout cela n'aboutit qu'à faire sortir quelques-uns des plus affectionnés au duc d'Epernon; et c'étoit ce que nous souhaitions davantage.

Le 11, le baron de Vatteville, gentilhomme de la comté de Bourgogne, homme d'esprit, d'expédiens, plein d'invention et d'adresse, étoit, à Saint-Sébastien, aux écoutes des choses qui se passoient à Bordeaux, où il avoit été incognito l'année précédente pour fomenter le désordre que la haine contre le duc d'Epernon y avoit excité, et où il semoit de l'argent à tous ceux qu'il croyoit pouvoir l'entretenir. Il avoit reçu des lettres de créance que la princesse avoit données, en arrivant dans la vicomté de Turenne, à Sauvebœuf et à Lusignan, comme nous avons dit; il en avoit donné part au roi d'Espagne, dans la crainte que l'argent ne manquât à la princesse; et, pour lui donner lieu de mettre sur pied quelques troupes, il lui avoit envoyé les jours précédens une lettre de change de cent mille livres payable à moi ou à mon ordre sur Courtade, marchand banquier, homme pour lors d'un grand crédit, et qui depuis a fait banqueroute, lequel ne l'avoit pas voulu accepter. Il envoya un nommé Carros, chargé d'une dépêche du 31 mai, par laquelle, après les complimens de respect, il lui témoignoit une grande impatience d'avoir des nouvelles de sa réception à Bordeaux, afin, disoit-il, de lui envoyer le même argent qu'il avoit rapporté à Saint-Sébastien, par le manquement de parole du duc de Saint-Simon, et pour lui offrir, comme il faisoit par avance, tout le pouvoir et toute la protection du Roi son maître.

On renvoya en diligence cet envoyé pour dire le bon état des choses, et représenter que comme le parti s'étoit formé avec promptitude par la grande affection que toute la confédération avoit pour le prince, il se déferoit de même, s'il n'étoit promptement secouru par tout l'argent nécessaire pour sa conservation. On lui représenta que Courtade n'avoit pas voulu accepter la lettre de change, n'ayant point d'effets appartenant à ceux qui l'avoient tirée sur lui : aussi n'avoit-ce été qu'une invention du baron de Vatteville pour nous témoigner sans effet son affection à nous secourir ; et quand il avoit paru dans la rivière pour mugueter Bordeaux et Blaye, sur ce qu'on lui avoit dit que le duc de Saint-Simon étoit dans nos intérêts, il s'en retira d'abord, et sema le bruit qu'il avoit des sommes immenses, qu'il auroit disposées à Blaye si ce duc l'y avoit voulu recevoir. Nous avons pourtant su depuis, et reconnu par la suite, qu'il n'y portoit autre chose que des paroles pour l'embarquer dans le parti par les espérances d'une grande fortune.

L'on manda encore à Vatteville que la princesse avoit donné ordre de se saisir du port d'Arcachon pour désembarquer ce qu'il voudroit renvoyer à Bordeaux, et que nos gens y arboreroient un drapeau vert pour donner signal aux siens de leur arrivée. La princesse envoya avec Carros le baron de Baas, chargé d'un pouvoir qu'elle lui avoit donné en ces termes :

« M. le baron de Vatteville prendra toute créance
« au baron de Baas, maréchal de bataille et lieute-
« nant de roi à Rocroy, auquel j'ai donné tout pou-
« voir d'entrer en mon nom dans le même traité
« que madame la duchesse de Longueville et M. de
« Turenne ont fait avec les ministres de Sa Majesté
« Catholique en Flandre, aux conditions que ledit
« sieur de Baas conviendra avec ledit sieur baron de
« Vatteville et tous autres ministres de Sadite Majesté
« qu'il appartiendra; faire tous autres traités qu'il
« jugera à propos, recevoir argent, donner quittance ;
« et je promets ratifier tout ce qui sera par lui géré
« et négocié en mon nom, et le faire approuver et ra-
« tifier par tous mes amis et confédérés de Guien-
« ne, etc. Fait à Bordeaux, le 11 juin 1650. »

Baas étoit homme de courage et d'esprit, mais un peu trop emporté et trop brusque. Il étoit au duc de Bouillon, auquel il s'étoit attaché pendant le siége de Paris pour quelque mécontentement qu'il avoit reçu du cardinal. Ce duc proposa à la princesse de l'envoyer en Espagne, afin de se rendre maître de cette négociation et connoître par Baas l'état des affaires de par-delà, et les secours qu'on pourroit en recevoir, soit pour prendre des mesures plus certaines, soit pour le parti, soit pour son avantage particulier.

Nous avions disposé toutes choses pour nous rendre maîtres de Bourg, petite ville sur une colline en laquelle il y a une manière de bastion retranché qu'on appelle citadelle, dans laquelle est la maison seigneuriale, qui appartient au duc de Luxembourg, et qui regarde le confluent des rivières de Dordogne et de Garonne, qu'on appelle le Bec-d'Ambez. Ce poste, qui est entre Blaye et Libourne, nous eût été de grande utilité, supposé que nous eussions eu de l'argent, et le temps de le fortifier; mais comme on eut avis de la marche du maréchal de La Meilleraye avec des troupes, les ducs jugèrent à propos de suspendre l'exécution de ce dessein, de se contenter du Cap-de-Buch, qui est proprement le port d'Arcachon, et d'attaquer Castello-de-Médoc, qui est un assez bon château appartenant au duc d'Epernon, qui nous étoit nécessaire pour favoriser les convois qui iroient et viendroient de ce port-là à Bordeaux; outre que les Bordelais, impatiens de voir faire quelque exploit de guerre qui portât préjudice en particulier à ce duc qu'ils haïssoient mortellement, proposoient continuellement d'attaquer Cadillac : ce qui n'étoit ni facile ni judicieux à entreprendre avec le peu de troupes que nous avions, qui étoient toutes nouvelles, à la vue des ennemis, qui étoient en plus grand nombre, et que le général de La Valette commandoit pour le Roi. Et pour exécuter ce qui avoit été résolu pour Castello, le duc de Bouillon fit passer la rivière de Garonne aux nôtres.

Le comte de Marsin, gentilhomme liégeois, homme d'esprit, de jugement, de conduite, de valeur et de mérite tel, qu'ayant commencé à l'âge de quatorze ans de porter le mousquet en Allemagne dans le régiment du comte de Tilly, avoit passé par tous les degrés, et commandoit en chef les armées du Roi en Catalogne quand le prince fut arrêté. Il avoit servi plusieurs campagnes de maréchal de camp et de lieutenant général sous lui; il avoit acquis l'amitié du prince dès son enfance pendant qu'il étoit en Bourgogne, y exerçant le gouvernement du feu prince de Condé son père, où Marsin, avec son régiment de cavalerie, avoit pour l'ordinaire ses quartiers d'hiver. Le prince avoit une grande estime pour lui, et lui avoit donné le gouvernement de Bellegarde, comme il fit depuis celui de Stenay. Cet engagement fit croire au cardinal qu'il seroit homme à tout entreprendre pour venger la prison du prince, s'il le laissoit en liberté pendant qu'elle dureroit : aussi le fit-il arrêter dans Barcelone, et mettre ensuite dans le château de Perpignan autant de temps après que les princes furent arrêtés qu'il en fallut pour en envoyer les ordres. Je lui ai souvent ouï dire que quand il entra cadet dans le régiment d'infanterie du comte de Tilly, il fut le vingt-huitième gentilhomme liégeois, lorrains ou allemands, dont quatorze sont devenus généraux d'armée en chef, qui est une chose fort extraordinaire.

Le duc de Bouillon et moi reçûmes ce jour-là chacun un billet de lui, qu'un père récollet nous rendit de sa part, par lequel il nous mandoit qu'il lui étoit facile de se sauver pour se rendre à Bordeaux, et qu'il prioit le duc de lui envoyer une route par laquelle il pût avec sûreté, et de maisons en maisons d'amis, s'y rendre. Le duc lui en envoya une très-sûre; le récollet lui porta. Marsin voulut exécuter le dessein de son évasion; mais par malheur la corde avec laquelle il se glissa d'une fenêtre fort haute dans le fossé, sur le bord duquel on lui tenoit des chevaux prêts pour son voyage, s'étant trouvée trop courte, et ayant voulu sauter à terre de plus haut qu'il ne croyoit, il se rompit une jambe et fut contraint d'appeler la sentinelle, et la prier de le venir reprendre et le remettre dans la prison.

Le 12, la princesse et les ducs reçurent offre de services de plusieurs personnes de qualité, qui avoient plus de peur qu'on ne leur fît du mal que d'envie de nous faire du bien.

La princesse dépêcha Saint-Agoulin, lieutenant des gardes du duc d'Enghien, par terre à Saint-Sébastien, pour donner avis de l'embarquement de Baas, et rapporter des nouvelles de ce qu'on pourroit espérer de sa négociation. Et afin qu'il eût plus de facilité à son passage à Bayonne, elle écrivit au comte de Toulongeon, qui en étoit gouverneur, et qui lui avoit fait quelques civilités, pour lui dire qu'elle n'avoit pas attendu un compliment aussi froid que celui qu'elle avoit reçu de lui; qu'elle n'en pouvoit juger autre chose, sinon qu'il n'avoit pas voulu confier sa pensée et l'état de son cœur pour le prince son mari à celui qu'il en avoit chargé; qu'elle croyoit qu'il étoit tel que la parenté et la familière amitié qui étoit et avoit toujours été entre eux lui devoit faire juger; et qu'elle ne pouvoit croire que ses malheurs eussent rien altéré à l'affection qu'il lui avoit témoignée. Saint-Agoulin, qui ne le trouva pas à Bayonne, alla le chercher à Bidache; et lui ayant rendu sa dépêche, il lui répondit, haussant les épaules, que la princesse vouloit lui mettre la corde au cou, et qu'il n'y avoit salut ni pour le prince ni pour elle que dans la soumission au Roi et à ses ministres; et renvoya le porteur sans vouloir lui permettre son passage en Espagne. Les princes s'imaginent souvent que ceux qui s'attachent à eux dans leur prospérité doivent tout risquer pour eux dans leur mauvaise fortune; et sur ce fondement nous traitions de traîtres tous ceux qui avoient été amis de l'un ou de l'autre des prisonniers, quand ils ne sacrifioient pas toute chose pour leur service, tant la passion nous aveugloit.

La princesse écrivit en même temps au maréchal de Gramont son frère, qui pour lors étoit dans son gouvernement de Béarn, par le conseiller de La Chaise son ami particulier, pour savoir s'il trouvoit bon qu'elle lui envoyât un gentilhomme de confiance pour savoir ses sentimens, et prendre ses conseils sur la conduite qu'elle devoit tenir dans la conjoncture où elle se trouvoit. Peu de jours après il lui fit réponse, et lui manda qu'il plaignoit son malheur; qu'il voudroit la servir et le prince son mari, qu'il aimoit, s'il l'osoit dire, avec toute la tendresse de son cœur; mais qu'il avoit les mains liées, étant domestique du Roi, et ayant la principale garde de sa personne.

L'on sut que le maréchal de La Meilleraye avoit refusé à celui que la princesse lui avoit dépêché d'accorder un passe-port pour faire venir son train de Brezé à Bordeaux, et qu'il avoit écrit à la cour pour savoir si on le trouveroit bon. Ce qui nous pressoit davantage de le voir arriver étoit l'espérance de faire passer en même temps deux mille marcs de la vaisselle d'argent du feu maréchal de Brezé, que l'on auroit promptement convertis en monnoie.

Le 13, l'on sut que l'entrée de l'archiduc Léopold et du vicomte de Turenne en France, par la Picardie et par la Champagne, avoit alarmé la cour, que le cardinal avoit inconsidérément fait aller à Compiègne; qu'on y avoit mandé le duc d'Orléans, et que la consternation y étoit grande depuis qu'on y eut appris la réception de la princesse à Bordeaux, les arrêts qu'elle y avoit obtenus pour elle et pour les ducs de Bouillon et de La Rochefoucauld, et la passion démesurée que le peuple lui faisoit paroître.

Comme le duc de Bouillon avoit envoyé Baas en Espagne par les raisons que je viens de dire, le duc de La Rochefoucauld, qui n'étoit pas moins clairvoyant ni moins habile que lui, prit occasion de porter aussi la princesse à y envoyer le marquis de Sillery son beau-frère, plein d'esprit et d'habileté, et de qui le nom étoit non-seulement connu en Espagne, mais il y étoit encore en bonne odeur par les négociations du chancelier son grand-père, et par les emplois qu'avoit eus le sieur de Puisieux son père.

L'on avoit reçu un billet du baron de Vatteville par une patache qu'il avoit fait passer à Bordeaux, par lequel il invitoit la princesse et tous ceux de son parti, qu'il appeloit confédération, comme je fais souvent, d'envoyer quelqu'un de qualité pour conclure et signer un traité avec lui, ensuite du plein pouvoir qu'il avoit du roi d'Espagne, et pour recevoir les sommes dont il conviendroit. Il n'avoit point d'argent pour lors, comme nous l'avons su depuis; mais il vouloit nous embarquer, et il jugeoit bien, par l'état auquel nous étions, que rien ne pouvoit nous faire avancer davantage que l'envie et la nécessité d'en recevoir.

Sauvebœuf étoit un homme fâcheux à vivre, impatient de se voir soumis à l'obéissance, lui qui avoit commandé en chef l'année précédente les troupes de Bordeaux sous l'autorité du parlement, auquel depuis il étoit devenu odieux à cause de ce qui s'étoit passé chez Lavie. D'autre part, il portoit un nom connu aux Espagnols, qui jugeoient de lui comme l'on fait ordinairement des gens de quelque hardiesse et qui ont fait quelque bruit dans le monde, quand on ne les a pas pratiqués, et qu'on ne les connoît que par les gazettes. Le duc de La Rochefoucauld proposa premièrement au duc de Bouillon, qui portoit impatiemment les actions brusques de Sauvebœuf, puis à la princesse, de l'envoyer vers le baron de Vatteville; et comme l'un et l'autre objectèrent son peu de capacité, il proposa en même temps d'envoyer Sillery, qui traiteroit conjointement avec Baas, et lui avec Vatteville, et passeroit de là à Madrid pour complimenter le roi d'Espagne. On le résolut ainsi : on donna un pouvoir de la princesse pour traiter, comprenant lesdits sieurs de Sauvebœuf, de Sillery et de Baas, en la même forme que celui que j'ai transcrit ci-dessus étoit conçu; un billet de créance à Sillery en particulier, afin de pouvoir faire entendre aux Espagnols qu'on ne leur envoyoit Sauvebœuf que pour s'en défaire, et leur ôter la mauvaise opinion que des gens aussi sages qu'eux eussent pu avoir de nous, leur envoyant un tel personnage que lui. Et assurément rien ne donne tant de réputation à une affaire, et n'établit plus la bonne foi et la sincérité, que de la faire négocier par un homme de probité, de prudence et de sagesse connues. La princesse chargea Sillery de rendre au roi d'Espagne une lettre en ces termes :

« Sire,

« Les témoignages de bonté que je reçois de Votre
« Majesté ne me permettent pas de différer plus long-
« temps les très-humbles remercîmens que je lui en
« dois. J'ai cru, sire, que je ne pouvois mieux m'ac-
« quitter de ce devoir que par la bouche du marquis de
« Sillery, que je dépêche à Votre Majesté pour la sup-
« plier de croire que je conserverai toute ma vie le sou-
« venir des grâces qu'il lui plaît me vouloir faire, par
« lesquelles j'espère arrêter le cours de la violente op-
« pression que monsieur mon mari et mes beaux-frères
« souffrent par les ordres du cardinal Mazarin, qui,
« abusant du nom et de l'autorité du Roi mon souve-
« rain seigneur, a mis les princes de son sang dans
« une très-rigoureuse prison, contre toutes les lois
« du royaume. J'espère, sire, que Sa Majesté ven-
« gera un jour sur la tête de ce mauvais ministre,
« qui, par cette insolente entreprise, trouble le repos
« et la tranquillité de cet État, pour lequel et pour la
« gloire du Roi mondit seigneur et mari a tant de
« fois hasardé sa vie, croyant que c'étoit le vrai che-
« min qu'il devoit tenir pour remettre enfin le calme
« par toute la chrétienté. Et comme je ne souhaite
« rien que de suivre en toute chose la sincérité de
« ses intentions, j'ose très-humblement supplier Votre
« Majesté, comme je fais les larmes aux yeux, de vou-
« loir contribuer ce qui dépend de son autorité royale
« et du pouvoir que Dieu a mis entre ses mains, pour

« parvenir à une juste et durable paix que ce cardi-
« nal a tant de fois empêchée, contre les intentions
« de la Reine et les vœux de tous les bons Français.
« La liberté de monsieur mon mari et celle de M. le
« prince de Conti et de M. le duc de Longueville
« est la première démarche nécessaire pour un si
« grand ouvrage. C'est, sire, ce que je demande-
« rois au Roi mon souverain seigneur, le genou à
« terre, si son âge lui permettoit d'user de son au-
« torité tout entière, usurpée pendant sa minorité
« par ce perturbateur du repos public qui en abuse ;
« c'est, sire, ce qui me fait recourir à Votre Ma-
« jesté, que je supplie avoir toute créance audit mar-
« quis de Sillery, auquel j'ai expliqué mes intentions
« et celles de mes amis sur ce sujet. Cependant,
« sire, j'espère de la générosité de Votre Majesté
« qu'elle accordera sa protection à une princesse af-
« fligée, et qui a été contrainte de traverser toute la
« France pour venir chercher un asyle en cette ville,
« et garantir M. le duc d'Enghien mon fils, âgé de
« sept ans, du même traitement que souffre mon-
« sieur son père. J'ose dire à Votre Majesté, sire,
« qu'elle est obligée par beaucoup de raisons à m'ac-
« corder la grâce que je vous demande en qualité de
« votre, etc. A Bordeaux, le 13 juin 1650. »

Le lendemain 14, Sauvebœuf et Sillery partirent
dans la frégate de Vatteville. Le duc de Saint-Simon
la fit attaquer par celle de Blaye et par quelques chaloupes, d'une telle manière qu'ils furent contraints de
se mettre à terre dans un esquif, d'abandonner leur
bord, et de reprendre une autre voie plus sûre, comme

ils firent : et ce fut la première fois que ce duc, qui nous laissoit toujours quelque espérance, se déclara ouvertement contre la princesse.

Le 15, Lavie, qui ne vouloit pas perdre une si belle occasion, écrivit une seconde lettre au parlement. Il leur représenta qu'ils devoient une justice exemplaire contre ceux qui avoient fait venir une frégate espagnole jusque dans le port de Bordeaux; il supposa qu'on y avoit trouvé des traités faits par le duc de Bouillon avec le roi Catholique; et après les avoir invités à rétablir leur autorité, il les conjuroit de faire connoître à la princesse qu'elle récompensoit mal ce qu'ils avoient fait en sa faveur, leur ayant amené des hôtes qui ne songeoient qu'à allumer la guerre dans le lieu qui leur devoit servir d'asyle; et de la supplier de se séparer des ducs de Bouillon et de La Rochefoucauld, desquels il entendoit parler, et de les faire sortir de la ville. Il ajoutoit qu'il ne s'étonnoit plus de ce qu'on en avoit chassé avec tant de violence un citoyen tel que lui, qui n'auroit jamais souffert des choses autant désavantageuses à son Roi que celles qui s'y traitoient. Cette lettre, jointe à une du duc de Saint-Simon au président d'Affis, pleine de grands mots sur sa fidélité et contre celle de Bordeaux, réveilla l'aversion que la plupart de la compagnie avoient contre Lavie. Ils le traitèrent d'insolent et de présomptueux; ils connurent l'artifice de son esprit, parce qu'ils savoient qu'il n'y avoit jusque là aucun traité fait par le duc de Bouillon avec le roi d'Espagne; ils se tinrent offensés de ses mensonges; ils connurent que son intention étoit de les noircir à la cour, pour s'y faire considérer comme un héros : de sorte qu'au lieu de continuer dans leur résolution de faire justice du pillage de sa maison, ils ne songèrent plus à châtier les prisonniers dont j'ai parlé, et chargèrent leur doyen de me faire voir ces deux lettres, et de me dire, comme il fit, leur résolution, qui fut de n'y faire aucune réponse. Tant il est dangereux de vouloir se singulariser ouvertement dans une compagnie où chacun croit avoir autant et plus de zèle que son compagnon.

On avoit eu nouvelle le matin d'Auterive, capitaine de cavalerie dans le régiment de Persan, et de Caillet, l'un des secrétaires du prince, qu'on avoit envoyé à Nérac, afin qu'à la faveur du château, qui est assez bon, on pût y employer les sommes que les fermiers devoient à faire cinq régimens d'infanterie, sous les noms d'Enghien, d'Albret, Brezé, Montmorency et Châteauroux; et mandèrent que, bien loin de favoriser ces levées, les habitans n'avoient voulu donner ni hommes, ni argent, ni vivres pour garder le château, disant qu'ils avoient parole du duc d'Epernon qu'il n'y mettroit personne de son côté, et qu'ils ne vouloient pas attirer la guerre dans leur pays. Et l'on apprit le soir qu'ils avoient non-seulement reçu garnison du duc d'Epernon, mais qu'ils l'avoient demandée, contre ce qu'ils avoient promis; tellement qu'il y a peu de certitude aux paroles d'une communauté.

Le sieur Pomiers-Françon, ami particulier du duc de Saint-Simon, de qui il recevoit tous les jours des lettres qu'il me montroit, m'en fit voir une qui faisoit bien connoître que la prise de la frégate étoit un effet de la persuasion de Lavie; car toutes les précédentes faisoient espérer que le duc feroit l'aveugle, et dissimuleroit toutes choses. Et ce bonhomme m'avoua qu'il ne pouvoit assez s'étonner de son inconstance, parce que c'étoit lui qui avoit jeté les premières semences dans Bordeaux de l'affection qu'on y avoit pour les princes, et qu'elle ne provenoit que de la peur que lui avoit donnée la prise de Bellegarde.

Sauvebœuf, qui venoit d'échapper le péril de la frégate, repassa par Bordeaux : il alla publiquement prendre congé de tous ses amis du parlement pour Espagne, et se battit en duel contre Guionnet, qu'il désarma. La Clotte, son second, fut tué en ce combat.

Le Bouttet, gentilhomme de Berri, fit offrir ses services à la princesse et ceux de ses amis, et l'assura que d'abord que Montrond enverroit demander les contributions aux provinces circonvoisines, toute la noblesse monteroit à cheval sous prétexte d'empêcher la levée, et la feroit payer exactement, pourvu qu'on leur donnât de quoi faire les troupes que chacun pourroit mettre sur pied, et laisseroit le reste pour l'entretien de Montrond. Baas le cadet, major de Persan, m'écrivit par Bouttet que la princesse douairière lui envoyoit lettre sur lettre, avec ordre de congédier tout ce qui étoit dans cette place, à la réserve de deux cents hommes, sur la parole que la cour lui donnoit qu'on ne l'attaqueroit pas; et que, pour la contenter, il avoit donné congé à quelques fantassins incapables de servir, et qu'il n'en feroit pas davantage, quelque ordre qu'on pût lui envoyer. Le Bouttet retourna sur ses pas avec Tully, Boisvilliers, Du Bourg, L'Epinalle, Beaujeu et le chevalier d'Ainet, et portèrent des commissions de lieutenant général à Persan, à Tavannes et Saint-Géran; de maréchal de camp à Bussy, Levis et Broussac (une en blanc); deux de maréchaux de bataille, avec pouvoir de commander les troupes, l'une à Baas, l'autre à d'Alègre; un régiment de cavalerie de quatre compagnies et deux de fusiliers pour Le Bouttet, semblables; quatre compagnies pour lesdits lieutenans généraux et maréchaux de camp; quatre autres en blanc, et six d'infanterie; le régiment de Bourgogne pour Levis; des ordres à lui, à Bussy et à Saint-Géran de se saisir des villes, ponts et passages qu'ils jugeroient à propos, greniers à sel, tailles, etc. On en envoya de semblables à Montrond, avec ordre aux uns et aux autres de décharger le peuple du tiers des tailles et du sel, et d'établir des contributions pour recevoir le reste sans violence, et sans inquiéter le paysan. On envoya encore des commissions en blanc pour six compagnies détachées. Il y avoit des lettres de la princesse pour tous les susnommés, et une grande quantité dont la suscription étoit en blanc, pour être remplie des noms qu'on aviseroit suivant les occurrences. En un mot, l'on envoya ce jour-là tout ce qui étoit nécessaire pour former un petit corps d'armée en ces quartiers-là; et l'on chargea Meschalvi des pierreries de la princesse, de valeur de cent mille francs, afin de les mettre en gage pour faire, préférablement à toutes choses, la levée des troupes de Saint-Géran et de Levis, parce que l'un étant gouverneur et l'autre lieutenant de roi en Bourbonnais, il importoit de les faire déclarer et mettre promptement dans le parti.

La princesse me commanda de mander à Baas de leur faire part des contributions qu'on tireroit de cette province-là, rien n'inspirant plus de fermeté et de constance dans les partis que l'utilité qu'on en tire.

Comme il n'étoit pas raisonnable de graduer les serviteurs que la princesse avoit en ces pays-là au préjudice de ceux qui servoient auprès d'elle, elle fit ce jour-là maréchaux de camp Coligny, Saint-Alvère et Chavagnac.

Le gentilhomme que la princesse avoit envoyé à Brouage à Du Dognon rapporta que, pour ne pas faire la même chose qu'avoit faite le duc de Saint-Simon, qui avoit envoyé les lettres de la princesse à la cour, il n'avoit pas voulu recevoir celles qu'il lui avoit portées de sa part, et lui avoit dit qu'il ne vouloit point s'expliquer; mais qu'il sauroit faire en temps et lieu ce à quoi l'honneur l'obligeoit. Il rapporta encore que de Bouche, qui commandoit dans Ré, lui avoit dit qu'il étoit hors d'état de témoigner à la princesse le souvenir des obligations qu'il avoit au feu duc de Brezé son frère; mais que quand elle seroit en état de lui envoyer des gens pour pouvoir défendre l'île, il l'en rendroit la maîtresse; et lui donna la correspondance d'un gentilhomme du voisinage, nommé Chamboissier, pour la communication des lettres de la princesse à lui, et de lui à elle, avec promesse d'envoyer à la rade de Bordeaux *la Lune de Jules* et quelques autres vaisseaux, commandés par les créatures de ce duc, incontinent après qu'il seroit de retour de navigation.

Le 17, le comte de Meillé, à qui on avoit donné ordre d'attaquer Castelnau, s'acquitta fort bien de cet emploi, et se rendit maître de la place. Les Bordelais célébrèrent cet exploit comme ils auroient pu faire la prise de la plus importante place du monde, tant il faut peu de chose pour réjouir ou pour affliger une populace.

Le 18, le parlement députa le sieur Voisin, conseiller, et écrivit par lui une grande lettre à celui de Paris, lui donnant part de ce qu'il avoit fait en faveur de la princesse, et lui demandant union entre eux. Cette lettre fut concertée avec moi. Je rendis compte de sa teneur à la princesse et aux ducs; et, à la prière de cette compagnie, nous écrivîmes tous à nos amis et aux serviteurs des princes d'agir de concert avec ce député pour rendre sa mission utile.

En l'absence des généraux qui étoient dans Médoc, je reçus avis que le maréchal de La Meilleraye, de qui toute l'armée consistoit en quinze cents fantassins et cinq cents chevaux, passoit de Coutras à Cansac; et comme il y avoit à craindre qu'il ne voulût attaquer le château de Vaire, j'y envoyai cinquante hommes de renfort, quelque argent et quelques farines, qui y manquoient.

Le 19, nos gens, qui au retour de Castelnau avoient pillé tout le Médoc, dont la plupart appartient au duc d'Epernon, amenèrent à Bordeaux une très-grande quantité de bétail; mais comme la princesse ne s'étoit rien tant proposé que l'établissement du bon ordre, elle le fit tout restituer à ceux auxquels il appartenoit : ce qui fit un très-bon effet dans la ville. Elle ordonna des contributions sur la taille du Roi dans ces contrées-là, et déchargea le peuple d'un tiers.

Je reçus encore avis, en l'absence des ducs, que le

duc d'Epernon, s'approchant de Pouilhac, pourroit bien prendre le poste de l'île Saint-Georges. Tout Bordeaux, alarmé de cette nouvelle, me pressa d'y envoyer du secours, ou du moins La Mothe-Sauvage, qui connoissoit le pays, ou bien de faire assembler les paysans pour la défendre : ce que la princesse trouva bon que je fisse. Et je connus, à la chaleur qu'avoient les Bordelais pour conserver ce poste, qu'ils croyoient être de la dernière importance, que rien ne nous seroit plus utile que sa prise, et qu'elle obligeroit absolument le parlement à se déclarer, et passer par dessus les raisons qui l'avoient jusque là obligé à garder quelque bienséance envers la cour.

Sur le soir, nous sûmes que le duc d'Epernon faisoit passer ses troupes dans le Médoc. Les uns disoient que c'étoit à dessein de secourir son château de Castelnau, dont il ignoroit la prise; d'autres, que c'étoit pour empêcher qu'on occupât Arcachon pour recevoir les secours d'Espagne; et d'autres, que ce n'étoit que pour contenter sa vanité en paroissant aux portes de Bordeaux, et sa colère en brûlant quelques maisons de ses ennemis particuliers.

Le 20, il continua de faire passer ses troupes. J'en donnai avis aux ducs, qui étoient allés visiter les postes de Castillon, de Mucaut et de Margos, pour reconnoître s'ils ne nous seroient point de plus grande utilité, plus aisés à fortifier et de moindre garde que Buch et Arcachon. Sauvebœuf et Sillery s'embarquèrent, dans un vaisseau hollandais que nous avions frété à mille livres par mois, pour Espagne; mais six jours après le vent contraire les ayant obligés de reprendre terre, le dernier se résolut de passer par les Basques, et s'en alla avec un gentilhomme de la frontière, qui le mit au-delà des monts, ayant passé à sa suite comme son valet de chambre.

Le duc de Bouillon ayant jugé que le marais de Blanquefort étoit un poste fort sûr, y fit entrer toute l'armée, et se saisit du château, qui appartenoit au marquis de Duras son beau-frère, où il mit un commandant et cinquante soldats.

On intercepta des lettres du conseiller de Burg, adressées à Le Tellier, secrétaire d'Etat, et à madame Du Vigean, par lesquelles il offroit de servir le cardinal Mazarin dans Bordeaux, où il faisoit espérer dans la suite de grandes révolutions contre nous. Peu s'en fallut que cela ne lui attirât le même malheur qu'avoit reçu Lavie quelques jours auparavant; et il ne l'évita qu'en gagnant les devans, et me venant offrir de continuer cette correspondance pour le service de la princesse. Il nous tint parole, et tout le temps que nous fûmes à Bordeaux il leur écrivit toujours à notre mode : ce qui ne nous fut pas d'une petite utilité, tant ces sortes d'esprits intrigans, et qui s'insinuent dans les affaires sans y être appelés, sont dangereux et incertains.

Le 21, le peuple courut en foule au Palais, sur le passage du duc d'Epernon en Médoc, et crioit tout haut qu'il y avoit des traîtres dans la ville; et qu'il ne s'en approchoit d'un côté, et le maréchal de La Meilleraye de l'autre, que pour exciter quelque conspiration au dedans, ou pour se saisir de quelques postes, à quoi il falloit pourvoir. Sur quoi le parlement ordonna aux bourgeois de se tenir armés et de faire une garde exacte.

L'affaire de l'île de Saint-Georges réussit comme

on l'avoit prévu. Les épernonistes s'en saisirent avec peu de résistance; et il ne leur fut pas difficile, n'y ayant trouvé que quelques paysans qui n'étoient ni en nombre ni en état capable de se défendre. Rien ne nous fut d'une telle utilité que cette prise. Elle causa une extrême frayeur dans l'esprit des Bordelais; elle alluma une haine plus grande que jamais contre le duc d'Epernon, et, par contre-coup, contre le cardinal Mazarin. Le parlement s'assembla, et ordonna que tous les bourgeois sans distinction prendroient les armes; que l'hôtel-de-ville s'assembleroit au son de la cloche pour aviser à la cause publique; que les ducs seroient priés d'occuper les postes de Saint-Surin et de la Bastide, et que l'on prendroit dans le coffre commun dix mille écus pour les prêter à la princesse, afin d'en faire deux régimens d'infanterie pour la défense de Bordeaux. Elle les reçut, et donna de ses pierreries de plus grande valeur pour sûreté de cette somme, afin de faire voir qu'elle ne vouloit pas leur être à charge que le moins qu'elle pourroit; mais l'année suivante ces gages lui furent rendus libéralement.

Espagnet fut le promoteur de cet arrêt. Ce conseiller étoit d'une fermeté stoïque et d'une vertu incorruptible; il se piquoit de bravoure, et en avoit à la vérité autant que s'il eût passé toute sa vie dans les emplois de guerre. Il avoit aidé à assiéger et prendre, l'année précédente, le château Trompette. Il étoit toujours des vigoureux avis dans sa compagnie, et des premiers à les exécuter. Il étoit savant et bon juge; et quoiqu'il fût des plus zélés pour le service des princes, il ne vouloit jamais concerter aucune chose avec nous, ni même avec ses confrères du même parti, et faisoit toujours plus qu'il ne nous faisoit espérer. La déférence qu'il vouloit qu'on eût à ses opinions, la gloire qu'il croyoit acquérir par sa manière de se conduire, étoit tout son salaire; et jamais nous n'avons pu l'intéresser par argent ni par aucuns bienfaits, quelque soin que nous en ayons pu prendre.

Le 23, l'hôtel-de-ville s'assembla suivant l'arrêt dont je viens de parler, et résolut tout d'une voix que la sûreté publique ne consistant pas à la seule garde que la cour avoit ordonnée, les bourgeois demeureroient unis avec messieurs les ducs et le parlement, duquel on observeroit inviolablement les ordres et les arrêts; que l'on s'opposeroit aux désordres et violences qui pourroient être faits contre les ordres de la justice; qu'on se saisiroit des contrevenans pour les remettre entre les mains de la cour, afin d'être châtiés suivant l'exigeance des cas; qu'elle seroit au surplus suppliée de pourvoir par sa prudence au repos et à la sûreté publique, et d'agir ainsi qu'elle verroit être à faire contre ceux qui passoient dans la ville pour être dans les intérêts du duc d'Epernon ou du cardinal Mazarin. Rien ne nous pouvoit être plus avantageux que cette délibération : aussi en tirâmes-nous une grande utilité par la suite.

Ce jour-là même et le lendemain, nous vîmes un effet de la chaleur qu'elle avoit inspirée. Le maréchal de La Meilleraye envoya un trompette au parlement, qui fut arrêté à la Bastide, pour y attendre la réponse qu'on feroit à la lettre dont il étoit chargé. Elle portoit que le Roi leur vouloit accorder d'ôter le duc d'Epernon du gouvernement de Guienne, pourvu qu'ils ne souffrissent pas plus long-temps dans leur ville ceux qu'ils y avoient retirés, voulant parler de la princesse et des ducs de Bouillon et de La Rochefoucauld, qu'il ne nommoit pourtant pas.

Le 24, le parlement s'assembla, et fut long-temps à délibérer sur ce sujet. Les avis furent partagés : les uns représentoient d'un côté l'avantage du changement qu'on leur offroit, l'obéissance due au Roi, le péril de s'embarquer à une guerre dont l'événement seroit incertain; d'autre part on représentoit que la condition sous laquelle on offroit de changer leur gouverneur étoit honteuse à la compagnie, après avoir donné retraite à ceux que l'on vouloit être mis hors de leur ville; que cette offre étoit captieuse, pour les brouiller avec ceux de qui ils espéroient toute leur défense ; que quand elle seroit sincère et qu'ils voudroient l'accepter, il ne seroit pas en leur pouvoir, n'ayant pas les forces suffisantes pour opposer à celles de la princesse, et à l'affection que le peuple avoit pour elle; que le cardinal Mazarin, qui avoit une passion tout entière pour le mariage d'une de ses nièces avec le duc de Candale, ne faisoit cette proposition que pour les éblouir dans la conjoncture présente, et pour les tromper dans la suite. Enfin, après avoir débattu toutes les raisons, il fut résolu que le procureur général écriroit au maréchal que le parlement, scandalisé de sa manière d'agir vers lui, n'avoit pas voulu recevoir sa lettre; qu'il trouvoit fort étrange qu'il l'eût traité comme ennemi en lui envoyant un trompette, et que s'il eût su son métier il n'en auroit pas usé de la sorte [1].

[1] « Le parlement ayant considéré qu'on n'envoyoit des lettres par

Cependant le peuple pressoit ardemment l'union qui avoit été résolue dans l'hôtel-de-ville ; et de telle sorte que s'étant attroupé et entré dans le Palais, ils crioient confusément qu'ils égorgeroient tous ceux qui voudroient s'y opposer. Et comme ils s'adressèrent particulièrement au président d'Aflis et à Pomiers-Françon, ces messieurs vinrent en diligence et fort effrayés en mon logis, pour me proposer d'employer l'autorité des ducs, afin de faire retirer cette populace insolente. Comme cela ne nous étoit pas propre, je leur répondis que leur autorité n'étoit pas suffisante pour cela ; qu'il n'y avoit point d'apparence qu'ils prissent les armes contre ceux qui leur avoient tant témoigné d'affection ; et que le parlement seul étoit capable de réprimer leur ardeur démesurée. Ces messieurs, qui reconnurent la raison qui me faisoit parler de la sorte, me prirent à partie, et me dirent en colère qu'on vouloit les exposer à tout moment à la fureur du peuple ; qu'ils abandonneroient toutes choses, et prendroient leur sûreté à la cour comme ils verroient être à faire ; qu'en un mot ils ne donneroient jamais l'arrêt d'union. Et sur ce que je leur remontrai qu'ayant fait tous les pas qu'ils avoient

des trompettes qu'aux ennemis, et que ce n'étoit pas de la sorte que l'on faisoit savoir au parlement et aux sujets du Roi les volontés de Sa Majesté ; et d'ailleurs que le maréchal de La Meilleraye, depuis qu'il étoit entré dans le ressort, n'avoit pas envoyé son pouvoir et sa commission au parlement, ordonna que ce trompette seroit renvoyé sans prendre de lui les lettres de ce maréchal, auquel le procureur général, par ordre du parlement, écrivit une lettre en termes fort civils, contenant les raisons du parlement, que ce maréchal témoigna du depuis approuver, par la réponse pleine de civilité qu'il fit au procureur général. »
(*Histoire véritable de tout ce qui s'est fait et passé en Guienne pendant la guerre de Bordeaux.*)

faits jusque là, il n'y avoit plus rien à ménager, et que la plus grande prudence étoit de faire voir à la cour qu'ils sauroient maintenir l'autorité de leurs arrêts par les armes, afin qu'elle perdît la pensée de les gagner par des négociations, qui les exposeroient ensuite à la vengeance du cardinal, ils me repartirent qu'ils le connoissoient aussi bien que moi, mais que je savois bien qu'il y avoit de certaines mesures dans lesquelles les compagnies souveraines devoient se contenir. Je connus par là qu'ils ne cherchoient qu'à sauver les apparences ; et comme je ne jugeai pas à propos de les violenter, j'écrivis un billet aux ducs, duquel ayant reçu la réponse, par laquelle je vis qu'ils entroient dans mon sens, je leur proposai de donner un arrêt contre le duc d'Epernon, ses troupes, fauteurs et adhérens, qui auroit le même effet que l'arrêt d'union qu'on leur demandoit, sans que le mot d'union y fût inséré. Ils en demeurèrent d'accord, et nous nous séparâmes satisfaits les uns des autres. Ils allèrent rendre compte de notre conférence au parlement, et moi à la princesse et aux ducs, qui tous approuvèrent la résolution que nous avions prise.

Le 25, l'arrêt que nous avions concerté fut résolu ; et comme on achevoit d'y opiner, un bruit confus qui s'étoit répandu dans la ville alla jusqu'au parlement; et l'on sut que le duc d'Epernon, à la tête de ses troupes, avoit marché à Blanquefort pour attaquer les nôtres dans le marais, où il savoit qu'elles étoient postées. Mais comme Le Chambon, qui les commandoit, avoit jugé qu'on ne le pouvoit défendre, il avoit abandonné ce poste, et avoit tiré sous Bordeaux la cavalerie, l'infanterie et le bagage sans aucune perte.

Le duc d'Epernon se crut victorieux d'avoir occupé ce poste, et le publia comme le gain d'une bataille. L'alarme en fut telle dans la ville, qu'en un moment tout le monde fut sous les armes; et le duc de Bouillon ne put jamais empêcher, par tout ce qu'il put dire, que quatre ou cinq mille bourgeois ne sortissent, à dessein d'aller forcer le duc d'Epernon dans le marais. On eut beau leur remontrer que le poste étoit d'un très-difficile accès; qu'il étoit occupé d'un canal plein d'eau, traversé par un pont rompu, et défendu par deux pièces de canon; qu'ils avoient affaire à de vieilles troupes bien disciplinées; rien ne put les contenir : et quelques-uns, comme c'est la coutume des peuples qui condamnent toutes les raisons qui s'opposent à leur emportement, accusoient en murmurant le duc de Bouillon d'intelligence avec leurs ennemis, parce qu'il leur disoit toutes celles qu'il pouvoit et qu'il devoit pour les empêcher d'aller les attaquer. Il les y mena donc, voyant leur obstination. Après qu'ils eurent fait deux ou trois décharges, et tué quatre-vingts ou cent hommes, du nombre desquels furent deux capitaines de Navailles, la nuit les sépara, et ils se retirèrent avec assez de désordre. Ils y perdirent deux soldats et un bourgeois. Le comte de Guitaut, qui s'y étoit signalé, y fut blessé d'un coup de feu dans le visage, duquel il faillit à mourir, et la dame de Gouville de la blessure que celle-là lui fit au cœur. La Roussière, qui y fit fort bien, y reçut un coup de mousquet dans la cuisse; et le président Pichon, qui se piquoit de chevalerie, eut bien de la joie d'y avoir un cheval tué sous lui.

En conséquence de l'arrêt de ce jour-là, le parlement nomma Blanc-Mauvoisin, Remond, d'Espagnet et Mirat pour assister en qualité de leurs commissaires à tous les conseils de guerre. Le premier étoit un vieillard emporté, ennemi juré du duc d'Epernon, naturellement enclin à toute violence; le second étoit presque de même trempe, mais plus aisé à gouverner, et qui, par l'intérêt, étoit de tous les avis que l'on vouloit; et Mirat, un homme plus attaché au parti qu'aucun autre, mais sage, qui vouloit toujours marcher par les formes des compagnies, allant très-bien à ses fins, et qui s'étoit rendu l'arbitre et le maître, par ses amis et par sa bonne conduite, de ce qu'on appeloit la petite fronde: les trois autres étoient les principaux de la grande. Sur l'avis ou sur la crainte que nous avions que le maréchal de La Meilleraye n'arrêtât le courrier ordinaire pour voir ce qu'on nous écrivoit de Paris, et connoître les intelligences que nous y avions, nous l'envoyâmes enlever, à dessein de savoir celles que le cardinal pouvoit avoir à Bordeaux; mais le parlement ne l'approuvant pas, nous fîmes rendre le paquet au commis, pour distribuer les lettres en la forme ordinaire.

Le 26, on tint conseil de guerre, où assistèrent pour la première fois les quatre députés du parlement. La première proposition qu'ils y firent fut de faire fabriquer des sous pour payer les soldats; ils assurèrent que leur compagnie le toléreroit au commencement, et l'ordonneroit même dans la suite.

On résolut d'envoyer attaquer les gens que le duc d'Epernon avoit laissés dans l'île St.-Georges, dont les Bordelais croyoient que toute la fortune publique dépendoit, et on en donna l'exécution à La Mothe-Delas.

" On me nomma chef du conseil, et surintendant des finances ; mais je refusai ce titre comme j'avois déjà fait à Turenne, quand les ducs de Bouillon et de La Rochefoucauld, croyant m'obliger, m'invitèrent de l'accepter : et je résolus dès-lors de ne prendre aucune qualité dans le parti, pour éviter les jalousies qu'elles excitent pour l'ordinaire, et n'en ai eu aucune tant qu'il a duré, me contentant de m'employer volontairement à tout ce dont on me jugeoit capable, sans y être obligé par le titre d'aucune charge, et m'en suis fort bien trouvé.

Le parlement députa en même temps des commissaires particuliers pour divers emplois : Bordes et Monier pour le poste de Saint-Surin, et Fayade pour celui de La Bastide; Muscadet et Pichon pour l'artillerie ; Boucault, Le Boux et Dussaut pour la distribution des deniers du convoi ; d'Alème pour un petit armement qu'on résolut de faire sur la rivière. Tous, selon la nécessité de leur emploi, avoient relation au conseil de guerre, et convenoient avec moi de ce que nous souhaitions d'eux, ou de ce qu'ils désiroient de nous. On résolut encore que quand il ne plairoit pas à la princesse d'assister au conseil, il se tiendroit en mon logis, qui étoit joignant le sien : car, outre que c'étoit la commodité des ducs, les députés du parlement faisoient difficulté de s'assembler chez eux, parce que cela auroit témoigné qu'ils étoient sous leurs ordres; ce que l'on ne pouvoit croire de moi, qui étois un homme sans conséquence.

Comme notre cavalerie faisoit un peu de désordre aux environs de Bordeaux, quelque soin qu'on prît de la contenir, on résolut que dorénavant on distribueroit le foin par jour; et l'on ne peut voir plus d'affection que le parlement en témoigna ce jour-là pour le parti : il ne se contenta pas de lui donner des secours présens, il pourvut encore à tout ce qui étoit nécessaire pour le faire durer.

Nous apprîmes que le duc de Saint-Simon alla visiter le maréchal de La Meilleraye, et que l'un et l'autre y attendoient le duc d'Epernon, pour aviser tous ensemble à ce qu'ils devoient faire contre nous. Mais celui-ci, se persuadant qu'il n'avoit besoin de personne pour venir à bout de Bordeaux, et portant impatiemment qu'autre que lui commandât des troupes dans son gouvernement, ne voulut pas se trouver au rendez-vous, et ménagea si peu la bienséance, que, sans leur écrire, il leur envoya dire par un laquais qu'il n'avoit point de conseil à donner ni à prendre avec eux : dont le maréchal, qui étoit aussi glorieux des belles actions qu'il avoit faites à la guerre que l'autre l'étoit par les chimères qu'il s'étoit mises dans la tête sur sa naissance, de laquelle Busbec a parlé plus véritablement qu'aucun autre, eut beaucoup de ressentiment.

Le maréchal de Gramont apportoit tant de soin à empêcher notre négociation en Espagne, que, sans le secours d'un Portugais nommé Othon Sabaria, qui avoit une correspondance secrète avec les ministres de Portugal, et qui faisoit passer tous nos paquets, nous n'eussions pu donner des nouvelles en ce pays-là, ni en recevoir que par mer, qui est presque toujours une voie incertaine, et qui nous étoit devenue impossible, n'y ayant aucun vaisseau pour lors dans le port de Bordeaux. Ce jour-là, cet homme m'en rendit une lettre de change de cent mille francs, que Courtade me paya fort ponctuellement, et me dit que la première, dont j'ai parlé, n'avoit été qu'une invention de Vatteville pour nous témoigner de la bonne volonté sans effet, attendant qu'il eût reçu ordre et argent de Madrid. Cette lettre étoit accompagnée d'autres que Vatteville écrivoit à la princesse, au duc de Bouillon et à moi, par lesquelles il promettoit de grands secours, et nous invitoit à tout promettre à messieurs de La Force pour les engager dans le parti, sur la parole qu'il nous donnoit de fournir à point nommé les sommes dont nous conviendrions avec eux, et l'avoit persuadé ainsi à Baas : de telle sorte qu'il nous écrivoit les mêmes choses, comme s'il les avoit eues en son pouvoir. Tant les négociateurs nouveaux, pauvres et avides, croient aisément ce qu'on leur dit, sans considérer qu'ils ne doivent pas répondre de ce qu'ils ne connoissent que sur le rapport d'autrui.

Le 27, La Mothe-Delas, avec trois cents hommes tirés de nos régimens, attaqua l'île Saint-Georges, défendue par même nombre tirés de ceux que commandoit le duc d'Epernon, lesquels il prit tous à discrétion dans une église où ils s'étoient retirés, et qu'ils ne purent défendre (1). Il les mena en triomphe

(1) L'attaque fut faite le 27 juin à la pointe du jour. Les paysans ayant conduit les troupes par des chemins et des sentiers par lesquels les ennemis ne les attendoient pas, on les surprit dans leurs retranchemens et dans leurs corps de garde; on les poussa dans l'église et dans un moulin, où ils se rendirent à discrétion. Il y en demeura cent sur la place, et deux cents prisonniers, parmi lesquels il y a dix officiers, entre autres le sieur Canole, lieutenant colonel du régiment de Navailles, dans la poche duquel on trouva un ordre du chevalier de La

à Bordeaux, où la joie fut excessive. On les mit tous dans les prisons, après que les ducs eurent employé toute leur autorité pour les garantir de la fureur du peuple, qui vouloit ardemment les faire mourir tous. L'emportement étoit tel, qu'un cavalier de La Rochefoucauld, qui cria en retournant *vive le Roi et M. d'Epernon!* fût sur-le-champ égorgé et traîné par toutes les rues, après qu'on lui eut coupé le nez, les oreilles et les parties honteuses : tant il est dangereux de parler ou d'agir à contre-temps contre les inclinations d'une populace mutinée.

Le président Charon me vint rendre visite : je ne sais si elle fut sincère, ou si l'arrêt du parlement ou le bruit que nous fîmes courir par la ville des sommes que nous avions reçues d'Espagne, que nous amplifiâmes, et de celles qu'on nous faisoit espérer dans peu de jours, l'avoit obligé à me venir voir ; mais il me promit d'envoyer un courrier exprès pour hâter messieurs de La Force, et qu'en cas qu'ils ne vinssent pas en diligence, il feroit tomber toute la faction de ceux de la religion entre les mains du vicomte de

Valette, portant qu'il fît bâtir un fort par le moyen de l'église, du moulin, et de quelques maisons voisines, permettant de démolir celles qui l'empêcheroient ; qu'il laissât le passage de la rivière libre pour les trafiquans seulement, jusques à nouvel ordre : et pour l'entretien de la garnison, il lui assignoit le revenu de l'île. Le reste de la garnison ayant tâché de se sauver, demeura exposé à la vengeance des paysans, qui les assommoient dans les vignes, les blés et les saussaies. Tout le bagage et les armes sont demeurés aux vainqueurs, qui n'ont perdu pas un seul homme, à la réserve de deux ou trois blessés, et deux pièces de canon, qui sont les mêmes qui furent prises au siège de Libourne, où la trahison, et non pas la valeur des ennemis, fit retirer les Bordelais. » (*Histoire véritable de tout ce qui s'est fait et passé en Guienne pendant la guerre de Bordeaux.*)

Turenne et de messieurs de Duras ses neveux. Il me rendit la chose si facile, et j'étois si peu persuadé qu'il eût un crédit aussi grand que celui qu'il m'insinuoit, que je ne fis pas beaucoup de fondement sur ses promesses. Notre entretien fut fort long; et à la fin je l'obligeai à voir les ducs de Bouillon et de La Rochefoucauld, et à leur dire la même chose, étant bien aise de me laver les mains d'une telle négociation, tant parce qu'elle étoit moins de mon humeur que de la leur, que par l'incertitude de son événement.

La princesse donna commission au baron de Bélade pour lever sur la taille de Tartas une compagnie de fusiliers pour garder et défendre sa maison, qui est assez bonne. Elle en donna une autre à celui de Roquetaillade pour lever une compagnie de gendarmes sous le nom d'Albret, et un régiment d'infanterie. Nous lui donnâmes quelque argent comptant, et des assignations sur le pays: sa maison, qui est des plus fortes de la province, nous fit faire cet effort. Nous donnâmes encore quelques patentes, quelque assignation et quelque argent au baron de Marsan, pour la levée d'un régiment de quatre compagnies de cavalerie. On se sert en semblables affaires de toutes sortes de personnes, moins avec intention d'en fortifier un parti que pour empêcher qu'ils ne passent dans celui qui est opposé, particulièrement quand ils ont des châteaux, à la faveur desquels on peut faire quelques levées de troupes ou d'argent sur le plat pays.

Le 28, les ducs allèrent visiter l'île Saint-Georges. A leur retour on tint conseil, et l'on résolut qu'on y enverroit six cents hommes commandés par Le Chambon, et que pour la mieux garder on construiroit un petit fort dans une certaine pointe sur le bord de la rivière, à la faveur duquel on pourroit retirer cette infanterie, ou y en envoyer un plus grand nombre si l'on le jugeoit à propos, ou pour mieux dire si le parlement de Bordeaux le désiroit : car en effet ce poste ne nous étoit d'aucune utilité, et son importance ne consistoit qu'en l'imagination des bourgeois.

Un trompette de l'armée de La Meilleraye, qui vint de la part de quelques amis de Guitaut le visiter, fut d'abord conduit en mon logis, où il y avoit cent sacs remplis de l'argent que j'avois reçu la veille, et qui n'étoit pas encore distribué. Il en fut tellement ébloui, qu'il ne fut pas difficile de le corrompre après lui avoir donné quelques pistoles. Il me promit de revenir autant de fois que l'occasion s'en présenteroit, et de me dire tout ce qu'il pourroit découvrir, et de débaucher tous les cavaliers qu'il pourroit, et me tint fort ponctuellement parole.

Un certain ecclésiastique nommé le père Bonnet, grand dévot de profession et encore plus grand frondeur, fit imprimer la relation de ce qui s'étoit passé en l'île de Saint-Georges, avec des termes si pleins de chaleur, que depuis ce jour-là je résolus, comme je fis en effet, d'empêcher autant que je le pus les impressions de toutes choses qui pourroient fâcher la cour.

Le 29, nos troupes commençoient à se dissiper, et nos officiers avoient la plupart consumé le peu de finances qu'ils avoient apportées : ce qui obligea la princesse à faire distribuer quelque argent aux capitaines pour les secourir, et à ceux qui avoient le plus de besoin dans leurs compagnies; et l'on ordonna quelque somme aux plus considérables officiers, à l'insu l'un de l'autre, pour éviter les jalousies et les conséquences.

On envoya l'arrêt partout où il fut possible dans le ressort, avec l'attache et une lettre circulaire du duc d'Enghien sur chaque copie, et des gens en divers endroits pour faire soulever les communes.

Le 30, mon Portugais fit passer un exprès à Saint-Sébastien, qui porta le même arrêt au baron de Vatteville, auquel il manda qu'il pouvoit faire venir droit à Bordeaux les vaisseaux et l'argent qu'il nous voudroit envoyer : car nous avions pris nos mesures avec nos amis pour faire non-seulement tout approuver, mais même souhaiter qu'on nous envoyât d'Espagne tout ce dont nous avions besoin.

Le chevalier de Rivière, qui s'étoit intrigué dans l'amour du prince pour la demoiselle de Toussy, à présent la maréchale de La Mothe, et qui s'étoit rendu de quelque considération auprès de lui, étoit allé à Stenay auprès de la duchesse de Longueville, croyant qu'il auroit part aux affaires; mais comme elle savoit que monsieur son frère l'avoit voulu mettre dans les siennes et qu'il s'en étoit mal trouvé, elle se cachoit de lui comme d'un espion, et portoit fort impatiemment sa présence. Lui, qui ne manquoit pas d'esprit, connoissant qu'il n'y avoit rien à faire pour lui en ce pays-là, voulut se tailler de la besogne. Il proposa à la duchesse de lui donner congé pour aller en Guienne, où il disoit avoir du crédit et des amis; elle le prit au mot, et l'y envoya plus pour se défaire de lui que par la créance de tirer de l'utilité de son voyage.

Elle le chargea de lettres de créance pour Pomiers-Françon et pour Lavie, qu'elle croyoit devoir être dans les intérêts des princes. Il partit donc de Stenay le 4 de mai, pendant que nous étions encore à Montrond, et arriva le 30 juin à Bordeaux.

Il débuta par vouloir donner à la princesse et à moi toutes les défiances possibles contre les ducs de Bouillon et de La Rochefoucauld; mais comme on connoissoit son esprit intrigant, intéressé et de peu de sûreté, elle lui défendit d'abord de ne lui parler jamais contre l'un ni contre l'autre, et à moi de ne lui donner aucune part dans ses affaires.

Le premier juillet, le commandant de Castelnau se rendit à la première sommation que lui fit faire le duc d'Epernon.

Nous sûmes de Paris que depuis la prise du Catelet l'archiduc Léopold avoit assiégé Guise. On nous mandoit que le cardinal n'osoit y entrer, tant le murmure contre lui étoit grand, et qu'il faisoit courre le bruit que le Roi venoit en Guienne : ce que nous crûmes assez facilement par la crainte que le cardinal avoit des orages que les frondeurs, entre les mains desquels il étoit, pouvoient à tout moment exciter contre lui dans Paris; au lieu qu'en s'approchant de Bordeaux, il lui arriveroit de deux choses l'une, ou qu'il en viendroit à bout, auquel cas il n'avoit plus rien à craindre; ou que s'il arrivoit quelque chose à Paris contre lui, et que Bordeaux lui résistât, qui étoit le pis qui lui pouvoit arriver, il se raccommoderoit avec les princes, qui avoient un intérêt commun avec lui contre les frondeurs; il les mettroit en liberté, pour ensuite agir ensemble contre eux. Nous étions fort sujets à faire des raisonnemens à notre avantage, et parce que nos affaires étoient en bon état, et parce que nous croyions impossible que l'union des frondeurs et du cardinal durât long-temps. Elle ne pouvoit cesser sans nous ouvrir la porte à un accommodement avec les uns ou les autres, en quoi consistoit notre salut : mais nous souhaitions que ce fût préférablement avec le cardinal, comme le plus prompt et le plus sûr, et celui duquel nous pouvions tirer plus d'avantages présens pour récompenser ceux qui avoient servi les princes; et c'est ce qui nous faisoit toujours écouter ceux qui nous faisoient quelques propositions. Pour cela la princesse ne vouloit que la liberté de monsieur son mari; les ducs haïssoient mortellement les frondeurs; et si j'ose me compter pour quelque chose, j'avois encore plus d'aversion pour le désordre que je voyois dans l'Etat. Je craignois l'inconstance des peuples, et l'événement d'une affaire en la conduite de laquelle j'avois très-grande part; j'avois beaucoup contribué à sa naissance, et elle ne pouvoit échouer sans me porter un notable préjudice; elle ne pouvoit d'un autre côté prendre assez de force pour renverser la fortune du cardinal, sans lui donner de terribles pensées contre la vie des princes qu'il tenoit en prison; et cette imagination me tenoit dans des peines continuelles.

Le 2, le parlement résolut d'envoyer un exprès à Paris pour ordonner à ses députés d'y demeurer, non plus en qualité de députés vers le Roi et ses ministres, mais vers le parlement seulement, pour solliciter l'effet de la lettre qu'il lui avoit écrite par le sieur Voisin, et pour leur demander secours et union, ensuite de l'arrêt qu'ils avoient donné le 25 du mois de juin contre le duc d'Epernon, duquel ils leur envoyèrent copie en forme.

Le 3, ce parlement, qui ne songeoit plus qu'à soutenir ce qu'il avoit fait, et à se mettre à couvert de la vengeance de la cour par une guerre forte et vigoureuse, vouloit y intéresser les autres compagnies souveraines du royaume, à mesure que l'occasion s'en présenteroit. Il avoit la veille dépêché au parlement de Paris; ce jour-là ils s'assemblèrent, nonobstant qu'il fût dimanche, pour écrire à celui de Toulouse, sur la nouvelle qu'il avoit reçue que celui-ci avoit, par un arrêt solennel, cassé diverses ordonnances du duc d'Epernon, et qu'il faisoit le procès à Morand, maître des requêtes et intendant de justice en ces quartiers-là, contre lequel il avoit décrété prise de corps, et l'avoit contraint de chercher son refuge dans Lectoure, où ce parlement avoit envoyé des commissaires pour le saisir au corps, et où on leur avoit fermé la porte. Enfin les choses étoient fort aigries; et si elles avoient été bien soutenues, elles auroient pu aller plus avant, d'autant plus que nonobstant les soins du premier président, homme dévoué à la cour, on crioit toute la nuit dans les rues *vive le Roi et les princes !* et qu'à la dernière assemblée des chambres il y avoit eu vingt-quatre voix à demander union à Paris et à Bordeaux pour demander conjointement la liberté des princes. Cette conjoncture obligea le parlement de Bordeaux à écrire à celui-là aux mêmes termes qu'il avoit écrit à celui de Paris.

La Tivolière, lieutenant des gardes de la Reine, étoit allé de la part de Sa Majesté vers le vicomte d'Arpajon avec des lettres du cardinal qui lui faisoient espérer le bâton de maréchal de France, et des commissions pour lever cinq ou six mille hommes de milice dans le dessein qu'il avoit formé d'assiéger Bordeaux, comme il fit. Il lui promettoit quelque argent comptant, et ordre de prendre le reste sur la taille de son voisinage ; il lui donnoit encore permission de traiter avec Saint-Luc de la lieutenance de roi de Guienne. Dans ce même temps ce gentilhomme, que la princesse lui avoit dépêché, comme j'ai dit, arriva chez lui, et lui exposa tous les avantages qu'il avoit ordre de lui proposer. Ce vicomte jugeoit bien que le cardinal pouvoit mieux et plus promptement qu'elle faire ses affaires ; mais le ressentiment qu'il avoit d'avoir été méprisé de lui en diverses rencontres, et la créance qu'il y avoit moins de sincérité de son côté que de celui de la princesse, partagèrent son esprit ; et après avoir bien songé à ce qu'il avoit à faire, il résolut d'envoyer un courrier à la cour pour demander l'érection de sa terre de *** en duché, un bâton et non un brevet de maréchal, et l'argent nécessaire pour payer la charge de Saint-Luc. Il le fit partir ; et en attendant son retour il retint chez lui La Tivolière, envoyé de la cour, et Saint-Seroux, envoyé de la princesse, afin qu'ayant reçu la réponse du cardinal, il en pût faire une positive à l'un ou à l'autre. Ces vastes prétentions font assez juger de son caractère : elles l'ont empêché d'avancer sa fortune autant qu'il eût pu faire, ayant beaucoup de naissance et beaucoup de service.

La princesse reçut encore ce jour-là de nouveaux complimens de toute la maison de La Force, qui, sous divers prétextes, tiroit en longueur la conclusion du traité projeté entre le maréchal, le marquis et elle, pendant qu'ils avoient (ainsi que le cardinal me l'a dit depuis) des négociations à la cour pour y ménager leurs intérêts : tant l'esprit de l'homme est incertain et la sincérité rare. La princesse leur répondit qu'elle étoit toute prête à leur faire compter l'argent qu'ils lui avoient demandé, et de leur donner contentement sur le reste. Elle faisoit ces offres hardiment, sur la bonne foi de Vatteville, et nous fûmes bien heureux de ce qu'ils ne nous prirent pas au mot.

Le duc d'Epernon ne pouvant plus subsister dans le Médoc par le défaut de vivres et par la guerre que les paysans lui faisoient, qui tuoient à coups de fusil, à la faveur de ce pays-là qui est fort couvert, tous les soldats qui s'écartoient tant soit peu, il fit passer son armée vers Castres; et comme ce poste est dans le voisinage de l'île Saint-Georges, dont la conservation étoit le plus ardent désir des Bordelais, il fallut pour leur complaire que les ducs y envoyassent de nouvelles troupes : aussi retira-t-on celles de Saint-Surin.

Le 4, Pomiers-Françon, doyen du parlement, ami, comme nous avons dit, du duc de Saint-Simon, avoit demandé et obtenu passe-port pour l'aller voir à Blaye. Il en revint, et nous dit que ce duc ne se consoleroit jamais de s'être engagé à la cour contre les intérêts des princes; qu'il étoit toujours dans l'opinion qu'on ne pouvoit leur être utile qu'en négociant avec le cardinal : à quoi il s'offroit. En pareilles rencontres l'on trouve plus de négociateurs que de soldats : chacun se veut ingérer dans les affaires pour se ménager avec les deux partis, et l'on en trouve peu qui se déterminent nettement, si un grand intérêt ne les y oblige. Françon nous parla de certaines propositions inutiles que Lavie avoit faites à Mirat, à dessein de mettre du désordre et de la désunion parmi nous.

La princesse reçut nouvelle de Montrond que tous ceux à qui elle avoit écrit s'y étoient rendus; que Châteauneuf y étoit arrivé de l'armée du Roi avec soixante maîtres; qu'on avoit quelque créance que le duc de Nemours y devoit aller; que toutes les commissions qu'elle y avoit envoyées, et Meschalvi avec ses pierreries, y étoient arrivés à bon port; que Saint-Aignan avoit surpris le château de Bangy en Berri; et que ceux de Châteauroux s'étoient révoltés contre le prince. Ceux du Mas-d'Agénois vinrent payer dix mille livres qu'ils devoient au prince, à cause de sa duché d'Albret.

L'abbé Pichon amena en mon logis un gentilhomme de la terre de Caumont, travesti en paysan, qui me vint demander un homme ou deux de commandement, pour lesquels il donneroit otage, pour se mettre avec lui à la tête de quatre cents hommes conspirés, pour se saisir d'Aiguillon, poste fort avantageux et fort aisé à fortifier, étant dans la pointe du confluent du Lot et de la Garonne. Il m'offrit encore de nous faire surprendre Marmande, et obtenir une porte ouverte six heures entières pendant la nuit. Les ducs, à qui je menai ce gentilhomme, lui firent comprendre qu'il falloit différer cette entreprise jusqu'à ce qu'on fût en état de tenir la campagne et de les soutenir; et me chargèrent de lui donner un chiffre pour entretenir correspondance avec lui. Le désir de profiter fait former continuellement des desseins, lesquels on juge pour la plupart chimériques; mais on n'ose les rebuter. Il faut entretenir commerce avec tout le monde dans un parti, et se résoudre à perdre souvent du temps et de l'argent mal à propos.

Le lieutenant général de *** m'écrivit que l'argent de don gratuit d'Albret étoit prêt, et me demandoit une voie sûre pour le faire apporter.

Le parlement donna arrêt pour expulser de la ville tous ceux qui seroient suspects au parti, et députa des commissaires pour en faire une liste exacte.

Il ordonna en outre que l'on donneroit tout l'argent qui proviendroit du convoi à la princesse, et nomma des commissaires pour aviser avec moi de quelle manière et par quelle forme on le distribueroit : mais le malheur étoit qu'il n'y avoit rien ou très-peu en ce temps-là; car les grandes recettes se font au printemps et en l'automne, qui sont les temps des foires.

Il ordonna aussi que les commissaires des jurades verroient avec les capitaines des quartiers par quel moyen on pourroit si bien régler et discipliner la milice de Bordeaux, qu'en cas de besoin on pût la faire marcher en bon ordre et s'en servir utilement. Quand je dis que tous ces commissaires avoient ordre d'aviser avec moi, ce n'est pas pour faire croire que toutes ces affaires passoient par où je voulois, car ils savoient bien que je ne faisois rien de moi-même, et que je prenois ordre de toutes choses de la princesse et des ducs; mais le parlement en usoit ainsi pour faire les choses avec plus de secret, et croyant que je les tournerois à leur mode dans l'esprit de ceux qui avoient droit de me commander. . . . .

Un nommé Garros vint me proposer encore de surprendre Dax par le moyen d'un conseiller de ce lieu-là qui étoit ennemi mortel de Poyanne, qui en étoit le gouverneur. Les ducs lui dirent la même chose qu'ils avoient dite sur le sujet d'Aiguillon. Tous ces faiseurs de propositions commencent en faisant parade de leur zèle au service de ceux auxquels ils s'adressent, et finissent en leur demandant quelque chose qui leur est propre.

Vatteville régaloit si bien nos envoyés, qu'ils revenoient tous persuadés de sa sincérité, et du grand pouvoir du roi Catholique : tant les caresses et les présens ont d'ascendant sur les volontés des hommes. Lartet, qui avoit fait passer Sillery en Espagne, en revint. Il nous dit son arrivée à Saint-Sébastien, où l'on l'avoit reçu magnifiquement. Il nous dit tant de choses, et nous débita de si bonne foi la grandeur et la bonne intention de ce pays-là, qu'encore que nous connussions à peu près, par l'expérience que nous en avions déjà faite, l'erreur en laquelle il étoit, nous jugeâmes fort à propos de ne le pas désabuser, afin que tenant les mêmes discours à tout le monde, le public en demeurât persuadé, parce que cela étoit fort utile pour soutenir la bonne volonté des Bordelais, dont la plupart partageoient souvent dans leurs imaginations les trésors du Pérou. Il nous persuada pourtant la chose du monde dont l'événement nous fit voir que nous devions l'être le moins. Il nous dit que le roi d'Espagne avoit mandé à Vatteville de tout risquer pour envoyer l'argent nécessaire à soutenir le parti ; et qu'en même temps il avoit fait charger quatre cent cinquante mille livres sur trois frégates qu'il avoit vu mettre à la voile ; et l'avoit dépêché à l'instant même pour nous en venir donner avis, et de l'ordre qu'il avoit donné aux officiers qui les commandoient de voltiger à l'embouchure de la rivière, jusques à ce que nous leur envoyassions du secours de Bordeaux, afin de les faire entrer et passer en toute sûreté. Il apporta à la princesse, aux ducs et à moi, des lettres de Sillery et de Baas qui confirmoient tout ce qu'il nous disoit : de sorte que, ne doutant point d'avoir un prompt secours, l'on prit la nuit même tout ce qu'on put ramasser de chaloupes, de vaisseaux et de frégates dans le port de Bordeaux ; on les munit, on les arma, et partirent pour aller à la rencontre des trois prétendues frégates espagnoles, et prirent en passant celle de Blaye, qui avoit attaqué Sauvebœuf et Sillery.

Le 5, on reçut nouvelle de Paris que Guise étoit fort pressé ; que le cardinal étoit toujours à La Fère, et parloit toujours du voyage de Guienne ; et que le duc d'Orléans et les frondeurs n'attendoient que la prise de cette place, et la marche de l'archiduc le long de la rivière d'Aisne, pour lever le masque contre le cardinal : ce qui nous donnoit de grandes espérances.

On écrivit de Montrond que la colère de la princesse douairière augmentoit à mesure qu'elle voyoit croître le nombre des officiers et des soldats qui arrivoient de toutes parts dans cette place.

Le duc d'Epernon décampa, marcha vers La Meilleraye, quitta Cusac pour aller passer la rivière à Branne sur un pont de bateaux qu'il y avoit fait faire ; et l'on envoya Sauvebœuf dans l'île Saint-Georges pour la défendre en cas d'attaque : car le peuple de Bordeaux le proposoit toujours pour toutes les choses qu'il croyoit d'importance.

Le 6, le parlement donna un semblable arrêt à celui que le parlement de Paris rendit pendant le siége, par lequel il ordonna qu'on ne feroit jamais de paix sans y comprendre tous ceux qui se seroient joints à eux; et écrivit de même sorte aux maréchal et marquis de La Force pour les inviter d'entrer dans le parti comme ils avoient témoigné le désirer, pour être ensuite, disoient-ils, les généraux du parlement, comme les ducs l'étoient de la princesse. Mais la vérité étoit que messieurs de La Force ne nous donnoient de leurs nouvelles que pour faire de temps en temps quelques démarches qui nous donnassent de l'espérance, et à eux lieu de faire leurs affaires à la cour.

Le 7, on sut qu'il y avoit eu une grande sédition à Dax au sujet d'un gentilhomme nommé Hanix, fort aimé dans la ville, que Saint-Pé avoit mis en prison parce qu'il lui avoit fait un appel, et que le peuple, par l'affection qu'il lui portoit, autant que par la haine qu'il avoit contre Poyanne et contre tout ce qui étoit dans sa dépendance, l'avoit tiré de prison à main armée, et ensuite forcé ceux qui étoient dans la citadelle de remettre dans la ville tout le canon et toutes les munitions. La princesse crut qu'elle devoit tâcher de profiter de cette conjoncture, en écrivant comme elle fit à Hanix, aux consuls, et à plusieurs gentilshommes du voisinage, offrant secours aux premiers, et priant ceux-ci de s'aller jeter dans la ville.

Le 8, elle écrivit encore au baron ***, qui lui avoit offert ses services, qu'il ne pouvoit lui en rendre un plus grand que de fomenter cette affaire : et sur ce qu'un conseiller député du présidial vint me trouver pour me dire que sa compagnie s'emploieroit volontiers pour faire déclarer cette ville-là pour les princes, si l'on vouloit lui promettre que lorsqu'on feroit la paix on leur feroit rendre la juridiction de Tartas, qui en avoit été distraite pour la donner à celui de Nérac quand on le créa, la princesse, à qui je le présentai, après lui avoir fait beaucoup d'amitié le renvoya avec une lettre au présidial, par laquelle elle les assura de s'employer en temps et lieu pour cela; ce qu'elle feroit d'autant plus volontiers, qu'en leur faisant plaisir elle désobligeroit les habitans de Nérac, qui avoient reçu les troupes du duc d'Epernon, et refusé les siennes.

LIVRE QUATRIÈME.

La princesse reçut avis que don Joseph Osorio étoit arrivé avec trois frégates espagnoles près Bacalan. Nous crûmes qu'elles apportoient les quatre cent cinquante mille livres que Lartet nous avoit dit avoir vu charger : ce qui donna une grande joie à tout le parti et à toute la ville, chacun espérant d'y avoir part. Les ducs vinrent incontinent s'en réjouir avec la princesse, qui tint conseil pour aviser avec les commissaires du parlement, les jurats et quelques uns des principaux bourgeois, si on recevroit ce gentilhomme espagnol publiquement ou incognito. Et comme c'étoit un pas délicat que nous ne voulions pas faire sans y intéresser tout le corps, en prenant les sentimens de leurs députés, il étoit plus sûr de le recevoir la nuit et sans bruit, pour ne pas réveiller tous les gens affectionnés à la cour, qui n'attendoient qu'une bonne occasion de nous nuire. Il étoit plus avantageux de le faire entrer publiquement avec l'approbation d'un chacun, afin qu'il n'y eût plus rien à ménager, pour faire voir aux Espagnols que la princesse étoit absolument maîtresse de Bordeaux, afin qu'ils ne marchandassent plus à nous secourir, et pour leur faire voir que l'argent qu'ils nous enverroient seroit utilement employé. Chacun opina à sa mode. Enfin il fut résolu qu'on le recevroit en public; que la princesse lui enverroit un carrosse à six chevaux, et quelques gentilshommes pour l'escorter, et qu'il viendroit descendre en mon logis. Cela fut exécuté : elle lui envoya Mazerolles pour le complimenter de sa part, comme un envoyé du roi d'Espagne (1). Je le régalai du mieux qu'il me fut possible : les ducs mangèrent toujours avec lui, et tous nos principaux officiers. Nous lui donnâmes la musique, des concerts de luths, de violons et de trompettes ; et tout le peuple le suivoit en foule avec des acclamations de joie qui me surprirent. Je confesse ingénument ma foiblesse : je souhaitois fort sa venue,

(1) « Le soir du même jour, qui fut le vendredi 8 juillet, le marquis de Sauvebœuf emmena dans Bordeaux un gentilhomme espagnol nommé don Joseph Osorio, dans un carrosse à six chevaux, et passa par le Cours en un temps auquel les carrosses de la ville alloient à la promenade.

« L'arrivée de cet envoyé d'Espagne, et la vue de ces trois vaisseaux qui parurent le lendemain, étant venus, de la marée de la nuit, mouiller l'ancre au devant de la ville, excitèrent quelque petit murmure parmi la plupart des habitans, qui ne pouvoient souffrir qu'on parlât à Bordeaux de recevoir aucun secours d'Espagne. Le parlement s'assembla pour le même sujet ; et il fut résolu qu'il seroit fait perquisition exacte de ce cavalier espagnol, et que tant lui que tous autres de la même nation, s'il s'en rencontroit dans la ville, seroient pris et conduits dans la Conciergerie, et qu'il seroit couru sus à ces vaisseaux s'ils arrêtoient au port. L'arrêt en ayant été à l'instant publié, cet Espagnol se retira à petit bruit, et les vaisseaux levèrent l'ancre et s'avallèrent plus de deux lieues en bas. Mais que devint l'argent ? On a cru tout un temps qu'on l'avoit débarqué et mis ès mains de madame la princesse, suivant le traité fait à Madrid avec le roi d'Espagne par le marquis de Sillery, envoyé par le duc de Bouillon et les autres seigneurs de son parti ; néanmoins il est très-véritable que de quatre cent mille livres (les uns en ont dit plus, les autres moins) que ce bon Espagnol avoit conduits, il n'en laissa à madame la princesse que soixante mille livres, pour l'assurance desquelles cette princesse lui donna des pierreries en gage, et qu'il rapporta le reste en Espagne : ce qui n'a pas accommodé les affaires du duc de Bouillon ; car faute de finances il n'a pu mettre sur pied les troupes qu'il avoit dessein de lever pour tenir la campagne. » (*Histoire véritable de tout ce qui s'est fait et passé en Guienne pendant la guerre de Bordeaux.*)

par la nécessité en laquelle nous étions d'être secourus d'argent. Je savois bien que les affaires de la nature de la nôtre ne doivent se commencer qu'à toute extrémité; mais quand elles le sont, il faut les soutenir par toutes voies; que quand on y succombe on est châtié comme des rebelles, et que quand on y réussit on fait le service du Roi et le bien de l'Etat. Mais j'étois Français d'inclination autant que de naissance; j'avois, comme mes pères, été toute ma vie attaché au service du Roi; je ne pouvois m'accoutumer au nom espagnol, et j'eus toutes les peines du monde à dissimuler je ne sais quelle douleur intérieure qui me faisoit condamner en moi-même la joie que je voyois en tout le monde; et assurément je n'étois pas seul de ce sentiment. La nourriture, et tout ce que l'on entend dire dès l'enfance, fait une telle impression dans nos cœurs, qu'elle efface les sentimens de la nature et ceux de l'intérêt propre.

Après le souper, il fut rendre ses devoirs à la princesse et au duc d'Enghien, qu'il trouva accompagnés de quantité de noblesse, des principaux officiers de la ville, et d'un très-grand nombre de dames bien parées. Il leur fit en sa langue un fort honnête compliment de la part du Roi son maître; il expliqua la douleur que Sa Majesté avoit du traitement que le prince son mari, elle-même et les princes ses beaux-frères avoient reçu du cardinal Mazarin. Il exagéra les grandes actions et la vertu extraordinaire du prince de Condé, et dit que son bras avoit relevé la France et frappé de grands coups contre l'Espagne; et que comme le seul crime qui avoit donné lieu à sa prison étoit sa grande et juste réputation, son roi l'envoyoit pour offrir à la mère et au fils sa protection tout entière, et leur donner parole de roi, de parent et d'ami, de ne jamais faire de paix avec la France qu'il ne vît les princes en pleine liberté, et que tous leurs intérêts ne fussent ménagés comme les siens propres; et que cependant il les assisteroit d'hommes, d'argent, et de tout ce qui seroit en son pouvoir, comme Sa Majesté s'y étoit obligée par un traité qu'il avoit fait avec le baron de Baas au nom de Son Altesse.

La princesse lui répondit, les larmes aux yeux, qu'elle étoit très-obligée au roi Catholique de vouloir secourir une princesse accablée d'afflictions et de malheurs; qu'elle se mettoit sous sa protection, et avec elle le jeune prince son fils, qui n'étoit âgé que de sept ans, et qui avoit été contraint de venir à l'extrémité du royaume chercher un lieu de sûreté contre la violence d'un ministre étranger; que la générosité du Roi son maître étoit d'autant plus grande qu'elle étoit désintéressée, ne pouvant espérer d'elle que des prières pour sa santé et pour la prospérité de ses armes, de laquelle dépendoit la paix générale et la liberté de monsieur son mari; que c'étoit une chose étrange de le voir mis dans les fers par la Reine, à qui il avoit rendu de si grands et signalés services, ou pour mieux dire par le cardinal Mazarin, qu'il avoit sauvé de la corde; et que le roi d'Espagne, à qui il avoit causé de si notables préjudices, s'employât pour sa liberté; que c'étoit un effet de sa justice, et que cela devoit faire connoître à tout le monde que rien n'étoit tel que de faire son devoir comme il avoit déjà fait, puisque par là il avoit acquis l'estime de Sa Majesté Catholique, contre qui il avoit servi toute sa vie, et qu'il en recevoit aujourd'hui toute la protection. Après les complimens de part et d'autre, les ducs, qui étoient présens, enchérirent sur tout ce que la princesse avoit dit. Le jeune duc fit diverses questions à Osorio sur la santé du Roi, de l'Infante, et sur les manières d'Espagne, qui firent admirer son esprit. Chacun entra dans la conversation, qui dura jusqu'à minuit, après quoi chacun se retira.

Le 9, dès le matin, les ducs se rendirent en mon logis, et lurent avec cet envoyé et avec moi le traité que Baas avoit fait avec le baron de Vatteville. Il étoit entièrement conforme à celui qu'avoit fait la duchesse de Longueville et le vicomte de Turenne à Stenay avec le comte Fuensaldagne: ce qui ne nous surprit pas peu, ayant espéré beaucoup davantage. Le pouvoir dont Baas avoit été chargé lui donnoit celui d'entrer dans le même traité, mais cela s'entendoit quant aux fins: aussi portoit-il que ce seroit aux conditions dont on conviendroit; et ces conditions devoient avoir été ménagées conformément à ses instructions, c'est-à-dire proportionnées à la grande affaire que nous avions à soutenir, à la qualité des gens qui devoient entrer dans notre parti, aux troupes que nous pouvions et devions faire, aux États généraux, que nous avions intention de promouvoir; à ceux de la religion, qui faisoient espérer d'être de la partie; aux parlemens, que nous croyions faire agir; à mille particuliers, de qui nous attendions un grand secours, et surtout dans Bordeaux, dont la plupart n'agissoient que par l'espérance d'une récompense proportionnée aux grands services qu'ils nous rendoient. Et par le peu que contenoit ce traité nous nous voyions tout d'un coup hors de pouvoir d'exécuter les grands projets que nous avions faits, et frustrés des grandes espérances que nous avions conçues, et que nous avions données à tout le monde.

Le duc de La Rochefoucauld n'étoit pas nommé dans ce traité : Baas, qui avoit voulu relever le duc de Bouillon son maître, avoit cru qu'il lui rendoit un signalé service en supprimant le nom de son collègue ; peut-être l'avoit-il fait par l'ordre du duc de Bouillon, et je le crois ainsi, parce qu'il m'avoit témoigné souvent du chagrin de ce qu'on nommoit toujours le duc de La Rochefoucauld avec lui en tous les actes qu'on expédioit. Le duc de La Rochefoucauld m'avoit aussi fait connoître en diverses rencontres son déplaisir de ce que le duc de Bouillon vouloit se distinguer de lui ; qu'il souffroit qu'on s'adressât à lui en beaucoup de rencontres sans qu'il lui en donnât part. Ils ajoutoient toujours à leurs plaintes une grande estime l'un pour l'autre, et une grande amitié. Je crois que j'étois le seul dépositaire de leur chagrin ; nul ne s'en aperçut jamais ; et j'avois une application toute entière à les guérir tous deux, en leur disant toujours du bien l'un de l'autre, et leur rapportant obligeamment les plaintes qu'ils faisoient réciproquement, qui, au lieu de les brouiller, réchauffoient toujours leur amitié. Le duc de Bouillon croyoit que son âge, son expérience, les emplois qu'il avoit eus, et la souveraineté de Sedan qu'il avoit possédée, le devoient distinguer. Le duc de La

Rochefoucauld pensoit de son côté que sa dignité, sa naissance, égale à celle du duc de Bouillon, son esprit, ses amis, ses intrigues et son courage ne devoient souffrir aucune distinction, d'autant plus qu'il n'y en avoit nulle dans leur caractère. Quoi qu'il en soit, sa colère fut grande de ce que son nom ne paroissoit point dans le traité dont je parle ; mais, pour dire la vérité, elle s'aigrit bien davantage, aussi bien que celle de nous tous, quand nous sûmes d'Osorio que la somme que nous attendions étoit réduite à celle de quarante mille écus. Nous ne lui dissimulâmes pas nos sentimens : nous nous plaignîmes hautement du procédé de Vatteville ; nous protestâmes de faire la paix et de chercher nos avantages avec la cour, puisque nous voyions bien que nous ne pouvions en espérer des Espagnols, auxquels nous connoissions de la mauvaise volonté, ou du moins de l'impuissance ; et qu'en un mot ils devoient croire que nous ne serions pas long-temps leurs dupes.

Nous lui remontrâmes ensuite que le Roi son maître étoit mal conseillé de perdre une aussi favorable conjoncture que celle qui s'offroit à lui ; qu'il devoit abandonner toute autre entreprise pour en profiter ; et lui fîmes tous les raisonnemens que l'importance de l'affaire méritoit. Osorio étoit un homme fort froid, et de bon sens. Il nous laissa exhaler, sans nous répondre aucune chose. Il savoit bien que, dans la nécessité où nous étions, nous serions trop heureux de recevoir la somme qu'il nous apportoit, qui, toute modique qu'elle étoit, valoit mieux que rien. Il nous repartit que nous ne devions pas nous étonner si le Roi son maître ne prodiguoit pas ses trésors sans savoir au vrai l'état de nos affaires; que nous savions bien que les souverains regardoient avant toutes choses à leurs intérêts; que c'auroit été imprudence à eux d'abandonner leurs affaires pour appuyer la nôtre avant que de connoître s'ils en pouvoient tirer de l'utilité; qu'il nous avoit voulu envoyer quelque chose pour nous empêcher de tomber, et pour nous reconnoître : mais qu'à cette heure-là qu'il l'avoit vu, et que le Roi son maître connoîtroit par son rapport l'importance de Bordeaux, la bonne volonté des peuples, et la facilité de maintenir l'un et l'autre; qu'incontinent après son retour en son pays nous en tirerions des secours si prompts et si grands, que nous aurions tout sujet de nous en louer.

On croit facilement ce que l'on souhaite : nous entrâmes dans ses raisons, et nous ne doutâmes plus de voir bientôt l'effet de ses promesses. Cependant il importoit de tenir bonne mine, et de ne point découvrir ce foible secours, afin de conserver l'affection des Bordelais, qui auroit sans doute diminué s'ils l'avoient connu; et tous ceux qui avoient suivi la princesse et les ducs, qui depuis long-temps mangeoient leur argent dans l'espérance de celui-ci, n'auroient pas été contens.

Plusieurs personnes accoururent tout-à-coup au logis de la princesse et chez moi, où étoient les ducs, comme je viens de dire, pour nous faire savoir que sur la proposition du président d'Affis, homme inconstant et léger, qui donnoit à tout moment sa parole et y manquoit de même, le parlement avoit donné arrêt par lequel il seroit informé de l'arrivée des frégates et de la personne de don Joseph, avec ordre aux peuples de lui courre sus. Nous en fûmes tous surpris, ayant, comme j'ai dit, pris toutes les mesures pour sa réception avec les commissaires du parlement ; et Osorio, qui avoit été reçu avec des applaudissemens non pareils, ne pouvoit assez s'étonner de ce changement. Nous allâmes tous en diligence trouver la princesse, pour savoir ce qu'il y avoit à faire dans un rencontre autant inopiné que celui-là. Mauvoisin et Espagnet y arrivèrent aussitôt que nous de la part du parlement, qui les avoit députés pour lui faire entendre qu'ils n'avoient donné cet arrêt que pour se mettre à couvert envers le Roi, qui quelque jour pourroit leur faire un crime de leur connivence, et envers les autres compagnies du royaume, qui ne voudroient pas sans doute s'unir avec eux si elles savoient qu'ils le fussent avec les ennemis de l'Etat : et ajoutèrent qu'ils en avoient usé ainsi pour le mieux ; mais qu'elle ne devoit en être en aucune peine, parce qu'il y avoit une délibération secrète de ne point exécuter cet arrêt.

Plusieurs conseillers, contre l'avis desquels cette résolution avoit été prise, étoient venus chercher les ducs en mon logis, et leur insinuèrent la réponse que la princesse avoit à faire aux députés du parlement ; de sorte que comme je lui avois été dire par avance l'avis de tous ces messieurs, qui étoient ses serviteurs, elle n'eut point à délibérer pour leur repartir, comme elle fit ; qu'elle seroit bien marrie d'avoir dit ou fait quelque chose qui pût déplaire à la cour ; mais qu'elle s'étonnoit beaucoup qu'une compagnie aussi prudente que celle-là se fût portée avec tant de précipitation à donner l'arrêt duquel ils lui venoient de parler, qui ne pouvoit rien faire de bon, et ne pouvoit manquer de produire de très-méchans effets, en montrant à toute la France de la désunion entre eux et elle, et donnant de la défiance aux Espagnols, sans le secours desquels eux ni elle ne pouvoient soutenir la guerre qu'ils avoient commencée de concert les uns avec les autres contre le cardinal Mazarin; et qu'il n'y avoit nulle apparence que le roi d'Espagne voulût lui envoyer à l'avenir les sommes nécessaires pour sa défense, puisque l'on avoit ordonné aux peuples de courre sus à son envoyé, qui venoit de lui apporter quantité d'argent, nonobstant la résolution prise en plein conseil et avec leurs députés pour le recevoir publiquement, comme l'on avoit fait; que cela marqueroit une grande inconstance du parlement, ou qu'elle n'avoit nul crédit dans Bordeaux; et qu'elle leur laissoit à juger si leur conduite pouvoit être approuvée par tous ceux qui étoient intéressés dans le parti, tant dedans que dehors le royaume, dans un temps que le bruit couroit que le cardinal amenoit le Roi en Guienne; et qu'elle les prioit de dire sur toutes choses à leur compagnie qu'elle vouloit savoir une fois pour toutes si on le recevroit dans Bordeaux ou non, afin qu'elle prît de bonne heure ses mesures pour se retirer avec monsieur son fils où elle le jugeroit à propos. Les conseillers repartirent qu'ils rapporteroient fidèlement au parlement ce que Son Altesse leur avoit fait l'honneur de leur dire, et prirent congé d'elle.

Après qu'ils furent sortis, nous discourûmes long-temps sur cet arrêt; et après y avoir bien pensé, nous

convînmes tous que nous pouvions en tirer un grand
avantage; car, d'un côté, nous dîmes à don Joseph que
quelque soin que nous eussions pris à céler la petite
somme qu'il nous avoit apportée, elle avoit été sue
par le président d'Affis, qui, ayant perdu l'espérance
de la fortune qu'il prétendoit faire avec nous, avoit
dit en entrant au parlement que les Espagnols étoient
des trompeurs; qu'ils n'avoient voulu que les embarquer par de belles promesses, et les laissoient à présent dans la nasse, sans donner à la princesse de quoi
défendre par les armes les arrêts qu'ils avoient donnés; et que puisqu'il étoit ainsi, il falloit recourir
à la clémence du Roi, et commencer par l'arrêt qu'il
leur proposa de donner; que tout ce discours, porté
vigoureusement par d'Affis, avoit réveillé la même
pensée dans l'esprit de plusieurs à qui nous avions
donné de grandes espérances, et qui, connoissant
que nous étions hors d'état de leur tenir parole,
avoient pris cette fâcheuse délibération; qu'il n'y
avoit point de remède que de s'en retourner promptement remontrer le tort qu'avoient les ministres de
Sa Majesté Catholique, et les inviter de nous secourir
en diligence de sommes assez considérables pour
faire trouver à chacun son compte, pendant que nous
travaillerions à redresser l'affaire, de quoi nous vien-
drions infailliblement à bout.

Que, d'un autre côté, cet arrêt nous donnoit un
moyen infaillible de cacher au parlement et aux
bourgeois le peu que nous avions reçu d'Espagne,
la princesse disant, comme il falloit qu'elle fît, que
tant que les choses seroient dans cette incertitude,
elle ne distribueroit pas un sou des sommes qu'elle

avoit pour faire des levées, pour fortifier, ni pour acheter des munitions; et que, par le principe de son mécontentement contre le parlement, elle laisseroit tout le monde dans l'erreur en laquelle il étoit qu'Osorio lui avoit apporté de grandes sommes; et que, par l'espérance que chacun auroit d'y avoir part, l'affection pour elle se réchaufferoit et parmi le peuple et dans le parlement même. Il arriva ainsi, comme nous allons voir.

Le 10, nous reçûmes la nouvelle de la levée du siége de Guise, qui nous fit bien autant de mal que cet arrêt du parlement, d'autant plus que nous ne pouvions apporter aucun remède en cette affaire, et que nous espérions avec un peu de temps et d'adresse redresser l'autre.

Les lettres que nous reçûmes de Toulouse nous firent concevoir de grandes espérances et de la ville et du parlement; car comme le duc d'Epernon soutenoit de tout son pouvoir l'intendant Morand, les choses étoient tellement aigries, que plusieurs conseillers écrivirent à leurs amis de Bordeaux d'envoyer un député de leur compagnie à celle-là, et qu'assurément ils accorderoient l'union avec eux pour la liberté des princes. Enfin tous les jours il nous venoit de tous endroits de bonnes et de mauvaises nouvelles. La plupart se trouvoient fausses; et quand elles se trouvoient véritables, celles dont nous espérions notre salut devenoient en un moment inutiles, et celles qui avec raison nous faisoient appréhender notre perte tournoient souvent à notre avantage; et nous étions toujours dans une telle incertitude, que nous ne pouvions nous réjouir des bons succès ni nous affliger des mauvais.

Le 11 fut un jour de grand désordre; et l'on peut proprement dire que ce fut une crise dans le mauvais état auquel cet arrêt avoit mis nos affaires (1). Le

(1) « Le 11 juillet, comme la grand'chambre étoit à l'audience, environ sur les dix à onze heures, une centaine de ces mutins s'avancèrent vers la porte de la salle où se tient l'audience, et, la poussant avec violence, se mirent à crier : *Nous voulons l'arrêt d'union avec messieurs les princes; autrement on s'en repentira.* A ce tumulte un chacun se leva; et les conseillers des enquêtes, avertis de cette haute insolence, sortirent de leurs chambres, et, s'étant avancés, repoussèrent ces gens dans la salle du Palais.

« Soudain le parlement s'assemble : on ordonne qu'il sera informé ; on commet des conseillers pour faire le procès aux coupables ; et pour le fond des affaires, on remet à y délibérer au jour ensuivant, la justice ne pouvant pas souffrir de voir des gens armés jusque dedans son trône. Ces messieurs se mirent en devoir de sortir; mais, après avoir traversé la salle, ils trouvèrent la grande porte et les degrés du Palais occupés par plus de cinq cents hommes, qui, tenant l'épée nue en main, refusèrent de les laisser sortir qu'ils n'eussent auparavant donné l'arrêt d'union qu'ils leur demandoient, menaçant de tout mettre en pièces si l'on ne le leur accordoit. Les premiers de ceux qui s'étoient avancés voulurent faire effort pour passer; mais ils furent assez rudement repoussés, et un d'entre eux fut blessé à la main et renversé par terre : on en foula même quelques uns sous les pieds.

« Il fallut donc rentrer, et songer aux moyens de repousser cette canaille ou de gré ou de force. Cependant le bruit de ce tumulte s'étant en un instant répandu par la ville, les ducs de Bouillon et de La Rochefoucauld envoyèrent en diligence un gentilhomme exprès, pour assurer le parlement de la douleur extrême qu'ils ressentoient de l'audace de ce peuple obstiné; qu'ils offroient à la cour de bon cœur leur secours pour aller écarter toute cette canaille : ce qu'ils eussent fait sur l'heure; mais le parlement ne voulut pas les employer, estimant qu'il ne devoit se servir que de sa seule autorité et du secours des bourgeois de la ville, qu'on assembloit par l'ordre des jurats, auxquels le parlement avoit mandé de se rendre au Palais en toute diligence.

« Madame la princesse accourut au Palais, laquelle ayant fait dire qu'elle désiroit parler au parlement, on ordonna au procureur général d'aller savoir ce qu'elle désiroit (l'entrée dans le sénat, par une loi bizarre et que je ne puis goûter, étant défendue aux dames). Cette prin-

peuple, qui l'avoit su, aussi bien que la réponse que la princesse avoit faite aux députés du parlement, qui donna lieu au bruit qui courut qu'elle avoit résolu de sortir de Bordeaux pour aller chercher sa sûreté ailleurs, alla dès le matin au Palais pour de-

cesse lui exprima la douleur qu'elle avoit de l'injure faite à cette auguste compagnie avec tant de tendresse et de paroles si touchantes, que le procureur général voyant pleurer cette aimable princesse, eut peine à retenir ses larmes, nonobstant la gravité de sa magistrature. Elle protesta qu'elle étoit si fortement attachée à l'honneur de cet illustre corps, qu'elle vouloit vivre et mourir avec ces braves sénateurs; qu'elle ne désiroit sortir du Palais qu'avec eux, et courir la même risque : de quoi la compagnie la fit remercier par le procureur général, qui la pria de la part de la cour de vouloir se retirer; ce qu'enfin elle fit.

« Cependant le Palais demeuroit investi : la foule du peuple grossissoit toujours de plus en plus, et les provisions du buvetier commençoient à faillir. Ces messieurs firent ce jour-là une rude abstinence; mais voici fort à propos, sur les cinq heures du soir, le secours arriver. Le sieur de Beautiran, jurat, armé jusques aux dents, conduisant une troupe des plus braves bourgeois, fit donner avis à la cour par un Basque, qui, grimpant sur les toits, passa par les fenêtres de la grand'-chambre, qu'il venoit faire lever le siége. En même temps ce brave colonel, sans crainte du péril, s'avança jusque dans le Palais, et levant une canne qu'il tenoit à la main, leur dit : « De par le Roi, je vous « commande à tous tant que vous êtes de sortir promptement de ce lieu. « Insolens, vous tenez la justice assiégée! » Ces gens ne branloient guère pour tant de beaux discours; mais une décharge de quelques mousquetades, qui en tuèrent trois et en blessèrent tout autant, les fit résoudre à déloger de là. Ils demandèrent donc d'être reçus à capituler : ce qui leur fut à l'instant accordé. Ils sortirent en ordre; car il fut arrêté que les bourgeois se rangeroient en haie des deux côtés, et que ces obstinés passeroient à travers sans qu'on leur fît injure. Ce qui fut exécuté de bonne foi, sans leur donner d'otages, ce peuple s'étant fié à la parole de ce vaillant jurat. Ensuite les portes du temple de Thémis furent toutes ouvertes, et ces braves sénateurs, qui avoient souffert la rigueur de ce siége, en sortirent deux à deux, à pas comptés, pour marquer leur constance : mais quelques-uns d'entre eux qui n'avoient pas dîné, laissant à part toute cérémonie, se hâtèrent de se rendre chez eux. Telle fut la fin de cette admirable aventure. » (*Histoire véritable de tout ce qui s'est fait et passé en Guienne pendant la guerre de Bordeaux.*)

mander les arrêts nécessaires pour la lui donner tout entière et à tous ses serviteurs ; et comme ils trouvèrent que l'audience publique se tenoit, les principaux d'entre eux entrèrent dans la grand'chambre, et prièrent le parlement de faire cesser l'audience et d'assembler les chambres. Ce fut une prière de celles qui ont plus d'autorité qu'un commandement absolu. Le bruit que tous ceux qui étoient dans la grand'-salle faisoient obligea la compagnie à s'assembler. Incontinent qu'elle le fut, Mauvoisin et Espagnet firent leur rapport, et tirèrent même un papier de leur poche, contenant la réponse que leur avoit faite la princesse, qu'ils avoient couchée par écrit pour n'en rien omettre. Sur quoi la cour ordonna qu'ils retourneroient sur-le-champ l'assurer de son entière protection, et la prier de ne point perdre de temps à mettre des troupes sur pied, afin d'être en état de soutenir les arrêts qu'ils avoient donnés, et ceux qu'ils pourroient dans la suite donner en sa faveur. Mais comme après avoir pris cette résolution ils voulurent se retirer dans leurs maisons, le peuple leur demanda s'ils avoient donné l'arrêt d'union ; et quelques-uns ayant répondu que non, et que ce n'étoit pas ce que madame la princesse avoit désiré d'eux, la plupart mirent l'épée à la main, les repoussèrent dans la grand'chambre avec un emportement extrême : il y eut même de ces messieurs qui reçurent quelques coups dans la presse.

La princesse, qui fut avertie de ce désordre, manda en diligence les ducs pour aviser ce qu'on avoit à faire. On ne jugea pas à propos qu'eux ni elle allassent au Palais pour tâcher de l'apaiser, parce qu'il arriveroit de deux choses l'une, ou que le peuple se retireroit à leur prière, ou qu'il désobéiroit : s'il faisoit le premier, le parlement jugeroit de leur pouvoir sur le peuple; si au contraire il s'obstinoit au second, le parlement croiroit qu'ils n'auroient pas agi de bonne foi; et qu'on ne continueroit la violence que parce qu'ils le voudroient bien. Le duc de Bouillon, qui ouvrit cet avis, l'appuya de telle sorte, que nous y donnâmes tous les mains; et la princesse me commanda d'y aller, et de faire tout ce qui me seroit possible pour pacifier toutes choses.

Plusieurs qui ont écrit des troubles de ce temps-là disent que le duc de Bouillon avoit excité celui-ci. Chacun le croyoit à Bordeaux quand il arriva, et encore aujourd'hui la plupart de cette ville-là le tient pour une chose bien assurée. Je n'en sais rien, et peux bien assurer que si la chose est ainsi, la princesse ni moi n'en eûmes aucune connoissance; et encore que l'on voie peu de séditions de peuples qui ne soient excitées par des gens qui sont intéressés à l'affaire, j'ai toujours cru que ce duc n'avoit aucune part à celle-là. Quoi qu'il en soit, j'allai au parlement. La populace, qui me vit arriver d'assez loin, se mit à crier fortement *vive le Roi et les princes!* et se mit en haie, l'épée à la main, depuis la rue jusque dans la grand'-chambre pour me faire passage, et juroient tous qu'ils périroient pour le service de la princesse, et ne sortiroient point de là que le parlement ne lui eût donné une satisfaction tout entière. Je leur disois en passant que j'allois là de sa part pour tout ajuster, et que je ne doutois pas d'en venir à bout; mais que la princesse les prioit, par toute l'amitié qu'ils lui avoient promise, de ne faire aucun désordre, et qu'ils se retirassent chacun en leur logis : ce que je ne pus jamais obtenir.

J'entrai donc dans la grand'chambre, où je trouvai tous les conseillers levés hors de leur place, en grand désordre et outrés de colère. D'Affis, à qui la peur avoit fait perdre la tramontane, couroit comme un furieux. D'abord qu'il m'aperçut, il vint à moi, et, avec des blasphêmes horribles, me dit qu'ils étoient en état de se voir égorgés par l'ordre de ceux pour qui ils avoient fait des pas que jamais compagnie souveraine n'avoit faits; mais qu'ils sauroient bien maintenir leur autorité malgré tous ceux qui voudroient la renverser. La plupart des autres s'amassèrent autour de moi, et me disoient la même chose avec une telle confusion, qu'à peine pouvois-je distinguer ce qu'ils me disoient.

Je les laissai quelque temps sans leur répondre; mais enfin les voyant un peu plus rassis, je leur dis que j'espérois des remercîmens d'eux plutôt que des injures, puisque, par ordre de la princesse, j'avois risqué ma vie pour venir les secourir; qu'elle ni les ducs n'avoient pas jugé à propos de se rendre au parlement, ne sachant si eux l'auroient agréable; qu'ils m'envoyoient savoir leur volonté dans la conjoncture présente, et qu'ils l'exécuteroient à l'heure même de si bonne façon, qu'ils perdroient l'injuste créance qu'ils me témoignoient avoir, et que je m'étois volontiers chargé de cette commission, quelque périlleuse qu'elle fût; que je l'avois prise autant par inclination que par devoir, ayant l'honneur de porter la même robe qu'eux et celui d'avoir place dans le conseil d'Etat; que je les suppliois comme tel, et comme envoyé de la princesse, de me dire avec franchise ce que je pouvois faire pour leur satisfaction et pour leur service. Ces messieurs m'ayant remercié, et insinué qu'ils n'avoient autre chose à souhaiter sinon de voir retirer le peuple, pour pouvoir ensuite opiner avec liberté, je pris congé d'eux; et, en sortant de la chambre, je dis tout haut que tout étoit accommodé au contentement de la princesse. Je les obligeai tous à remettre l'épée au fourreau, et fis tout mon possible pour les obliger à me suivre; mais voyant leur obstination à ne point sortir de là, je m'arrêtai sur le perron du Palais, où je les haranguai assez long-temps. Je leur dis tout ce dont je me pus aviser pour leur faire quitter prise. La plupart et les plus raisonnables me suivirent jusqu'à la maison de la princesse; mais il demeura encore plus de trois mille hommes dedans et aux environs du Palais, que ceux qui m'avoient suivis vinrent rejoindre en diligence, quelque soin que je pusse prendre pour les en empêcher. De sorte que le désordre ayant recommencé plus fort qu'auparavant, la princesse, qui sut par moi tout ce que je viens de dire, résolut, par l'avis des ducs, d'aller elle-même au Palais, sans autre suite que d'un écuyer, de ses filles et de moi. Elle trouva les choses au même état que je les avois trouvées, et messieurs du parlement dans la même confusion et dans la même colère. Les acclamations du peuple redoublèrent à sa présence, aussi bien que les plaintes du parlement.

Elle leur parla efficacement : et il faut avouer qu'elle avoit un talent si particulier pour parler en public quand elle étoit échauffée de quelque intérêt pressant, comme en ce rencontre, que rien ne pouvoit être mieux, plus à propos ni plus conforme à sa qualité que ce qu'elle disoit. Après leur avoir parlé long-temps, sans pouvoir les obliger à prendre résolution sur une affaire d'une telle conséquence, enfin elle dit de fort bonne grâce : « Je vois bien, messieurs, ce dont vous avez envie; vous voulez que je fasse retirer la populace, et que je vous tire du péril auquel vous êtes; et la petite vanité gasconne vous empêche de m'en prier. » Et comme quelques-uns se prirent à rire : « Bien, bien, messieurs, je vous entends; je m'en vais y faire mon possible. Si j'y réussis, vous direz que votre autorité en seroit bien venue à bout sans moi; et si je n'en peux pas venir à bout, vous ne manquerez pas de croire que je n'ai ici de crédit que ce que vous m'en donnez. » Achevant ces mots, elle voulut sortir, mais en vain; car le peuple l'en empêcha, criant que le parlement étoit composé de traîtres pour la plupart, et qu'il ne falloit point qu'elle sortît qu'elle n'eût satisfaction. Elle eut beau leur dire qu'elle l'avoit tout entière, il n'en fut autre chose; elle fut contrainte de rentrer. Dans cette entrefaite l'on vint dire que le jurat de Pontac-Beautiran avoit armé tout ce qu'il avoit pu de monde; et, par un ordre que le parlement, dont il étoit greffier en chef, lui avoit envoyé, il marchoit pour le secourir. La princesse prit son temps : elle contraignit le peuple de la laisser sortir à force de prières; et ayant passé à travers deux mille épées nues jusque sur le perron, d'où elle vit venir et faire une décharge à la milice de Pontac, mais toute criant *vive le Roi et les princes!* elle cria pour lors : *Qui m'aimera me suive!* Et, défendant de tirer de part et d'autre, elle se mit en marche. Chacun la suivit, lui donnant mille bénédictions par les rues jusqu'en son logis. Elle fit ainsi cesser le désordre sans qu'il y eut que deux hommes tués, l'un sans nom, l'autre un nommé ***, capitaine d'infanterie dans Enghien. Si la princesse n'eût pris ce parti, on ne pouvoit manquer de voir périr beaucoup de monde; car plusieurs soldats s'étant mêlés parmi le peuple, les gens qu'avoit amenés le jurat de Pontac ne pouvoient pas faire une résistance capable de délivrer le parlement. Après que la princesse eut un peu pris de repos chez elle, elle fut visiter quelques-uns de ses principaux serviteurs, les priant de croire qu'elle n'avoit en rien contribué à ce désordre, directement ni indirectement, et qu'elle en avoit eu un déplaisir sensible. Nos amis reprirent courage par la crainte que la division ne ruinât le parti, et travaillèrent très-efficacement à réparer le mal que ce vacarme avoit causé dans les esprits du reste de la compagnie.

Le 12, nous reçûmes une nouvelle de Paris qui releva nos espérances. Le sieur Voisin, comme j'ai déjà dit, conseiller député du parlement de Bordeaux, écrivit qu'il avoit été ouï très-favorablement dans celui de Paris; que partie des avis qui avoient été ouverts alloient à la liberté des princes, et partie à faire des remontrances au Roi de ce dont il étoit chargé de la part de sa compagnie; que le duc d'Orléans, qui avoit été présent lors de son audience, avoit fait son possible pour arrêter le torrent des délibérations; mais qu'il n'avoit pu empêcher que le cardinal n'eût été nommé perturbateur du repos public, que plusieurs n'eussent dit qu'il falloit l'attaquer personnellement, et que l'on n'eût parlé avec mépris de son ministère. Ce duc, au sortir du Palais, avoit dépêché à Fontainebleau où étoit le Roi, et mandé au cardinal qu'il devoit le ramener à Paris, pour arrêter le désordre qui commençoit à y naître.

Ce n'étoit pas là le compte du cardinal. Il avoit quitté la frontière par la crainte de l'armée de l'archiduc, qui étoit fort puissante, et surtout très-forte en cavalerie. Il n'osoit s'enfermer à Paris, parce que la haine universelle qu'on lui avoit témoignée par le passé se renouveloit dans tous les esprits, et pour n'être pas au pouvoir des frondeurs, auxquels il attribuoit dans son cœur, et sans oser s'en plaindre, tout ce qui se proposoit contre lui. C'est ce qui lui mit dans l'esprit la première pensée d'amener le Roi devant Bordeaux, où son autorité souffrit de fâcheuses atteintes.

Rien ne nous vint jamais plus à propos que cette nouvelle, qui redonna de la vigueur au parlement, rassura l'esprit de don Joseph Osorio, et nous fit concevoir de plus belles espérances qu'auparavant.

Nous fîmes partir ce jour-là cet envoyé du roi d'Espagne pour retourner en son pays, très-persuadé de ce que nous lui avions dit la veille; et avec lui Sauvebœuf et Mazerolles : le premier par les raisons que j'ai rapportées en son lieu, et le second parce que la princesse ne jugeoit pas à propos de laisser ses affaires entre les mains de Baas, qui étoit au duc de Bouillon, ni de Sillery, qui étoit beau-frère du duc de La Rochefoucauld. Elle crut qu'elle devoit avoir en Espagne un homme qui n'eût dépendance que d'elle. Je lui proposai Mazerolles parce qu'il étoit habile, et que je le croyois pour lors, comme je le crus encore long-temps depuis, plus homme de bien et moins intéressé que je ne le connus dans la suite.

On donna à Sauvebœuf une créance et un pouvoir commun avec les trois autres; à Mazerolles, un commun avec Sillery et Baas; et un autre à Mazerolles seul, et signé de la princesse seule, qui écrivit une lettre de créance sur lui à don Louis Mendez de Haro, grand d'Espagne, et premier ministre de Sa Majesté Catholique; se remettant de toutes choses à ce que lui en diroit ce nouvel envoyé, et lui demandant son amitié particulière.

Je lui écrivis aussi par ordre de la princesse une lettre fort ample sur le voyage de Mazerolles, duquel je lui disois toutes les raisons, et celle de la créance qu'il devoit avoir en lui sur toutes choses. J'écrivis à Vatteville en mêmes termes. La princesse lui fit encore cet honneur-là, aussi bien qu'au marquis de Sillery : et après avoir fait beaucoup d'amitié et de remercîmens à don Joseph Osorio, elle lui fit présent d'un riche baudrier, et de deux épées les plus belles qu'elle put rencontrer. Ils partirent tous ce jour-là par mer.

Le parlement n'entra point ce jour-là, pour témoigner quelque chagrin de ce qui s'étoit passé la veille.

Le 13, il s'assembla, et députa à la princesse le président Pichon et quelques conseillers, qui vinrent lui dire de la part de la compagnie qu'elle croyoit bien qu'elle n'avoit point contribué à l'action du jour précédent; la prièrent de mettre ordre que les soldats se tinssent à l'avenir dans leurs postes; que pour les seigneurs et gentilshommes, ils étoient les très-bien venus dans Bordeaux; et finirent en lui disant qu'ils lui seroient fort obligés si elle se mettoit en état d'appuyer par les armes les arrêts qu'ils pourroient donner, et ceux qu'ils avoient donnés par le passé.

La princesse, après les avoir remerciés, leur dit qu'elle avoit déjà mis ordre à tout ce dont ils la prioient de la part du parlement, ayant défendu à ses soldats, sous peine de la vie, de quitter leurs drapeaux, et ayant ordonné ce jour-là même la distribution des sommes nécessaires pour la levée de quatre mille hommes de pied. Elle leur en fit même voir le détail, pour les renvoyer plus satisfaits, et leur montra les commissions qu'elle avoit données à Nort pour lever un régiment de quinze compagnies, sous le nom de Conti; au chevalier de Roquelaure, pour augmenter de dix compagnies celui d'Enghien, dont il étoit mestre de camp; au Chauffour, pour augmenter de pareil nombre celui d'Auvergne, qu'il commandoit pour le duc de Bouillon; à Lusignan, pour en faire un second sous le nom de son fils, aussi de dix compagnies; au Chambon, pour en faire un semblable sous le sien; et au chevalier de Paliers, pour mettre sur pied dix compagnies de Condé, toutes de soixante-et-dix hommes chacune. La princesse leur dit encore que le lendemain elle feroit donner quelque argent aux troupes; et ils se séparèrent avec un contentement réciproque des bonnes paroles qu'ils s'étoient dites de part et d'autre.

Le 14, on donna un prêt à l'infanterie pour dix jours.

Turi, Saint-Aubin et Moucaut arrivèrent de Montrond chargés de diverses plaintes : le premier, de Mautour, qui croyoit qu'on lui eût fait tort de ne lui avoir pas donné, comme au cadet de Baas, un brevet de maréchal de bataille; le second, pour représenter les intérêts de Tavannes, qui vouloit partager le commandement de la place avec Persan, et demandoit diverses charges et commissions pour plusieurs officiers qui s'y étoient rendus depuis les derniers ordres que la princesse y avoit envoyés, et pour d'autres officiers qui y étoient attendus; le troisième, pour remontrer beaucoup de petites choses de la part de Baas. Et tous trois nous assurèrent que le duc de Nemours avoit donné parole positive à Tavannes de se rendre dans peu à Montrond; ce qu'il ne fit pourtant pas : aussi lui étoit-il malaisé de quitter Paris, où il étoit arrêté par les charmes de la duchesse de Châtillon, qu'il alloit souvent visiter, tantôt inconnu et tantôt publiquement, dans tous les lieux où elle suivoit la princesse douairière. Et pour dire la vérité, il nous étoit du moins autant nécessaire à Paris qu'il l'eût été à la guerre, parce qu'il entretenoit mille intrigues pour le service des princes dans le parlement, dans la cour, et parmi les peuples.

Nous parlerons de quelques unes dans leur lieu, et à mesure qu'il sera à propos; mais je ne puis m'empêcher de dire ici que je n'ai jamais pu pardonner, aux uns ni aux autres de tous ceux qui agissoient pour lors à Paris, de nous avoir célé la correspondance par lettres qu'ils avoient avec le prince de Condé dans sa prison, nous qui avions si souvent besoin de savoir ses volontés, et qui faisions assez de choses pour persuader eux et tout le monde que nous étions fidèles et capables de secret. Mais comme la plupart de ceux qui avoient cette communication avec lui étoient des dames, des gens de robe, et le duc de Nemours, à qui cela servoit pour entretenir celle qu'il avoit avec la duchesse, et Arnauld qui n'aimoit pas la guerre, et à qui cela fournissoit un prétexte de ne quitter point Paris, ils voulurent se réserver cette intrigue et nous en exclure, donnant plus à leur inclination et à leur intérêt qu'au service du maître. Ils étoient par là les arbitres de toutes ses volontés, parce qu'ils ne lui faisoient savoir que ce qu'il leur plaisoit, et tiroient de lui tous les ordres qu'ils jugeoient à propos, qu'ils nous envoyoient après, non pas comme tels, mais comme des avis qui venoient d'eux, auxquels nous n'avions pas autant de déférence que nous eussions eu à ce qui nous seroit venu tout droit du prince, mais auxquels pourtant nous nous conformions autant qu'il nous étoit possible.

La princesse délibéra avec les ducs sur tout ce qu'on lui avoit mandé de Montrond; elle pourvut à tout, et dépêcha ce jour-là même les trois gentilshommes qui en étoient venus, et les renvoya.

Le 15, la princesse sollicita fort pour empêcher que l'on ne reçût le cardinal dans Bordeaux, en cas que le Roi vînt en Guienne, comme tous les avis qu'on recevoit le disoient.

Les ducs, sous prétexte d'aller aux ennemis, firent monter la cavalerie à cheval; ils en firent une très-exacte revue, et on leur donna une demi-montre.

Le 16, le parlement s'assembla, et résolut de ne

pas recevoir le cardinal Mazarin, et de le déclarer auteur de tous les désordres de Guienne.

Le 17, nouvelles arrivèrent de Paris que le parlement avoit à la fin donné arrêt portant que très-humbles remontrances seroient faites au Roi sur l'inobservation de la déclaration d'octobre 1648 en la détention des princes, pour le rappel du duc d'Epernon, et sur le parachèvement du procès fait à Foullé, intendant, par le parlement de Bordeaux; et qu'il y avoit eu cent voix de cet avis, et soixante-et-dix pour pourvoir sur la liberté des princes.

Les frondeurs du parlement s'assemblèrent dans mon logis, pour aviser aux moyens d'ôter toute espérance au cardinal d'être reçu dans Bordeaux : et après avoir long-temps débattu la matière, nous demeurâmes d'accord que la princesse présenteroit une requête, par laquelle elle exposeroit la venue du cardinal à main armée pour se venger de Bordeaux, et y faire le mariage d'une de ses nièces avec le duc de Candale; maintenir le duc d'Epernon dans le gouvernement, et l'arrêter prisonnière avec monsieur son fils, nonobstant leur arrêt de protection; et demanderoit qu'il lui fût permis de s'armer contre lui, et de repousser la force par la force; et de lui faire défense de la troubler ni inquiéter dans Bordeaux, à peine d'être exécuté contre lui l'arrêt de 1617.

Je dressai la requête; je la montrai à la princesse et aux ducs, qui la trouvèrent selon leur sens; et la portai ensuite chez le conseiller Massiot, homme de peu de génie et d'un très-grand emportement. Il s'y trouva jusqu'à vingt-cinq conseillers qui promirent d'être de la compagnie, et de l'avis d'admettre cette requête en tous ses points; et en cas qu'elle ne passât point à la pluralité des voix, ils sortiroient tous, et exposeroient les malintentionnés à la fureur du peuple.

Le maréchal de La Meilleraye, qui avoit appris le désordre arrivé au Palais le 11, écrivit au parlement pour leur offrir ses armes et son service : et la réponse qu'il reçut fut que la compagnie n'avoit affaire d'autre chose, pour contenir chacun dans son devoir, que de l'autorité de la justice du Roi qu'ils avoient en main; que s'il vouloit leur témoigner autant d'amitié qu'il disoit en avoir pour eux, il n'avoit qu'à leur aider à chasser le duc d'Epernon et ses troupes.

Le 18, le parlement s'assembla. La requête y fut apportée par Tarangue. Il fut ordonné qu'avant de faire droit et afin de savoir la résolution du peuple, l'hôtel-de-ville s'assembleroit; que la cour y enverroit ses commissaires pour y proposer les fins de la requête, et pour ensuite être par elle délibéré sur le tout. Cet arrêt fut judicieux, et nécessaire pour faire concourir tout le monde à ce qu'on préméditoit de faire contre le cardinal.

La garnison de Vaire arrêta un courrier dépêché par le duc d'Epernon au cardinal. Le commandant envoya à la princesse les lettres qu'il lui écrivoit, et celles de l'abbé de Verteuil au duc de Candale, au chanoine et à Doujat; par toutes lesquelles nous vîmes que ce duc avoit ordre d'aller recevoir le Roi sur les confins de son gouvernement, et qu'il faisoit de grands remercîmens des obligations qu'il disoit avoir à Sa Majesté et à Son Eminence. Cette dépêche nous servit à faire connoître à Bordeaux que l'on le confirmoit dans son gouvernement, contre la promesse qu'on avoit faite de le révoquer : ce qui ne servit pas peu à la délibération qui fut prise dans la maison-de-ville. Ces mêmes lettres, qui parloient fort mal du parlement de Toulouse, lui furent envoyées par celui de Bordeaux par copies collationnées.

L'on sut que le duc de Saint-Simon avoit envoyé deux canons de Blaye à Branne pour défendre le pont que La Meilleraye avoit fait construire.

Le 19, l'assemblée de l'hôtel-de-ville ayant été remise, la princesse manda en son logis les plus accrédités bourgeois et les capitaines des quartiers; et après leur avoir demandé en termes fort obligeans la continuation de leur amitié, elle me commanda en présence des ducs de leur expliquer ses intentions sur le sujet pour lequel on devoit s'assembler : ce que je fis fort amplement, et leur fis même lecture de la requête. Ils promirent d'agir en cette occasion avec toute l'affection et toute la chaleur possible; et la princesse promit de ne se séparer jamais de leurs intérêts.

Les nouvelles que nous reçûmes par le courrier de Paris furent que l'on murmuroit plus que jamais contre le cardinal en faveur des princes, et que tout se déclaroit pour eux si Bordeaux prenoit résolution de ne le point recevoir; et qu'assurément on en useroit de même à Paris quand il voudroit y retourner.

Ce parlement écrivit à celui de Paris que la marche de cet auteur de tous les désordres vers la Guienne étonnoit tous les bons sujets du Roi, et qu'il y avoit grande apparence qu'il donneroit tous les arrêts nécessaires pour empêcher qu'il ne fût reçu dans leur ville, et pour s'opposer à toutes les violences qu'il vouloit leur faire. Il écrivit semblables lettres et dans le même sens au duc d'Orléans.

Le père Herbodes, recteur du noviciat des jésuites, homme d'esprit et bien intentionné, alloit par ordre de ses supérieurs à Poitiers. La princesse le chargea d'une lettre de créance pour le père Paulin, confesseur du Roi, et qui étoit serviteur particulier du prince son mari, et lui ordonna de lui dire l'état de ses affaires, la disposition du peuple et du parlement de Bordeaux, et ses intentions, pour tourner tout cela selon la volonté du Roi, s'il lui plaisoit de mettre les princes en liberté; sinon qu'elle étoit résolue de s'ensevelir dans les ruines de cette ville-là, que l'on disoit qu'il venoit assiéger. Les ducs et moi entretînmes aussi ce bon religieux, et lui dîmes à peu près ce que j'avois dit à Alvimar pour obliger le père Paulin à en entretenir le cardinal, si quelque occasion favorable s'en présentoit; car nous crûmes que peut-être les crieries qui recommençoient à Paris contre le cardinal, et qu'il attribuoit à l'envie de rétablir l'autorité du Roi, lui donneroient le désir de traiter avec nous dans cette conjoncture.

Deux jours auparavant, le duc de Saint-Simon m'avoit envoyé le père de Comte, minime, avec un billet de créance, qui n'alloit qu'à me faire peur du cardinal Mazarin et de sa venue en Guienne, afin de disposer, par la crainte qu'il pourroit me donner, la princesse et les ducs à traiter avec lui, offrant pour cela son entremise. J'en rendis compte à l'une et aux autres, après avoir dit par avance au porteur que par la grâce de Dieu ils étoient plus en état de donner la loi que la recevoir. Je le présentai ce jour-là à la princesse, qui lui dit sèchement qu'elle s'étonnoit que celui qui l'envoyoit voulût être son négociateur, lui qui s'étoit si hautement déclaré son ennemi, et qui lui avoit si honteusement manqué de parole. Elle le renvoya comme il étoit venu.

Dirac, que le vicomte de Turenne avoit dépêché au duc de Bouillon, arriva ce jour-là, et nous dit de sa part qu'il avoit levé le siége de Guise, faute de vivres; qu'il s'étoit mis en état de marcher vers Paris, et d'aller au bois de Vincennes avec trente-cinq mille hommes, dès le moment qu'il auroit su la marche du Roi vers Bordeaux; et que nous pouvions faire notre compte là-dessus. Si la joie que cette nouvelle nous donna fut grande, la douleur qu'en eurent tous ceux qui nous étoient opposés ne le fut pas moins. Ils firent courre le bruit que Dirac ne venoit point de là, et que c'étoit un des domestiques du duc de Bouillon, qu'il avoit fait botter et arriver en forme de courrier pour les tromper, afin d'engager le parlement et la ville à accorder à la princesse ce qu'elle demandoit par sa requête.

Rien n'étoit plus vrai ni plus sincère que l'envoi de Dirac : cependant le bruit que l'on fit courre faillit à nous faire beaucoup de mal, tant il est à propos en de pareilles occasions de céler les choses qui peuvent diviser les esprits des hommes, qui sont pour la plupart très-susceptibles de crainte et de défiance.

Le 20, les envoyés de la princesse et du parlement à messieurs de La Force retournèrent, et apportèrent des lettres d'excuses s'ils ne venoient pas, attribuant leur retard à cinq cents chevaux de l'armée de La Meilleraye qu'ils disoient être aux environs de leur maison pour les observer. Nous n'attendions pas une réponse plus favorable, après toute la lenteur que nous avions connue en eux.

L'on reçut encore nouvelle du marquis de Bourdeilles, qui nous faisoit espérer de se joindre à nous et de faire déclarer Périgueux avec lui. La princesse dépêcha en même temps son courrier, et lui manda qu'il viendroit quand il lui plairoit; que ce ne seroit jamais sitôt qu'elle le souhaitoit; et que s'il ne jugeoit pas à propos de quitter sa place, il n'avoit qu'à envoyer un homme de créance, avec pouvoir pour signer le traité qu'il vouloit faire avec elle et recevoir son argent, qui étoit tout prêt.

L'assemblée de l'hôtel-de-ville fut nombreuse et affectionnée. Les principaux haranguèrent en faveur de la princesse; et il n'y eut pas un seul de tous ceux qui la composoient qui ne fissent mille imprécations contre le cardinal. Ils le déclarèrent ennemi de l'Etat, de Dieu et des hommes; résolurent de massacrer le premier qui parleroit de l'admettre dans leur ville, et de se cotiser pour soutenir la guerre contre lui; que le parlement seroit supplié par les jurats d'entériner la requête de la princesse.

Le gentilhomme que la princesse avoit dépêché en Languedoc arriva, rendit une lettre du vicomte d'Arpajon à la princesse, qui n'étoit à proprement parler qu'un honnête compliment. Il ne disoit ni oui ni non sur la proposition qu'elle lui avoit faite; et l'on jugea qu'il attendoit encore quelque réponse de la cour, où il avoit renvoyé La Tivollière.

Saint-Aunais manda qu'il ne respiroit que de servir la princesse, mais qu'il n'osoit pour lors se déclarer en sa faveur, à cause de l'armée de Catalogne. L'archevêque de Narbonne offrit son service, et promit d'employer tout son crédit en sa faveur aussitôt qu'elle seroit en état de le soutenir. Le baron de Leiran promit de faire deux régimens d'infanterie et deux de cavalerie. M*** fit toujours de ses promesses vaines et vagues, qui n'aboutirent à rien; et le lendemain un gentilhomme de sa part arriva avec son demi-écu d'or, duquel j'ai parlé, pour établir sa créance, qui ne fut autre chose que des idées, desquelles nous ne vîmes aucun fruit.

La crainte que nous donna l'arrêt du parlement contre don Joseph Osorio nous fit appréhender que quelque trait d'inconstance, si nos affaires venoient à mal réussir, ne nous contraignît à quitter Bordeaux; et cela nous obligea de songer à une autre retraite en cas de besoin. Il étoit malaisé d'en trouver une sûre dans le royaume, et des peuples disposés à nous défendre par les armes. Il y avoit de grands inconvéniens d'en sortir, et de nous réfugier en Espagne; les affaires d'Angleterre n'étoient pas en état, ni Cromwell d'humeur et de volonté de nous assister; d'ailleurs les affaires de Paris, desquelles nous espérions d'aussi grands avantages que de la guerre, ne pouvoient souffrir que nous nous éloignassions : de sorte qu'après y avoir bien songé, nous ne trouvâmes rien de meilleur, ni où l'on pût mener la princesse, monsieur son fils, et nos troupes même, avec plus de facilité qu'en l'île de Pié.

La princesse dépêcha un gentilhomme au sieur de Louche pour savoir s'il la recevroit avec toute sa suite;

et ce jour-là il retourna, et assura Son Altesse qu'elle y seroit la très-bien venue; et que de plus il voyoit Du Dognon si mal satisfait de la cour et avec de si grandes défiances du cardinal, qu'il croyoit qu'il la recevroit dans Brouage; et que lui de Louche fomenteroit son chagrin autant qu'il le pourroit, et disposeroit son esprit à tout faire et à tout entreprendre; et que son pis-aller seroit d'être la maîtresse dans son île.

J'ai oublié de dire, dans les articles des 10 et 11 juillet, qu'un gentilhomme me rendit une lettre de créance de la part du marquis de Varannes. Il offrit sa personne et Aigues-Mortes à la princesse; mais après avoir discouru de cette affaire avec lui et les ducs, il ne fut pas jugé à propos qu'il se déclarât, n'étant ni à la portée ni en état de le secourir : et l'on chargea cet envoyé de dire au marquis qu'il devoit écrire à la cour le mauvais état auquel étoit la place; qu'il avoit avis que les Espagnols avoient dessein de la surprendre; qu'il n'y avoit ni hommes ni argent; et demander qu'on lui donnât l'un et l'autre, ou du moins qu'on lui permît de prendre dans le voisinage, par forme de contribution, du blé et du fourrage pour se mettre en état de défense. Nous fîmes après aboucher ce gentilhomme avec don Joseph Osorio, et ils convinrent ensemble que le marquis s'adresseroit à Palavicini, gouverneur de Taragonne, et à Oropeza, qui l'étoit de Valence, qui au mot de Saint-Jacques, que ceux qu'il leur enverroit leur donneroient, l'un et l'autre y prendroient créance et lui enverroient des hommes, de l'argent et des munitions; et que lui Osorio, qui retournoit en Espagne, leur en feroit envoyer l'ordre par le Roi en toute diligence.

« La princesse renvoya ce gentilhomme, et lui donna une lettre pour Varannes ; et remettant au porteur à lui rendre compte de ce qui avoit été résolu, le remercioit de sa bonne volonté, lui promettoit de le rembourser de tout ce qu'il avanceroit pour le maintien de la place, de lui donner tel emploi qu'il souhaiteroit dans cette guerre, de ne faire jamais de paix sans y comprendre ses intérêts, et de lui faire obtenir ce que sa naissance et ses longs services lui devoient faire espérer, ajoutant qu'il n'étoit pas le premier gouverneur d'Aigues-Mortes à qui cette place avoit valu un bâton de maréchal de France. Il étoit homme d'ambition, de courage, de service, et de très-illustre et ancienne famille. Il n'y a guère de gens qui possèdent de telles qualités qui ne croient qu'on leur fait injustice quand on ne les élève pas promptement dans les grandes dignités ; et rien ne les engage davantage à faire les pas qu'on désire qu'ils fassent, que de les flatter de l'espérance de les leur faire obtenir.

Mirat me vint voir, et me dit que Lavie étoit de retour de la cour à Blaye, et que par un billet il le prioit de l'aller trouver. Ce billet contenoit que c'étoit pour conférer avec lui sur de grandes et importantes affaires desquelles il n'osoit lui écrire, outre qu'elles n'étoient pas de nature à pouvoir être négociées par lettres. Mais je ne fus pas d'avis, non plus que les ducs, que Mirat fît ce voyage, rien n'étant plus préjudiciable que d'entrer en négociation dans un temps que l'on doit inspirer de la chaleur pour la guerre ; et ceux qui s'y embarquent contre le premier devoir auroient peine à s'y résoudre s'ils ne la jugeoient d'une longue durée, parce qu'ils croient que de là dépend leur fortune et leur impunité. Nous conseillâmes à Mirat d'écrire à son correspondant d'envoyer un homme de créance, ou ses propositions par écrit.

Le 21, on rapporta au parlement le résultat de l'hôtel-de-ville dont j'ai parlé, sur lequel et sur la requête de la princesse il donna arrêt par lequel ils renouvelèrent la protection qu'ils lui avoient donnée, et à tous ceux qui la serviroient; ordonna qu'on armeroit en diligence; qu'il écriroit au Roi en forme de remontrance contre le cardinal Mazarin, et sur les désordres de l'Etat; accordèrent l'union avec tous les corps de la ville; et, *tacito senatus-consulto*, qu'on donneroit contre lui un arrêt semblable à celui de 1617, incontinent qu'il seroit entré dans leur ressort. Ils ne différèrent à le donner que pour ne pas déplaire au parlement de Paris, dans le ressort duquel il étoit encore.

Le 22, le président d'Affis s'adressa au duc de Bouillon pour lui offrir de servir la princesse et le parti, pourvu qu'on lui payât par avance deux années de la pension qu'on lui avoit proposée. Il m'en parla, et moi à la princesse. L'affaire fut conclue et exécutée, et dès ce jour-là il fit au parlement tout ce qu'on voulut : mais je crois qu'il n'auroit pas trouvé son compte à la cour, et que le vacarme arrivé le 11 au Palais, et la nouvelle chaleur qu'il connoissoit dans l'esprit de tout le monde, l'avoit obligé à faire cette proposition. La peur et l'argent sont de puissans orateurs aux gens de la trempe de ce bon président.

La princesse dépêcha La Fontaine, écuyer du duc d'Enghien, à madame sa belle-mère, pour l'avertir de toutes les délibérations dont je viens de parler, et desquelles elle lui envoya copie, avec supplication de se rendre en diligence à Paris pour présenter sa requête, pendant que tous les esprits étoient disposés à servir les princes, que le cardinal s'éloignoit, et que le vicomte de Turenne devoit entrer en France.

Nous envoyâmes encore Rochefort, valet de chambre du prince, à madame de Longueville et au vicomte de Turenne, pour les avertir du bon état de nos affaires et de la bonne résolution prise contre le cardinal, afin de fortifier leurs troupes à entrer en France aussi avant que Dirac nous l'avoit fait espérer de leur part. On les prioit aussi de faire en sorte que le comte de Fuensaldagne envoyât en diligence deux vaisseaux flamands ou hollandais dans la rivière de Bordeaux, chargés d'armes et de munitions, dont nous manquions; et que quand ils seroient à la portée de Paris, ils fissent passer deux mille chevaux en Berri, d'où nous les ferions venir facilement en Guienne, et qui rendroient nos troupes plus fortes que n'étoient celles du Roi.

Nous chargeâmes encore ce courrier de lettres pour tous nos amis de Paris, et de copies des délibérations du parlement et de l'hôtel-de-ville de Bordeaux, pour les y faire imprimer.

Le 23, le gouverneur de Vaire donna avis qu'il étoit menacé du siége. On lui envoya des hommes, de l'argent et des munitions, comme l'on avoit déjà fait peu de jours auparavant.

La princesse fit mettre en liberté Guaire, conseiller à la cour des aides, qu'elle tenoit prisonnier. Elle envoya au maréchal de La Meilleraye un courrier que l'on avoit arrêté, et des lettres de madame sa femme. On envoya le capitaine Morpin en mer, pour enlever quantité de bateaux que le marquis de Montausier et le duc de Saint-Simon avoient arrêtés.

Le prieur de Saint-Paul arriva à Bordeaux, et vint proposer à Mirat l'entrevue entre lui et Lavie, et lui fit entendre qu'on pouvoit fort bien ménager la liberté des princes, pourvu que les ducs de Bouillon et de La Rochefoucauld n'entrassent point dans la négociation. Mirat et Pomiers-Françon vinrent m'en avertir, et me demandèrent mon sentiment : je leur remontrai les inconvéniens d'entrer en aucuns traités tels que je les ai dits ci-dessus, et leur dis que je ne pouvois leur rien dire de positif que je n'eusse entretenu les ducs : ce que je fis. Et comme ils jugèrent à propos d'écouter ce que Lavie pourroit dire pour voir si nous en pourrions tirer avantage, et en cas que le cardinal entrât dans la résolution de négocier la liberté des princes, pour ensuite lui faire envers les frondeurs de Paris le même tour qu'il croyoit nous faire envers nos amis, c'est-à-dire leur donner avis qu'il nous recherchoit d'accommodement pour les diviser, les ducs furent voir Mirat, où se trouva Pomiers.

Ils dirent à l'un et à l'autre qu'ils n'avoient armé que pour forcer le cardinal à mettre les princes en liberté, et que toutes et quantes fois qu'il voudroit le faire ils désarmeroient avec joie ; qu'ils déclaroient que n'ayant point d'autres intérêts, ils n'avoient qu'à demander un passe-port pour se retirer en pays étranger, et sûreté pour leurs amis, et surtout pour ceux de Bordeaux ; qu'ils conseilloient à Mirat de s'aboucher avec Lavie le plus tôt qu'il pourroit à Roguedautaux ; et fut ainsi résolu.

Cette manière des ducs plut beaucoup à ces bons conseillers, qui l'admirèrent et le publièrent partout; et cela fit un bon effet dans l'esprit de tous les Bordelais. Aussi n'y a-t-il rien de plus avantageux que de paroître désintéressé en son particulier, et ne vouloir que le bien et l'avantage de ceux avec qui on est allié lorsque l'on commence une négociation : c'est l'unique moyen de s'en rendre le maître, et de les obliger, par le même principe de générosité, à ne rien vouloir pour eux que ceux qui en usent ainsi ne soient satisfaits.

Le 24, nous reçûmes lettres de nos correspondans de Paris, pleines de prières qu'ils nous faisoient de n'entrer en aucune négociation avec le cardinal; que l'armée de l'archiduc Léopold étoit puissante, qu'elle n'attendoit que la maturité des blés pour entrer bien avant dans la France; que tout le monde remettoit à sa venue à lever le masque contre le cardinal, et que le salut public dépendoit de la fermeté de Bordeaux.

J'allai trouver Mirat pour lui communiquer cette dépêche, afin de l'affermir contre tout ce que Lavie lui diroit. Je l'instruisis tout le mieux qu'il me fut possible, et le vis partir pour se rendre à Roguedautaux, d'où il retourna le soir même avec le conseiller d'Andraut; qui se trouva présent à leur conférence. Mirat nous dit qu'il avoit parlé à Lavie du long entretien que j'avois eu avec lui avant que de partir; qu'il m'avoit trouvé dans de très-bons sentimens, et que je lui avois fait un grand raisonnement sur la matière, disant que le cardinal voudroit traiter des intérêts conjointement, ou négocier séparément la liberté des princes; qu'au premier cas il vouloit faire la paix générale de bonne foi, ou se contenter de vouloir faire paroître à tout le monde qu'il la souhaitoit, et ne la pas conclure, croyant qu'il suffisoit pour lors de faire celle de Guienne; que, pour parvenir à l'une ou à l'autre, il m'étoit aisé de négocier avec les Espagnols, en sorte qu'ils entreroient sincèrement dans un traité, leur représentant notre foiblesse, et l'intérêt qu'ils auroient de prendre aux cheveux l'occasion du soulèvement de Bordeaux pour les porter à conclure à des conditions honnêtes.

Que si le cardinal ne vouloit que la paix de Guienne, nous persuaderions au contraire à don Louis de Haro que nos affaires étoient en état de ne rien craindre, et qu'il verroit bientôt notre soulèvement suivi de celui de Paris et de la plus grande partie du royaume, afin que, conservant de si grandes espérances, il se tînt ferme à vouloir de si grandes choses que le cardinal ne les lui pût accorder; auquel cas nous prendrions occasion de nous séparer d'eux, et traiter pour nous et pour toute la Guienne. Cela étant, j'offrois de m'en aller incognito en faire la proposition à M. le prince dans le bois de Vincennes, à la duchesse de Longueville et au vicomte de Turenne à Stenay, sans pourtant voir le cardinal ni la Reine; et que j'espérois que l'on trouveroit tant et de si honnêtes sûretés pour le cardinal, qu'il pourroit sans rien craindre mettre les princes en liberté, pour ensuite pousser hardiment les frondeurs à Paris, et rétablir entièrement l'autorité royale.

Que si le cardinal ne vouloit traiter que le seul

point de la liberté de M. le prince, qu'il pouvoit et devoit la négocier à Vincennes tout droit avec lui; que c'étoit une chose inutile de s'en éloigner de deux cents lieues pour la traiter avec madame sa femme. Ensuite de ce discours qu'il disoit m'avoir ouï faire, il ajoutoit qu'en l'un et en l'autre cas les ducs lui avoient dit n'y avoir aucuns intérêts particuliers, et qu'ils désarmeroient au premier ordre qu'ils en recevroient du prince lorsqu'il seroit en liberté.

Lavie, comme nous l'avions prévu, et comme il me l'avoit proposé lorsque je m'entretins avec lui à Bordeaux, ne répondit autre chose, sinon qu'il falloit commencer par le désarmement, recourir aux prières et aux soumissions de la princesse, du parlement et des ducs; ensuite de quoi il ne doutoit nullement qu'ils n'obtinssent la liberté des princes. Mirat, qui étoit bien instruit et bien intentionné, lui repartit qu'il connoissoit bien évidemment qu'il n'y avoit rien de sincère en son procédé; qu'il n'étoit que l'instrument du cardinal pour essayer de diviser les ducs, le parlement et la princesse : à quoi il ne devoit nullement s'attendre, leur union étant telle qu'il pouvoit assurer, lui Lavie, que jamais on ne recevroit le cardinal dans Bordeaux, ni même le Roi armé; et que d'abord qu'on le verroit venir avec des troupes, on pousseroit toutes choses aux extrémités; que le parlement feroit le procès au cardinal d'abord qu'il seroit dans leur ressort, pour plusieurs crimes capitaux et infâmes; qu'ils enverroient la requête que le procureur général présenteroit contre lui à tous les parlemens du royaume, pour justifier leur conduite et leur demander union; et que s'il y avoit quelqu'un dans leur compagnie qui fût assez hardi pour s'y opposer, on l'en chasseroit pour jamais, et peut-être l'abandonneroit-on au peuple pour le faire jeter dans la rivière.

Lavie lui repartit que ce qu'il disoit étoit le moyen de faire répandre beaucoup de sang; que le cardinal lui avoit dit en termes exprès que la Reine perdroit plutôt, non pas la Guienne, mais tout le royaume, que de mettre M. le prince en liberté, tant que madame sa femme et ses serviteurs et amis auroient les armes à la main; et qu'elle exposeroit sa personne et celle du Roi même à tous les périls du monde, plutôt que de ne pas entrer la maîtresse à Bordeaux. Mirat lui répondit qu'afin que le cardinal ne prît point de fausses mesures, il l'assuroit que Bordeaux appelleroit les Espagnols, l'Anglais et le Turc même s'il le pouvoit, plutôt que de voir ce tyran triompher de leur liberté et de leur vie. A quoi Lavie répliqua qu'il alloit à la cour pour y porter la résolution des ducs, l'état des choses, et voir ce qui se pourroit faire ensuite, et qu'il lui en donneroit avis.

A l'heure même que la princesse sut tout ce que dessus par Mirat, qui vint en arrivant lui en rendre compte en présence des ducs, elle résolut de faire partir le père Herbodes dont j'ai parlé, avec ordre de dire au père Paulin, confesseur du Roi, outre ce dont on l'avoit chargé, qu'on n'admettroit point de négociation par Lavie, parce que le peuple et le parlement l'avoient en horreur, et qu'il avoit été si osé que de dire à Mirat que si le cardinal étoit pressé, il extermineroit les princes qui étoient en sa puissance.

Les compagnies souveraines se renferment dans les règles de leurs formalités, quand l'espérance d'accroître leur autorité, ou la crainte de la voir entièrement abattue, ne leur fait pas franchir les bornes qu'elles leur prescrivent; mais quand par l'un ou par l'autre de ces principes elles ont commencé à quitter leur chemin ordinaire, elles se portent facilement à de grandes extrémités, parce que ceux qui ont le plus de prudence ne prévalent pas pour l'ordinaire en nombre, et qu'ils sont considérés comme suspects quand ils veulent s'opposer aux délibérations trop hardies, qui, dégénérant pour la plupart en une espèce d'attentat contre l'autorité du souverain, portent ceux qui en ont été les auteurs à tout entreprendre, croyant que c'est l'unique moyen d'éviter les châtimens dont ils sont menacés. Nous avons vu la preuve de cette vérité en tant de rencontres, particulièrement dans tous les troubles qui ont agité la France en divers temps, qu'il seroit inutile d'en rapporter ici les exemples : aussi ne parlerai-je que du parlement de Bordeaux. La première guerre qu'il entreprit ès années 1648 et 1649 n'eut point de fondement que de maintenir son autorité, et d'éviter la peine qu'il appréhendoit de l'indignation du Roi pour avoir poussé trop avant le duc d'Epernon : ce qui le fit aller jusques à mettre une armée sur pied, donner des combats, et assiéger et prendre comme il fit le château Trompette. La gloire de donner sûreté et protection à une princesse et à un prince du sang l'engagea dans celle-ci; la crainte de la violence du peuple le fit aller plus avant qu'il ne pensoit, et l'appréhension de se voir exposé à la vengeance du Roi le porta à soutenir un siége contre ses armes et en sa présence, comme je dirai en son lieu.

Le 25 du même mois de juillet, le parlement reçut une lettre du Roi par laquelle Sa Majesté lui donnoit avis de sa marche vers Bordeaux, où il alloit à dessein d'y rétablir son autorité abattue par la faction des ducs de Bouillon et de La Rochefoucauld avec les Espagnols, lui ordonnant de députer vers elle suivant qu'il étoit accoutumé en pareilles rencontres. Il y avoit dans le paquet une semblable dépêche pour les jurats.

Le président d'Affis porta l'une et l'autre au Palais; et l'affaire mise en délibération, il fut ordonné que la compagnie feroit une réponse au Roi, et qu'elle contiendroit de très-humbles remontrances contre le cardinal Mazarin comme auteur de tous les désordres de l'Etat; et qu'il seroit sursis à la députation jusques à ce qu'on sût que Sa Majesté seroit dans leur ressort, auquel temps on aviseroit de prononcer l'arrêt dont j'ai parlé contre le cardinal; et enfin que l'on enverroit des députés dans l'assemblée de l'hôtel-de-ville pour exécuter l'arrêt contre les suspects.

Le 26, cette assemblée se tint: Boucaut, Le Rousseau et Tarangues, gens fort emportés, y assistèrent de la part du parlement. On y désigna quantité de bourgeois, la plupart desquels furent jugés suspects; et comme tels on leur ordonna de vider incessamment la ville. On voulut nommer ceux qui l'étoient dans le parlement; mais les députés l'empêchèrent, et dirent que c'étoit à la compagnie à les juger, et non au peuple, ce qui fut exécuté.

Le courrier qui avoit apporté la dépêche du Roi se retira dans l'archevêché, où il se tint clos et couvert, dans la crainte qu'il eut d'être déchiré par la populace. Elle fut en foule menacer l'archevêque de le jeter dans la Garonne; les magistrats envoyèrent poser un corps de garde devant sa maison, et firent murer la porte qui communiquoit aux jardins qu'il avoit hors de la ville; et donnèrent une escorte à ce courrier pour empêcher qu'on ne lui fît aucune violence quand il partit pour porter à Sa Majesté les réponses du parlement, qui ce jour-là délivra l'argent et les commissions pour les trois régimens qu'ils avoient résolu de mettre sur pied pour la défense de leur ville.

Comme l'on sut que les jurats avoient député Pontac-Beautiran vers le Roi, le peuple accourut en son logis, le garda toute la nuit, et lui dit le lendemain, en levant la garde, que s'il partoit contre la parole qu'il avoit donnée de n'accepter pas cette députation, il seroit poignardé à son retour, et sa maison brûlée pendant son absence.

Le 27, les frondeurs, qui avoient résolu avec nous de se rendre les maîtres de toutes les délibérations qui se prendroient dans le parlement, attirèrent des bourgeois affectionnés à nos intérêts, et demeurèrent d'accord avec eux qu'ils porteroient six billets cachetés contenant le nom de ceux qu'ils jugeoient suspects, et qu'on leur nomma, à six conseillers; que les raisons de suspicion, qu'on leur donna dans un ample mémoire, seroient insérées dans ces billets : ce qui fut exécuté. Ceux entre les mains desquels on les avoit mis les rapportèrent ès chambres assemblées. Onze conseillers qui y étoient dénommés se retirèrent; le reste de la compagnie continua la séance, et leur ordonna de retourner le lendemain prendre leurs places, sans rien prononcer contre eux; réservant de les juger, et de les chasser de la ville à l'extrémité, croyant que cela suffisoit pour les intimider et les porter à tous les sentimens des frondeurs; que si quelqu'un s'en éloignoit, on le menaceroit de l'exposer à la fureur du peuple.

Si l'avis des ducs eût été suivi, on les auroit congédiés sur la désignation faite de leurs personnes par les bourgeois; car il étoit dangereux de conserver dans le parlement onze voix qu'on savoit se devoir tourner en toutes occasions contre nous. Ils n'étoient suspects que parce qu'ils étoient affectionnés au Roi, et qu'ils étoient tous d'un esprit plus modéré que les autres. Ils n'avoient nulle liaison avec nous, nous ne pouvions rien faire contre leur fortune; nous n'avions pas de quoi leur donner, et ils n'étoient ni d'humeur ni de résolution à rien prendre de nous; et par conséquent il étoit à croire que c'étoit autant d'ennemis qui chercheroient tous les moyens possibles de nous nuire, comme ils firent, et qu'il n'y avoit rien à ménager avec eux. Mais comme en pareilles rencontres nous prenions la loi de nos amis du parlement, il fallut en celle-ci suivre leurs sentimens et les laisser faire. Ils prirent cette résolution, de voir ces bonnes gens abattus et dépendans d'eux par la crainte, de rendre leurs délibérations plus authentiques, et d'empêcher que, se retirant de Bordeaux, le Roi ne s'en servît pour établir un parlement ailleurs, qui pourroit donner des arrêts opposés à ceux de Bordeaux: mais le mal qu'ils eussent pu faire au dehors étoit moins à craindre que celui qu'ils eussent pu faire au dedans.

Le parlement manda les jurats, et leur défendit de députer aucun de leur corps pour aller au devant du Roi. Il ordonna que l'arrêt d'union et celui de l'armement seroient affichés à tous les carrefours des rues, et que l'on meneroit le plus promptement que faire se pourroit des canons à La Bastide.

On reçut des lettres de Mazerolles, par lesquelles il nous assuroit qu'il avoit vu partir de Saint-Sébastien deux frégates chargées de cent mille patagons, et qu'on y attendoit une escadre de vingt-cinq voiles qui venoit de Cadix. Ni l'une ni l'autre de ces nouvelles ne se trouvèrent véritables, comme nous dirons ci-après en son lieu. Ce n'étoit qu'une invention du baron de Vatteville, qui couvroit tant qu'il pouvoit l'impuissance où se trouvoit pour lors le Roi son maître par de vaines promesses, qui ne servirent pas peu pendant quelque temps à maintenir le courage des Bordelais : tant l'espérance du profit a de pouvoir sur les hommes.

Le 28, l'on fit faire revue à l'infanterie, à laquelle on donna un prêt pour dix jours.

Lavie, qui avoit devancé la cour, envoya de Blaye un ecclésiastique à Mirat, pour l'inviter de se trouver à Roguedauteaux pour conférer avec lui des propositions de paix, desquelles j'ai parlé ci-devant; mais il lui fit réponse, après avoir pris les ordres de la princesse et des ducs, que le peuple avoit été tellement irrité du premier voyage qu'il avoit fait vers lui, qu'il l'auroit jeté dans la rivière, si Son Altesse ne l'avoit avoué ; et qu'en l'état où étoient les choses, il n'y avoit rien à négocier avec Bordeaux, qu'après avoir mis les princes en liberté.

L'arrêt de ne point recevoir le cardinal dans Bordeaux, ni aucunes troupes à la suite du Roi, fut publié: ce que Sa Majesté seroit très-humblement suppliée d'agréer pour le repos de ses sujets et le bien de ses affaires (1).

On députa le président Pichon, les conseillers Pomiers-Françon, Sudiraut, et Grimard président

(1) « Le 28 juillet, le parlement, averti que le Roi étoit parti d'Angoulême, et qu'il s'approchoit des confins du ressort, s'assembla derechef pour délibérer sur l'envoi des députés au devant de Sa Majesté : ce qui fut résolu. Et furent nommés le président Pichon, les sieurs Sudiraut et Geneste, conseillers de la grand'chambre; les sieurs Pomiers et Grimard, présidens aux enquêtes, et le procureur général. Les trésoriers de France députèrent aussi deux de leur corps, savoir les sieurs Tortaty et Chapelas; et les jurats députèrent les sieurs de Beautiran et Le Blanc, procureur syndic.

« Le même jour furent faits divers registres sur le sujet de l'approche du cardinal Mazarin, desquels j'ai cru vous devoir donner une entière connoissance par leur teneur que voici :

« La cour, les chambres assemblées, sur ce qui a été représenté que
« la ville n'étant pas en assurance si le cardinal Mazarin y venoit, à
« cause de la protection qu'il a toujours donnée au sieur duc d'Epernon;

« A été arrêté qu'il ne sera point reçu, ni aucunes troupes qui pour-
« roient donner ombrage à la ville; le Roi sera très-humblement sup-
« plié avoir agréable la présente délibération pour le bien de son service
« et tranquillité de ses sujets. Fait à Bordeaux, les chambres assemblées,
« le 28 juillet 1650.

« A été aussi délibéré qu'on députeroit devers le Roi un président et
« quatre conseillers pour saluer Leurs Majestés, avec défense de voir
« directement ni indirectement le cardinal Mazarin, le duc d'Epernon,
« le premier président de Bordeaux, Lavie, avocat général, Constant
« et autres qui auroient vendu et trahi la ville; faire ni recevoir aucun
« traité ni proposition.

« Et, *tacito senatus-consulto*, a été aussi arrêté qu'au premier acte
« d'hostilité on publiera l'arrêt du marquis d'Ancre, de l'an 1617, contre
« le cardinal Mazarin (ce faisant, on le déclarera auteur des désordres
« de l'Etat); qu'on enverra lettres circulaires à tous les parlemens de ce
« royaume contre lui. » (*Histoire véritable de tout ce qui s'est fait et passé en Guienne pendant la guerre de Bordeaux.*)

aux requêtes, pour aller saluer le Roi, avec de très-expresses défenses de voir le cardinal directement ou indirectement; de faire ni recevoir aucunes propositions de paix, de n'avoir aucune communication avec leur premier président qui étoit à la suite de la cour, Lavie, Constant, ni autres, parce que, disoit leur ordre, ils avoient été traîtres à la patrie. Et l'on résolut que d'abord que l'on verroit avancer des troupes, l'on donneroit arrêt contre le cardinal.

Le 29, on envoya querir des passe-ports pour l'allée et venue des députés. Le corps de ville députa Pontac-Beautiran, et Blanc, procureur syndic de la ville. Le conseiller Guionnet, à qui le parlement avoit adressé les lettres pour celui de Paris et pour le duc d'Orléans contre le cardinal, écrivit; et l'on reçut ce jour-là sa dépêche, par laquelle il mandoit à la compagnie qu'il n'avoit rendu que celle-ci, parce que Monsieur, après s'être mis en grande colère, avoit exigé de lui qu'il ne présenteroit l'autre au parlement qu'après le retour d'un courrier qu'il avoit dépêché à la cour, pour empêcher que le duc d'Epernon n'y fût reçu, et que le Roi n'entrât dans le ressort de Bordeaux; qu'il n'avoit pu refuser six jours de surséance pour la présentation de cette lettre; et ajoutoit qu'il faisoit espérer le changement de gouverneur, amnistie, et sûreté à madame la princesse et à monsieur le duc à Coutras ou à Nérac.

Le 30, le parlement s'assembla pour délibérer sur cette lettre, qu'il reçut si aigrement, que peu s'en fallut que Guionnet ne fût interdit de sa charge. On lui dépêcha un courrier, avec ordre de ne pas différer un moment l'exécution des volontés de la compagnie; et l'on commit le conseiller d'Espagnet pour visiter avec le duc de Bouillon les murailles, places d'armes, etc.

On reçut nouvelles que l'archiduc et le vicomte de Turenne avoient assiégé La Capelle. Tout Bordeaux en eut un mortel déplaisir, se voyant frustré de l'espérance que celui-ci leur avoit donnée de faire marcher son armée vers Paris, pour divertir la marche du Roi vers leur ville. Il fut nécessaire d'employer tous nos amis pour empêcher que cette nouvelle ne fît changer les délibérations vigoureuses que l'on avoit prises les jours précédens; et je doute fort que nous en fussions venus à bout, si la crainte des châtimens que le Roi eût pu faire à son arrivée ne les eût retenus.

Le 31, le président d'Affis m'apporta de grand matin une lettre que le maréchal de La Meilleraye lui écrivoit, en lui adressant deux lettres de cachet, l'une pour le parlement, et l'autre pour les jurats et habitans de la ville. Ces lettres, datées du 28, écrites à Angoulême, contenoient en substance que comme la coutume étoit de faire les jurats le premier d'août, et que Sa Majesté savoit que les ducs de Bouillon et de La Rochefoucauld faisoient des brigues et des monopoles pour en faire élire à leur poste, afin de livrer la ville aux ennemis de l'Etat, elle défendoit sous peine de la vie aux habitans de s'assembler; et aux jurats qu'ils pourroient nommer, de s'entremettre à l'exercice de ces charges jusqu'à son arrivée à Bordeaux, auquel temps elle laisseroit la liberté des suffrages au peuple, et lui donneroit repos.

J'avertis à l'heure même les ducs et nos amis de cette dépêche. Le parlement s'assembla, nonobstant que ce fût un jour de dimanche, et ordonna que très-humbles remontrances seroient faites au Roi, tant sur la forme que sur la matière desdites lettres : sur la forme, parce que c'étoit une chose inouïe d'user, dans des lettres de cachet, *Sur peine de la vie;* et sur la matière, parce qu'il étoit injuste de défendre à des bourgeois d'élire des magistrats qui étoient si nécessaires dans une saison et dans une ville comme celles-là ; et que cependant l'on procéderoit à la nomination des jurats en la forme accoutumée.

L'on sut, par diverses lettres de Toulouse, qu'ensuite de celle que leur parlement avoit reçue de celui de Bordeaux, il y avoit eu plusieurs propositions dans cette compagnie-là : les unes pour s'unir avec Bordeaux pour la liberté des princes, les autres avec Paris contre le cardinal, et quelques-unes contre le duc d'Epernon ; mais que la délibération avoit été remise au lendemain.

Le premier jour d'août, le Roi arriva de Coutras à Libourne ; les députés partirent pour aller saluer Sa Majesté.

L'on procéda à l'élection des jurats : les conseillers Blanc de Mauvoisin et Farnoux furent députés du parlement pour y assister. Les anciens, qui étoient dans la ville, ne voulurent pas nommer les prud'hommes pour nommer les nouveaux, comme il étoit accoutumé : mais le peuple nomma six d'entre eux pour les nommer, et ceux-ci élurent pour jurats Nort pour gentilhomme, Fontenelle avocat, et Guiraut bourgeois. La princesse et les ducs avoient résolu d'en faire nommer d'autres ; mais comme plusieurs de nos amis souhaitoient ceux-ci, ils firent de nécessité vertu, et leur témoignèrent grande joie de leur élection. Ils empêchèrent ainsi qu'il n'arrivât aucune division dans la ville, et firent croire à la cour qu'ils avoient eu le crédit de faire des jurats à leur dévotion, qui étoient deux choses fort importantes dans cette conjoncture.

Le 2, Brie arriva à Bordeaux, qui apprit au duc de Bouillon qu'on lui avoit amassé vingt mille écus dans sa vicomté de Turenne, outre dix mille livres qu'on avoit données par ses ordres à Chavagnac, pour commencer, comme il faisoit, le régiment de la Reine.

On apprit que Vaire étoit assiégé, et que Richon s'y défendoit avec courage. On eut avis qu'on équipoit quelques frégates à Bayonne, à Saint-Jean-de-Luz, à La Rochelle, et sur la côte de Poitou. On écrivit à Vatteville d'envoyer en diligence l'argent, les vaisseaux et les munitions qu'il avoit fait espérer. Nous étions dans une telle disette d'argent, que depuis six jours notre dépense rouloit sur environ mille pistoles que j'avois encore en mon particulier. On reçut lettres de Vatteville, qui nous demandoit des nouvelles des deux frégates dont Mazerolles nous avoit donné avis, et qu'il disoit nous apporter cent mille écus.

Le 3, Lartet poussa la compagnie du chevalier de La Valette; il amena douze prisonniers, et quinze ou vingt chevaux. On intercepta une dépêche des anciens jurats, qui rendoient compte à d'Aurillière, secrétaire d'Etat, de ce qui s'étoit passé à l'élection.

Ce jour-là la princesse écrivit au Roi en ces termes :

« Sire,

« La violence avec laquelle le cardinal Mazarin,

« abusant de l'autorité et du nom de Votre Majesté,
« a fait arrêter monsieur mon mari, sans considérer
« les services qu'il a rendus, sa qualité, ni son in-
« nocence; monsieur le prince de Conti, parce qu'il
« est son frère; et monsieur le duc de Longueville,
« parce qu'il a voulu, contre ses ordres, conclure
« une paix glorieuse à Votre Majesté; l'ingratitude et
« l'avarice qui l'ont fait emparer de tous leurs gou-
« vernemens pour en revêtir ses créatures, la plu-
« part desquelles étoient armées contre l'Etat, pen-
« dant que monsieur mon mari faisoit triompher vos
« armes et exposoit sa vie pour le défendre; la ma-
« nière avec laquelle il a fait chasser ma belle-mère
« hors de sa maison, pour avoir présenté une re-
« quête au parlement de Paris, et madame de Lon-
« gueville pour avoir demandé justice à votre parle-
« ment de Normandie; emprisonner madame et mes-
« demoiselles de Bouillon, poursuivre mon fils et
« moi d'une extrémité du royaume à l'autre; retenir
« tout le bien de monsieur le duc de Bouillon, dé-
« pouiller M. le duc de La Rochefoucauld de son
« gouvernement, et déclarer l'un et l'autre crimi-
« nels de lèse-majesté parce que leur secours m'a
« garantie de sa violence, et qu'ils m'ont fait la fa-
« veur de m'accompagner jusques ici pour y implorer
« votre justice :

« Toute cette oppression du cardinal Mazarin me
« donne, sire, une juste crainte d'en ressentir quel-
« ques effets rigoureux, et m'empêche de m'aller
« jeter aux pieds de Votre Majesté pour lui présen-
« ter, avec mes très-humbles services, un prince de
« votre sang, âgé de sept ans, qui est le reste du nau-

« frage d'une maison qui n'a jamais eu de pensées que
« pour la gloire de votre nom et l'avantage de votre
« couronne; et demander à Votre Majesté la liberté
« de monsieur mon mari, que je souhaiterois presque
« moins innocent qu'il n'est, afin qu'une captivité
« qu'il auroit en quelque façon méritée fît voir à la
« postérité des marques de la justice de la Reine; et
« non pas celles de la violence d'un ministre étran-
« ger; et que sa détention, faite contre toutes les lois
« du royaume, ne fît pas une tache à l'histoire de Votre
« Majesté, que j'ose dire que monsieur mon mari
« avoit rendue fort éclatante.

« Plût à Dieu, sire, que ma mort pût apaiser le
« désordre que cette infraction de vos déclarations
« a fait naître dans l'Etat! Je sacrifierois volontiers
« ma vie pour contribuer quelque chose à la tran-
« quillité publique, et je n'aurois pas la douleur de
« voir la ville capitale de votre royaume exposée à
« mille désordres, parce que le cardinal a détourné
« les armes destinées à la conservation de vos fron-
« tières, pour les occuper injustement à la perte de
« Bordeaux, par la seule raison que cette ville, tou-
« jours affectionnée au sang royal, m'a reçue, et
« que tant de grands hommes qui composent son
« parlement m'ont mis sous la protection de votre
« justice. Je sais, sire, que monsieur mon mari a
« moins de douleur de sa prison que des désordres
« qu'elle cause dans l'Etat; et Dieu me sera témoin
« que toutes les indignités qui sont faites à ma qua-
« lité et à ma personne, tous les malheurs qui pour-
« suivent cette maison affligée, la mort même dont
« mon fils unique est menacé s'il tombe entre les

« mains du cardinal, me sont moins sensibles que
« de lui voir exposer votre sacrée personne aux fa-
« tigues des voyages continuels qu'il lui fait entre-
« prendre pendant les rigueurs de l'hiver, et dans
« les plus violentes chaleurs de l'été, pour venger
« ses passions, et opprimer en votre présence les
« plus fidèles sujets de Votre Majesté. J'espère, sire,
« de la bonté de la Reine qu'elle jetera les yeux sur
« les fers de monsieur mon mari; qu'elle considé-
« rera l'utilité de ses services; que Sa Majesté se
« souviendra de la satisfaction qu'elle lui a fait l'hon-
« neur de lui en témoigner autrefois ; que sa pru-
« dence détournera tous les désordres que nous
« avons sujet d'appréhender, usant de clémence en-
« vers ceux qui tant de fois ont répandu leur sang
« pour la gloire de sa régence ; et que, par le châti-
« ment exemplaire que Sa Majesté fera un jour de
« celui dont la mauvaise conduite a laissé affoiblir
« son autorité et la vôtre, elle la rendra plus grande
« et plus relevée qu'auparavant, et donnera la paix
« aux peuples et la tranquillité à vos Etats.

« Ce sont, sire, les très-humbles supplications
« que j'ose faire à Votre Majesté, puisque l'accès
« vers elle m'est interdit, et que je me vois privée
« de l'honneur de lui rendre en personne ce à quoi
« mon devoir et mon inclination m'obligent, et lui
« demander avec l'humilité, la soumission et le res-
« pect dont une très-fidèle sujette et servante est
« capable, la liberté de madame et de mesdemoi-
« selles de Bouillon, du prince de Conti, du duc
« de Longueville, avec celle de monsieur mon mari ;
« et que pour otage de leur fidélité, si tant de grands

« services ne sont suffisans, il plaise à Votre Majesté
« que j'aille passer ma vie dans le bois de Vincennes.
« J'y emploierai tous les momens à prier Dieu qu'il
« comble vos jours de bénédictions, qu'il fasse pros-
« pérer vos armes, qu'il vous rende redoutable à
« vos ennemis, chéri de vos sujets, respecté de vos
« alliés ; et que par la clémence, de laquelle je de-
« mande à Votre Majesté, les larmes aux yeux, un
« exemple qui sans doute sera très-bien reçu de
« tous les bons Français, elle fasse connoître en
« vous les vertus de Henri-le-Grand et celles de
« Louis-le-Juste, qui vous rendront le digne suc-
« cesseur de ces deux grands monarques ; suppliant
« très-humblement Votre Majesté, sire, de croire
« qu'en prospérité et en disgrâce je serai également
« toute ma vie, sire, de Votre Majesté, la très-
« humble, très-obéissante et très-fidèle sujette et
« servante,

« Claire-Clémence DE MAILLÉ.

« A Bordeaux, ce 2 août 1650. »

On envoya le comte de Meilly avec six cents hommes et les galères et galiotes, pour tâcher de secourir Richon, qui défendoit Vaire, ou pour le retirer de sa garnison, s'il étoit pressé. On lui donna aussi des brûlots pour essayer de brûler le pont de Branne, et les bateaux qui étoient au port de Libourne.

Le duc de Bouillon alla visiter le fort de l'île Saint-Georges ; il y laissa les chevaliers de Todias et de Palière, avec quelques fantassins : et comme les ennemis étoient déjà dans l'île, il revint en diligence à Bordeaux, d'où il renvoya le régiment de Conti.

De Monde, capitaine dans Persan, arriva de Montrond pour représenter quelques nécessités de la place, et nous apprit que le comte de Châtelux avoit enlevé le régiment d'infanterie de Saint-Aignan, et que Saint-Géran avoit fait son accommodement avec la cour.

Le 4, nous sûmes que nos gens avoient escarmouché toute la nuit dans l'île de Saint-Georges, qu'il y avoit eu plusieurs des ennemis blessés, et environ soixante de morts, et entre autres le chevalier de La Valette, Du Breuil et Vaillac.

Villars-Villehonneur retourna de Saintonge, où il avoit enlevé une compagnie du duc de Saint-Simon, et nous apprit que Du Dognon s'étoit accommodé avec la cour à condition qu'il n'y iroit point; qu'on n'enverroit personne dans sa place; qu'on lui paieroit tous les arrérages qui lui étoient dus, et qu'on lui enverroit l'argent nécessaire pour équiper six vaisseaux.

L'on sut la prise de Vaire, et que Richon n'ayant eu aucune nouvelle du secours qu'on lui avoit fait espérer, et une fort grande brèche dans sa place, avoit envoyé un capitaine du régiment de Fronsac pour capituler; que celui-ci l'avoit trahi; qu'il avoit été ou gagné ou intimidé par le maréchal de La Meilleraye, qui lui avoit promis la vie, et à deux parens qu'il avoit dans ce château; et qu'il leur conserveroit leurs compagnies dans quelques régimens de son armée, pourvu qu'il voulût livrer Richon : ce qu'il promit. Et en effet il rentra dans la place, lui dit qu'il avoit fait une composition honorable, qu'il sortiroit avec armes et bagage, et qu'il lui amenoit des otages. A l'heure même, ce traître, qui avoit introduit le nombre d'ennemis qu'il avoit jugé nécessaire pour exécuter son dessein, auxquels il joignit sa compagnie, se saisit de Richon, et le mena prisonnier à Libourne.

Le 5, sur le bruit de la prise de Vaire et de Richon, la princesse jugeant qu'il y avoit péril qu'on ne le fît mourir pour avoir tenu dans un château contre une armée royale, envoya un trompette au maréchal de La Meilleraye pour lui dire que si l'on ne le traitoit en prisonnier de guerre, ceux qu'elle tenoit à Montrond, à Turenne et à Bordeaux recevroient le même traitement qu'on lui feroit.

Les députés retournèrent de la cour, où ils avoient salué et complimenté le Roi et la Reine, sans parler ni communiquer avec le cardinal, quoiqu'il fût présent à leur harangue, dans laquelle même ses conseils furent blâmés avec une hardiesse incroyable. La Reine ne leur dit autre chose, sinon qu'elle avoit fait mettre par écrit sa réponse, sur laquelle elle leur ordonnoit de faire délibérer le parlement, et de lui envoyer par écrit la délibération qu'il formeroit. Cet écrit, signé LOUIS, et plus bas PHELYPEAUX, contenoit en substance deux points : le premier, s'ils vouloient donner plus longue protection au duc de Bouillon, qui traitoit avec l'Espagne, et qui disoit que Bordeaux valoit bien Sedan ; et le second, si l'on ne vouloit pas y recevoir le Roi avec toute la suite et la majesté requise à un roi de France.

L'on reçut nouvelle du père Herbodes, qui, ayant manqué la cour en chemin, avoit écrit au père Paulin, confesseur du Roi, les choses dont nous l'avions chargé, et avoit reçu de lui cette réponse en peu de mots : « Ces messieurs ont déjà exécuté ce dont « ils menacent; Son Éminence en a reçu avis de Pa- « ris, et partant il n'est plus temps d'y songer. »

Les députés du parlement firent leur rapport de ce qu'ils avoient fait dans leur voyage, et comme ils avoient entretenu Servien, qui leur avoit, contre son naturel violent, parlé fort doucement, et fait espérer bon traitement pour eux, pour leur compagnie et pour leur ville; toute sûreté pour la princesse et pour le duc son fils, et même donné quelque espérance pour la liberté des princes, rejetant tout le désordre sur le duc de Bouillon, contre lequel il avoit tâché de donner de la défiance. Ils dirent tout ce qui leur fut possible pour porter leur compagnie à entrer en pourparler d'accommodement. Il y avoit beaucoup à dire sur la matière, qui fut long-temps agitée : mais comme le repos et la cessation des maux que cause la guerre l'emportent ordinairement dans une compagnie aussi nombreuse que celle-là, parce qu'il n'y avoit que la moindre partie qui s'étoit emportée à tout ce qui s'étoit fait de hardi et d'entreprenant, et que la plupart n'y avoit souscrit que par crainte, chacun se portoit à la paix; et l'on opinoit sur la réponse que la Reine avoit donnée aux députés, et qu'ils avoient mise sur le bureau, quand un nouvel accident fit changer tout d'un coup cet avis.

Le marquis de Lusignan amena en mon logis le courrier de Limoges, qui m'assura avoir vu pendre Richon sous la halle de Libourne. Je l'obligeai à le mener au parlement, que je savois être assemblé pour le sujet que je viens de dire. Cette nouvelle fit l'effet que j'avois prévu : l'on fit entrer le courrier, l'on prit son serment, il fit le récit de ce qu'il avoit vu. La crainte que ce châtiment imprima dans le cœur de cette compagnie fut telle, qu'ils changèrent de sentimens; toute la douceur à laquelle ils penchoient se changea en une violente colère; ils rompirent l'assemblée, et dirent tous unanimement qu'il ne falloit plus opiner, ni entrer en pourparler de paix avec une cour dépendante du cardinal Mazarin, qui avoit fait connoître ce qu'il avoit dans le cœur pour eux par une mort aussi cruelle, aussi violente et aussi peu méritée que celle de Richon, leur concitoyen; qu'ils n'avoient plus rien à faire qu'à quitter leur robe, prendre l'épée, et se disposer à une mort honorable par une défense légitime contre un étranger ennemi de l'Etat; et se séparèrent tous. Tant une action de rigueur faite à contre-temps peut sur l'esprit de ceux qui en craignent une semblable.

Cependant les ducs, que j'avertis à l'heure même de cet événement, envoyèrent en diligence leurs émissaires par toute la ville : le bruit en fut incontinent répandu, les bourgeois coururent en foule chez la princesse, en leur logis et au mien, crier vengeance avec des termes si pleins de fureur, qu'il ne fut pas malaisé de profiter d'une telle occasion.

La princesse, après le dîner, assembla son conseil, où étoient les ducs, les lieutenans généraux et maréchaux de camp de l'armée; les conseillers Blanc-Mauvoisin, de Remond, d'Espagnet et Mirat, députés du parlement, et les jurats. On y agita amplement la matière, les raisons de part et d'autre y furent balancées; enfin il fut conclu tout d'une voix que pour faire voir la fermeté du parti, pour ôter toute espérance au cardinal de le fléchir par la rigueur, pour tenir la parole portée par le trompette dont j'ai parlé ci-dessus, pour apaiser la clameur publique, pour témoigner aux Bordelais le désir de venger le sang de leurs compatriotes, et en un mot pour les engager à soutenir la guerre par un coup hardi et vigoureux, on résolut de faire pendre Canot, capitaine dans le vieux régiment de Navailles, qui avoit été pris long-temps auparavant dans l'île Saint-Georges, quand elle fut forcée par nos gens. Le sort tomba sur ce malheureux gentilhomme plutôt que sur les autres, qui étoient dans le château du Ha, de même qualité, parce que le parlement avoit déjà fait quelque proposition de le faire mourir, comme ayant été, disoit-il, l'un des premiers infracteurs de la paix que le Roi leur avoit accordée l'année précédente.

Ce jugement, vraiment militaire, tiroit à de grandes conséquences. Je les représentai en disant mon avis; et, pour le rendre plus solennel et plus universellement approuvé, je proposai d'appeler au conseil, avant que de l'exécuter, tous les commandans des corps, les trente-six capitaines de la ville, les lieutenans et les enseignes. On les manda sur-le-champ; et étant entrés, la princesse me commanda de leur dire, comme je fis, les raisons qu'elle avoit eues de les appeler et celles qui avoient mu le conseil à condamner Canot, et d'en surseoir l'exécution jusqu'à ce qu'ils eussent dit leurs avis pour le faire ou ne le faire pas, puisque le péril des représailles que pourroient faire les généraux de l'armée du Roi les regardoit, à cause de celui auquel ils s'exposoient tous les jours. Ils opinè-

rent l'un après l'autre, avec des paroles si emportées contre le cardinal Mazarin, auquel seul ils attribuoient la mort de Richon, quoique nous ayons su depuis que la seule obstination du maréchal de La Meilleraye l'avoit causée, que je n'ai de ma vie rien vu ni ouï de semblable : et en demandant tous unanimement la mort de cette victime publique, ils inventoient des supplices nouveaux pour les lui faire souffrir. Il fut donc ordonné que ce jugement, qui fut fait sans écriture, sans ouïr de prisonnier, ni sans figure de procès, seroit exécuté sur-le-champ. La princesse voulut le différer au lendemain pour en donner part au parlement ; mais l'emportement du peuple fut si grand, qu'il ne lui fut pas possible d'en venir à bout. Un des principaux d'entre eux, qui portoit la parole, dit une des plus folles choses qui se puisse imaginer pour appuyer la raison de ne pas différer. « Le cardinal, dit-il, a tout
« pouvoir sur l'esprit du Roi ; il l'obligera à nous en-
« voyer demander la grâce de ce prisonnier ; nous
« ne pourrons lui accorder, et cela portera Sa Majesté
« à en refuser d'autres quand quelqu'un de nos con-
« citoyens lui en demandera. Il faut considérer que
« nous sommes fort sujets à nous battre en duel, et
« que nous nous exposons à toute heure à avoir be-
« soin de la grâce du Roi. » Ce beau raisonnement eut un tel applaudissement de tout le peuple, qu'il n'y en eut plus à faire avec lui. Quoiqu'il fût tard, cette exécution fut faite sur le port de Bordeaux, vers le faubourg des Chartreux ; et tout ce que la princesse put faire fut d'empêcher que tous les prisonniers de guerre ne souffrissent le même sort ; tant la fureur des peuples est à redouter, pour peu qu'elle soit excitée par des

personnes d'autorité comme ici. Elle fut extrême en ce rencontre : ce capitaine étoit huguenot, et jamais il ne fut possible de leur faire souffrir qu'on donnât un prêtre à ce pauvre homme pour tâcher de le convertir en mourant. Ils disoient qu'étant mazarin, il falloit qu'il fût damné ; et si on n'eût fait armer la bourgeoisie, il auroit été déchiré par la multitude qui le suivoit en le menant au supplice.

Le 7, on tira les troupes que nous avions dans l'île Saint-Georges, ne jugeant pas à propos de les exposer dans un temps auquel nous étions menacés d'un siége. L'on sut que l'on travailloit par ordre de la cour à démolir Verteuil, maison du duc de La Rochefoucauld.

L'on donna un quart de montre aux troupes et quelque argent aux officiers, pour empêcher qu'ils ne fussent mécontens dans le temps que le Roi approchoit. Nous étions dans une disette d'argent la plus grande du monde ; et si un banquier ne m'eût prêté dix-huit mille francs, nos troupes étoient prêtes de se révolter. Elles étoient persuadées que toutes les espérances que nous leur donnions du secours d'Espagne n'étoient qu'un artifice pour les amuser : et rien n'est plus dangereux que de promettre en pareilles rencontres sans être en état de tenir parole. On subsiste pour un temps ; mais tout-à-coup la créance se perd, et tout tombe, sans qu'il soit possible de rétablir le crédit tant nécessaire au maintien des affaires de longue haleine, surtout quand elles sont contre l'autorité légitime. Nous fûmes contraints par cette raison de découvrir cette disette aux jurats nos amis, que nous avions peu auparavant établis dans ces charges, et qui par conséquent étoient intéressés à notre fortune, afin qu'ils employassent, comme ils firent, leur crédit à nous faire trouver de l'argent sur les pierreries de la princesse; et l'on avoit tenu jusque là notre nécessité cachée, pour soutenir le courage de tous ceux que l'espérance de profiter avoit embarqués dans le parti.

L'on reçut des lettres datées du premier août, écrites à Saint-Sébastien, de Vatteville et de Baas, qui témoignoient être en grand' peine de ce que les frégates, disoient-ils, chargées de cent mille écus, desquelles nous avons parlé ci-dessus, n'étoient pas arrivées. Ce premier disoit qu'il avoit eu nouvelle, par un vaisseau nouvellement arrivé, que le vent contraire les avoit obligées à relâcher vers l'Angleterre, et qu'il attendoit des hommes et d'autre argent pour nous secourir de l'un et de l'autre en toute diligence. Tant plus nous débitions ces nouvelles, moins on les croyoit, parce que toutes les autres qu'on avoit reçues de même nature s'étoient trouvées fausses, et l'on disoit hautement que les courriers qui les apportoient étoient des gens du duc de Bouillon travestis pour tromper et le peuple et les troupes: ce qui nous faisoit beaucoup de mal. Par bonheur ce jour-là on ne reçut point de lettres de Paris, parce que le cardinal fit arrêter le courrier à Libourne. Cela échauffa les esprits des Bordelais, et parce que cela alloit contre la sûreté publique, et parce qu'ils s'imaginèrent que l'on n'avoit retenu les paquets que pour leur céler quelques nouvelles avantageuses, dont il importoit à la cour qu'ils n'eussent pas sitôt la connoissance : tant il faut peu pour altérer des esprits aigris et défians.

L'on sut que, malgré toute la faction du premier président de Montrane, le parlement de Toulouse avoit donné arrêt par lequel le duc d'Epernon étoit déclaré perturbateur du repos public; que très-humbles remontrances seroient faites au Roi pour donner la paix à Bordeaux ; et qu'on avoit remis au jour suivant pour délibérer sur l'union avec les parlemens, et pour demander l'observation de la déclaration, et la liberté des princes.

Il y eut une alarme à La Bastide ; les ducs y accoururent avec les volontaires; la princesse les suivit, avec autant de monde qu'il en put tenir sur tous les bateaux qui se trouvèrent sur le port. Au retour, elle fut visiter la mère de Richon pour se condouloir de la mort de son fils ; elle prit son cadet à son service, et chacun fut satisfait des amitiés qu'elle fit à cette bonne femme affligée. On publioit partout sa bonté; et cette action lui acquit plus d'estime que toutes celles qu'elle avoit faites jusque là : tant il importe aux grands de témoigner de la reconnoissance à ceux qui sont dans leurs intérêts, et surtout aux parens de ceux qui meurent à leur service; et c'est ce que quelques-uns de ceux que je connois ne font que très rarement.

Le 8, le parlement fut assemblé jusqu'à quatre heures après-midi, pour délibérer sur la réponse que l'on feroit aux deux articles contenus en celle que fit le Roi aux députés lorsqu'ils saluèrent Sa Majesté à Libourne; et sur la requête par laquelle le duc de Bouillon demandoit acte de la déclaration qu'il faisoit de n'avoir jamais eu dans ces mouvemens d'autres intérêts que la liberté des princes, et celui de témoigner sa fidélité inviolable à toute la maison royale et au bien de l'Etat.

Il y eut trois avis sur cette matière. Le premier fut celui de Pomiers-Françon, d'écrire au Roi, et aux députés de Paris qui étoient à la cour, des raisons pour lesquelles l'on ne députoit pas à Sa Majesté ni à eux, dont les principales étoient les violences faites depuis le retour de Libourne de leurs confrères, entre autres la mort de Richon. Cet avis n'étoit qu'une adresse pour engager à une négociation avec le cardinal, et rabattre ainsi la chaleur que les parlemens de Paris et de Toulouse témoignoient, par toutes leurs délibérations à donner arrêt contre lui. C'est une grande habileté en pareilles occasions de faire des traités avec la cour, qui, ayant toujours de quoi punir, abat pour l'ordinaire les partis par la négociation.

Le second avis fut celui d'Espagnet, d'envoyer au Roi et à tous les parlemens de France les remontrances contre le cardinal, avec l'arrêt du 28 juillet dernier, par lequel il étoit ordonné qu'il ne seroit point reçu dans Bordeaux, ni aucunes troupes qui pussent donner du soupçon. Cet avis n'avoit d'autre objet qu'à intéresser toutes les compagnies du royaume contre le cardinal, et de faire une affaire générale d'une qui jusque là n'étoit que celle de Bordeaux; et par là donner lieu à forcer le cardinal à s'accommoder avec les princes, et à leur donner la liberté dans la crainte d'un soulèvement général, qui l'eût mis entièrement dans la dépendance des frondeurs, desquels il redoutoit le crédit et la mauvaise intention; ou à obliger ceux qui prendroient le timon des affaires, si le cardinal venoit à être poussé, de s'appuyer du parti pour dépouiller toutes ses créatures. C'est la plus sûre maxime, à ceux qui sont à la tête d'un parti contre un favori puissant et autorisé, de n'entrer en aucun commerce avec lui qu'à toute extrémité, et d'intéresser toujours le général à sa perte; parce que si l'on y réussit, l'on a ce que l'on demande; et si l'on connoît que l'on ne puisse en venir à bout, l'on est toujours à temps de tirer de lui des avantages, par l'intérêt qu'il a de venir à bout de tout.

Maraut, homme habile et de la cabale de Lavie, prit un sentiment plus délicat, mais qui alloit toujours à la négociation; et son avis fut d'entrer en conférence avec la princesse, pour aviser aux moyens que l'on tiendroit pour tirer messieurs les princes de prison. La compagnie étant partagée dans ces trois avis, les frondeurs ne se trouvant pas assez forts pour faire passer celui d'Espagnet, duquel ils étoient tous, et craignant que celui de Maraut et de Pomiers-Françon ne vinssent à s'unir, se retirèrent, et firent remettre la délibération jusqu'au lendemain.

La princesse, les ducs et nous tous connûmes qu'il y alloit du salut du parti à intéresser tous les parlemens contre le cardinal, parce que de là dépendoit sa ruine entière ou la liberté des princes. Ils me chargèrent de parler hautement, comme je fis dans la chambre de la princesse, en leur présence et de quantité de personnes qui s'y étoient introduites, quand Maraut y vint proposer son avis, et prêcher la même doctrine que Lavie et le duc de Saint-Simon, dont j'ai parlé ci-dessus. Je lui dis entre autres choses que rien ne seroit si préjudiciable à la princesse que d'entrer en négociation avec le cardinal sur la liberté des princes, parce qu'il n'y consentiroit jamais que quand il se verroit réduit, par les embarras qu'on lui préparoit de toutes parts, à une dernière extrémité ; que rien n'y pouvoit tant contribuer que de suivre l'avis d'Espagnet. Et comme les choses s'échauffèrent en présence de plusieurs bourgeois qui souffroient impatiemment l'obstination de Maraut à soutenir son opinion, le duc de Bouillon crut qu'il falloit lui faire peur : il lui dit que dès le moment que l'on auroit donné un arrêt au parlement tendant à négocier avec le cardinal et à le recevoir dans Bordeaux, la princesse feroit assembler le peuple dans l'hôtel-de-ville, remercieroit le général et le particulier de l'assistance qu'elle avoit reçue d'eux, et prendroit congé de toute la ville assemblée pour se retirer dans quelque pays étranger, où du moins la vie du duc son fils seroit en sûreté ; et que si elle y étoit forcée, elle mettroit plutôt ce seul prince du sang royal, qui restoit en liberté, entre les mains des ennemis de l'Etat, que de le laisser en lieu où il pourroit tomber en celles du Mazarin pour l'emprisonner avec monsieur son père et messieurs ses oncles, desquels la vie ne subsistoit que par la sienne. Le duc de La Rochefoucauld prit ensuite la parole ; et quoique, suivant sa manière ordinaire, il parlât en des termes plus doux, il en dit assez pour intimider Maraut, et pour exciter tous ceux qui nous écoutoient, pendant que la princesse fondoit en larmes, à s'écrier qu'il falloit égorger ceux qui suivroient dans le parlement un avis aussi préjudiciable que l'étoit celui de Maraut. Plusieurs conseillers qui se trouvèrent là dirent hautement que si l'avis d'Espagnet ne passoit, ils se retireroient tous, et feroient assembler la ville au son de la cloche pour savoir la volonté des bourgeois.

L'on intercepta dans les landes des lettres de d'Artagnan, lieutenant au gouvernement de Bayonne, qui donnoit avis à La Vrillière, secrétaire d'Etat, du canon qu'il avoit fait mouler sur les pinasses qu'il envoyoit à la cour par ses ordres, et s'excusoit de ce qu'il n'envoyoit ni poudres ni hommes. Comme il est malaisé que ces sortes de choses demeurent secrètes, cette nouvelle fut répandue en un moment par la ville; et en même temps la crainte d'un siége rendit d'abord la plupart des esprits interdits. Les malintentionnés contre nous s'en réjouissoient, et tâchoient de tirer les délibérations vigoureuses en longueur, pour laisser prendre au cardinal tous les avantages qu'il lui seroit possible, et méditoient déjà la vengeance de tous les outrages que leur avoient faits ceux qui leur étoient opposés. Ceux, d'autre part, à qui la crainte du châtiment donnoit une nouvelle vigueur s'assembloient pour aviser aux moyens d'inspirer de la résolution aux uns et donner de la crainte aux autres. Ils envoyoient leurs émissaires partout menacer d'étendre sur le carreau tous ceux qui feroient des propositions de paix; ils excitoient les bourgeois à exposer courageusement leur vie pour la gloire de leur patrie et pour la conservation de la maison royale, qu'ils croyoient consister toute en celle du duc d'Enghien. Ils firent afficher la nuit suivante, aux portes de vingt-cinq officiers du parlement et de quelques notables bourgeois, des placards contenant tout ce qu'il falloit pour intimider les uns et encourager les autres.

Cela réussit de telle sorte, que le lendemain 9 août on résolut, quoiqu'avec beaucoup de désordre et de confusion, que l'on enverroit les remontrances dressées contre le cardinal Mazarin, avec l'arrêt du 28 juillet, duquel j'ai parlé ci-dessus, à tous les parlemens de France, pour les inviter à s'unir à celui de Bordeaux contre le cardinal, et pour la liberté des princes; que l'on enverroit semblable dépêche au Roi, avec une lettre que la compagnie écriroit à Sa Majesté, responsive aux deux points dont j'ai fait mention, par laquelle, entre autres choses, on lui manderoit que l'un et l'autre étoient injurieux au parlement; et que l'on ajouteroit à cette dépêche la requête du duc de Bouillon, sans envoyer aucuns députés; mais qu'on enverroit le tout à ceux du parlement de Paris, qui étoient pour lors près du Roi à Libourne.

On fut assuré encore ce jour-là que l'on continuoit la démolition du château de Verteuil, appartenant au duc de La Rochefoucauld, qui reçut cette nouvelle avec une constance digne de lui : il sembloit en avoir de la joie pour inspirer de la fermeté aux Bordelais. On disoit encore que ce qui lui en donnoit une véritable étoit de faire voir à la duchesse de Longueville, qui étoit toujours à Stenay, qu'il exposoit tout pour son service.

Le 9, le parlement s'assembla pour voir l'expédition rapportée en la diète précédente, que le président d'Affis, les conseillers d'Espagnet, Boucaut, Le Roussaut et Mirat avoient eu ordre de dresser.

L'on sut que le chevalier de La Valette étoit mort de ses blessures, et que les ennemis, qui s'étoient postés à Cambès, vis-à-vis de l'île Saint-Georges, la battoient de cinq pièces de canon.

Le 10, on dépêcha des Chapizeaux à Paris pour dire aux amis l'état des choses, et la ferme résolution dans laquelle étoit Bordeaux. La princesse leur envoya par lui un blanc signé d'elle pour le remplir, s'ils le jugeoient à propos, d'une requête à ce parlement-là pour la liberté des princes. Il eut ordre de passer vers le vicomte de Turenne et vers la duchesse de Longueville, pour leur remontrer la nécessité de faire avancer leurs troupes et celles mêmes des Espagnols vers Paris, pour lui donner chaleur pendant l'éloignement du Roi, et de détacher ce qu'ils pourroient de cavalerie pour envoyer vers la Guienne; donner ordre à celui qui en auroit le commandement de ramasser à Montrond, Auvergne, Turenne et dans le Pariage, ce que les amis à qui on en avoit envoyé ordre pourroient assembler, pour en former un corps avec lequel il seroit aisé d'embarrasser le cardinal dans le dessein qu'il avoit d'assiéger Bordeaux. Ce courrier étoit encore chargé de presser l'envoi dans la Garonne des vaisseaux flamands, hollandais ou anglais dont nous avons parlé; et le duc de Bouillon dépêcha partout en conformité de cette dépêche.

La maison de La Force, qui n'avoit pas vu la cour si empressée à songer à ses intérêts qu'elle se l'étoit imaginé, recommença à négocier avec nous, soit pour se venger du peu de cas qu'en faisoit le cardinal, soit pour le solliciter à lui faire du bien en lui montrant qu'elle pouvoit lui nuire, soit par le désir de profiter d'une manière ou d'une autre d'une affaire qui apparemment ne devoit plus guère durer, soit que Bordeaux succombât ou qu'il résistât. Enfin le maréchal envoya à la princesse le marquis de Cugnac son petit-fils, qui pendant le siége de Paris avoit été engagé dans les intérêts du prince de Conti, et le chargea de lettres de créance pour elle et même pour moi. Cette créance étoit que lui ni ses fils n'avoient vu ni ne verroient le Roi ni le cardinal; qu'ils étoient plus en dessein de servir les princes que jamais; qu'ils demandoient seulement de l'argent, l'alternatif du commandement pour le marquis son fils aîné avec les ducs de Bouillon et de La Rochefoucauld; et deux arrêts du parlement, l'un pour diminuer la moitié des tailles du Périgord en faveur du peuple, et pour employer l'autre moitié à leur subsistance; et l'autre par lequel le parlement s'obligeroit de ne jamais faire de paix sans y comprendre ses intérêts et ceux de sa maison : ce qui étoit la même chose qu'il avoit proposé diverses fois sans effet.

Ledit sieur Cugnac étoit encore chargé de lettres pour le parlement, auquel les ayant rendues, il députa des commissaires pour conférer avec lui, et qui promirent ensuite les arrêts qu'ils demandoient pour la sûreté de ses prétentions.

Quant à l'argent, nous nous trouvions bien empêchés à lui répondre. Nous étions dans une nécessité extrême, et les troupes ne subsistoient que par les emprunts que je faisois en mon propre et privé nom : et encore que je me fusse engagé au-delà de mes forces, les prêts que l'on me faisoit étoient bien au-dessous de ce qui étoit nécessaire pour les contenter.

Si la nécessité étoit grande, celle de la cacher l'étoit encore davantage : aussi pris-je facilement la résolution de dire à Cugnac que j'avois en mon pouvoir de quoi le contenter sur le point de l'argent, parce que je savois par expérience que c'étoit tout ce que sa maison désiroit davantage, et que rien n'étoit plus capable de l'engager dans nos intérêts. Je parlois ainsi d'autant plus hardiment, que les passages étoient fort difficiles, et qu'il n'y avoit nulle apparence d'en hasarder le transport; et quand j'aurois eu de quoi lui donner ce qu'il prétendoit tirer de la princesse, cela ne se pouvoit faire sans en demander avis au maréchal; et que pendant les allées et venues l'argent d'Espagne, que nous attendions de jour en jour, pourroit arriver, et me donner moyen de satisfaire à ma parole. Je considérois encore que je ne risquois pas beaucoup de promettre en l'état auquel étoient les affaires de Bordeaux, qui selon toute apparence ne pouvoient pas durer long-temps; et les ducs aussi bien que moi jugeoient qu'elles seroient plus tôt terminées que l'on n'auroit conclu un traité avec ces messieurs-là, dont les esprits douteux et incertains nous avoient fait connoître que leur lenteur n'auroit point de fin assez prompte. Outre cela, il ne pouvoit que nous être fort bon de donner cette jalousie au cardinal, auquel tout faisoit peur pour lors, qui mettoit tout en usage, non pas pour traiter avec messieurs de La Force, qu'il n'estimoit pas assez pour cela, mais pour les empêcher d'entrer dans notre parti, par les espérances qu'il leur faisoit entrevoir. Et il nous étoit fort utile dans une telle conjoncture de tout promettre à Cugnac, pour leur ôter tout prétexte de rompre avec nous, et de faire accommodement avec la cour, qui ne lui eût pas été à la vérité fort avantageux, mais qui n'auroit pas laissé de nous être nuisible, parce que le parlement avoit une fort grande envie de voir cette maison dans ses intérêts. Et nos soldats, aussi bien que la noblesse du pays, qui étoit liée avec nous, et le peuple même de Bordeaux, sembloient reprendre courage de voir des gens de cette qualité, et qui avoient été souvent dans des partis opposés à la cour, se joindre au nôtre. Ce fut une des principales raisons dont je me servis pour faire consentir le duc de Bouillon à l'alternative du commandement que le marquis de La Force prétendoit avec lui, à laquelle il avoit une peine incroyable de se résoudre, étant né comme il disoit prince souverain, outre qu'il est difficile à ceux qui se trouvent à la tête des grandes factions d'en partager l'autorité avec d'autres. Il s'y porta néanmoins, comme il fit en toutes autres choses, avec franchise et netteté; mais il désira que ce consentement fût un effet du pouvoir que la princesse avoit sur lui, et non de la déférence pour messieurs de La Force. On contenta donc Cugnac sur cet article, comme on avoit fait sur celui de l'argent; et avec autant d'apparence que cela seroit inutile, parce qu'il n'y avoit presque point de vraisemblance que ces généraux se joignissent et se vissent en même lieu.

Ce même jour, je reçus une lettre par un exprès que le baron d'Orte me dépêcha, pour me donner avis qu'un garde du duc d'Enghien avoit écrit tout le dessein de l'entreprise sur Dax au sieur de Castéja, qui par ce moyen étoit manquée. J'envoyai en même temps ce garde, nommé Desgrands, qui se trouva pour lors en mon logis, prisonnier au château de Habi.

La princesse reçut encore ce jour-là une dépêche de Saint-Sébastien, dans laquelle il y avoit des lettres du marquis de Sillery, du 17 juillet, écrites à Madrid, pour la princesse; pour les ducs de Bouillon et de La

Rochefoucauld, et pour moi, qui nous donnèrent de grandes espérances sur toutes les choses de sa mission. Il y en avoit encore une que le baron de Vatteville m'écrivoit du 4 d'août, par laquelle il promettoit un prompt secours d'hommes, d'argent et de vaisseaux, qui sont encore à arriver.

Le 11, à la pointe du jour, nous eûmes nouvelles que les régimens du marquis de Lusignan père et fils, et Du Chambon, avoient rendu le fort de l'île Saint-Georges. Le peuple, à son ordinaire, crut que c'avoit été par trahison; mais tôt après nous apprîmes que c'avoit été l'effet d'une pure terreur panique.

On envoya les galères au bas de la rivière, pour escorter une frégate que la princesse avoit dépêchée à Saint-Sébastien pour presser le baron de Vatteville d'envoyer un prompt secours pour remédier à la nécessité en laquelle nous étions : mais le vent contraire l'empêcha de pouvoir sortir de la rivière. J'écrivois à tout moment par toute voie à ce baron, sans avoir de lui que des paroles, qui toutes se trouvoient vaines : ce qui nous donnoit de grands soupçons de la sincérité des Espagnols.

Lusignan reçut un billet du maréchal de La Meilleraye, qui l'exhortoit à quitter le parti des princes, et lui faisoit espérer de grands avantages s'il se remettoit dans celui du Roi. Il le garda trois jours entiers sans nous en faire part : ce qui me fit faire de grandes réflexions sur sa conduite. Je l'ai pourtant toujours trouvé assez fidèle ; mais son esprit vacillant lui faisoit écouter toutes les propositions qu'on lui faisoit : je crois même qu'il avoit souvent envie d'en accepter quelques-unes, et que le même génie qui lui faisoit tout écouter l'empêchoit de se déterminer à une défection : ce qui obligeoit le duc de Bouillon à le tenir bas, et moi à le fort ménager, afin que ma conduite douce envers lui le fît venir à moi, comme il faisoit souvent ; et toujours je le consolois et lui fortifiois l'esprit. La plupart des hommes ont peine à se déterminer aux grandes choses ; et il y en a peu que la crainte d'un châtiment, plus prompt que l'espérance qu'on leur donne d'ailleurs, ne retienne dans leurs premiers engagemens.

Le conseiller Mirat reçut souvent de semblables billets, qu'il apporta toujours à la princesse avant que de les décacheter.

Le 12, le parlement, le corps de ville, et tous les bons bourgeois firent faire un service solennel pour prier Dieu pour Richon, qui avoit défendu Vaire, et avoit été pendu à Libourne, comme j'ai dit. Ils y assistèrent tous en corps, et firent afficher par les rues que c'étoit pour reconnoître en quelque façon le mérite d'un concitoyen qui s'étoit généreusement immolé pour la patrie.

L'hôtel-de-ville s'assembla ensuite avec les trente pour délibérer sur les deux points proposés par moi ; mais comme La Vrillière, secrétaire d'Etat, leur avoit fait défense de la part de Sa Majesté d'assembler les cent et les trente, qui est, à leur manière de parler, toute la bourgeoisie, les magistrats prirent prétexte de différer la délibération, disant qu'il n'y avoit pas moyen de prendre résolution sur une affaire de telle conséquence dans une assemblée restreinte à si peu de monde, et qu'ils ne délibéreroient pas qu'on ne leur eût rendu la liberté de s'assembler en la manière ordinaire.

Les ducs de Bouillon et de La Rochefoucauld, que l'on publioit empêcher la paix par leurs intérêts particuliers, allèrent à cette assemblée, où, après avoir fait de grandes protestations de servir les princes sans autre raison que celle de conserver la maison royale, ils justifièrent leur conduite passée; puis dirent qu'ils seroient très-fâchés d'attirer la colère du Roi sur une ville pour le service de laquelle ils voudroient se sacrifier; que s'ils les jugeoient capables de servir eux et tout le parti, ils y emploieroient avec joie et leurs biens et leur vie : mais que s'ils étoient du moindre obstacle à la fortune publique, ils étoient prêts à quitter Bordeaux et le royaume même, quoique avec un déplaisir très-sensible. Ce discours, qui fut prononcé par le duc de Bouillon, et soutenu par le duc de La Rochefoucauld avec un air sincère et plein de franchise, toucha tellement l'assemblée, que non-seulement elle les pria de continuer leurs services à leur ville, mais encore il rendit aux particuliers la bonne opinion de leur fidélité, que les malintentionnés tâchoient par leurs discours à leur faire perdre parmi le peuple et dans les troupes.

Le parlement fit faire revue de quelques gens de guerre qu'ils avoient mis sur pied : ils eurent dessein d'en donner le commandement particulier, sous l'autorité des ducs, au marquis de Cugnac. Quelques-uns de cette compagnie crurent qu'en donnant à leurs soldats une paie plus forte que celle que la princesse donnoit aux siens, ils s'augmenteroient du débris des nôtres, et prendroient des forces de notre foiblesse : ce qu'ils désiroient ardemment. J'allai leur faire entendre raison là-dessus, et tout enfin fut réglé sur un même pied. Aussi n'y a-t-il rien de si préjudiciable dans une armée que la différence des soldes et des traitemens entre ceux qui la composent, et qui servent en mêmes postes.

Les gardes de M. le prince, qui servoient pendant sa prison près de la princesse et le duc d'Enghien, étoient commandés par des Roches, gentilhomme de valeur, brusque et déterminé. Ils furent en parti vers Saint-Andras, où ils enlevèrent une partie de la compagnie de la Reine qu'ils amenèrent à Bordeaux, dont le peuple eut autant de joie que du gain d'une bataille. La princesse renvoya le trompette avec un beau cheval et vingt pistoles, qu'elle me commanda de lui faire donner. Ce petit événement donna une telle alarme à Libourne, où étoient Leurs Majestés, que le cardinal ordonna qu'on attelât tous les chevaux pour les tirer de ce lieu-là.

On eut avis que les troupes du Roi devoient en même temps attaquer le faubourg de Saint-Surin et La Bastide.

Virelade, à présent président au parlement de Bordeaux, homme qui s'entremet volontiers dans les intrigues, étoit à la cour; et la dame sa femme, avec qui j'avois un grand commerce, étoit à Bordeaux. Elle vint un matin en mon logis, et me dit de la part de son mari que Servien, avec qui il avoit eu de grandes conversations, l'avoit chargé de me faire savoir que si je voulois m'entremettre de pacifier les troubles, le cardinal prendroit sans doute créance en moi; mais qu'il falloit que, pour lui faire voir mes bonnes intentions pour la paix, je fisse quelque démarche qui pût lui confirmer la bonne opinion qu'il avoit de moi. Je répondis à cette dame que je ferois savoir à la princesse et aux ducs ce qu'elle venoit de me proposer, et que, par leur ordre, je lui ferois une réponse positive : mais que par avance je croyois n'être pas désavoué en disant que je prévoyois qu'ils ne prendroient aucune confiance au cardinal, et que la princesse n'entreroit en aucun commerce avec lui, qu'avec la participation de tous ceux qui étoient dans ses intérêts ; que telle affaire étoit d'une longue discussion ; et que cependant si monsieur son mari vouloit demeurer à la cour, et nous avertir par elle de tout ce qu'il y apprendroit, que cela feroit juger à la princesse de la sincérité de ses services, dont il lui faisoit souvent donner des assurances. En effet, le génie foible de Virelade étoit plus propre à donner des avis de ce qui se passoit, qu'à négocier une affaire de cette importance : aussi les ducs, à qui je fis un fidèle rapport de ceci, approuvèrent aussi bien que la princesse la réponse que j'avois faite, et que je confirmai depuis de leur part.

L'on apprit ce jour-là que le baron de Bélade avoit été assassiné par le mari d'une femme qui le soupçonnoit d'avoir des habitudes un peu trop particulières avec elle; on donna le commandement de son château et d'un régiment de fusiliers qu'il avoit au chevalier de Rivière.

Le parlement de Bordeaux écrivit aux députés de celui de Paris qui étoient à la cour, et leur mandoit le déplaisir qu'il avoit de ce que les violences du cardinal Mazarin l'empêchoient de les envoyer complimenter par quelqu'un de leur corps. Il se plaignoit par cette même lettre de la continuation des actes d'hostilités de ce ministre, de la mort de Richon, et de ce qu'on avoit donné à un officier de la Reine la confiscation des biens du président Grimard. L'on résolut qu'après qu'on auroit reçu réponse, on enverroit au parlement de Paris et à tous ceux de France les remontrances qu'ils avoient dressées contre le cardinal, et l'arrêt par lequel ce parlement ordonnoit qu'il ne seroit pas reçu dans Bordeaux. Il écrivit en même temps au Roi une lettre de même substance que celle dont je viens de parler. Suau, commis du greffe, fut chargé de ces deux dépêches, avec ordre de suivre les députés de Paris en quelque lieu qu'ils pussent aller: car on avoit su qu'ils avoient fait leurs remontrances sur trois points dont leur compagnie les avoit chargés; et, après la réponse que la cour leur avoit faite, ils n'avoient point fait d'instances plus pressantes, et avoient eu congé de se retirer.

La réponse que la cour leur fit fut que l'on étoit prêt de donner la paix au parlement, mais qu'ils n'en vouloient point; et que pour ce qui regardoit la liberté des princes et le procès criminel de Foullé, surintendant des finances, on y aviseroit quand le Roi seroit de retour à Paris.

Messieurs du parlement m'envoyèrent les conseillers d'Espagnet et de Mirat, pour conférer avec moi de l'envoi de Suau; savoir si la princesse et les ducs n'avoient rien à lui ordonner, et auquel des députés de Paris il s'adresseroit particulièrement, après avoir pris mes ordres. Je leur dis que la princesse et les ducs n'avoient rien à dire en particulier, et que dès à présent ils adhéroient à tout ce que la ville de Bordeaux et le parlement faisoient et pourroient faire à l'avenir;

qu'il falloit éviter de parler au président de Bailleul, non pas qu'il ne fût naturellement officieux et bienfaisant, mais parce qu'il étoit chancelier de la Reine ; qu'il falloit en user de même avec le conseiller Le Meusnier, entièrement attaché, et de longue main, au duc d'Orléans, qui nous étoit pour lors directement opposé, et encore avec Maugis et Saintot, qui étoient fortement dans les intérêts du cardinal; mais qu'il pouvoit parler en toute confiance aux conseillers Bitaut, de Montangland, Camus, Pontcarré, Canaye et Martinot, qui avoient toujours opiné dans le parlement en faveur des princes; et qu'il ne lui seroit pas malaisé de leur persuader tout ce qu'on jugeroit nécessaire contre le cardinal, qu'ils avoient souvent qualifié dans leurs avis le seul auteur des désordres du royaume.

Suau partit avec cette instruction, et deux jours après l'on sut, par une de ses lettres, que La Vrillière l'avoit fort maltraité de paroles, qu'il lui avoit rendu la lettre qu'il lui avoit présentée pour le Roi, qu'il l'avoit fait mener par force chez le maréchal de Villeroy, et que là on lui avoit ôté violemment sa dépêche pour les députés de Paris; qu'elle avoit été ouverte, et lui retenu, sans qu'il lui fût permis de rien faire de tout ce dont il étoit chargé. Cela nous servit plus que n'auroit pu faire une réponse favorable, car le parlement et toute la ville en furent fort aigris : aussi résolut-on à l'instant même de redoubler le travail de Saint-Surin et de La Bastide, et on se détermina à ne rien omettre pour s'opposer avec vigueur à tout ce que la cour pourroit entreprendre. Il est fâcheux aux rois d'employer l'adresse, puisqu'ils ont force en main, pour ranger leurs sujets dans leur devoir; mais dans des conjonctures comme celle dont je parle, quand on voit les esprits irrités, rien n'est plus hors de propos que de se servir de termes d'autorité, parce qu'ils ne servent qu'à la faire perdre; et c'est prudence d'user plutôt de la douceur d'un père de famille que du pouvoir absolu de maître, et la négociation est le plus sûr moyen de réussir quand la force manque aux souverains, comme elle manque presque toujours dans les guerres civiles : aussi est-il certain que rien n'a tant maintenu Bordeaux dans nos intérêts que de n'avoir point suivi cette maxime, et rien n'a tant nui à l'Etat, dans le commencement des troubles, que de l'avoir pratiquée quand l'autorité étoit tout entière.

Le 13, on fit un second service pour Richon, auquel la princesse, les ducs et tous les officiers d'armée assistèrent; et l'on n'oublioit rien de tout ce qui pouvoit plaire à Bordeaux pour échauffer leur affection, parce que, par un effet contraire, la colère de la cour augmentoit; et tous les termes de colère qui y échappoient revenant aux oreilles des Bordelais, et augmentant leur crainte de tomber entre les mains du cardinal, les attachoient plus fortement au service des princes.

Cependant le retardement du secours d'Espagne et de l'entrée en France de l'archiduc Léopold, gouverneur des Pays-Bas, rendoient les esprits du parlement consternés. L'on n'oublioit rien de notre part pour rassurer leur courage, et chaque jour l'espérance ou la peur leur faisoit changer de visage et de résolution. Nous faisions des réglemens fort vigoureux pour empêcher les désordres des gens de guerre, et les ducs retenoient les soldats dans une discipline fort exacte. On en fit encore de fort sévères contre ceux qui, sous prétexte de persuader la paix, semoient des bruits fâcheux contre nos généraux, et contre tous ceux qui étoient attachés à notre parti.

Les Bordelais firent faire une revue générale de tous ceux qui étoient capables de paroître sous les armes; mais comme les esprits semblèrent ce jour-là abattus, et qu'il y avoit apparence qu'elle ne seroit pas si nombreuse que nous le devions souhaiter pour donner de la crainte à la cour, la princesse fut conseillée de tenir le lit deux ou trois jours, sous prétexte d'une maladie que, Dieu grâce, elle n'avoit pas, pour faire différer cette revue à un autre temps.

Ce jour-là arrivèrent de Libourne deux pères récollets, l'un desquels s'appeloit le père Bruno. Ils avoient été mandés à la cour sous prétexte de se justifier sur quelques affaires de leur ordre; dont la principale étoit qu'on l'accusoit d'être trop affectionné au service des princes, et le couvent de Bordeaux d'avoir logé le baron de Vatteville lorsqu'il fut envoyé d'Espagne; quelque temps auparavant que la princesse arrivât, et d'avoir favorisé son évasion contre les ordres de ceux qui avoient droit de l'arrêter, et qui vouloient le faire. Mais en effet la suite nous fit juger qu'on ne nous les envoya à Bordeaux que dans l'espérance que ce bon père, qui avoit acquis assez de crédit et d'autorité sur des particuliers qu'il confessoit, pourroit y être de quelque utilité à la cour, soit pour y envoyer des avis de ce qui viendroit à sa connoissance, soit pour négocier les choses dont on le chargeroit.

Ce père Bruno, homme fort âgé et en opinion de sainte vie, étoit si persuadé de tout ce qu'il avoit ouï dire à la cour, qu'on n'y doutoit pas (par la règle que jamais un ambassadeur ne réussit en ses négociations que quand il est trompé lui-même) qu'il ne nous persuadât, par la sincérité de ses discours et de sa créance, de tout ce dont on l'avoit chargé.

Il fut adressé à Virelade, à sa femme, et par elle à la comtesse de Tourville, dame d'honneur de la princesse, pour lui faire des propositions, dont la première fut que je n'aurois nulle connoissance de sa négociation, parce que, disoit-il, je n'avois jamais voulu ouïr parler d'aucun accommodement, que la liberté des princes n'en fût le premier article. Puis il ajouta qu'il avoit vu les comtes de Servien et de Brienne, et même le cardinal, qui tous témoignoient autant d'envie que nous de voir les princes en liberté; mais qu'il n'y avoit aucune apparence, quelque mal que leur détention pût faire à l'Etat, de la faire cesser tant que la princesse, Bordeaux et tout le parti auroient les armes à la main; qu'il falloit qu'elle prît une entière confiance à la bonté de la Reine, et que rien ne seroit plus capable de lui fléchir le cœur que d'aller avec le duc son fils se jeter à ses pieds; que l'on feroit nourrir ce jeune prince avec le Roi; qu'elle pourroit laisser les ducs de Bouillon, de La Rochefoucauld et les autres chefs démêler une fusée qu'ils n'avoient embrouillée que pour leurs intérêts particuliers; et que l'occasion de faire l'accommodement des princes étoit la meilleure qu'elle pût jamais l'être, parce que le cardinal étoit dans de continuelles alarmes que le duc d'Orléans et les frondeurs n'abandonnassent ses intérêts.

La comtesse de Tourville répliqua à ce bon père

qu'il n'étoit pas possible de cacher une telle proposition à moi, en qui la princesse avoit une confiance tout entière pour la conduite de toutes ses affaires; qu'elle en parleroit à Son Altesse et à moi, et qu'après elle lui feroit réponse en présence de l'une et de l'autre; mais qu'elle pouvoit cependant lui dire qu'il n'y avoit aucune apparence que la princesse entrât dans une négociation si peu honnête et si peu sûre. Le religieux lui repartit qu'il ne pouvoit conférer en présence de qui que ce fût au monde sur une matière autant délicate, et qui devoit être autant secrète, que celle-là.

Le 14, madame de Virelade me fit une seconde visite, et me proposa de recevoir celle que le père Bruno avoit résolu de me faire. Comme j'avois su les intentions de la princesse et des ducs, que la comtesse de Tourville avoit entretenus tout au long en ma présence sur tout ce qui s'étoit passé la veille entre ce bon religieux et elle, il ne me fut pas difficile de dire à la dame de Virelade que je le verrois, et écouterois volontiers ce qu'il avoit à me proposer. Il vint peu de temps après, et me répéta, avec une très-grande simplicité, tout ce que je savois qu'il avoit dit à la comtesse de Tourville; de sorte que je n'eus qu'à lui répondre ce que j'avois eu le temps de penser sur ce sujet, et qui avoit été approuvé par les ducs, à qui je l'avois communiqué.

Le père Bruno, qui se défioit de sa mémoire, et qui avoit peur de manquer en quelque chose, me pria de lui dicter ce qu'il avoit précisément à dire. Je le fis, et il écrivit sous moi ce qui suit :

« Je sais que plusieurs personnes de qualité et

« d'honneur ont dit et écrit plusieurs fois à M. le
« cardinal toutes les raisons d'Etat, et même celles
« qui le regardent en son particulier, pour lui faire
« connoître que sa satisfaction et sa sûreté dépen-
« dent de s'accommoder avec M. le prince, et que
« c'est le seul moyen de rétablir l'autorité du Roi.

« On lui a montré que les divers partis auxquels
« cette injuste détention sert de prétexte seront dé-
« truits par sa liberté, et tous les intérêts d'amitié ou
« autres, vrais ou feints, cesseront, et mettront le
« calme dans toutes les provinces où le crédit et les
« amis de M. le prince ont mis le trouble ; et les en-
« nemis de l'Etat, voyant cesser les espérances de pro-
« fiter de nos divisions, se porteront plus facilement
« à conclure une paix raisonnable, qui seroit la chose
« du monde la plus glorieuse à M. le cardinal, dans
« un temps auquel les désordres règnent dans tous
« les endroits de l'Etat, et que l'autorité royale pa-
« roît entièrement abattue. Je puis même assurer
« Son Eminence que j'ai fait sous main des tenta-
« tives qui me persuadent qu'il ne seroit pas malaisé
« d'en venir à bout.

« Au contraire, la continuation de cette violence
« donnera toujours aux peuples, à la noblesse, aux
« parlemens et au clergé, qui se trouve présentement
« assemblé, un prétexte spécieux d'aller à leurs fins,
« d'y faire des remontrances et des propositions dont
« la suite pourra non-seulement ruiner la fortune de
« M. le cardinal, mais encore l'autorité du Roi, qui
« reçoit tous les jours de grandes atteintes; et la
« prudence veut qu'on aille au grand remède quand
« l'Etat se voit menacé, sinon de sa perte, du moins

« d'une diminution notable, par une longue guerre
« étrangère contre des ennemis puissans, et par le
« mécontentement général de toutes les parties qui
« la composent.

« M. le cardinal ne considère-t-il point ce que
« pourront faire les huguenots, s'ils se voient, par
« l'augmentation des désordres que produisent ordi-
« nairement les guerres civiles, en état d'élever leurs
« desseins sur les ruines de l'Etat? Ne considère-t-il
« point encore qu'il est entré dans le ministère dans
« un temps que l'autorité du Roi étoit tout entière,
« que les peuples étoient soumis, les grands seigneurs
« souples et obéissans, les parlemens dans une juste
« modération, l'épargne remplie de sommes consi-
« dérables, et le Roi sans dettes; que M. le prince a
« pris des places de la dernière importance pour Sa
« Majesté, qu'il a gagné quatre grandes et signalées
« batailles pendant la minorité, passé les quartiers
« d'hiver dans le cœur des pays ennemis, et fait enfin
« des choses si extraordinaires pour rétablir, comme
« il avoit fait, l'autorité de la régence, qu'il a assez
« justifié à toute l'Europe la pureté de ses intentions
« pour le bien de l'Etat, et par conséquent l'injustice
« de sa prison?

« Que Son Eminence, après avoir jeté les yeux sur
« l'heureux état de la France et la gloire de son mi-
« nistère pendant cinq années, fasse une réflexion
« désintéressée sur l'état auquel il se trouve; et que
« les peuples, qui ne pénètrent pas les raisons des
« choses, et qui ne les conçoivent qu'autant qu'elles
« flattent leurs imaginations, leurs passions et leurs
« pensées, le croiront toujours, comme ils ont fait

« jusques à présent, le seul auteur de tous les dés-
« ordres, quelque bonne intention qu'il puisse avoir
« eue pour les prévenir.

« Lui-même, se trouvant sans argent pour faire
« subsister et payer les gens de guerre, la marine,
« l'artillerie, la maison du Roi, les gages, les pen-
« sions, les charges et les gratifications dedans et de-
« hors le royaume, se verra peut-être abandonné de
« ceux que l'intérêt a fait attacher à sa fortune, qui
« ne songeront pour lors qu'à nouer quelque partie
« de cour, où ils croiront trouver plus d'utilité et de
« satisfaction.

« Ne craint-il point que la Reine ne puisse enfin se
« lasser de tant d'embarras et de peine, et reprendre
« les chagrins que nous avons quelquefois vu avoir
« à Sa Majesté contre lui ; se laisser vaincre aux per-
« suasions de ceux qui ne songent qu'à donner at-
« teinte à sa fortune, et même à celles de la nécessité
« (qui sont toujours les plus fortes), pour donner
« tout-à-coup sa confiance à quelqu'un qu'on lui
« montrera être plus propre au gouvernement des
« Français, moins haï et plus autorisé que lui?

« Il faut ajouter à cela que Bordeaux, que Mont-
« rond, que Stenay, que grand nombre de places,
« villes et postes considérables, et que la prudence a
« jusques à présent empêchés de se déclarer; que
« plusieurs personnes d'éminente qualité, qui pour
« bonne raison ont été priées de demeurer dans le
« silence; que des parlemens et des provinces en-
« tières, qui peut-être éclateront en temps et lieu,
« ne seront pas des conquêtes faciles, étant favorisés
« d'une guerre étrangère, animés par de grands in-

« térêts, et soutenus par de l'argent d'Espagne contre
« un ministre que tout son mérite n'empêche pas
« d'être décrié et mal voulu du peuple, et qui se
« trouve avec peu d'argent, et sans établissement.
« Et quand l'habileté et le bonheur de M. le cardinal
« le feroient venir à bout de tout ce qui est armé
« contre lui, tout ce que je viens de dire, et l'éloi-
« gnement forcé de Paris (qui est le centre de toutes
« les affaires et de toutes les négociations), lui feront
« renaître des obstacles et des embarras en beaucoup
« de lieux, et par des intérêts que peut-être il au-
« roit peine à imaginer et à prévenir.

« Je ne sais si la perte de Porto-Longone et de
« Piombino lui conservera autant de crédit qu'il croit
« en avoir en Italie; et si la haine que le Pape té-
« moigne contre lui, et la jalousie naturelle entre
« gens de même pays, n'augmenteroient point par
« ce mauvais événement.

« Une chose sur laquelle, à mon sens, il doit faire
« une sérieuse réflexion, c'est que dans la cour et
« parmi les frondeurs il y a bien des gens avec qui
« nous avons commerce, et qui croient qu'ils trou-
« veront de quoi se satisfaire avec la maison de
« Condé, soit par les mariages qui peuvent se faire
« avec des parens et des amis, soit par les bénéfices
« de M. le prince de Conti, soit enfin par des gou-
« vernemens et par des charges qu'on sacrifiera avec
« joie à ceux qui pourront contribuer à la liberté
« des princes. La plupart de ceux qui se sont nou-
« vellement attachés à M. le cardinal ne le consi-
« dèrent que comme un ancien ennemi réconcilié
« par nécessité, et offensé, avec qui ils n'ont pris

« des liaisons que dans l'espérance de se prévaloir
« de sa faveur, afin de tirer de lui des charges,
« des emplois, des gouvernemens, et des dignités
« à la cour et dans l'Eglise, pour tourner ensuite
« contre lui les armes qu'il leur aura mises en main,
« s'il ne satisfait à leurs vastes prétentions.

« Et si M. le cardinal leur refuse ce qu'ils de-
« mandent par raison d'Etat ou par impuissance,
« leur haine couverte éclatera; et en se déclarant
« contre Son Eminence ils croiront regagner l'af-
« fection des peuples, que cette nouvelle amitié a
« fait altérer. L'envie qu'ils ont témoignée depuis
« peu de jours de se rendre maîtres de la liberté des
« princes montre assez qu'ils croient profiter en se
« raccommodant avec eux, soit en poussant à bout
« M. le cardinal quand ils ouvriront la prison à
« M. le prince, soit en le montrant à M. le cardinal
« comme un épouvantail qui le rende toujours dé-
« pendant d'eux.

« Je le supplie encore de considérer qu'il y a
« présentement dans le parlement de Paris soixante-
« et-dix ou douze voix constamment attachées à
« sa perte et à cette liberté. Si M. de Beaufort
« se détache des intérêts de Son Eminence par la
« pensée du mariage de mademoiselle de Longue-
« ville, ou par quelque intérêt que je ne puis dire
« quant à présent; si madame de Chevreuse, par
« l'espérance de marier mademoiselle sa fille avec
« M. le prince de Conti; si M. le garde des sceaux,
« qui croit que la place de premier ministre est
« due à son mérite; si M. le prince de Conti lui
« cède le chapeau de cardinal qui lui est destiné;

« si lui, qui croit que la seule présence de M. le
« cardinal suspend les effets de l'amitié et de l'es-
« time que la Reine lui a toujours témoignée, se
« joint à nous par toutes ces raisons; si ce même
« chapeau, et quelques uns des grands bénéfices
« de M. le prince de Conti, nous gagnent M. le co-
« adjuteur de Paris; si l'intérêt qu'il prend à l'é-
« tablissement de la fortune de mademoiselle de
« Chevreuse l'attache aux nôtres, n'est-il pas vrai
« enfin que le premier de ceux-là qui se détachera
« de M. le cardinal pour se joindre à messieurs
« les princes les rendra les plus forts en suffrages
« dans le parlement de Paris? Mais si tous se sé-
« parent en même temps de ses intérêts pour s'at-
« tacher à nous, n'est-il pas plus clair que le jour que
« dans la première assemblée des chambres qui se
« fera après cette union, il s'y proposera des choses
« extrêmes contre M. le cardinal, et que toutes y
« passeront presque tout d'une voix? Je crois même
« pouvoir dire qu'il est moralement impossible que
« quand les choses demeureroient en l'état auquel
« elles sont, les amis de M. le prince ne se trou-
« vent dans peu de temps les plus forts dans le
« parlement, par mille raisons que M. le cardinal
« voit mieux que moi : 1° la longueur de la souf-
« france augmentera la douleur que les bons Français
« en ont; 2° l'approche de l'archiduc Léopold et de
« M. de Turenne donnera de la peur aux uns et de
« la hardiesse aux autres; et comme il y a des gens
« habiles, ils profiteront assurément de tout ce qui
« se présentera à eux.

« Et s'il arrive qu'on puisse attaquer personnelle-

« ment M. le cardinal, je veux dire si nous nous
« trouvons en état de le faire, n'est-il pas vrai
« que la haine publique, excitée par la particulière,
« conspirera à sa perte? Et pour lors se trouvera-
« t-il quelqu'un des frondeurs ses nouveaux amis,
« qui n'ont encore osé prendre cette qualité en pu-
« blic, qui osent défendre la probité et l'innocence
« de celui duquel ils ont été les diffamateurs décla-
« rés dans le parlement, dans les chaises, dans les
« rues, et par leurs écrits? Par la même raison que;
« dans les commencemens de la prison de M. le
« prince, il se trouvoit peu de personnes qui osassent
« parler en sa faveur, qu'à présent le nombre de
« ceux qui proposent en tous rencontres sa liberté
« comme le seul remède aux désordres de l'Etat,
« n'est-il pas aisé de juger que son parti augmentera
« à mesure que les affaires publiques empireront;
« que M. le cardinal diminuera de crédit, d'autorité
« et d'amis, et qu'il peut se voir bientôt dans une
« perte inévitable, qui ne pourra être (quoi qu'il
« puisse dire au contraire) que très-avantageuse à
« M. le prince, parce que ceux qui entreront en ce
« cas dans le ministère, quels qu'ils puissent être,
« ne croiront rien plus capable de soutenir leur fa-
« veur naissante que l'appui de M. le prince, de sa
« maison et de ses amis; qu'ils continueront leur an-
« cien style d'attribuer à M. le cardinal tous les dés-
« ordres de l'Etat; qu'ils rejeteront sur lui le violent
« conseil de cette malheureuse détention dont les
« ennemis ont autant profité que tout le monde sait,
« et mettront tout en usage en le perdant pour rui-
« ner ses créatures, afin de profiter de leurs dé-

« pouilles et de son naufrage? Il peut ne pas arriver
« ainsi, et son bonheur et son adresse l'en peuvent
« garantir; mais s'il arrive, ne sera-ce point une
« grande prudence, à ceux qui viendront au gouver-
« nement des affaires, de s'appuyer d'un homme de
« la réputation et du mérite de M. le prince, soit
« qu'ils veuillent terminer de bonne foi la guerre ci-
« vile pour continuer la guerre étrangère, soit qu'ils
« veuillent plaire à la Reine et aux peuples en assou-
« pissant l'un et l'autre, avoir la gloire de faire la
« paix générale pour avoir en même temps lieu de
« blâmer M. le cardinal, qui, ayant eu tant d'occa-
« sions de la faire avantageuse, ne l'a pas fait?

« Ainsi Son Eminence me pardonnera si je lui dis
« qu'elle ne pense pas juste, ou qu'elle ne dit pas ce
« qu'elle pense, quand elle dit que rien ne seroit
« plus préjudiciable à M. le prince que sa perte. Il
« ne doit pas encore s'imaginer qu'elle soit difficile
« en l'état que sont les choses, et encore moins que
« la liberté des princes soit impossible tant qu'il ne
« voudra pas l'accorder; et je veux bien dire avec
« franchise que je crois voir ce qui peut causer
« l'une et l'autre, si M. le cardinal nous contraint
« de prendre des mesures avec tous ceux que je
« viens de nommer, et même avec une partie d'entre
« eux. Je n'ai pas voulu par respect parler de M. le
« duc d'Orléans.

« Quand même rien de tout cela n'arriveroit,
« M. le cardinal peut-il disconvenir que la disposi-
« tion de l'Etat, que le défaut d'argent, que des
« ennemis puissans, que les maux qu'une longue
« guerre a causés, que l'esprit universel de désobéis-

« sance et de révolte ne soient tels qu'il est impos-
« sible, tant que M. le prince sera en prison, de faire
« subsister les affaires dans une minorité, qui que ce
« soit qui en ait la conduite, sans en excepter M. le
« cardinal?

« Si ce que j'écris pour faciliter la mémoire de ce
« bon religieux pouvoit être vu d'autres que de M. le
« cardinal, j'appréhenderois qu'on ne me blâmât de
« parler avec trop de franchise, en disant une partie
« du mal que nous lui pouvons faire ; mais comme
« il est très-éclairé, je suis assuré que je ne dis rien
« qu'il ne connoisse, et à quoi il ne pense nuit et
« jour. Je suis encore assuré qu'il ne lui est pas pos-
« sible d'y apporter un remède qui puisse durer
« long-temps ; et j'ai voulu lui parler sincèrement,
« après en avoir eu l'approbation ou plutôt l'ordre
« de madame la princesse et de messieurs les ducs
« de Bouillon et de La Rochefoucauld, afin que Son
« Éminence connoisse leurs bonnes intentions, et
« qu'ils aiment mieux tenir la liberté de messieurs
« les princes en s'unissant d'amitié et d'intérêt avec
« elle, comme une chose qui ne peut être que très-
« agréable à la Reine, pour laquelle ils ont tout le
« respect qu'ils doivent, que d'acheter cette liberté
« de gens qu'ils n'ont point de sujet d'aimer, et avec
« lesquels ils ne peuvent avoir de liaison qui ne soit
« fort préjudiciable à l'Etat.

« Je veux encore passer outre, et dire que je suis
« certain que M. le cardinal ne considère pas seule-
« ment tout ceci, mais encore ce que je vais dire.
« Il voit assurément l'autorité que veulent s'acquérir
« ceux qui vouloient le perdre quand M. le prince

« exposoit sa vie pour le maintenir ; il ne peut trou-
« ver bon qu'ils entreprennent de conclure une paix
« (*al suo despetto*) en son absence, à son insu, sans
« sa participation, et contre la volonté de la Reine ;
« et qu'on impose à Sa Majesté et à Son Eminence
« une nécessité de suivre celle que ces messieurs-là
« font prendre dans le parlement de Paris. Il a en-
« core sans doute médité sur la naissance de M. le
« duc de Valois.

« Je sais qu'en examinant toutes ces raisons, il a
« prévu avant cette prison tous les inconvéniens
« qu'elle pourroit causer ; je crois même ce qu'un de
« mes amis, à qui les intérêts de M. le cardinal et
« ceux de M. le prince sont très-chers, m'a dit plu-
« sieurs fois, qu'il n'y a consenti qu'à regret ; que
« les obligations qu'il avoit à M. le prince, que les
« services qu'il a rendus à la Reine et à l'Etat, ont
« combattu puissamment dans son esprit les raisons
« de ceux qui ont proposé et opiniâtré cette injuste
« détention ; qu'en l'état des choses il n'a pu l'em-
« pêcher ; et je crois en même temps qu'il la fera
« cesser quand il le pourra, pour s'acquérir M. le
« prince et tout son parti, par le plus grand de tous
« les bienfaits, qui est la liberté ; pour s'acquitter
« de toute l'assistance qu'il a reçue de lui ; pour le
« bien de l'Etat, et pour se venger conjointement des
« auteurs de cette prison, qu'on peut appeler leurs
« ennemis communs.

« Le bon père Bruno m'a dit, aussi bien que plu-
« sieurs autres, deux raisons qui combattent dans
« l'esprit de M. le cardinal l'envie qu'il a de donner
« la liberté à messieurs les princes : la première le

« concerne, la seconde regarde l'Etat. Quant à la
« première, qui est la crainte qu'il a de ne pouvoir
« s'assurer de l'amitié de M. le prince, ce bon reli-
« gieux lui peut répondre : 1° qu'il connoît assez que
« M. le prince n'a pas un esprit aimant le désordre;
« 2° que la facilité qu'il a eue à se raccommoder avec
« lui lui fait bien voir qu'il aime le bien de l'Etat
« et le service de la Reine; 3° on sait que c'est
« l'homme du monde (quelque pensée que ses en-
« nemis puissent avoir) le moins porté à la vengeance;
« 4° M. le cardinal peut savoir si dans les chagrins
« de sa prison il a eu de grands emportemens contre
« lui (et ce n'est pas sans doute dans les atteintes
« d'une douleur aussi sensible que celle-là que l'on
« apprend à se dissimuler et à se contraindre); 5° il
« ne voudra jamais perdre les obligations qu'il s'est
« acquises sur l'Etat, sur la Reine et sur M. le cardi-
« nal; 6° que recevant la liberté de lui, il ne peut
« sans se déshonorer ne pas payer ce bienfait d'une
« amitié ferme et sincère; 7° ils seront tous deux dans
« le même intérêt de jeter la haine de cette injustice
« sur ceux qui l'ont conseillée; 8° quelle plus grande
« sûreté peut désirer M. le cardinal que la parole
« de M. le prince, de laquelle tous ses amis et des
« parlemens entiers seront garans, de laquelle toute
« l'Europe sera témoin, et que sa gloire lui fera
« maintenir au péril de sa vie?

« Quand même il auroit l'intérieur tel que ses
« ennemis le veulent persuader (mais supposons une
« chose qui ne doit jamais être soupçonnée d'un
« homme de la qualité et de la haute réputation de
« M. le prince), je consens que M. le cardinal le

« soupçonne de vouloir manquer à sa parole et à la
« reconnoissance qu'il lui devra; en un mot, qu'il
« veuille démentir toutes ses actions passées, et
« obscurcir par une ingratitude manifeste une aussi
« belle vie que la sienne ; n'est-il pas vrai que l'hon-
« neur et l'intérêt sont les plus forts liens de la vie
« civile, et que si M. le prince étoit capable de man-
« quer au premier, l'autre le retiendroit, fût-il le plus
« méchant homme du monde?

« M. le cardinal ne l'a pas tant offensé que ceux
« avec lesquels il pourroit craindre qu'il ne se rac-
« commodât. M. le cardinal lui peut procurer du
« bien et de grands avantages, et il faudroit que
« M. le prince en fît aux autres. Je ne vois pas quelle
« sûreté il peut prendre avec tant de personnes dif-
« férentes d'humeur, de condition et d'intérêt; et
« je vois clairement que M. le cardinal et lui se fe-
« ront une sûreté mutuelle, par le soutien réciproque
« qu'ils se peuvent donner l'un à l'autre.

« Il seroit impossible que parmi les autres il n'y
« eût de la jalousie des alliances qui pourroient se
« faire, et qui ne se peuvent pas faire avec tous; au
« lieu que celles qui peuvent se faire avec M. le
« cardinal feront une égale sûreté pour M. le prince
« et pour lui. Par exemple, si l'on marioit M. de
« Mancini avec mademoiselle de Bouillon, et trois
« nièces de Son Eminence avec messieurs de Can-
« dale, de La Meilleraye et de Marsillac, c'est l'u-
« nique moyen de remettre d'un commun consen-
« tement M. d'Epernon dans le gouvernement de
« Guienne, n'y ayant point d'obstacle que celui que
« forment nos amis, qui y consentiroient avec joie

« pour la liberté de M. le prince. Que pourroit-il
« arriver de plus avantageux pour le rétablissement
« de l'autorité du Roi dans la conjoncture présente?
« Si M. le cardinal a tant témoigné désirer ce ma-
« riage sans cette condition, combien le doit-il dé-
« sirer quand on la lui moyennera? M. de La Meil-
« leraye m'a fait dire par M. le comte de Saint-Aoust
« qu'il changera d'avis, et qu'il consentira de tout
« son cœur à l'alliance de M. le cardinal, si elle peut
« contribuer en quelque chose à la liberté de M. le
« prince. M. le cardinal voit assez ce que lui don-
« nera celle de M. de La Rochefoucauld, et quel
« avantage ce lui sera d'avoir trois de mesdemoi-
« selles ses nièces duchesses, de qui les maris au-
« ront les gouvernemens de Bretagne, de Poitou et de
« Guienne, et qui sont de qualité et de mérite à sou-
« tenir tous les bienfaits qu'il lui plaira leur procurer.
   « Disons maintenant que quand la parole, l'hon-
« neur et l'intérêt ne seroient pas des liens assez
« forts pour maintenir ce que M. le prince auroit
« promis à M. le cardinal, la nécessité l'y oblige-
« roit, puisque tous ceux que je viens de nommer
« ayant l'honneur d'être ses parens et ses principaux
« amis, et étant, de son consentement et par la seule
« considération de sa liberté, alliés à M. le cardinal,
« ne l'abandonneroient-ils pas s'il venoit jamais, non
« pas à manquer, mais seulement à biaiser, dans l'a-
« mitié et l'assistance qu'il lui auroit promise par une
« parole aussi solennelle que celle qu'il lui auroit
« donnée?
   « Je viens maintenant à la raison qui regarde l'E-
« tat, dont m'a parlé ce bon père, qui est de ne pas

« mettre messieurs les princes en liberté tant que
« mesdames leurs femmes et leurs amis auront les
« armes à la main. La grande habileté de M. le car-
« dinal, et sa politique des dernières années, me
« persuadent qu'il ne m'a fait parler sur ce sujet aussi
« sincèrement que je vais lui répondre, en lui di-
« sant que les causes de l'armement cessant, l'ar-
« mement cessera aussi; que madame la princesse
« n'a jamais songé à attaquer les armes de la Reine;
« qu'au contraire on l'a attaquée par les ordres de
« Sa Majesté à Chantilly, à Montrond, et sur sa route
« de Bordeaux, où elle est venue chercher un asyle
« contre M. le cardinal sous la protection du Roi.
« On vient maintenant l'y assiéger : elle est donc sur
« la défensive, et par conséquent elle ne demande
« point la liberté de M. le prince les armes à la main.
« M. le cardinal a dépouillé messieurs les princes de
« tous leurs gouvernemens à main armée, pendant
« que mesdames les princesses prioient Dieu dans le
« lieu que la Reine leur avoit assigné pour leur re-
« traite : elles faisoient en ce même temps demander
« à M. le cardinal son amitié par des personnes de
« qualité relevée, et lui offroient toutes les sûretés
« possibles. Elles ne demandoient point cette liberté
« par d'autres voies que par la douceur et par de
« très-humbles prières. Madame la princesse est en-
« core prête de la demander à genoux : elle peut
« répondre que tous ses amis, que le parlement, et
« tous les ordres de la ville de Bordeaux, feront avec
« respect les mêmes soumissions, et seront garans
« des paroles que Son Altesse donnera au Roi, à la
« Reine et à M. le cardinal.

« Mais quand Son Eminence useroit en ce ren-
« contre de la même politique que nous lui avons
« vu suivre en plusieurs autres moins importans, et
« qu'il céderoit à la nécessité, bien loin d'apporter
« quelque préjudice à l'Etat et à l'autorité du Roi,
« ce seroit la seule voie de rétablir l'un et l'autre, et
« de châtier en même temps ceux qui, par une am-
« bition démesurée, ont cru ne pouvoir renverser la
« fortune de M. le cardinal que par l'abattement de
« l'autorité légitime.

« On l'a bien forcé, les armes à la main, d'ôter le
« gouvernement de Guienne à M. d'Epernon; et
« ceux desquels il a acheté l'amitié par la prison de
« M. le prince lui font recevoir l'injure de ne pou-
« voir l'y rétablir par les traités qu'ils font entrepren-
« dre par le parlement de Paris sans sa participa-
« tion.

« Il faut que M. le cardinal avoue que c'est une
« brèche à l'autorité royale, du moins aussi grande
« que pourroit être l'élargissement de M. le prince,
« quand même sa prison seroit juste; et qu'il y a
« cette différence qu'ôter ce gouvernement à M. d'E-
« pernon ne sert de rien pour rétablir les affaires du
« royaume. Je peux encore dire que c'est une chose
« inutile pour le repos de la Guienne, où les esprits,
« irrités des maux qu'ils souffrent, ne considèrent
« plus ce seigneur que comme la pierre que M. le
« cardinal leur jette, et sont venus à ce point qu'ils
« le croient indigne de leur colère, dont Son Emi-
« nence est maintenant le seul objet : et la liberté de
« M. le prince pacifie non-seulement la Guienne,
« mais elle remet le calme dans l'Etat, et je puis dire

« que c'est le seul moyen d'affermir la fortune chan-
« celante de M. le cardinal.

« Les gens malintentionnés ont blâmé, mais les
« clairvoyans et les sages ont loué, M. le cardinal
« d'avoir accordé à la violence du peuple de Paris
« armé la liberté de M. de Broussel et de Blancmé-
« nil, qu'il avoit refusée aux supplications du par-
« lement. On a permis l'assemblée de la chambre
« Saint-Louis, qu'on avoit défendue avec des paroles
« fulminantes. Les larmes de la Reine et sa longue
« résistance n'ont pu empêcher la déclaration du
« mois d'octobre 1648, touchant la sûreté publique.
« Sa Majesté fut contrainte en 1649 de donner la paix
« à Paris et à Bordeaux, que les armes du Roi avoient
« assiégés, nonobstant la résolution déterminée de
« réduire ces deux villes par la force : on ne put
« empêcher les chambres de s'assembler, et la Reine
« se vit obligée de leur accorder tout ce qu'elle leur
« avoit refusé avec raison.

« Tout cela s'est fait les armes à la main, et il faut
« avouer que ce n'a pas été sans quelque diminution
« de l'autorité royale : et si la prudence n'avoit obligé
« M. le cardinal de prendre et de donner des con-
« seils doux, il n'auroit pu empêcher qu'elle n'eût
« été entièrement abattue.

« Toute cette conduite, qu'un ministre violent
« n'auroit jamais pu se résoudre à tenir, a été la
« meilleure qu'on pouvoit suivre dans des occur-
« rences pareilles : aussi avoit-elle si bien réussi, que
« l'État rentroit dans sa première tranquillité, et
« l'autorité reprenoit insensiblement sa vigueur, si
« la malheureuse résolution d'arrêter M. le prince

« n'eût remis les choses dans un plus grand désordre
« qu'auparavant, et sans qu'apparemment elle pût
« produire aucun effet que de préparer une voie
« pour satisfaire l'ambition de ceux qui étoient les
« ennemis de M. le cardinal plus que les siens. Son
« Eminence connoît mieux tout ce que je dis ici pour
« lui être dit par le révérend père Bruno, et prévoit
« mieux les suites de cette affaire que moi. Il voit
« d'un même œil le mal dont la longueur de cette dé-
« tention le menace, et le bien qui peut lui venir de
« cette liberté suivie de tout ce que je propose. Il y
« fera telles réflexions qu'il lui plaira : je puis l'assu-
« rer que madame la princesse, et tous ceux qui ont
« l'honneur d'avoir quelque part à la confiance de
« Son Altesse, n'ont jusques à présent aucune liaison
« qui les empêche d'avoir toute l'obligation de cette
« liberté à M. le cardinal ; mais comme la nécessité
« les forcera peut-être d'en prendre malgré qu'ils en
« aient, ils ne pourront pour lors avec bienséance
« recourir à Son Eminence, et ils seront contraints
« de suivre des voies qui peuvent lui faire plus de
« mal qu'il ne s'imagine, et que le respect que je
« lui dois m'empêche de lui dire. »

J'ai rapporté tout au long ce dont je chargeai le père Bruno, afin que ceux qui sauront que j'ai eu quelque commerce avec M. le cardinal sachent que je n'ai ni dit ni fait chose quelconque dans tout le cours de cette affaire que par l'ordre de madame la princesse, la participation et la volonté des ducs de Bouillon et de La Rochefoucauld ; et sans l'avoir concerté avec les principaux amis de Bordeaux ; et je ne fais ce journal autant exact qu'il l'est que dans l'intention de faire voir quelque jour à M. le prince non-seulement ma conduite, mais celle de ses amis et serviteurs pendant sa prison. Si j'écrivois ces Mémoires pour le public, j'en retrancherois beaucoup de particularités inutiles, et qui ne pourront manquer d'être ennuyeuses; je les aurois écrits d'un style moins familier; je les aurois embellis de mille choses agréables et grandes qui sont arrivées dans ce temps-là: mais comme c'est plutôt une peinture naïve que je fais à M. le prince de ce qui m'a passé par les mains en lui rendant les services que je dois aux bontés que j'ai reçues de monsieur son père et de lui, qu'une histoire du temps, je n'y ai voulu rien mettre que ce qui le concerne, et dont j'ai été le témoin oculaire. Passons outre.

Après que j'eus fait cet écrit pour faciliter la mémoire du père Bruno, je le portai aux ducs de Bouillon et de La Rochefoucauld, qui voulurent que j'allasse le lire devant la princesse: ce que je fis. Et comme ils l'approuvèrent, je l'aurois donné dès ce jour-là même, si ce bon religieux ne se fût trouvé mal; et je le gardai jusques à ce qu'il fût en état de retourner à la cour.

Nous fûmes long-temps à songer si nous dirions si librement au cardinal tout le mal que nous lui pouvions faire: mais les ducs, qui étoient l'un et l'autre d'un très-profond jugement, crurent qu'il étoit à propos de témoigner de la sincérité à celui qui pouvoit nous rendre messieurs les princes; qu'il falloit lui donner de la crainte des frondeurs, et faire dire en même temps à ceux-ci que le cardinal mettoit tout en usage pour s'accommoder avec nous contre eux, afin de les porter par là à s'unir avec nous contre lui ; que nous lui témoignerions toute la bonne foi que nous pourrions ; et que s'il vouloit nous rendre les princes (comme il laissoit entendre qu'il le souhaitoit), nous traiterions immanquablement avec lui ; mais qu'il ne tiendroit qu'à eux de le gagner de la main, et le perdre s'unissant avec nous.

Nos amis de Paris, de concert avec nous et avec la duchesse de Longueville et le vicomte de Turenne, tenoient cette conduite, et ne manquoient pas de leur proposer toutes les liaisons dont j'ai parlé dans cet écrit. On commençoit non pas de proposer au duc d'Orléans, mais de lui faire entendre, qu'il ne pourroit jamais mieux faire que de songer à s'assurer de M. le prince en mariant le duc d'Enghien à une de mesdemoiselles ses filles, la plus proportionnée à son âge, et l'aînée du second lit au Roi, pour réunir toute la maison royale.

Nous jugions impossible que quelques-uns de ceux à qui on faisoit des propositions n'en donnassent avis au cardinal ; et en lui faisant dire nous-mêmes, comme nous fîmes, il devoit juger que nous lui parlions de bonne foi, et que nous avions plus de pente à traiter avec lui qu'avec les autres. Ceux-ci, de leur côté, ne pouvoient pas se plaindre que nous leur fassions un coup double, puisque nous leur disions nettement notre intention ; et les uns et les autres voyant clairement que, comme ils nous avoient tous offensés, nous pouvions avec bienséance prendre notre bien de ceux qui pourroient nous le donner plus promptement ; et cela ne pouvoit manquer de mettre une grande jalousie entre eux, qui étoit tout ce que nous désirions.

Le duc de La Rochefoucauld, qui étoit autant attaché à tout le détail des choses de la paix et de la guerre que le pouvoit être le duc de Bouillon, ne laissoit pas de penser à ce qui l'y avoit embarqué, et envoyoit tout le plus souvent qu'il pouvoit des marques de sa servitude à la duchesse de Longueville par ses plus secrets confidens. Gourville, né dans un de ses villages, et qui avoit servi tout jeune dans sa maison, étoit de degré en degré devenu son secrétaire. Il étoit hardi et fort intrigant dans cette correspondance ; ce duc s'en servoit pour aller, pour venir et pour négocier. Il retourna, ce même jour 14 août, de Stenay et de Paris.

Je ne sais pas ce qu'il dit en particulier au duc son maître ; mais ce qu'il lui dit en présence du duc de Bouillon et de moi, dont nous rendîmes après compte à la princesse, fut que Barrière et Saint-Ibal avoient fait beaucoup de choses qui avoient aigri le vicomte de Turenne contre eux, et que la duchesse de Longueville ne l'étoit pas moins depuis qu'elle avoit connu que toutes leurs menées alloient à les brouiller ensemble, pour se rendre maîtres des affaires ; qu'ils faisoient tout leur possible pour donner aux Espagnols de la défiance contre ce général ; qu'ils publioient que lui seul avoit opiniâtré le siége de Guise, et avoit par là retardé l'entrée de l'archiduc en France. A la vérité, rien n'est plus dangereux dans les partis, et rien n'embarrasse plus ceux qui en sont les chefs, que les esprits de la trempe de ces deux gentilshommes. Saint-Ibal, qui avoit bien du cœur et de l'expérience, cachoit, sous les apparences d'une vertu stoïque, et d'une humeur libre et indépendante, beaucoup de choses fâcheuses : il jugeoit mal de tout le monde, contrôloit tout ce qu'il n'avoit pas conseillé, ne pouvoit souffrir tous ceux qui gouvernoient les affaires, et n'avoit ni le talent ni la volonté de les conduire. Il méditoit toujours de bons mots pour tourner en ridicule la conduite des autres. Il étoit mélancolique, chagrin et inégal, mais très-brave et très-bon officier, dont pourtant il ne vouloit point faire de fonction, et se contentoit de celle de censeur de ceux qui étoient au-dessus de lui par leurs emplois et par leur crédit. Barrière n'étoit pas dans le chagrin ni dans la censure ; mais comme par malheur on ne prenoit pas grand soin de le contenter, il croyoit toujours qu'un changement de ministère lui seroit plus utile, et se joignoit sans cesse à ceux qu'il croyoit capables de le faire changer. Gourville nous dit encore que M. de Beaufort lui avoit proposé de marier M. le prince de Conti à mademoiselle de Montbazon ; et je crois que la passion qu'il avoit pour la duchesse de Montbazon sa mère étoit capable de lui faire tout entreprendre. C'étoit une des plus belles et des plus galantes dames qui jamais ait paru dans la cour de France, et de qui la beauté s'est conservée entière jusqu'à l'âge de quarante-huit ans, qu'elle périt avec sa vie ; et cet amour l'empêchoit d'écouter les propositions par lesquelles on lui avoit fait entrevoir le mariage de mademoiselle de Longueville, de qui le bien valoit deux cent mille livres de rente. Il demandoit encore des bénéfices de ce même prince pour les frères de celles qu'il vouloit lui donner pour femme. Il étoit tellement soumis aux volontés de cette duchesse, que le reste de la Fronde n'ayant plus de pouvoir sur son esprit, il étoit tout-à-fait séparé d'intérêt de tous ceux qui la composoient. Son raccommodement avec le cardinal lui avoit ôté beaucoup du crédit qu'il avoit sur le peuple, par où il s'étoit acquis une grande considération; et il ne souhaitoit tant qu'en satisfaisant l'ambition de celle qui avoit un empire absolu sur ses volontés, de se remettre dans les bonnes grâces des bourgeois de Paris en contribuant à la perte du cardinal.

La duchesse de Chevreuse avoit écouté les propositions que Vineuil lui avoit faites pour le mariage de mademoiselle sa fille avec le prince de Conti. Le garde des sceaux Charles de L'Aubespine, marquis de Châteauneuf, à cause de sa mère qu'il avoit aimée, et dont l'amour lui avoit causé la perte de sa fortune et une longue et sévère prison dans le château d'Amboise, sous le cardinal de Richelieu, moins avant que lui dans les bonnes grâces de cette dame, des plus belles et des plus spirituelles de son temps, et le coadjuteur, aujourd'hui cardinal de Retz, à cause de la fille qu'il aimoit démesurément, souhaitoient également ce mariage. L'un et l'autre vouloient chacun un chapeau de cardinal, et tous deux aspiroient à la place de premier ministre. Ils méditoient par conséquent la perte du cardinal, et sur ce point-là ils étoient bien d'accord; mais sur l'espérance de remplir son poste et sur celle du chapeau destiné au prince de Conti, ils ne pouvoient qu'être fort désunis.

Ils avoient tous beaucoup de pouvoir sur l'esprit du duc d'Orléans, mais le coadjuteur plus que tous les autres; et nous ne doutions pas que ce prince ne suivît tous les mouvemens qu'il voudroit lui donner.

Le cardinal, à ce que nous dit Gourville, qui craignoit tout le monde, avoit donné deux mille écus de pension à la marquise de Sablé; et cette dame, persuadée de son mérite par ces bienfaits, craignoit de les perdre si sa fortune cessoit. Elle avoit prié Gourville allant à Stenay de sonder la duchesse de Longueville, et lui demander si elle croyoit que le mariage du prince de Conti avec une des nièces du cardinal fût une chose faisable; que la duchesse lui avoit répondu qu'elle ne le croyoit pas, et qu'assurément M. le prince n'y consentiroit jamais : ce qu'ayant dit à son retour à la marquise, elle lui dit que depuis son passage elle avoit trouvé moyen de le faire proposer tout droit à M. le prince par Dalencé son chirurgien, qui avoit permission de temps en temps de le voir dans sa prison quand il feignoit avoir quelque incommodité, et se servoit de lui en beaucoup d'affaires de considération. Il répondit à Dalencé qu'il seroit plutôt prisonnier toute sa vie que d'acheter sa liberté au prix de cette alliance, tant les grands courages ont de peine à fléchir. La marquise ajouta que le cardinal savoit cette réponse, et que cela lui avoit fait croire que la proposition que lui en avoit faite le duc de Rohan, ou avoit été de son mouvement et sans charge, ou n'avoit pas été sincère : en quoi le cardinal se trompoit; car il l'avoit faite suivant l'ordre que la princesse douairière lui en avoit donné en ma présence à Chantilly, et il la faisoit de tout son cœur. Je crois même que le prince l'eût bien voulu dans un temps qu'il n'eût pas paru y être forcé, parce qu'il haïssoit son frère, et qu'il n'eût pas été fâché de voir faire à son frère une alliance moindre que celle que lui-même avoit faite, d'autant plus qu'il en auroit tiré de l'utilité.

La marquise chargea encore Gourville de faire proposer le mariage du duc de Candale, celui d'un fils du duc de Bouillon, et celui du prince de Marsillac, avec les trois nièces, croyant comme nous que l'alliance des parens et principaux amis de M. le prince avec le cardinal étoit le seul moyen de lui faire prendre assez de confiance en lui pour lui donner la liberté. Enfin Gourville finit sa relation en nous disant que l'opinion de tous ceux qu'il avoit vus en son voyage étoit que du succès de Bordeaux dépendoient les affaires de Paris; et que des unes et des autres dépendoient les résolutions des frondeurs, la sûreté où la perte du cardinal, la continuation de la prison, ou la liberté des princes.

Ce même jour on envoya Villars, commandant des chevau-légers de Sillery, vers la Saintonge, à dessein d'enlever les courriers ordinaires de Paris, que la cour empêchoit d'arriver jusques à Bordeaux : ce qui nous nuisoit beaucoup, parce que le cardinal prenoit et faisoit déchiffrer les lettres de nos correspondans, et nous empêchoit d'agir de concert avec eux.

On envoya encore des gens de cette compagnie se mettre en embuscade près de Loches, où l'on savoit que le duc de Candale avoit fait un voyage à dessein de l'enlever, et de le mener prisonnier à Montrond; ce qui ne réussit pas : aussi sûmes-nous après qu'il avoit pris ce prétexte pour aller voir la dame de Saint-Loup, de la maison de La Roche-Posay, belle, jeune, d'un esprit vif et enjoué; et pour qui il mouroit d'amour.

Le 15 août, le courrier Cazevane, que le parlement de Bordeaux avoit dépêché aux députés qu'il avoit à Paris, arriva et apporta de leurs lettres, qui faisoient une ample relation de ce qui s'étoit passé aux chambres assemblées en présence du duc d'Orléans, où soixante-et-dix voix avoient accusé hautement la mauvaise administration du cardinal, et proposé d'ordonner que les princes seroient mis en liberté, et de donner l'arrêt tant de fois proposé contre ce ministre; que de l'autre avis par où il avoit passé il y avoit eu environ cent voix, suivant lesquelles il fut ordonné qu'on revêtiroit le registre de la parole solennelle qu'avoit donnée le duc d'Orléans que les ducs d'Epernon et de Candale seroient privés pour toujours du gouvernement de Guienne; qu'on donneroit amnistie à Bordeaux, abolition aux ducs de Bouillon et de La Rochefoucauld, et sûreté à la princesse et au duc son fils partout où il leur plairoit, hors à Bordeaux; et que Le Coudray-Montpensier viendroit incessamment proposer cet accommodement, qui seroit accepté ou refusé dans dix jours; et que cependant tous actes d'hostilité cesseroient.

Cette nouvelle causa une grande consternation à ceux de nos amis à qui le grand zèle qu'ils avoient pour le service des princes persuadoit que le parlement de Paris iroit plus avant pour leur liberté qu'il n'avoit fait. Ceux au contraire qui nous étoient mal ou peu affectionnés ne manquèrent pas de faire publier par leurs émissaires que cet accommodement étoit trop avantageux à Bordeaux pour ne l'accepter pas, d'autant plus qu'avec la satisfaction que le changement de gouverneur leur donnoit, ils avoient celle d'être la cause de la sûreté qu'on donnoit à la princesse, au duc son fils, aux ducs de Bouillon et de La Rochefoucauld, et à tous ceux du parti; et que rien n'étoit plus glorieux à une ville particulière que d'avoir obtenu des choses autant avantageuses que celles-là, et par une voie d'autant plus noble que le Mazarin n'en avoit eu et n'y auroit aucune participation.

Nos amis, d'autre part, ne manquèrent pas de publier partout que cet accommodement étoit captieux; qu'aussi avoit-il été fait par tous les amis du Mazarin, qui leur avoit insinué l'avis duquel ils avoient été dans le parlement de Paris ; parce qu'encore qu'il semblât que l'autorité royale y fût choquée, il faisoit de nécessité vertu, et qu'en essuyant ce léger déplaisir il auroit l'avantage d'en éviter un plus grand; que l'union de Bordeaux lui étoit une chose formidable; qu'il n'avoit amené le Roi et la Reine en Guienne que dans l'espérance que leur présence donneroit de la terreur à cette ville, qu'elle leur ouvriroit les portes, qu'elle mettroit les armes bas, et que tout au plus elle obtiendroit retraite pour la princesse dans quelques unes de ses maisons; et que s'étant mécompté, il n'avoit que la voie d'éviter la honte d'avoir fait un voyage inutile, et de se voir réduit entre deux extrémités, ou de tenter le siége de Bordeaux, dont l'événement lui paroissoit fort incertain, ou de retourner à Paris sans avoir soumis cette ville; qu'il n'avoit pas affaire à des Normands ni à des Bourguignons, qui avoient rendu toutes les places que les prisonniers leur avoient confiées, mais à des Gascons, qui, par pure reconnoissance de l'amitié que le prince de Condé leur avoit témoignée pendant les derniers troubles, avoient reçu ce qu'il avoit de plus cher au monde, et tout autant de ses amis et serviteurs qui y avoient voulu prendre retraite, et qui les défendroient au péril de leurs biens et de leur vie; et enfin que cette entreprise contre le cardinal avoit mis les choses en état que les princes et tout leur parti n'avoient plus de sûreté que Bordeaux, et que Bordeaux n'en avoit plus d'autre que la liberté des princes. Ils ajoutoient à tout cela en public l'histoire de ce qui étoit arrivé à leur ville cent ans auparavant, par le ministère du connétable de Montmorency.

Mais en particulier ils nous parloient bien d'autre sorte : huit ou dix des principaux me firent l'honneur de me visiter, et pour pressentir les avis de nos ducs, et pour aviser, disoient-ils, avec moi ce qu'il y avoit à faire dans une conjoncture aussi délicate que celle-ci. La nouvelle les inquiétoit : le retardement des secours d'Espagne et de la marche du vicomte de Turenne, et la crainte des châtimens qu'ils croyoient avoir mérités en leur particulier, les étonnoit grandement. Ils croyoient que le cardinal mettroit tout en usage pour se rendre maître de leur ville par un siége, si l'on n'acceptoit point cet accommodement; qu'il étoit avantageux à Bordeaux, en leur ôtant messieurs d'Epernon et de Candale pour toujours ; qu'il l'étoit encore à la princesse, aux ducs et à tout le parti, par la sûreté qu'on leur accordoit partout où il leur plairoit; qu'il étoit à craindre que quand on le proposeroit dans une assemblée de l'hôtel-de-ville, il ne fût accepté par la pluralité des voix, d'autant plus que le temps des vendanges avançoit, et que tout le bien des Bordelais consistoit en cette récolte.

Je les laissai parler fort long-temps sans les interrompre, et je leur dis ensuite qu'il falloit examiner de bonne foi et en bons amis ce qu'il y avoit à faire pour les sûretés publiques et particulières; et qu'après nous être écoutés les uns et les autres, nous nous rendrions au logis de la princesse, où nous prierions les ducs de se trouver, et que tous ensemble on prendroit une résolution qu'on essaieroit de faire passer dans le parlement et parmi le peuple; que cependant je leur dirois avec liberté qu'il me sembloit qu'ils s'alarmoient un peu trop. Et après leur avoir lu quelques lettres particulières que j'avois reçues de Paris, j'essayai de leur persuader que toute la Fronde étoit divisée, que les divers partis vouloient perdre le cardinal et s'unir avec les princes, pour en venir plus facilement à bout; que le premier d'entre eux qui joindroit ses amis aux soixante-et-dix voix que nous avions dans le parlement de Paris, rendroit les mazarins les plus foibles en suffrages; après quoi il étoit aisé à voir que le cardinal n'auroit plus de ressource qu'à mettre les princes en liberté. Je les priai de me pardonner si je leur disois que les plus malintentionnés de Paris nous donnoient autant d'avantage que nos amis de Bordeaux, puisque cet arrêt, dont le courrier Cazevane avoit apporté la nouvelle, avoit passé par leurs avis; que je voyois nos amis de Bordeaux avoir quelque pente à l'accepter, et que je ne doutois nullement qu'ils ne se fortifiassent et ne reprissent leur première chaleur, quand ils considéreroient jusques où les bien intentionnés du parlement de Paris alloient, puisque les soixante-douze voix étoient toutes d'avis de chasser le cardinal et d'élargir les princes; qu'il me sembloit que, pour leur donner lieu de pousser leurs bonnes intentions à bout, nous étions dans la vraie conjoncture en laquelle le parlement de Bordeaux devoit donner l'arrêt contre le cardinal, ou du moins envoyer à Paris et à tous les autres parlemens du royaume (comme il l'avoit résolu) les remontrances dressées contre lui par son ordre, avec l'arrêt du 28 juillet; les inviter d'en donner un semblable à leur égard, et de s'unir tous pour faire conjointement les remontrances qui avoient été résolues et dressées.

Qu'il me sembloit encore qu'il seroit bon d'ajouter à la lettre de Paris le traitement qu'on avoit fait au greffier Suau, chargé de lettres pour leurs députés; et qu'ils auroient sans doute donné arrêt pour déclarer le cardinal perturbateur du repos public, et auteur de tous les désordres de l'Etat, s'ils n'avoient jugé qu'étant une affaire qui intéressoit également tout le royaume, il étoit raisonnable d'avoir cette déférence les uns pour les autres, et pour eux particulièrement, de ne le donner que de concert.

Je leur dis encore que, tenant cette conduite, ils donneroient matière là-bas à assembler les chambres, où il arriveroit de deux choses l'une : à savoir, que Paris approuveroit la résolution de Bordeaux, et en formeroit une semblable (auquel cas la perte du cardinal et la liberté des princes étoient indubitables), ou qu'ils demeureroient aux termes de la dernière délibération, qui donneroit temps à ceux-ci, par les allées et les venues qu'on feroit de l'une des compagnies à l'autre, d'aviser ce qu'ils auroient à faire; qu'ils verroient dans moins d'un mois quel secours nous pourrions espérer d'Espagne, quelle utilité nous tirerions de la marche de l'archiduc et du vicomte de Turenne, et de quel profit nous pourroit être la jonction de messieurs de La Force. Mais quand il n'arriveroit aucun avantage de toutes ces espérances, nous serions toujours en état de prendre ce que le parlement de Paris nous avoit offert, et même d'y ajouter quelque chose de plus utile et de plus sûr pour eux et pour le parti; que d'ailleurs il ne pouvoit nous arriver que du bien en tirant les choses en longueur, et du mal à la cour, dont le crédit et l'autorité recevoient tous les jours de nouvelles atteintes. Je leur répétai ce que je crois avoir dit ci-devant touchant l'intérêt que nous avions d'attaquer personnellement le cardinal, que messieurs de Beaufort et le coadjuteur n'oseroient défendre dans le parlement, parce qu'ils vouloient toujours paroître ses ennemis en public.

Tous ceux qui m'écoutoient, après diverses répliques, convinrent qu'ils proposeroient tous ce qu'eux et moi avions dit à la première assemblée des chambres, et qu'ils n'oublieroient rien de tout ce qui dépendroit d'eux et de leurs amis pour faire prendre quelques résolutions vigoureuses.

Ce jour-là, je fis ma promesse de trente-quatre mille livres au banquier Courtade, pour sûreté de laquelle, et d'une autre de dix-huit mille livres que j'avois faite quelques jours auparavant, j'engageai quelques pierreries de la princesse : ce qui nous servit grandement pour faire un petit paiement en forme de prêt à l'armée, qui étoit à la veille de se débander, par le retardement insupportable des Espagnols, auxquels j'écrivois par toutes voies pour exciter leur diligence, d'où dépendoit absolument notre salut.

Le lendemain 16, Barbautane partit avec notre petit armement naval, pour escorter un brigantin que la princesse dépêchoit en Espagne, chargé de ses lettres, de celles des ducs, et des miennes pour ses envoyés et pour le baron de Vatteville, qui toutes représentoient l'extrémité en laquelle nous étions: et j'envoyai un duplicata de cette dépêche par terre, par le moyen du baron d'Orte, qui me promit de faire passer un de ses gens sûrement par les Pyrénées.

Ce jour même, il arriva un trompette à La Bastide, chargé de lettres pour le parlement de la part de Du Coudray-Montpensier; et comme il étoit venu sans passe-port, le duc de Bouillon empêcha qu'il ne passât, et même que l'on n'en vînt donner avis à Bordeaux, parce qu'il avoit peur que cela ne troublât la délibération du parlement, assemblé sur la dépêche de leurs députés de Paris, apportée par Cazevane: d'ailleurs il vouloit voir quel effet feroit la revue générale qu'on fit ce jour-là de toute la bourgeoisie. Elle fut belle, nombreuse et gaillarde; tous crioient, à la vue de la princesse ou de ses généraux, qu'ils mourroient plutôt que de recevoir le Mazarin dans leur ville, et de faire jamais aucun traité avec lui, sans qu'il fût précédé de la liberté des princes. Les ducs prirent occasion de cette chaleur du peuple pour introduire dans la ville le trompette duquel je viens de parler; et jamais je n'ai vu un tel emportement contre le cardinal, que celui qui parut quand on le vit passer par les rues. Les magistrats firent préparer une superbe collation dans une maison particulière, dans la rue qu'on appelle sur les Fosses; et les receveurs du convoi en préparèrent une autre dans l'hôtel de la Connétablie. La princesse et le duc virent passer la revue dans l'une et dans l'autre de ces maisons; ils furent salués par la bourgeoisie sous les armes avec tout le respect dû à leur qualité, et avec une joie qu'il est malaisé d'exprimer (1).

Les jurats donnèrent un grand souper dans l'hôtel-de-ville à plusieurs serviteurs de la princesse. J'étois de la partie; et il s'y fit, avec beaucoup de brindes, beaucoup de protestations de mourir pour le service des princes prisonniers.

Le 17, tous les mêmes qui avoient soupé la veille avec les jurats me firent, aussi bien que les ducs,

(1) « Le 16 août, il se fit à Bordeaux, par l'ordre des jurats, une fort belle revue des bourgeois capables de porter les armes; ils étoient bien dix mille, sans comprendre ni les officiers du parlement et des autres compagnies, ni plusieurs bourgeois que la chaleur du jour fit demeurer à l'ombre. Madame la princesse eut le plaisir de voir passer ces braves fantassins sous les fenêtres du logis du bureau du convoi. M. le duc d'Enghien, oyant le son des tambours et la salve de la mousqueterie, se tournant devers son écuyer, lui dit, avec une action innocente et guerrière tout ensemble: « Çà, çà, donnez-moi mon épée, que je tue Ma-« zarin. » Ah! jeune prince, digne rejeton de la tige de saint Louis, unique espérance de l'illustre maison de Condé, pourquoi faut-il que la foiblesse de ton âge t'empêche de nous donner, en cette belle occasion, des preuves de la valeur héréditaire des Bourbons?

« La revue ne fut pas sitôt faite dans la ville, qu'on en fit une autre dans le faubourg de Saint-Surin, dans laquelle on compta plus de quatre mille hommes, tant des habitans que des paysans qui s'y sont retirés des villages circonvoisins, que l'expérience des occasions dernières et la vaillance naturelle aux Gascons ont tellement aguerris, que le moindre d'entre eux ne céderoit pas au plus brave des troupes mazarines. » (*Histoire véritable de tout ce qui s'est fait et passé en Guienne pendant la guerre de Bordeaux.*)

l'honneur de venir dîner chez moi, où les mêmes protestations redoublées passèrent jusques à un grand nombre de peuple assemblé devant mon logis, à qui je fis porter tous les rafraîchissemens que je pus; car il importoit fort, dans cette conjoncture, d'échauffer l'amitié de tout le monde. Aussi le duc de Bouillon, qui le jugeoit ainsi, parut à une fenêtre qui regardoit sur la rue, le verre à la main, et leur porta la santé des princes de la maison royale, que le Mazarin tenoit dans les fers. Il n'eut pas plus tôt achevé ces paroles, qu'il s'éleva une exclamation générale de bénédictions pour ceux-là et de malédictions contre celui-ci, qui furent suivies du plus grand emportement et de la plus singulière bacchanale que j'aie vue en toute ma vie.

Cependant Le Coudray-Montpensier, impatient comme le sont la plupart des envoyés pour des négociations de la nature de celle-ci, n'ayant point de nouvelles de son trompette, en renvoya un second chargé d'une dépêche de lui, qui, de bonne fortune pour nous, étoit suscrite *A messieurs, messieurs du parlement*: et cela fit le meilleur effet du monde, car ce corps, qui prétend qu'un particulier ne les doit traiter que de messeigneurs, pria les ducs, sous prétexte qu'ils n'avoient point de passe-ports, de les arrêter tous deux à La Bastide; et le parlement ne voulut pas recevoir cette lettre.

Le bruit courut que le Roi quittoit Libourne pour venir à Bourg, et que ce voyage ne se faisoit que pour s'emparer de Blaye et en ôter le duc de Saint-Simon, qu'on ne laissoit pas de soupçonner d'avoir quelque commerce avec nous, parce qu'on savoit qu'il nous avoit donné, comme j'ai dit ailleurs, de grandes assurances de se tourner de notre côté, quoiqu'en effet il fît tout du pis qu'il pouvoit contre nous. Le duc de Bouillon voulut qu'on se servît de cette conjoncture pour faire écrire le conseiller Mirat à ce duc son ami particulier, et lui demander une conférence entre Blaye et Bordeaux. La dame Du Pin, mère de la dame de Pontac, belle et spirituelle dame, de qui il avoit été passionnément amoureux dès le temps de sa faveur sous Louis XIII, et qui avoit conservé une grande autorité sur son esprit, lui écrivit qu'il devoit se donner de garde de l'approche du Roi ; que le cardinal avoit un grand dessein sur sa place, et qu'un de ses amis de la cour lui avoit envoyé un homme travesti, pour lui donner cet avis; qu'elle le lui donnoit afin que s'il voyoit quelque apparence à être mis hors de Blaye, elle pût proposer comme d'elle-même à la princesse de lui envoyer des hommes et de l'argent pour s'y maintenir malgré le cardinal ; et que par là il se raccommoderoit sincèrement avec la maison de Condé, qui se plaignoit tout haut qu'il lui avoit manqué de parole. Cette négociation ne produisit autre chose qu'une invitation que fit le duc, par ses réponses à cette dame Du Pin et à Mirat, de porter messieurs de Bordeaux à accepter l'accommodement avantageux que l'on lui offroit. Les plus habiles gens ne feignent point d'entreprendre à la guerre les choses qu'ils croient avantageuses, quoiqu'elles aient peu d'apparence de réussir, particulièrement quand l'on ne hasarde rien comme ici ; et quand de cent une seule a un heureux succès, on est abondamment payé de la peine qu'ont donnée toutes les autres.

Barbautane retourna sans avoir pu faire passer en Espagne la chaloupe dont j'ai parlé ci-dessus, parce que le garde-côte Monstrie étoit en rivière avec quatre vaisseaux et dix-huit pinasses de Bayonne et de Saint-Jean-de-Luz. Comme peu de chose étonne les bourgeois, cette nouvelle abattit un peu les courages de nos amis, et donna lieu à ceux qui ne l'étoient pas de publier partout que tous malheurs nous menaçoient si Bordeaux n'acceptoit la paix proposée. Mais quatre heures après, ceux-là ayant dit partout que le moindre secours qui nous pourroit venir d'Espagne ameneroit au port de Bordeaux ce petit et foible armement, et mettroit la cour en état de ne savoir que devenir ni que faire, ils reprirent leur premier zèle, comme si la chose eût été déjà arrivée.

Le maréchal de La Meilleraye avoit fait prendre quantité de paysans de Créon et des environs, qui lui tuoient beaucoup de soldats; et comme la princesse sut qu'il menaçoit de les faire pendre, elle lui manda par un trompette que ces paysans n'avoient pris les armes qu'en vertu des arrêts du parlement, et ensuite des ordres du duc d'Enghien son fils, et qu'elle feroit à tous les prisonniers qu'elle tenoit pareil traitement qu'il feroit à ceux-là : ce qui modéra un peu la colère de ce maréchal.

Le 18, un trompette du comte de Palluau, qui a depuis été le maréchal de Clérembault, arriva de la part de Du Coudray-Montpensier avec une seconde dépêche, qui étant suscrite comme la première, fut refusée, et renvoyée de même sorte et par la même raison.

Je chargeai le courrier ordinaire de Flandre en Espagne des mêmes dépêches que Barbautane n'avoit pu faire passer par mer à Saint-Sébastien. Je lui donnai six pistoles, et lui en promis vingt s'il m'en rapportoit réponse.

La princesse fut avertie par le duc de La Rochefoucauld, qui étant très-aimé à Bordeaux recevoit fort souvent de bons et sûrs avis, que le président de La Traisne, homme de bien, mais foible et timide, qui étoit ou faisoit le malade depuis six mois pour n'entrer point au parlement, afin de se laver les mains de tout ce qui s'y passoit, avoit résolu d'y entrer le lendemain 19, afin de rendre le président d'Affis, qui étoit moins ancien que lui, inutile. Celui-ci étoit un homme de bel esprit, emporté au dernier point quand il ne trouvoit point d'opposition, mais le plus craintif que je vis jamais quand il étoit menacé de quelque fâcheux succès. Il étoit d'autre part fort intéressé; de sorte qu'il étoit entièrement dévoué à la princesse, par l'argent qu'elle lui faisoit donner quand elle le pouvoit, ou par les menaces qu'elle lui faisoit faire par le peuple quand elle le voyoit biaiser. Quoi qu'il en soit, il nous étoit infiniment meilleur que le président de La Traisne, vers qui notre argent n'avoit point du tout d'accès, et qui craignoit plus la cour que le mal que nous pouvions lui faire, outre qu'il étoit fort porté à suivre les anciennes maximes du Palais, qui n'étoient pas à notre avantage : et cela fit que le duc de La Rochefoucauld conseilla à la princesse d'aller le voir, comme elle fit, et lui dit qu'elle auroit fort souhaité qu'un homme de sa probité fût entré au parlement dès le temps qu'elle y étoit arrivée, pour demander la protection qu'elle avoit obtenue pour le duc son fils et pour elle contre les violences du cardinal Mazarin, et qu'elle auroit espéré de lui tout ce qu'un bon Français doit à des princes du sang contre les injustes entreprises d'un ministre étranger; mais qu'elle lui disoit ingénument qu'elle étoit avertie de toutes parts, et de ses amis de la cour même, qu'il n'avoit pris résolution d'y entrer que pour appuyer par ordre du cardinal, qui se vantoit de l'avoir gagné, la négociation que Le Coudray-Montpensier devoit venir faire à Bordeaux, et pour tâcher à rompre toutes les mesures qu'elle avoit prises jusque là pour la liberté de monsieur son mari.

Ce bon président lui répondit avec respect et avec modestie qu'il voyoit bien qu'il n'avoit pas l'honneur d'être connu de Son Altesse; qu'il ne connoissoit pas le cardinal Mazarin; qu'il n'espéroit rien de lui ni de la cour; qu'il savoit quelle étoit sa conduite, qu'il l'avoit toujours détestée; qu'il révéroit la maison royale et Son Altesse en particulier; qu'il aimoit sa patrie; et en un mot qu'il étoit incapable de rien faire contre ces principes-là en faveur d'un étranger; et que s'il entroit au parlement, ce ne seroit que pour servir Son Altesse. Et en effet dans toute la suite de cette affaire il se conduisit fort sagement, je veux dire qu'il n'eut d'emportement ni pour ni contre nous. Il n'affectoit point de se rendre maître des délibérations de la compagnie, mais il exécutoit fort bien et avec assez de prudence ce qu'elle ordonnoit.

Si nous eussions encore été dans les premières chaleurs que les Bordelais avoient à l'arrivée de la princesse, il auroit été à propos qu'elle eût suivi les conseils de ceux qui vouloient qu'on envoyât la populace le menacer s'il entroit au parlement; mais, en l'état que les choses étoient réduites, nous sans argent, sans apparence d'un prompt secours d'Espagne, et le Roi aux portes, il falloit prendre des sentimens plus doux et plus souples. Il étoit dangereux de risquer une action violente contre un homme de bonnes mœurs, qui étoit bien allié et aimé dans la ville, et qui vraisemblablement ne nous feroit pas de mal s'il ne nous faisoit point de bien. Le moindre prétexte fait souvent tourner une ville partialisée; et les habiles gens du parti contraire n'en demandoient qu'un plausible, pour gagner nos amis par la crainte, ou par l'espérance que la cour présente faisoit entrevoir. Et je confesse que je craignois plus le président d'Affis, tout dévoué qu'il étoit, que celui-ci tel qu'on me l'avoit dépeint: car les gens de la trempe du premier sont capables de tout faire et de tout entreprendre à la vue d'une grande récompense; et le cardinal étoit plus en état de la lui faire espérer que nous.

Le père Bruno, récollet, duquel j'ai parlé amplement ci-dessus, retourna de la cour. Il vint tout droit en mon logis, et me dit que le cardinal l'avoit reçu de très-bonne grâce, qu'il avoit lu l'écrit que je lui avois dicté pour soulager sa mémoire : sur quoi il lui dit qu'il connoissoit bien par mon style que j'étois fort instruit des affaires courantes; qu'il voyoit beaucoup de bonne intention en ce que je disois; qu'il m'en seroit fort obligé toute sa vie. Et comme le cardinal étoit fort libéral des choses qui ne lui coûtoient rien, ce bon religieux me rapporta qu'il lui avoit dit tant de choses à ma louange, que je serois honteux de les rapporter ici; et qu'enfin il lui avoit dit que s'il prenoit mon avis en conscience, il savoit bien que je ne lui conseillerois jamais, ni à la Reine, de donner la liberté à messieurs les princes tant que madame la princesse et tous ses amis et serviteurs seroient armés; que Dieu lui étoit témoin qu'il souhaitoit autant que moi de les voir sortir de prison; mais qu'il y avoit de certaines choses dans lesquelles il falloit soumettre ses inclinations particulières au bien de l'Etat; qu'il s'entretiendroit ce soir-là même avec la Reine, après quoi il lui feroit réponse sur ce qu'il au roit à me dire; qu'il aimeroit bien mieux de traiter avec moi plutôt qu'avec aucun autre du parti; et qu'encore qu'il sût que j'avois donné tout le mouvement à cette affaire, bien loin de m'en vouloir du mal, il m'en estimoit, et connoissoit par là combien il étoit avantageux d'être de mes amis. Enfin il n'oublia rien de tout ce qu'il put dire à ce père pour me toucher le cœur de toutes ces vaines espérances que les habiles négociateurs, et qui ont le pouvoir en main, ont coutume de donner à ceux avec qui ils traitent. Je l'interrompis, et lui dis tout ce à quoi mon devoir m'obligeoit; et dans toute la suite de l'affaire jusques à la paix générale, je n'ai rien oublié dans toute ma conduite de ce qui a pu persuader M. le cardinal que je n'ai pas été indigne de la confiance dont monseigneur le prince et les principaux de son parti m'ont honoré.

Le cardinal dit ensuite à ce religieux qu'attendant qu'il lui fît une plus ample réponse, il pouvoit voir le comte Servien, et conférer de toutes choses avec lui. Le lendemain il reçut une visite de celui-ci dans son couvent de Libourne, où il lui répéta, et presque en mêmes termes, tout ce que le cardinal lui avoit dit la veille; et lui fit de plus, sur le sujet dont il s'agissoit, la comparaison de la conversion de Henri IV, à laquelle il n'avoit jamais voulu se porter qu'après qu'il eût triomphé des armes de ses ennemis, afin qu'on ne pût attribuer à la force ce qu'il vouloit faire de bonne volonté.

Le jour suivant, il pressa le cardinal de lui donner congé et réponse : ce qu'il fit en lui disant qu'il pouvoit me dire que si je voulois persuader à la princesse d'aller à la cour avec le duc son fils, on le feroit nourrir avec le Roi avec tout le soin et tous les égards dus à sa qualité, et que madame sa mère y seroit reçue de la Reine avec tant de bonté et de douceur, qu'elle jugeroit bien qu'elle avoit autant d'envie qu'elle-même de donner la liberté à monsieur son mari; et que lui M. le cardinal en traiteroit toutes les conditions avec moi; mais que cela ne pouvoit jamais arriver tant qu'elle seroit armée. Il ajouta qu'il me prioit en mon particulier de considérer qu'il étoit en brassières, et qu'il falloit commencer cet ouvrage par l'approbation du duc d'Orléans. Et enfin il congédia ce père en lui disant que la Reine et lui lui étoient grandement obligés de ses soins; qu'il seroit le très-bien venu toutes les fois qu'il retourneroit à la cour de la part de qui que ce fût; qu'il prendroit créance en ses paroles et aux miennes. Quant au duc de La Rochefoucauld, il savoit bien qu'il ne faisoit que suivre les volontés de la duchesse de Longueville, qui, étant ravie de faire l'amazone à Stenay, feroit durer la guerre autant qu'elle pourroit; et que c'étoit pour cela qu'elle l'avoit obligé à être plutôt à Bordeaux que près d'elle, afin qu'il mît ordre qu'il ne s'y fît rien que par eeux qu'elle lui enverroit; et que d'un autre côté elle faisoit inspirer au duc de Bouillon par le vicomte de Turenne son frère tout ce qui pouvoit faire réussir tout cela, et qu'il me croyoit trop habile homme pour ne pas empêcher que madame la princesse ne fût la dupe des uns et des autres.

Ce dernier discours me fit connoître clairement que toute cette négociation n'avoit point d'autre but dans l'esprit du cardinal que de nous donner de la défiance les uns des autres. Il croyoit qu'un particulier comme moi, de qui d'un mot il pouvoit faire la fortune, se laisseroit éblouir à ses louanges, aux espérances qu'elles me faisoient entrevoir, et à la vanité de faire plus tout seul que tout le parti ensemble, par la proposition qu'il me faisoit de traiter la liberté des princes avec moi; et que tout cela ensemble m'obligeroit de porter madame la princesse, qui n'avoit point d'arrière-pensées pour moi, et qui n'avoit de passion que de tirer M. le prince des fers, de suivre le conseil qu'il lui donneroit d'aller à la cour.

Je dis sur cela au père qu'il me sembloit lui avoir assez expliqué le fond de mon cœur pour qu'il répondît pour moi à M. le cardinal; que la netteté de la conduite des ducs de Bouillon et de La Rochefoucauld, que je connoissois mieux que personne, m'avoit tellement soumis à leurs volontés, que j'étois incapable non-seulement de rien faire à leur insu, mais encore de faire chose quelconque que par leur ordre; que madame la princesse me l'avoit commandé ainsi, et que Son Altesse même ne faisoit ni ne disoit que ce que l'un et l'autre lui conseilloient; que j'allois leur rendre un compte exact de ce que dessus, et que j'étois assuré que les uns et les autres seroient de même sentiment que moi, et lui diroient à lui-même qu'ils étoient prêts d'entrer en tout traité avec M. le cardinal pour la liberté des princes, d'y sacrifier tous leurs intérêts et tous ceux de leurs maisons; mais que rien n'étoit capable de faire désarmer madame la princesse avant que de l'avoir obtenue, et encore moins de lui faire prendre de la défiance des ducs, desquels elle ne se désuniroit jamais. Il alla se reposer; et moi j'allai rendre compte de tout ceci à madame la princesse en présence des ducs, qui approuvèrent tout ce que j'avois dit, qui me firent l'honneur de me remercier de la bonne opinion que j'avois d'eux, qui firent mille protestations à la princesse de ne l'abandonner jamais, et qui confirmèrent le jour suivant au père Bruno ce que je lui avois dit de leur part, et l'obligèrent à faire un autre voyage à la cour, dont je parlerai après.

Cependant ils jugèrent tous deux que le cardinal n'avoit retenu ce bonhomme aussi long-temps qu'il avoit fait, et n'avoit parlé comme je viens de dire que parce qu'il vouloit voir l'effet de la négociation de Du Coudray-Montpensier. Nous voyions tous qu'elle ne pouvoit lui plaire, et que, quelque succès qu'elle eût, il seroit tout contre lui: car si Bordeaux l'acceptoit, toute l'utilité en retomboit au duc d'Orléans et aux frondeurs; et s'il la refusoit, c'étoit une marque infaillible que nous étions en état de résister au siége dont le cardinal nous menaçoit.

Le 19, nous dépêchâmes le nommé Carros en Espagne, avec des lettres pressantes au baron de Vatteville et aux envoyés de la princesse.

Nous sûmes que le premier président de Toulouse,

Montrane, homme habile, mais dévoué à la cour, avoit, comme l'on dit, donné un arrêt sous la cheminée, afin de courre sus à ceux qui levoient des troupes dans leur ressort pour secourir le duc de Bouillon dans Bordeaux; et un ordre de l'hôtel de cette ville-là pour envoyer six pièces de canon à la cour.

Nous apprîmes encore qu'on avoit adressé de Saint-Sébastien un paquet important du 15 du mois à un Anglais nommé Oiscon, pour le faire tenir à son correspondant de Bordeaux, nommé Lavie, avec ordre de me le rendre en main propre; et que cet Anglais l'avoit fait intercepter par le commandant de Bayonne, comme il avoit fait plusieurs autres, qui tous furent envoyés à la cour.

On résolut de recevoir Le Coudray quand il voudroit venir, et de le loger chez le conseiller Massiot, homme opiniâtre; en un mot, de ces sortes de gens qui suivent aveuglément les premiers mouvemens que leur passion leur donne. Il eut ordre de ne le laisser parler à qui que ce fût, qu'à trois ou quatre bourgeois de son même génie et de sa même inclination, qui étoit extrême pour nous et contre le cardinal, sans en pouvoir dire la raison.

Divers bruits coururent que les vaisseaux d'Espagne étoient en mer; et quoiqu'ils fussent faux, ils nous furent fort utiles par la vigueur qu'ils donnèrent aux Bordelais et la consternation qu'en reçut la cour.

Tous les frondeurs s'assemblèrent chez Massiot, pour l'instruire de la conduite qu'il devoit tenir avec Le Coudray; et là ils résolurent de suivre les conseils que les ducs de Bouillon et de La Rochefoucauld, dont j'ai parlé ci-dessus, leur avoient donnés, de tirer l'affaire autant en longueur qu'on pourroit, et jugèrent tous qu'une vigoureuse obstination leur feroit faire un traité très-avantageux, quand même les secours qu'on attendoit viendroient à manquer; qu'il falloit profiter à quelque prix que ce fût de la foiblesse du cardinal; et résolurent de faire un emprunt d'argent le plus considérable que l'on pourroit.

Le 20, on arrêta au parlement que l'on enverroit les remontrances et l'arrêt résolus contre le cardinal Mazarin.

On renvoya de la cour le greffier Suau, après que Servien lui eut fait signer un écrit par lequel il s'obligeoit de porter une lettre au président d'Affis, et qu'il retourneroit le jour même. Tout cet empressement de la cour fit bien juger de l'envie qu'avoit le cardinal de voir finir cette négociation, quelque honteuse qu'elle lui fût, pour aller remédier aux affaires que les frondeurs lui préparoient à Paris par le duc d'Orléans et par eux-mêmes, qui n'aspiroient qu'à bâtir leur fortune sur la ruine de la sienne; et cela augmentoit la fermeté de ceux de Bordeaux. Suau alla au parlement, et rendit sa lettre. Il ajouta à ceci que la cour lui paroissoit fort embarrassée, et retourna coucher à Livourne comme il l'avoit promis.

Nous apprîmes par lui, comme nous faisions tous les jours par plusieurs autres, diverses intrigues que des particuliers du parlement et de la bourgeoisie de Bordeaux, et quelques-uns même des nôtres, avoient, les uns directement à la cour ou avec les ministres, les autres avec de leurs amis qui y étoient ou qui y avoient quelque correspondance; mais comme tout cela alloit plutôt à se faire de fête qu'à autre chose, je n'en dirai rien ici. Il étoit malaisé de nous faire un grand mal, car toute l'autorité étoit fort unie : on ne pouvoit que donner quelques avis de ce qui s'exécutoit, et quelques conseils de ce qui sembloit à quelques uns qu'on devoit faire. Je m'assure que ces conseils étoient fort différens, car chacun en pareilles rencontres en donne suivant son intérêt et selon son caprice; et comme bien souvent ils ont peu de rapport avec les intérêts de ceux qui gouvernent et par où tout se décide ordinairement, telles menées sont peu à craindre.

Le 21, Le Coudray-Montpensier arriva : il trouva à l'entrée de la ville trois ou quatre mille personnes de toutes conditions, qui lui crioient confusément que la considération qu'ils avoient pour le duc d'Orléans qui l'envoyoit, et l'expresse défense que leur avoit faite la princesse, les empêchoient de le jeter dans la rivière ; et, après plusieurs cris de *vive le Roi et les princes! et f..... du Mazarin!* le forcèrent diverses fois à crier de même sorte, et l'accompagnèrent avec cette musique jusques en son logis, où personne ne le vit que comme j'ai dit auparavant qu'on l'avoit résolu ; et ceux qui le visitoient ne cessoient de vomir des imprécations contre le cardinal, et contre tous ceux qui avoient consenti à la prison et s'opposoient à la liberté des princes.

Ce même jour, le président de La Traisne prit la peine de me venir visiter, pour me donner part du dessein qu'il prenoit d'entrer le jour suivant au Palais. Je lui fis le même discours à peu près que la princesse lui avoit tenu ; et comme il me parla fort honnêtement, j'essayai de lui persuader ce qui nous convenoit. Il me dit ensuite qu'il falloit que la cour fût bien abattue et le cardinal bien foible, s'ils donnoient les mains à la négociation de Du Coudray-Montpensier, et s'ils retournoient à Paris sans vouloir entrer dans Bordeaux.

Je crus qu'il ne me parloit de la sorte que pour me sonder, et que je devois lui repartir brusquement, connoissant sa timidité naturelle : aussi lui dis-je, avec toute la chaleur qui me fut possible, qu'il y auroit bien du sang répandu s'il se trouvoit des gens assez dévoués au Mazarin pour faire une telle proposition. « Je ne vous dis pas, me dit-il, que ce soit là
« mon avis : Dieu m'en préserve ! — Je suis bien as-
« suré, monsieur, lui repartis-je, de votre probité et
« de votre habileté ; et ainsi je ne puis jamais penser
« que vous voulussiez contribuer la moindre chose
« du monde à mettre M. le duc, qui est le seul prince
« de la maison royale qui soit en liberté, entre les
« mains d'un ministre étranger plein de haine et de
« vengeance : vous en connoissez trop bien les con-
« séquences, et je suis certain que vous agirez en ce
« rencontre comme un bon Français doit faire. » J'entrai après avec lui sur le mauvais état auquel se trouvoit la cour : nous nous séparâmes, et il fut ensuite voir le duc de Bouillon, à qui j'avois rendu compte de ceci, qui lui parla si fortement, que le lendemain nous le vîmes changé du blanc au noir.

J'eus ce jour-là un long entretien avec Mirat, homme fort dans le Palais et très-accrédité dans la ville. Je lui fis confidence de ce qu'il étoit nécessaire de lui dire des allées et venues du père Bruno, afin

qu'il se tînt obligé de ce secret, et que, quand le cas écherroit, il fît approuver cette négociation. Je lui dis ensuite que j'avois vu quantité de bons bourgeois qui étoient portés d'un tel zèle pour les princes; qu'ils m'avoient dit que si le cardinal vouloit les mettre en liberté, ils recevroient le duc d'Epernon pour gouverneur, et lui feroient une entrée magnifique. Je voulois sonder Mirat en lui tenant ce discours. « Oui-dà ! me répondit-il ; il s'en trouvera de cet
« avis, et j'en serai avec tous mes amis. — Il ne faut,
« lui repartis-je, parler de cela qu'à toute extrémité;
« et pour lors nous ferons envisager cette affaire au
« cardinal comme le seul moyen de rétablir l'autorité
« royale, et le plus grand bien qui lui puisse arriver;
« lui qui voit ce que M. le duc d'Orléans et les fron-
« deurs entreprennent contre lui. » Il entra tout-à-fait dans mon sens, et c'est ce que je voulois; car rien n'étoit meilleur pour nous que cela, ni rien plus délicat à toucher.

Le 22, Le Coudray-Montpensier alla au parlement, suivi de la même populace et des mêmes clameurs qu'il l'avoit été la veille à son arrivée; et lui-même crioit plus fort que pas un autre, croyant que c'étoit le seul moyen de conserver sa vie, qu'il croyoit en grand péril, les portes de son logis ayant été gardées toute la nuit, et n'ayant eu liberté de parler à qui que ce fût. On le fit attendre quelque temps dans la salle de l'audience, où après que, suivant la coutume, on lui eut fait ôter son épée, il fut introduit dans la chambre du conseil. Il rendit les lettres du duc d'Orléans, desquelles il étoit chargé; il exposa sa créance et le sujet de son voyage, tel que je l'ai rapporté ci-dessus. La cour lui dit par la bouche du président qu'elle étoit fort obligée aux soins que M. le duc d'Orléans vouloit prendre de donner la paix à la Guienne; qu'elle recevoit ses lettres avec respect; mais qu'avant que d'écouter aucune proposition ni faire aucune réponse, il étoit préalable de faire ouvrir tous les passages, retirer les troupes, et les faire jouir de la trêve de dix jours que ledit seigneur duc leur proposoit par lui.

Le Coudray répondit qu'il jugeoit cela fort raisonnable, mais qu'il falloit qu'il avouât à la compagnie que le Roi croyoit que les dix jours étoient expirés; que Sa Majesté étoit résolue de faire attaquer Bordeaux dès le lendemain; qu'il savoit que les ordres en étoient donnés, et qu'il alloit partir en diligence pour essayer d'en différer l'effet. Il s'éleva un grand murmure, disant que l'on ne traitoit donc avec eux que pour les surprendre; quelques uns dirent qu'ils seroient les premiers à mourir sur la brèche pour la liberté de la patrie; et après que ce bruit fut calmé, Le Coudray prit congé de la compagnie, et partit après le dîner pour retourner à la cour.

Les ducs ni aucun de nous n'eurent commerce avec lui, et tous les serviteurs de la princesse, à son imitation, affectèrent toutes les apparences de laisser toute la conduite entière de cette affaire au parlement. Le duc de Bouillon, qui fut auteur de cet avis, crut que c'étoit prudence de leur témoigner une confiance entière : car s'ils se conduisoient à notre mode, nous avions ce que nous pouvions souhaiter; et s'ils en usoient autrement, nous avions une ressource pour les mettre à la raison, qui étoit de leur opposer le peuple, parmi lequel on semoit autant de jalousie qu'on pouvoit contre le parlement, afin que, s'il étoit nécessaire, on lui ôtât la négociation par force, et qu'on la mît entre les mains de l'hôtel-de-ville et de la bourgeoisie. Pour en venir à bout, nous fîmes approuver ce dessein à tous les frondeurs du parlement, qui le faisoient appréhender à tous ceux de leurs confrères qu'ils soupçonnoient être dans les intérêts de la cour.

Le 23, le maréchal de La Meilleraye marcha avec cavalerie et infanterie vers le Cipressac, et se mit en bataille entre ce lieu-là et La Bastide. L'alarme en fut bientôt portée dans la ville : chacun reprit sa première vigueur; l'on crioit à haute voix contre le cardinal, et l'on juroit de ne se fier jamais en lui après une telle fourbe. C'est ainsi qu'ils appeloient le procédé de ce ministre, qui les faisoit attaquer pendant qu'il les amusoit d'une négociation; et tous se repentoient de n'avoir point égorgé Le Coudray-Montpensier avant qu'il fût sorti de la ville. On redoubla la garde de La Bastide. Les ducs de Bouillon et de La Rochefoucauld, qui y allèrent en diligence, y furent suivis de quantité d'officiers du parlement et de bourgeois armés. On y tint conseil de guerre, dans lequel tous les Bordelais proposèrent d'aller aux ennemis : mais comme le duc de Bouillon leur représenta qu'il y avoit entre eux et nous un grand fossé (qu'en langage du pays on appelle un *estey*), qui se remplit d'eau en haute marée, en telle sorte qu'on ne peut y asseoir des planches ni le combler de fascines, parce qu'elles s'avancent suivant le cours de l'eau à mesure qu'on les jette, le duc les fit consentir à se conserver le même avantage qu'on donneroit aux ennemis si on alloit à eux par des chemins difficiles, et de les attendre de pied ferme, pendant qu'on travailleroit nuit et jour à mettre La Bastide au meilleur état qu'elle pût être.

On avoit dépêché la veille La Lande en Espagne. On envoya ce jour-là un double de la dépêche par Antoine Sabaria, portugais, pour donner avis de tout ce qui se passoit; et l'on ne savoit que penser ni que dire, y ayant un mois entier que l'on n'avoit reçu aucune nouvelle de Sillery, de Mazerolles ni de Baas, qui étoit à Madrid; et vingt jours du baron de Vatteville, qui étoit à Saint-Sébastien.

Les ducs jugèrent à propos que j'envoyasse dans cette conjoncture le père Bruno à la cour; et la princesse me le commanda par leur avis. J'écrivis en leur présence ce qu'ils crurent qu'il devoit dire au cardinal, qui vraisemblablement devoit être étonné de la fermeté de ceux de Bordeaux, et de tout l'emportement dont Le Coudray devoit lui avoir rendu compte. L'écrit que je donnai à ce religieux fut court, ne contenant que quelques circonstances, qui sont exprimées ci-dessus, tendantes à redoubler sa jalousie contre le duc d'Orléans et contre les frondeurs: c'est pourquoi je ne les trancris pas ici.

Le 24, ce bon père partit après que les ducs lui eurent dit qu'ils approuvoient tout ce dont je l'avois chargé. Il alloit son chemin droit à Libourne, où il fut rencontré par quelques soldats qui le menèrent prisonnier au maréchal de La Meilleraye, qui le mit en liberté d'abord qu'il lui eut dit qu'il alloit rendre compte au cardinal de quelque chose dont il l'avoit chargé. Il lui dit qu'il l'attendoit ce soir-là dans son quartier; il lui conseilla de ne pas passer outre et de l'attendre : ce qu'il fit. Le cardinal arriva, le reçut favorablement, lui donna une fort paisible audience sur le sujet du contenu au mémoire dont je l'avois chargé. Il le lut ensuite avec beaucoup d'attention; et, suivant son style ordinaire, il se mit à me louer, disant que ce papier étoit écrit de bon sens; que pourtant il pourroit fort bien le contredire; et enfin le remit au lendemain pour l'entretenir plus au long.

Il parut à ce religieux que le soir de son arrivée le cardinal avoit quelque dessein, sinon de traiter avec la princesse, du moins de l'entretenir de belles espérances : et il y a quelque apparence que dans ce temps-là il en devoit user ainsi, pour, par la même raison que nous, donner de la jalousie aux frondeurs de Paris; et le principal objet de nos négociations n'étoit que d'en venir là, pour ensuite pouvoir tirer nos convenances des uns ou des autres. Mais le lendemain matin, soit que le cardinal eût pénétré notre dessein, soit qu'il eût reçu quelques nouvelles de Paris qui lui fissent changer d'avis, tout ce long entretien qu'il avoit fait espérer au père aboutit à lui dire que le traité que la princesse avoit fait avec le roi d'Espagne, dont il disoit savoir tout le détail, mettoit l'affaire hors d'état de faire aucune négociation avec elle; qu'il ne pouvoit avec honneur conseiller à la Reine d'entrer en aucun accommodement, qu'au préalable madite dame et tout son parti ne fût soumis au pouvoir de Sa Majesté; que Dieu, qui voyoit le fond de son cœur, savoit le violent désir qu'il avoit de mettre M. le prince en liberté. Il appuya son discours de très-grands sermens, et le finit en disant qu'il avoit encore relu l'écrit qu'il lui avoit apporté avec plaisir; qu'il le feroit voir à la Reine; et que cependant il pouvoit s'en retourner à Bordeaux, et qu'après avoir conféré avec Sa Majesté il le manderoit; que cependant il pouvoit dire au duc de Bouillon et à moi qu'il avoit reçu la nuit un courrier d'elle; qu'elle avoit la bonté de surseoir l'attaque de La Bastide de quelques jours; que lui n'étoit venu là que pour la faire attaquer en sa présence; qu'il s'en retournoit à Libourne, et qu'on n'entreprendroit rien de quelque temps.

Il rappela encore le père après qu'il l'eut congédié, et lui dit qu'il pouvoit nous dire tout, mais que nous n'avions que faire de parler de ce sursis aux gens de guerre ni à messieurs de Bordeaux; qu'il le prioit de me faire des baise-mains de sa part, et de me dire que je me fiois en des gens qui n'en usoient pas de même envers moi; qu'il me plaignoit en cela, et que quelque jour il m'en diroit des particularités qui me surprendroient. Je fus pourtant fort peu surpris de ce discours. Quiconque a connu M. le cardinal Mazarin jugera que je devois plutôt croire que mes amis étoient sincères, que ce qu'il me mandoit: car s'il eût été autrement, il se seroit bien gardé de m'en donner un avis charitable, et, comme de raison, il en auroit profité.

Le 25, le père Bruno arriva, me rapporta tout ceci, et moi aux ducs de Bouillon et de La Rochefoucauld, qui se donnèrent carrière de toute cette conduite du cardinal, qui en effet étoit fort plaisante et fort extraordinaire à un homme de son poste. Nous jugeâmes tous de son peu de sincérité (qui nous étoit fort connue d'ailleurs) par ce qu'il disoit de ce prétendu traité d'Espagne, qui ne fut fait, et duquel nous n'eûmes connoissance, que long-temps après. Les ducs jugèrent à propos (et c'étoit un effet du jugement de l'un et de l'autre) de donner connoissance à plusieurs de nos amis du parlement, et même à quelques-uns des plus sensés bourgeois, de ce qu'il convenoit qu'ils sussent du voyage du père Bruno, afin que s'ils venoient à le découvrir, ils n'eussent pas sujet de se plaindre qu'on négocioit à leur insu. Aussi rien n'est plus dangereux dans les partis que de négocier en secret et sans la participation de ceux qui y ont quelque autorité; car c'est fournir un prétexte, à ceux de qui l'on se cache, de faire une défection sans qu'on puisse presque la leur reprocher.

Nouvelles vinrent par le courrier de Paris que l'archiduc et le vicomte de Turenne avoient pris Rethel et Château-Portien, et qu'ils avoient mis Reims et Soissons à contribution. Le duc de Bouillon dépêcha à l'instant même Montigny à monsieur son frère pour le prier de presser sa diversion, de s'avancer autant qu'il pourroit vers Paris, sans s'arrêter à aucun siége; et, s'il pouvoit, de faire passer quelque cavalerie en Guienne, qui en chemin faisant ramasseroit ce qu'il rencontreroit de nos troupes à Montrond, en Auvergne, en Turenne, vers le Pariage, et de former quelque petit corps derrière la cour qui fût capable de lui donner quelque inquiétude.

Cependant il se formoit quantité de cabales dans Bordeaux pour porter les esprits à la paix, et les plus passionnés frondeurs soupçonnoient la foi du duc de

Bouillon; et quoiqu'il agît très-sincèrement, le retardement des secours d'Espagne, celui de la marche du vicomte de Turenne, dont il leur disoit souvent qu'il avoit des nouvelles certaines, leur faisoit croire qu'il ne vouloit que les embarquer par ses discours, et profiter de leur malheur pour faire ses affaires. Rien n'est plus ordinaire dans les partis que la défiance les uns des autres, mais elle est infaillible des inférieurs aux supérieurs : les peuples croient que les desseins doivent être aussitôt exécutés que conçus, et ne considèrent pas que l'exécution dépend plus des moyens que de la volonté.

On tâchoit à remédier à tout cela, et à remettre les esprits autant qu'on le pouvoit. Le duc de La Rochefoucauld, qui, se mêlant moins du détail des choses que le duc de Bouillon, n'étoit pas si chargé de l'événement, avoit plus d'application à entretenir des amis dans la bourgeoisie: et au lieu de faire comme beaucoup d'autres, qui pour profiter du désaccréditement de leur collègue le fomentent, il n'oublioit rien de tout ce qui étoit en son pouvoir pour faire connoître la sincérité du duc de Bouillon; et celui-ci avoit un jugement si profond et une conduite si nette, qu'en peu de temps tous ces orages se dissipoient, et sa capacité et la grande union qui étoit parmi nous rappeloient aisément la confiance.

Le plus grand de nos maux étoit la disette d'argent: il y avoit plus d'un mois que nous ne faisions que vivoter des sommes que j'avois empruntées. Le duc de Bouillon faisoit lever par avance dans sa vicomté de Turenne trois années de son revenu; le duc de La Rochefoucauld tiroit de chez lui ce qu'il pouvoit; et ni l'un ni l'autre n'étoient à aucune charge à la princesse. Les amis firent merveille pour remettre tout dans la première chaleur : la moindre nouvelle favorable animoit tout le monde d'une vigueur nouvelle.

L'hôtel-de-ville résolut d'obliger les bons bourgeois de faire un prêt à la princesse sur ses pierreries, et le parlement résolut d'y contribuer la septième partie. On dépêcha un courrier à Paris pour y porter l'arrêt et les remontrances contre le cardinal; et le capitaine L'Espion par mer à Saint-Sébastien, pour presser le secours, dans la crainte que nous avions que ceux que l'on avoit dépêchés par terre n'eussent pu passer. Mais il retourna la nuit suivante, disant que les vaisseaux de Montrie traversoient la rivière de telle sorte qu'il étoit impossible de passer. Je crois que la crainte traversoit encore plus sa cervelle. Mille gens en pareilles rencontres s'offrent sans dessein d'effectuer ce qu'ils promettent, et croient qu'on leur aura obligation de la bonne volonté qu'ils témoignent; et qu'encore qu'ils ne réussissent pas, ils profiteront toujours des sommes qu'on leur avance : ce seroit pourtant un défaut de prudence de ne pas risquer quelque chose en semblable occasion.

Le même jour, on eut avis que les ennemis avoient fait provision de bateaux à Cadillac et aux environs, et qu'ils avoient fait avancer partie de leurs troupes du côté de Bordeaux, n'ayant laissé que cinq cents hommes dans l'île Saint-Georges. On crut d'abord qu'ils avoient dessein d'attaquer Saint-Surin, et de faire une tentative pour emporter quelque poste considérable, qui jetant la terreur dans la ville fomenteroit les divisions, et donneroit moyen aux malintentionnés d'agir plus librement contre nous. En effet, les conseillers Pomiers-Françon, Martin, et quelques autres de leurs cabales, dirent tout haut dans le parlement que le temps de faire la paix étoit venu; mais comme on les fit menacer par le peuple comme ils retournoient en leurs maisons, ils n'osèrent pousser cette proposition.

On fit équiper quatre brûlots, à dessein de mettre le feu dans les vaisseaux de Montrie.

Le 26, le cardinal vint à Senon, près le Cipressac, à dessein d'attaquer La Bastide. On nous dit que mille mousquetaires, qui avoient souffert la pluie deux jours et deux nuits, et qui avoient quantité de malades parmi eux, refusèrent de venir attaquer nos gardes avancées, soit par cette considération, soit par quelque autre que ce soit qui nous fut inconnue. Le cardinal changea d'avis, et résolut de faire passer les troupes dans le pays de Grave du côté du Médoc. Peut-être considéra-t-il que La Bastide étoit en défense, qu'il étoit difficile d'y mettre Saint-Surin; et que quand même il auroit emporté ce poste, étant séparé de Bordeaux par la rivière de Garonne, il ne leur seroit pas de grande utilité. Enfin il se retira, et laissa neuf cents malades à Créon; et son infanterie, qui avoit été cinq jours sans pain, diminuoit notablement.

On fit mettre à la voile notre petit armement naval; et Barbautane, qui le commandoit, eut ordre d'aller traverser autant qu'il pourroit le passage du maréchal de La Meilleraye en Médoc.

Je pris l'occasion du courrier Cazevane, qui portoit au parlement de Paris les remontrances que le parlement de Bordeaux avoit faites contre le cardinal, pour écrire, comme je fis, au duc de Nemours, au président Viole et à quelques autres de nos correspondans, pour leur faire savoir l'état des choses. J'écrivis encore à la duchesse de Longueville pour lui remontrer de quelle importance il étoit de faire avancer les troupes devers Paris; et à la princesse douairière, de ne pas perdre l'occasion de s'y rendre, et de présenter les requêtes que ses serviteurs jugeroient à propos pour la liberté des princes. Le duc de Bouillon écrivit aussi au vicomte de Turenne, et le duc de La Rochefoucauld à la duchesse de Longueville.

Le 27, à peine nos dépêches furent-elles parties, que nous sûmes que les coureurs de l'armée de l'archiduc avoient été jusques à La Ferté-sous-Jouarre, et ceux du vicomte de Turenne jusques à Dammartin; que le peuple de Paris étoit dans de grandes alarmes; que le parlement se devoit assembler le 22, et que nous devions attendre qu'il feroit de vigoureuses propositions contre le cardinal.

Jusques ici nos amours avoient été assez pacifiques. Guitaut n'avoit nul obstacle à celui qu'il avoit pour la marquise de Gouville; et encore que le comte de Meille soupirât pour elle, cela ne l'embarrassoit point, car la dame lui donnoit toutes les lettres qu'elle en recevoit tous les jours; et c'étoit un appareil agréable aux blessures de Roches, qui en étoit amoureux. De Meille est un homme de telle manière, que difficilement peut-il donner de la jalousie. Il se vantoit pourtant que ses présens avoient fait plus que les larmes et les soupirs de ses rivaux.

Mademoiselle Gerbier me paroissoit fidèle; et je

m'y fiois un peu plus que de raison, comme je le vérifiai quelque temps après en Flandre; mais comme pour lors elle me faisoit confidence de la passion que le duc de Bouillon avoit pour elle, qu'elle me donnoit ses poulets, et qu'elle me disoit que Saint-Agoulin, qui avoit été nourri page de ce duc, lui parloit de mariage ; qu'elle tournoit en ridicule le chevalier de Todias, et que sur le tout je l'observois de près, je vivois en grand repos sur son sujet.

Mais ce jour-là le marquis de Cessac, à qui le comte de Coligny avoit fait quelque confidence, en laquelle l'une et l'autre de ces dames avoient part, n'avoit pu s'empêcher d'en parler, et Coligny de se plaindre de son peu de secret. Les amis de Cessac le blâmèrent de sa conduite : il crut qu'il devoit satisfaire Coligny en tirant l'épée contre lui. Il le fit appeler, et furent se battre seul à seul derrière le faubourg qu'on appelle des Chartreux. Comme ils furent sur le pré, Cessac dit à Coligny qu'il l'avoit fait passer pour un homme sans honneur ; celui-ci lui dit que non, mais qu'il s'étoit plaint qu'il n'avoit pu tenir un secret qu'il lui avoit confié, et qu'il avoit toujours été son ami. Cessac lui répliqua qu'il savoit qu'il avoit parlé de lui d'une manière que chacun lui avoit dit qu'il étoit déshonoré s'il ne se coupoit la gorge avec lui ; et ayant tous deux mis l'épée à la main, celui-ci reçut deux coups, l'un au bras, et l'autre à la poitrine, duquel il mourut trois jours après. Cette mort causa un grand deuil à toute notre cour, et à tous ceux qui connoissoient son esprit et son courage. Il fit une déclaration à l'avantage de Coligny avant que de mourir ; et les choses étoient pour lors en tel état, que la plupart des officiers du parlement visitèrent Coligny, qui témoigna grande douleur d'avoir tué son ami intime; et chacun le blâmoit plus de la confidence qu'il avoit faite à Cessac, que celui-ci de l'avoir divulguée.

Le 28, ensuite d'une ordonnance publiée les jours précédens, on envoya un homme de chaque maison travailler aux fortifications vers Saint-Surin, Sainte-Croix et Saint-Julien; et chacun y travailloit avec tant de joie, qu'il leur tardoit, en quittant leur besogne à l'entrée de la nuit, qu'il fût jour pour la recommencer. Les dames mêmes y alloient en foule avec de petits paniers pour porter la terre : la princesse voulut aussi y travailler pour animer les autres. Les ducs de Bouillon et de La Rochefoucauld, qui traçoient et conduisoient les travaux, régaloient les dames de fruits et de confitures, et les ouvriers de vin. Le jeune duc alloit de l'un à l'autre sur un petit cheval, et faisoit crier partout où il passoit : *vive le Roi et les princes ! et f..... du Mazarin !*

Sur le soir, la princesse tira les dames du travail, et les mena promener sur une galère, où elle les régala d'une collation fort galante. Elle fut saluée de tous les canons des vaisseaux marchands et de ceux de La Bastide. Le peuple y accourut de toutes parts, et redoubla avec les cris d'alégresse les protestations de la servir jusques à la mort.

Le baron de Migennes envoya un exprès de Libourne avec des lettres de créance du jour précédent pour la princesse, pour le duc de Bouillon et pour moi. Sa créance étoit qu'il avoit parole de quantité de personnes de qualité de Bourgogne, Champagne et Touraine d'entrer dans les intérêts des princes; et qu'il avoit moyen de se saisir d'une place de considération sur la Loire et d'une autre sur la frontière, demandant au surplus lieu et heure pour conférer avec moi. Je lui mandai, par ordre de Son Altesse et de M. de Bouillon, qu'il pouvoit venir à La Bastide, où il ne seroit ni vu ni connu; et que je m'y rendrois au moment qu'il me le manderoit.

Le 29, nous apprîmes que le comte de Toulongeon avoit fait arrêter à Andaye La Lande, que nous avions dépêché à Saint-Sébastien. Il manda pourtant qu'il avoit fait passer par un paysan les lettres dont il étoit chargé pour Vatteville et pour Mazerolles, et que celui-là lui avoit fait savoir que deux vaisseaux, quatre frégates espagnoles et douze voiles anglaises étoient prêts à se mettre en mer avec dix-sept charges d'argent pour Bordeaux. On renvoya celui même qu'il nous avoit dépêché, et qui étoit à Vatteville, pour le presser au dernier point d'envoyer ce secours : mais comme il étoit autant imaginaire que les autres qu'il avoit fait espérer, nous n'en eûmes aucun effet; et ce pauvre garçon ayant été blessé à mort dans les Landes, fut rapporté le lendemain dans une charrette. Cependant, comme l'on croit aisément ce qu'on souhaite avec passion, et que même il étoit nécessaire de soutenir par de grandes espérances les volontés chancelantes des Bordelais, nous ne manquions pas de publier ces bonnes nouvelles : mais comme l'on n'en voyoit point d'effet, ce que nous croyions nous devoir servir nous nuisoit par la suite; et l'on commençoit à établir ce proverbe à Bordeaux : « Les nouvelles de « M. de Bouillon sont comme ses commandemens; » car on dit par un autre ancien : « Sont les comman-

« demens de M. de Bouillon ; quand il parle, personne
« ne bouge. » L'on continuoit de dire qu'il faisoit déguiser ses gens en courriers, pour venir débiter des nouvelles inventées : cela n'étoit pourtant pas véritable ; et si nous mentions, ce n'étoit qu'en publiant les menteries du baron de Vatteville.

Un gentilhomme dépêché par les marquis de Levis et le comte de Saint-Géran arriva avec des lettres de créance signées de l'un et de l'autre. La créance étoit que celui-ci n'avoit pu résister aux pressantes sollicitations de la cour, qui l'avoit obligé à se détacher des princes, à prendre abolition, et à lever dans son gouvernement de Bourbonnais quelques régimens ; et que Levis ne se trouvant pas en état de se maintenir dans ce pays-là, avoit pris résolution de se retirer à Lyon, en attendant que le temps lui fournît les moyens d'être de quelque utilité.

Le 30, on fit un service solennel pour Cessac, qui mourut la veille avec constance et piété. Leurs Altesses, toute leur cour, et tous les gens qualifiés de la ville, y assistèrent.

Ceux du parlement qui étoient dans les intérêts de la cour firent diverses propositions pour continuer la négociation de Du Coudray. Les frondeurs, qui y avoient formé obstacle les jours précédens, sortirent de la compagnie pour empêcher qu'on ne prît aucune résolution, et obligèrent les jurats d'aller dire, comme ils firent sur-le-champ dans la grand'chambre, que les peuples, qui savoient les propositions qui se faisoient, murmuroient grandement ; qu'il étoit à craindre qu'il n'arrivât quelque grand désordre, d'autant qu'ils étoient bien avertis que toute l'espérance du cardinal Mazarin étoit de mettre de la partialité dans la ville et dans le parlement. Ils parlèrent avec tant de vigueur, et firent si fort appréhender l'emportement du peuple, que l'assemblée des chambres se rompit, et donna fort à penser à ceux qui avoient fait la proposition dont je viens de parler.

Cela obligea les ducs à trouver bon que j'allasse visiter les conseillers de Françon, Du Zeste, Boucaut-le-Noir, et quelques autres de ceux qui étoient toujours portés à la pacification. J'y fus donc; et leur ayant fait connoître, dans l'entretien que j'eus avec eux, qu'il seroit malséant à une grande compagnie comme la leur d'envoyer quelqu'un de leur part à un gentilhomme particulier tel qu'étoit Le Coudray, qui même avoit manqué à la parole qu'il leur avoit donnée de retourner à Bordeaux après avoir tiré les ordres nécessaires pour les dix jours de trêve, je leur dis qu'il me sembloit qu'il étoit bien plus de la dignité du parlement d'écrire à celui de Paris et au duc d'Orléans, pour se plaindre de sa conduite et de celle de la cour sur la proposition de paix qu'il étoit venu leur faire de leur part; et qu'assurément telle plainte ne pourroit produire qu'un très-bon effet.

J'ajoutai qu'il me sembloit que rien n'étoit d'un plus pernicieux exemple que de voir à tout bout de champ naître des divisions dans leur compagnie, jusques à en venir aux injures sur les moindres propositions que les uns ou les autres faisoient; qu'il me sembloit que, pour y obvier à l'avenir, ce seroit une grande prudence de dépêcher deux d'entre eux, et d'obliger les frondeurs à en faire autant de leur côté; de faire choix des plus retenus et des plus portés au bien public, afin de s'écouter les uns les autres, et de ne plus faire de propositions dans le parlement que de concert; que chaque député rapporteroit à ses amis ce qui auroit été proposé entre eux en présence de la princesse et des ducs; que je m'y trouverois toujours; et qu'ainsi les choses passeroient dorénavant tout d'une voix, et avec la dignité qu'une cour souveraine doit conserver pour maintenir les peuples dans sa dépendance; qu'en la pratiquant ainsi, on parviendroit à une union telle, que le cardinal Mazarin perdroit l'espérance de profiter des partialités de Bordeaux, et que par là nous parviendrions à une paix sûre et honorable. La proposition fut acceptée, et depuis exécutée quasi en tous rencontres.

Migennes arriva à La Bastide.

Cependant on ne manquoit pas de publier tous les bruits qui pouvoient contribuer à nous désunir: tantôt l'on disoit que de nos plus ardens frondeurs étoient gagnés par la cour, tantôt que les ducs traitoient en leur particulier avec le cardinal. Mais comme leur conduite nous paroissoit la plus nette du monde, et que d'ailleurs les hommes de ce poids-là se déshonorent rarement par des traités aussi publics que l'on publioit ceux-là, quelque avantage qui leur en puisse venir, tous ces bruits ne nous mettoient en aucune peine, et le seul défaut d'argent nous mettoit en des appréhensions mortelles que les affaires ne tombassent tout-à-coup: car il y avoit beaucoup à craindre qu'étant, comme j'étois, étranger en cette ville-là, le peu de crédit que j'avois trouvé, et qui les faisoit subsister depuis six semaines, ne vînt à cesser, et avec lui les bonnes volontés de la plupart de nos gens.

Le 31, les ducs et moi fûmes, par ordre de la princesse, entretenir Migennes à La Bastide; et ils trouvèrent bon et fort à propos d'y mener Lusignan et Mirat, afin de témoigner de la confiance aux frondeurs et au peuple, et leur ôter les soupçons qu'on leur donnoit à tout moment que les uns ou les autres faisoient quelques négociations secrètes à la cour; et même pour leur faire paroître que nous n'étions pas sans ressources, car nous étions contraints de faire parade des moindres choses. La personne de Migennes nous étoit assez connue pour n'espérer pas grand' chose des propositions qu'il nous feroit : nous crûmes pourtant que nous devions nous en prévaloir envers nos Bordelais.

Il nous dit d'abord ce que j'ai rapporté ci-dessus, et que son envoyé nous avoit proposé de sa part : la place sur la Loire dont il vouloit s'emparer étoit Amboise; celle sur la frontière étoit Sedan. Il nous dit encore qu'il lui seroit facile de se rendre maître de Montereau-faut-Yonne, et de faire des troupes en Bourgogne, Champagne et Touraine. Toutes ces propositions étoient grandes, et d'une impossible exécution à un homme comme lui. Le duc de Bouillon parlant de Sedan peut-être comme le renard des mûres, peut-être aussi échauffé du zèle qu'il nous avoit toujours fait connoître, mais, quoi que c'en soit, en habile homme comme il étoit, au seul mot de Sedan s'écria : « Cela est difficile à croire; mais quand cela
« seroit d'une facile exécution, et qu'elle retardât la
« liberté des princes d'un jour, j'aimerois mieux être
« mort que d'avoir donné mes ordres pour reprendre
« cette place, qui m'appartient, à ce prix-là; qu'il ne

« falloit songer qu'à ce qui pouvoit avancer cette li-
« berté, et secourir Bordeaux par diversion ou autre-
« ment. » Il crut encore que le dessein de Monte-
reau étoit chimérique et inutile en l'état qu'étoient
nos affaires, et qu'il falloit se fixer au dessein d'Amboise, comme étant un poste important qui étoit peu
où point gardé, et qui avoit le marquis de Sourdis
pour gouverneur. On donna donc à Migennes ce qu'il
demanda, qui étoit une commission du duc d'Enghien pour s'emparer de cette place, pour y établir
garnison, faire contribuer le pays pour sa subsistance,
prendre l'argent du Roi dans les recettes des tailles,
greniers à sel, etc.

Migennes nous dit ensuite que le maréchal de La
Meilleraye avoit fort opiniâtré l'attaque de La Bastide,
mais que le cardinal s'étoit obstiné à celle de Bordeaux par Saint-Surin et par le côté du château Trompette; que quand toute l'armée seroit jointe, elle ne
seroit pas de sept mille hommes; qu'aussi ne préten-
doit-on pas de nous attaquer dans les formes; qu'ils
vouloient seulement intimider les bourgeois à coups
de canon et en jetant des bombes; que l'argent manquoit à l'armée, qu'on y vomissoit publiquement des
injures contre le Mazarin; que les affaires de Paris l'in-
quiétoient fort; que l'on écrivoit de là que le coadjuteur
de Paris portoit l'esprit du duc d'Orléans à se faire régent; que l'accommodement de Bordeaux, qu'il avoit
fait à l'insu et contre le gré de la Reine, joint à la
naissance du duc de Valois son fils, mettoit la cour
dans une extrême jalousie; et que le vicomte d'Arpajon, qui avoit tant négocié avec nous, aussi bien que
le marquis de Bourdeille, étoient tous deux à la cour.

Ce même jour, le père Bruno allant dire la messe, un homme à lui inconnu lui donna un paquet adressant au président Pichon, et qui le pria de le lui rendre en diligence : ce qu'il fit. C'étoit une dépêche de La Vrillière, secrétaire d'Etat, du 27 du mois, par laquelle il lui mandoit qu'il ne pouvoit assez s'étonner de l'obstination de ceux de Bordeaux à refuser la paix que Sa Majesté leur avoit voulu accorder, au lieu de punir, comme elle devoit, leur rébellion; qu'il avoit toujours cru que tous les ordres de la ville iroient la demander à genoux; et que ne l'ayant pas fait, il jugeoit que la faction des ducs de Bouillon et de La Rochefoucauld prévaloit sur le crédit des gens de bien; qui ne pouvoient manquer de souhaiter ardemment la paix; que Le Coudray-Montpensier n'avoit point dit à la cour qu'il eût donné parole en sortant de Bordeaux d'y retourner; que malicieusement on l'avoit fait attendre plusieurs jours sans l'admettre, à dessein de laisser expirer les dix jours de trêve, et donner loisir au secours que l'on attendoit d'Espagne d'arriver, comme on en avoit la preuve par diverses lettres interceptées.

Cette lettre fut lue au parlement les chambres assemblées, où celui auquel elle s'adressoit la porta. Elle y fut trouvée fort mauvaise; et, au lieu d'y faire l'effet que la cour s'étoit proposé, tous les esprits furent rebutés par les termes auxquels elle étoit conçue.

Pomiers-Françon, doyen du parlement, reçut une autre lettre de son frère, qui pour lors étoit à Bourg, où la cour avoit passé depuis quelques jours, par laquelle il lui mandoit qu'elle étoit triste, et paroissoit embarrassée; qu'il étoit arrivé cinq ou six courriers de Paris qu'on avoit renvoyés en diligence, et que l'on avoit empêchés de parler à qui que ce fût; que La Vrillière lui avoit témoigné une grande passion pour la paix, beaucoup d'étonnement de ce qu'on ne s'y portoit pas à Bordeaux, et qu'il souhaiteroit fort qu'il pût faire un voyage à Bourg; mais qu'il voyoit bien qu'on ne feroit jamais rien tant que l'on n'ôteroit pas la cause du mal.

TABLE DES MATIÈRES

CONTENUES

DANS LE CINQUANTE-TROISIÈME VOLUME.

MÉMOIRES DE PIERRE LENET.

Notice sur P. Lenet et sur ses Mémoires.	Page 3
Mémoires de P. Lenet. — Livre premier.	29
Livre second.	145
Livre troisième.	267
Livre quatrième.	373

FIN DU TOME CINQUANTE-TROISIÈME.

www.ingramcontent.com/pod-product-compliance
Lightning Source LLC
Chambersburg PA
CBHW071607230426
43669CB00012B/1865